天守

芸術建築の本質と歴史

三浦正幸

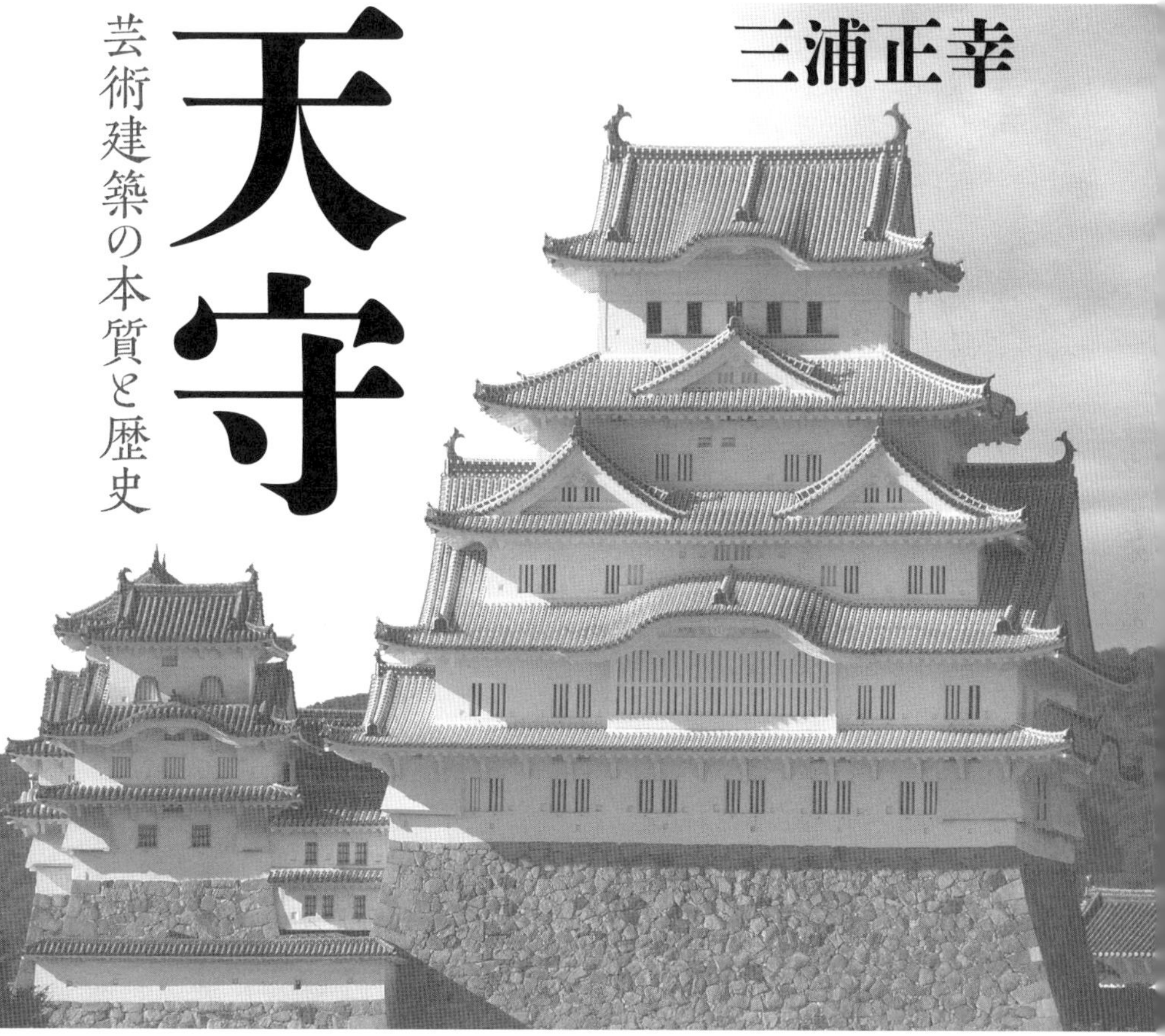

吉川弘文館

目　次

図版目次

表目次

プロローグ

日本の中世以降の伝統的木造建築は、社寺（宗教）建築と世俗（非宗教）建築に大別される。この両者には、構造・意匠・歴史において根本的な相違がある。一般的に、社寺建築は円柱・組物(1)・二軒《ふたのき》(2)・繁垂木《しげだるき》(3)・塗装(4)という高貴な特色があり、それに対して世俗建築は角柱・舟肘木《ふなひじき》または組物なし・一軒《ひとのき》・疎垂木《まばらだるき》・無塗装（白木）であって概して低級である。

社寺建築は神仏を祀るために建てられたもので、神社本殿、寺院本堂・仏殿・仏堂・塔婆といった祭神や仏像を奉安する中心的建築や門（楼門・二重門・四脚門《よつあし》など）・鐘楼・経蔵といった付属建築からなる。神社本殿と寺院建築とでは相違点が多々あるが、最大の相違点は、神社本殿は絶対に瓦葺にしなかったことで、中国から伝来した寺院建築には中国発祥の瓦が主に使われた。また、柱間の寸法についても相違があり、神社本殿ではその正面は古くはすべて等間隔だったのに対し、寺院建築では中国伝来の手法によって正面中央間は長く、端間は短く造られる。しかし、年代が下降して平安時代中期以降になると、神社本殿にも中国的な技法が応用されるようになった。その一方、世俗建築では、時代が下がっても正面の柱間寸法はすべて等間隔とされ、全く異質の設計方法となっている。

世俗建築は、神仏ではなく、人が使う建築であって、住宅系の建築である。住宅系の建築には、支配者階級（将軍・大名・公家のほか大寺院の住職なども含む）の住まいである書院造の殿舎をはじめ、その付属屋である茶室・台所・役所・土蔵・馬屋・番所など多彩な建築が含まれる。被支配者階級の住まい（農家・町家など）も当然に世俗建築である。支配者階級の住まいだった書院造には、鴨居《かもい》上の小壁は別として、鴨居下には土壁を使わないのが大原則で

図１　社寺建築（上：浄土寺阿弥陀堂）と
世俗建築（下：犬山城天守）

あったが(5)、対照的に被支配者階級の住まいには古墳時代以来、土壁が多用された。また、書院造の殿舎には、瓦は使われず、柿葺《こけらぶき》(6)が一般的であったが、徳川吉宗の享保の改革の一環として倹約令が布かれてその多くが瓦葺に改められた。その一方、被支配者階級の住まいの内、町家では、十七世紀初頭から瓦葺が現れている。なお、神社の拝殿と浄土宗・浄土真宗などの本堂については、社寺建築ではあるが、多数の人が出入りするため世俗建築の要素を多く含むものが多い。

さて、本書で扱う天守は、支配者の権力の象徴であって、壮麗な芸術的建築であるが、意外にも世俗建築の範疇に含まれる。江戸時代に町方や農村の人々が建てた、ささやかな神社本殿や寺院本堂の方が格式上では高貴な建築であった。天守には円柱・組物・二軒・繁垂木といった高貴な建築要素が全くないが、庶民の社寺建築にはそれらが備わっていたからである。換言すれば、いかに強大な権力をもった城主であろうとも、神仏の前では人に過ぎず、神仏と同等の高貴な建築要素を天守に用いることができなかったのである。

さらには、支配者階級の住まいに絶対に使われなかった、寺院建築由来の瓦葺と、被支配者階級の住まい由来の土壁が天守には使われており、建築種別の厳然たる垣根を軽く越えている。様々な点において天守は極めて特異な建築であって、善美を尽くした芸術的世俗建築であり、それと同時に歴史的に軍事建築の頂点に立つという芸術とは対極に位置するものでもあった。そうした天守建築の本質を知っていただきたい。

そして、天守は織田信長《おだのぶなが》が創始した最先端の高層建築であった。天守が信長の創始であることは、既に江戸時代前期に知れ渡っていたらしく、三代将軍家光《いえみつ》の異母弟の保科《ほしな》（松平）正之《まさゆき》の有名な建言に示されている。明暦三年（一六五七）の江戸大火で焼失した江戸城天守の再建計画を正之が棚上げにした時の意見で、「天守は近代織田右府（右大臣信長）以来之事」(7)として、信長以来、建てられるようになったものとする。

さらに、天守はそれほど城の要害に利があるというわけでもなく、ただ遠くを観望できるだけだと正之は厳しく断じている。正之の意見は間違ってはいないが、完全なものでもない。遠くを眺めるとは、現代人が勝手に想像するような、平時において城主が天守から城下町を時折眺めていたということではない。籠城の際に敵の動静を探る物見の役割を言っているのである。しかし、それだけではなく、城主の権威の象徴としての役割を忘れてはならない。そして、天守は日本の伝統文化の根本を無視し覆した革命的な建築であって、常識を超えた信長の創造力の賜物である。それ故か、江戸時代には城主はみだりに天守に立ち寄ることがなかったのであり、ましてや天守に住まうことなぞ、あり得なかったのである。

本書では、最新の研究成果をもとに、天守の構造や意匠の詳細を記すとともに、信長以来の天守の歴史を述べる。天守は信長以来、明治維新までの間に百五十棟以上建てられたが、現存天守は十四棟(8)に過ぎない。そこで、天守の歴史の本質を明らかにするために、過去に失われた主要な天守についても触れることにする。また、国宝・世界遺産の姫路城天守群を詳細に分析することによって、天守建築の魅力である創造性と芸術性、そして防御性能の高さや建築的工夫の豊かさを示したい。

第一章

天守の概要

1 天守という名称

四種類の表記

天守に対する学術用語および文化財指定の名称は「天守」であるが、江戸時代の幕府や諸藩における文書や城絵図で使われた名称には「天守」「天主」「殿守」「殿主」の四種類の表記法があって、時には仮名で「てんしゅ」と記される。いずれもテンシュと読み、使用上の区別は全くない。しかも同一文書の中で混用されることも珍しくない。例えば、彦根《ひこね》城天守の由来について『井伊家年譜』に「一、天守は京極家の大津の城の殿守也。此殿守は遂に落不申。目出度殿主の由」と記されており、天守と殿守と殿主の三種類が混用されている。江戸時代には、天守にとどまらず何事においても、読みが同じであれば書き方が違っていても全く気にされなかった。

こうした事態は、安土桃山時代に遡って秀吉《ひでよし》が発給した文書でも同様である。例を挙げれば、天正十一年（一五八三）六月六日付け大友宗麟《おおともそうりん》宛の文書[9]で柴田勝家《しばたかついえ》を北《きた》の庄《しょう》城（福井県）で滅ぼしたことを知らせているが、その中で「天守を五重に上候所、（中略）殿主五重目の上へ取上」とあって、天守と殿主が混用されている。ほぼ同内容の文書が小早川隆景《こばやかわたかかげ》にも五月十五日付け(10)で出されているが、「天主を九重に上候之処へ、(中略)天守之九重目の上へ罷上」と記されており、こちらでは天主と天守が混在している。これらは秀吉の祐筆が書いた公式文書であるが、天主・天守・殿主の区別は毛頭も気にしていない、あるいは遊び心から表記を意図的に変えたようにも思える。なお、秀吉の自筆では、天正五年(一五七七)六月五日付けの「てんしゆてつたいの衆」(天主手伝いの衆)という書状(11)がある。これは天正七年の安土《あづち》城天主完成以前の文書であって、その当時の秀吉は書状に天守を漢字表記する気がなかったようだ。

しかし、現代人的に考えてみれば、それら四種類の表記が意味するものは全く相違する。天守は「天のまもり」、天主は「天のあるじ」で、殿守は「邸宅のまもり」、殿主は「邸宅のあるじ」であるからだ。その点に関して、古文献を考察した結果、これらの内で天主が本来の書き方であって、織田信長による命名であると宮上茂隆は述べている(12)。ほかはその当て字である。

天主の命名

「天主」という表記は、信長が天正七年(一五七九)に完成させた安土城天主の拝見記「安土山御天主之次第」(『信《しん》長《ちょう》公《こう》記《き》』などに所収)に現れる(13)。この安土城天主は、史上初の五重天守であって、その後の天守の規範となったものである。

それより先の元亀三年(一五七二)十二月二十二日に、信長配下の明智光秀を近江坂本《さかもと》城(滋賀県大津市)に吉田兼《よしだかね》見《み》が見廻っているが、その日記『兼見卿記《かねみきょうき》』(同月二十四日条)に「明智為見廻下向坂本、(中略)城中天主作事以下、悉被見也、驚目了」と書いている。折しも坂本城天主が作事(建築工事)中であって、目を驚かせたというからその天主等はさぞかし荘厳だったに違いない。

同じく『兼見卿記』によると、その翌年の元亀四年三月には、高槻《たかつき》城(大阪府)城主の和田惟長《わだこれなが》に対して家臣高山《たかやま》重友《しげとも》・右近《うこん》親子が城中で謀反を起こし、惟長は「天主」に引籠ったが城を退いて伏見に逃れたという。したがって高槻城にも坂本城とほぼ同時期に天主が建てられていたとされている。これについては異論がある。(14)

そして、信長が将軍足利義昭《あしかがよしあき》のために永禄十二年（一五六九）に築いた京都の二条《にじょう》城（二条御所、現在の二条城とは別城）にも既に「天主」があった。また『兼見卿記』によると、兼見は天正四年（一五七六）に安土に信長を見廻っているが、登城して「天主」近辺で信長を待っていたという。(15)それらからすれば、高槻城はともかく最初期の「天主」は信長が関係した城に所在し、吉田兼見のような学識のある人物が「天主」と記していることから、「天主」が本来の書き方であり、また信長の命によって名付けられたものと考えられるのである。

「天主」という名称の創案者については、慶長十三年（一六〇八）に江戸幕府大棟梁・平内政信《へいのうちまさのぶ》が記した大工技術書『匠明《しょうめい》』殿屋集に記されている。それによると、信長が安土城に七重（ここでは七階のこと、詳しくは後述）の亭を建て、嵯峨の策彦《さくげん》（策彦周良《しゅうりょう》）に命じて名を付けさせたところ、「殿守」と名付けたとある。(16)策彦は京都五山の第一位天龍寺の禅僧であった。『匠明』が著された江戸時代初期には、もちろん天守の名称が混乱していた。信長の命によって名付けたというので、策彦が撰んだのは「殿守」ではなく「天主」だったはずであり、また安土城以前に信長関係の城に「天主」が存在していたことからすると、その天主という名称は、織田信長が岐阜《ぎふ》城の山麓に設けた館の御殿に初めて付けられたものと宮上は推定した。

ルイス・フロイスの『日本史』によると、彼は永禄十二年（一五六九）に岐阜城を訪れて信長に歓待されているが、その山麓には新築されたばかりの四階建ての御殿があった。その一階は廻縁《まわりえん》があり（すなわち天守台はない）、金碧障壁画で飾られた二十ほどの座敷が連なっており、信長の宮殿であった。二階は周囲に廻縁のある婦人部屋で、一階より優れており、おそらく信長の夫人や侍女が住んでいた。三階は茶室があったという。(17)四階は後世の天守と同様に物見の階であったらしく、三階と四階の廻縁から岐阜の全市が展望できたという。この岐阜城の御殿こそが初めて天主と名付けられた建築であったというが、これについては疑問もある。

天主の語義

ところで『日本史』には、「天下」という語が散見されるが、それによると「この頃、日本のモナルキア（君主国）すなわちテンカ（天下）を三人の異教徒の殿たちが統治していた」としており、当時、天下とは君主である室町幕府将軍の実効的支配地のことであり、三好三人衆がその実権を握っていた地域やその周辺であったと解釈できる。せいぜい、京と摂津・大和・近江・河内近辺の範囲になろう。天皇については、「全日本の国王なるオウ（皇）」としていて、天下よりはるかに広い日本の国王という。

そして、永禄十二年、信長が将軍義昭のために二条城を築いていた工事現場にフロイスは信長を訪ねているが、信長は「予がこの宮殿と城の中で、テンカ（天下）の君のために造営した総ての建物」を伴天連《ばてれん》に見物させよと家臣に命じている。それらのことからすると、「天主」という名称は、信長が天下の君である義昭のために築いた二条城において初めて付けられたものと推定される。すなわち天主とは、将軍の権威を示す高層建築に名付けられたものであろう。

二条城天主の建築形態は、それよりやや先行して永禄十〜十一年に信長が岐阜城に建てた四階建ての宮殿が嚆矢であるとしてよいであろう(18)。それから三年ほど後、光秀が元亀三年（一五七二）に坂本城天主を築いていた時期には、信長と義昭の不仲は決定的になっていた。信長は家臣にすぎない光秀の城に天主を建てさせることによって、義昭の権威の失墜を天下に示したことになろう。なお、坂本城とほぼ同時期に和田惟長の高槻城にも「天主」があったという『兼見卿記』の記事は伝聞に基づくものなので、直ちには信頼できない。

そして、史上初の五重天守は天正七年（一五七九）に信長が建てた安土城天主であり、豊臣秀吉が天正十三年（一五八五）に建てた大坂《おおさか》城天守に継承されていったが、天守の表記はそれ以前から既に乱れていたのである。その第一の原因は、天主が天下の君の象徴ではなくなっていたから、すなわち天下の主という意義を失って大名衆の象徴へ地位が低下していたからではなかろうか。

天守閣

その一方、「天守閣《てんしゅかく》」という語が広まったのは明治になってからである。その初めは管見によれば天保十五年（一八四四）に刊行された『尾張名所図会《おわりめいしょずえ》』で、「府城」の項において名古屋《なごや》城天守を「五重の天守閣」と記している。名所図会は全国各地で版行された庶民向けの観光案内書であって、幕府や藩の公式な記録ではない。そこに天守閣という語が見られるので、庶民の間では江戸時代末期には天守が天守閣と呼ばれて親しまれていた様子がうかがえる。当初は俗語だったが、昭和以降になると天守閣という呼称が天守に代わって一般化し、学術書にも使われるようになっていった。しかし、当時の絵葉書等を見ると、相変わらず天主閣や殿主閣などと記されることも多く、表記は統一されていなかった。

2 天守の規模形式

平面形式の概要

天守一階の形状は、日本の住宅系建築の通例に従っており、少数の正方形平面もあるが、一般的に長方形平面である。そして多くの天守は、その長辺（桁行《けたゆき》・平《ひら》）を正面に、短辺（梁間《はりま》・妻《つま》）(19)を側面に向けて建てられている。正面が大きく立派に見えるからで、ほかの伝統的建築（中国や韓国でも同様）も大多数がそのように立地している。

ところで、大部分の天守は台座石垣である天守台に建てられているが、おおむね慶長十五年（一六一〇）頃までは石垣築造技術が未完成だったので天守台上面が歪んでいる。天守一階は、その歪んだ天守台いっぱいに建てるのが通例である。そのため建築年代が古い天守の多くは、一階平面が歪んで台形や不等辺四角形になっている（図2）。

天守の一階平面は、中心部に身舎《もや》（母屋）があり、複数の部屋に間仕切られている。身舎の周囲には入側《いりがわ》という廊下状の空間が取り巻き、籠城時には兵士らが配置されて敵を攻撃する場となるので、武者走《むしゃばしり》とも呼ばれる。天守の平面に歪みがあっても、入側の幅の広狭で調整できるので、身舎は歪まずに矩形[20]となる（例外は松本《まつもと》城天守）。一方、櫓《やぐら》は天守より平面が小さいため、身舎と入側が区別されておらず、内部が一室となるのが一般的である。

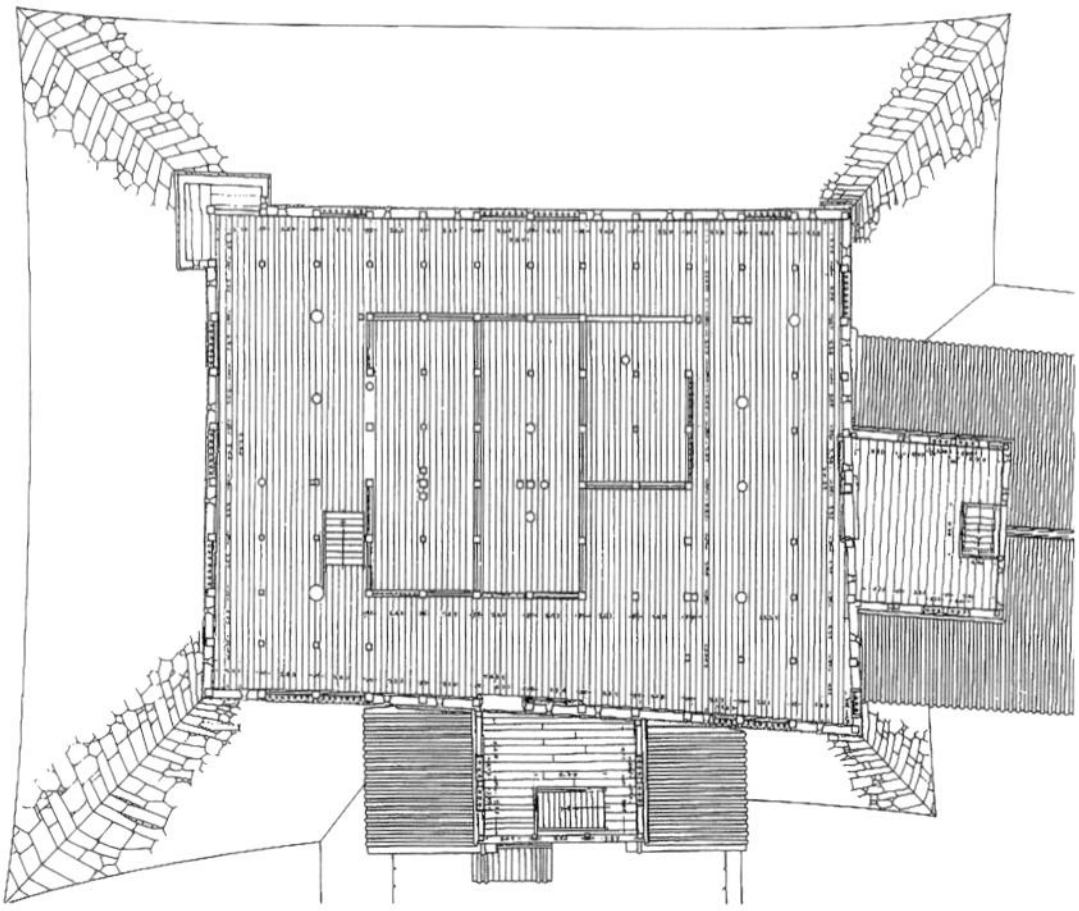

図２　広島城天守一階実測平面図（戦災前）

柱間寸法

さて、天守では、一間《けん》ごとに側柱《がわばしら》や入側柱《いりがわばしら》[21]を等間隔で建て並べている。それは、世俗建築の書院造の邸宅で室町時代から行われてきた手法である。そして、天守の規模は、一階平面の長辺・桁行と短辺・梁間（梁行とも書かれた）の柱間《はしらま》の数（間数《けんすう》という）で表されてきた。

その一間という単位は、時代・地方・大名家によって相違しているので、古記録を調べる際には注意を要する。多くの天守では、柱間の寸法（柱どうしの真々間寸法）である一間を六尺五寸（京間《きょうま》、約一・九七メートル）[22]としているが、信長・秀吉・家康などの天下人の天守は特大の七尺（大京間）を用いた。それとは逆に、六尺四寸、六尺三寸、六尺二寸、六尺（江《え》戸間《どま》）を用いた諸大名の天守もある（表1）。

戦災焼失した大垣《おおがき》城天守（岐阜県）と福山《ふくやま》城天守（広島県）は、例外的に七尺二寸という天下人の天守をも超える特大柱間であった。ともに慶長の築城盛況期が終わった元和期（一六一五～二四）の建築であって、書院造の住宅に比べて倍もの太さの柱（福山城天守は一尺二寸）を使う天守において、柱同士の内法幅《うちのり》が狭まるのを柱間寸法を大き

表1　天守の柱間寸法（城名はそれぞれ建築年代順に列記、＊印は天守代用櫓）

柱間寸法	城　名
七尺六寸余り	＊高崎（梁間は八尺）
七尺二寸	大垣・福山
七尺（大京間）	安土・駿府・名古屋・徳川大坂・寛永度江戸
六尺六寸	高知（桁行は五尺八寸）
六尺五寸（京間）	熊本城宇土櫓（初代熊本城天守）・広島・岡山・彦根・姫路・小倉・津山・松本・会津若松・宇和島・高松・備中松山・＊水戸・＊弘前・伊予松山
六尺四寸	松江
六尺三寸	丸岡・島原・＊丸亀
六尺二寸	犬山
六尺（江戸間）	松本城乾小天守・＊三春

くして調整したものと考えられる。そうした調整は、天下人の天守に使われた七尺間についても言えることである。高知《こうち》城天守は、桁行と梁間で基準柱間寸法を違える新時代の天守の例である。

明治に取り壊された高崎《たかさき》城天守（三階櫓、群馬県）では、新しい平面形式が用いられていた。入側の柱間が特別に長大化されており、桁行は七尺六寸余り、梁間は八尺もあった。そして桁行ではその二間分を三分割、梁間は一間を二分割して側柱を密に立てる。その結果、側柱間は、桁行で約五尺、梁間で四尺となっていた。そうした平面計画は高松《たかまつ》城天守でも行われていた。

松本城では、先に天守として創建された乾《いぬい》小天守《こてんしゅ》が六尺間、後に増築された天守が六尺五寸間となっており、両者で柱間寸法が相違している。それは施主の大名に交代があったからである。

さて、京間は南北朝時代に住宅建築で成立した柱間寸法であって、その後、京都から全国に広まったが、十六世紀後期になると地方ではそれより短い柱間寸法が使われるようになった。三河（愛知県東部）発祥とされる六尺間は徳川家臣団の関東移封にともなって江戸で定着し、江戸間（田舎間や東京間ともいう）となった。しかし、京都を中心にして京間は近代まで残存し、そのため天守の基本的な柱間寸法となった。

ついでに述べておくと、一間を六尺五寸の京間で造られた天守を後世になって一間を六尺として計測した記録も多々あり、その場合は端数を生じる。例えば、六尺五寸間で七間として建てられた天守は、後になって七間三尺五寸と記録される。また、前掲の大垣城天守の場合では、平面の大きさを六尺間で六間の三六尺と計画し、その全長を五つに割ったために一間が七尺二寸となったとも考えられる。なお、櫓の場合は、柱間寸法が一間より短い例が多くあって、そもそも天守とは相違する。

平面規模

前置きが長くなってしまったが、天守の一階の規模は、宇和島《うわじま》城天守（愛媛県）が公式天守の現存最小例で六間四方、天守代用櫓だった丸亀《まるがめ》城天守（香川県）が現存天守最小例で六間に五間である。戦災焼失した大垣城天守（岐阜県）がそれより小さい五間四方であったが、七尺を超える特大の柱間寸法だったので、実質的には六尺間に換算して六間四方の規模に相当する。天守代用櫓だった高崎城天守の五間に四間も特大の柱間寸法だったので、実質的には六間に五間に相当した。

したがって、福知山《ふくちやま》城天守（京都府）や苗木《なえぎ》城天守（岐阜県）などわずかな例外(23)はあったものの、天守は一階の短辺が五間以上の平面規模を有したといえる。この場合、一間の実長寸法については、七尺を超える特殊例は別として、さほど気にしなくてもよい。

櫓の規模については、長辺（桁行、平）が五間を超えるものも多数あるが、一般的に短辺（梁間、妻）は五間未満である。ただし、江戸城・名古屋城・大坂城など幕府が造営した櫓は短辺が六間かそれ以上あって他城の天守さえも上回るので、平面規模だけで天守と櫓は必ずしも区別できるものではない。

天守一階の平面規模は、江戸城天守が史上最大であって、七尺間で十八間に十六間（一三〇四・五〇平方メートル）もあった。これは現存最大の姫路《ひめじ》城大天守の六尺五寸間で十三間（南側は十四間）に十間（五五〇・〇三平方メートル）の二・三七倍であって、その隔絶性が知られる。江戸城天守に次いで江戸幕府が建てた名古屋城天守と徳川大坂城天守が十七間に十五間（七尺間）と巨大であって、幕府権力の絶大さを天下に誇示したものだった。

幕府の巨大天守に続いた大型天守は、細川忠興《ほそかわただおき》が建てた小倉《こくら》城天守（福岡県）であり、小倉城天守の指図を参考にして建てられたという佐賀《さが》城天守や高松城天守が続く。これらの天守は五重ではなかったが、後述するように唐造《からづくり》の特殊天守であって、小倉城・佐賀城は実質的に五重天守、高松城は実質的に四重天守であった。

一般的には、五重天守は、長辺九間〜十三間、短辺八間〜十一間の規模である。三重天守は、長辺六間〜九間、短辺五間〜八間の規模である。五重天守は概して三重天守の二倍ほどの一階面積があり、容積にすると三倍以上の規模があった。五重天守と三重天守とでは、規模に隔絶した差異があったのである。

天守の起源は信長が岐阜城に建てた四階建て御殿に求められると先に記した。その当時の支配者が居住した主殿は、十七世紀初期の大工技術書『匠明』に登場する「昔六間七間ノ主殿之図」（図3）に代表されると考えられている。最初期の天守（三重）がそうした主殿を高層化したものだったとすれば、長辺七間、短辺六間程度が三重天守の標準的規模であったことが容易に理解される。

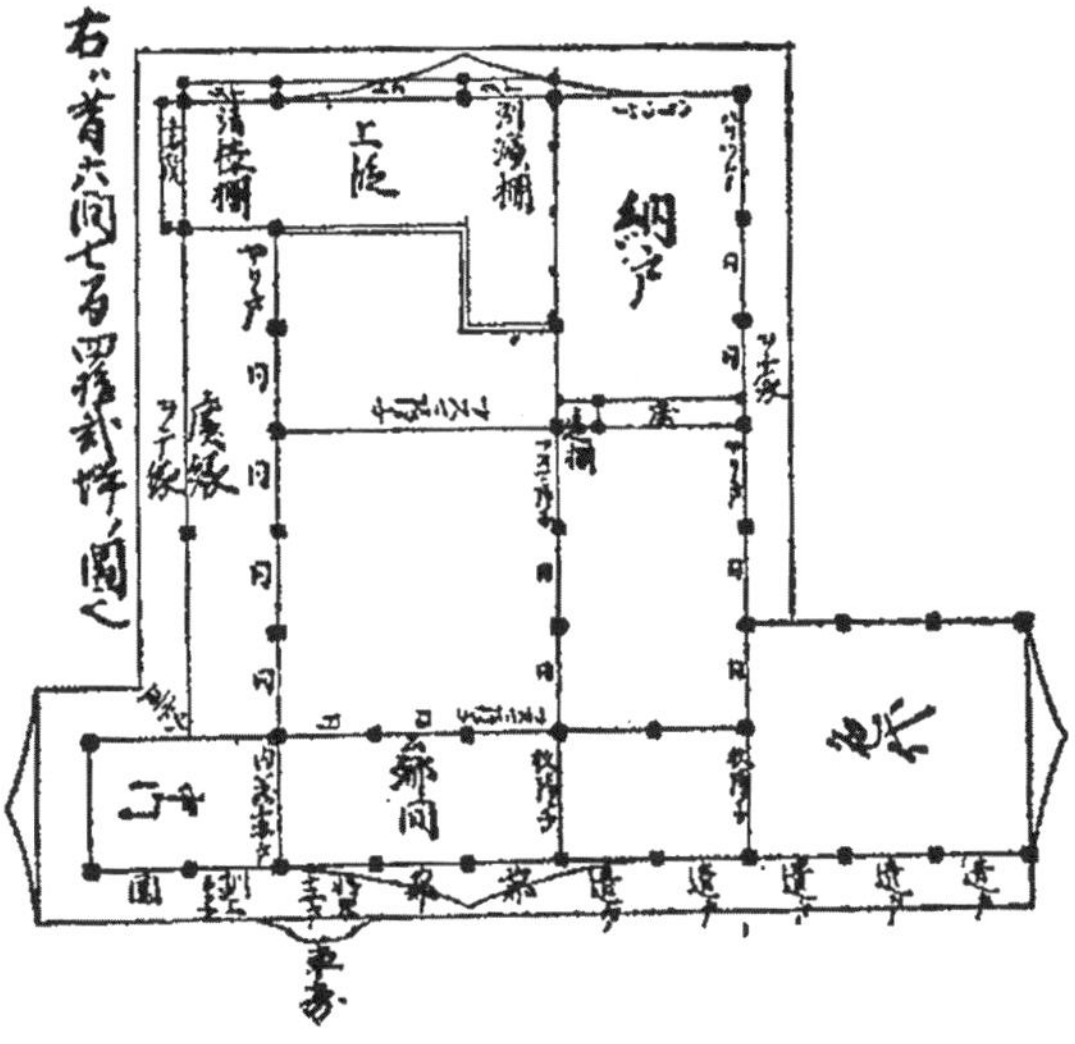

図3　「昔六間七間ノ主殿之図」（『匠明』より）

重・階

天守の高さ方向の規模は、外観の屋根の重数と内部の階数によって表す。例えば、姫路城大天守は、屋根が上下に五つ重なっているので五重、内部は地上六階、地下一階で

表2　天守一階の平面規模（城名はそれぞれ建築年代順に列記、＊印は天守代用櫓、**太文字**は望楼型天守、＋印は唐造天守）

長辺間数	短辺間数	城　名
十八	十六	慶長度江戸（五重）・元和度江戸（五重）・寛永度江戸（五重）
十七	十五	名古屋（五重）・徳川大坂（五重）
十五・五	十三・五	小倉（四重＋）
十五	十三・五	佐賀（四重＋）
十三	十二	**安土**（五重）・高松（三重＋）
	十一	**熊本**（五重）
	十	**姫路**（五重）
	八	**岡山**（五重）
十二	十一	**豊臣大坂**（五重）
	十	**福井**（四重）・**松江**（四重）・駿府（六重）
	九	**広島**（五重）
十一・五	十一・五	会津若松（五重）
	九	**萩**（五重）
十一	十	津山（五重）・八代（四重）
	九	小田原（三重）
	七	**彦根**（三重、大津城天守を移築改造）
十・五	十	和歌山（三重）
十	十	島原（五重または四重）
	九	二代目二条（五重、伏見城天守を移築改造）
	八	**米子**（四重）・柳川（五重）
九・五	九・五	今治（五重）・丹波亀山（五重、今治城天守を移築）
	四	**福知山**（三重）
九	八	**熊本城宇土櫓**（初代熊本城天守）（三重）
	七・五	伊予松山（三重）
八・五	八	**犬山**（三重）
	七・五	**淀**（五重、初代二条城天守を移築改造）
	七	**岡崎**（三重）
	六	**岩国**（四重＋）
八	七	小浜（三重）・＊古河（三重）・佐倉（三重）
	六	**桑名**（四重）

長辺間数	短辺間数	城　名
七	七	**高島**（三重）
	六	**丸岡**（二重）・**高知**（四重）・大洲（四重）・＊米沢（三重）・＊松前（三重）
	五	**村上**（三重）・備中松山（二重）
	四	**＊三春**（三重）
六	六	**米子城四階櫓**（初代天守）（三重）・横須賀（四重）・＊白河小峰（三重）・宇和島（三重）・＊水戸（三重）
	五・五	＊新発田（三重）
	五	**鳥羽**（三重）・＊丸亀（三重）・＊弘前（三重）
五・五	五・五	盛岡
五	五	大垣（四重）
	四・五	松本城乾小天守（初代天守）（三重）
	四	＊高崎（三重）
四	四	苗木（一重）

あって、五重六階、地下一階と表示する。重数と階数が一致しないのは屋根裏階が存するためで、古い時代の天守ではそうした例が多い。宇和島城天守は三重三階で、重階一致の新しい時代の天守である。また、新しい時代の天守では、一重目を二階建てにした小田原《おだわら》城天守（神奈川県）は三重四階であり、四重目の屋根を省略した小倉城天守は四重五階であって、屋根裏階とは別の事由から重階不一致が生じている。

なお、近代になると「層」が重の代わりに使われることがあるが、時には階の代わりにも使われ、定義が曖昧である。学術用語は重・階であって、「層」については、文学的表現はともかく、学術的あるいは歴史的論考には使わないのが肝要である[24]。

さて、天守の高さ方向については、歴史的に五重が最高であり、それに次いで四重、さらに三重・二重・一重の例がある。五重と四重の櫓は歴史的に存在せず、四重以上はすべて天守である。また、四重天守は珍しいとする説があったが、江戸時代の俗説を受けたものにすぎず、四重の実例は少なくない[25]。

三重の場合には、天守と三重櫓があるが、その区別は厳然とはしていない。一階平面の短辺が五間以上あることは天守の必要条件であろうが、十分条件ではない。例えば、一階が六間四方で三重三階の宇和島城天守は、幕府が認めた公式の天守で

表3　天守の重・階（地階は省略、城名はそれぞれ建築年代順に列記、＊は天守代用櫓、**太文字**は望楼型天守、＋印は唐造天守）

重数	重・階	城名
六重	六重七階	駿府
五重	五重六階	**安土・岡山・熊本・姫路**・松本
	五重五階	**広島・萩・淀**・今治・丹波亀山・名古屋・津山・沼田・福山・二条・島原・徳川大坂・元和度江戸・寛永度江戸・会津若松・岸和田
四重	四重六階	＋**岩国・高知**
	四重五階	**福井・米子・松江**・＋小倉・＋佐賀・**桑名**
	四重四階	府内・大洲・大垣・八代・尼崎・横須賀
三重	三重五階	**熊本城宇土櫓**（初代熊本城天守）・＊**金沢**・＊水戸
	三重四階	**福知山**・松本城乾小天守・**犬山・米子城四階櫓・高島・西尾**・＊古河・＋高松・小田原
	三重三階	**彦根・鳥羽・岡崎・浜田**・掛川・＊高崎・＊**三春**・＊白河小峰・＊丸亀・宇和島・＊米沢・盛岡・＊新発田・＊鳥取・＊弘前・＊白石・和歌山・伊予松山・＊松前
二重	二重三階	**丸岡**
	二重二階	鳥取・笠間・備中松山
一重	一重一階	苗木

あったが、同じ六間四方で高さが勝る三重五階の水戸《みと》城天守（戦災焼失）（図4）は、公式には「御三階」と称して三重櫓として扱われ、天守とは認められていなかった。

また、ここで注意すべきは、明治維新以前においては、

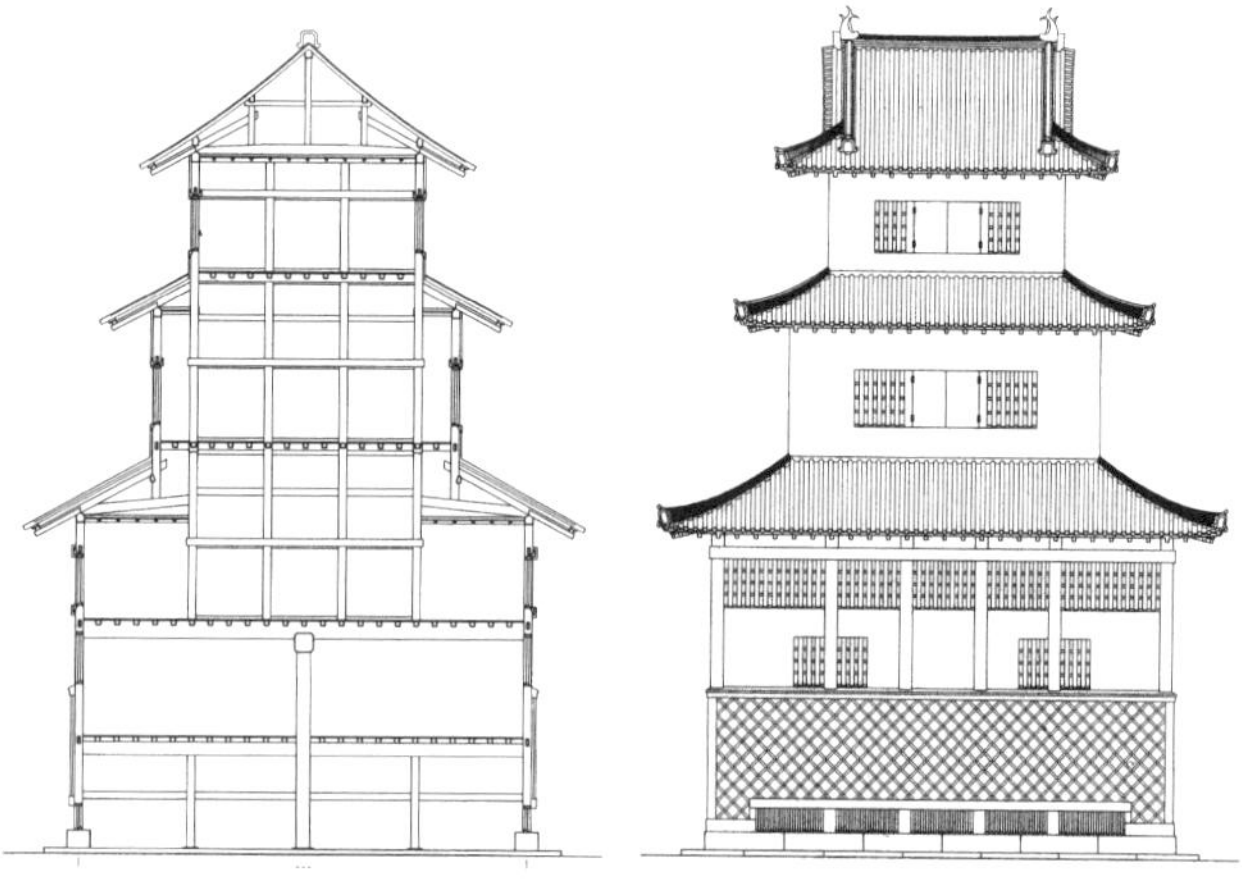

図4　水戸城天守復元図

（右：立面図／左：断面図）（復元：松島悠）

重と階が今日の定義とは逆転していることが多く、(26) 水戸城天守の場合では三階は三重を意味していた。このような「階」の用法は鎌倉時代に遡り、例えば屋根が上下二層になっている一重裳階《もこし》付きの仏堂を「二階堂」と呼んでいた。(27) もちろん二階堂の内部は一階建てである。また逆に「安土山御天主之次第」では安土城天主を「七重」と記しているが、この場合では地階を含めた階数を意味している。要するに、多くの古記録では今日とは逆に、「重」は内部の階数、「階」は屋根の重数を表しているのである。したがって、秀吉の書状(28)の多くに出てくる柴田勝家の北の庄城天主の「九重」は九階建て（地階を含む）を意味し、逆に一部の書状に出てくる北の庄城天主の「五重」は五重を意味しており、両者に矛盾はないと考えられる。同様に会津若松《あいづわかまつ》城天守の「七重」も七階のことである。(29) その一方、正保年間（一六四四〜四八）に描かれた桑名《くわな》城（三重県）絵図では、天守について「天守外ハ四重、内は六重、下ノ重八間ニ六間」とあって、重・階のどちらも「重」を用いている。(30)

御三階

話をもとに戻して、江戸幕府は天守の重数については厳しく規制していたが、内部の階数については関心がなかったようだ。水戸城「御三階」は破格の五階建てであったが、これを五階櫓として規制はせず、外観の屋根の数をもとに三重櫓として認識していたらしい。

ところで、水戸城には「御三階」という天守級の三重櫓があったが、幕府が認めた公式な天守は存在しなかった。近代における城郭研究では、公式天守をもたない水戸城のような城において、「御三階」のような公式天守と比べて遜色のない三重櫓を「天守代用櫓」あるいは「天守代用三重櫓」と呼んでいる。

現存天守のうち、弘前《ひろさき》城（青森県）と丸亀城は公式な天守ではなく、天守代用櫓であった。近代になってから天守と称するようになったものである。なお、天守代用櫓はすべて三重櫓であって、四重・五重あるいは二重・一重の例はなかった。

3　天守の定義

天守と櫓の差異

天守はいわば城内で最大の櫓（矢倉）ではあるが、平面形式・規模・構造・意匠など様々な点で一般的な櫓とは相違している。その根底には、天守と櫓の起源の相違がある。天守は織田信長が創始した天下人の象徴であって、書院造の殿舎を高層化し、その頂部に物見を載せた建築であり、その外観は中世末の大型の櫓で開発された防弾・防火建築を応用したものだった。したがって、原則的には、天守は一階平面の短辺が五間以上の大規模なもので、入側と身舎に区画され、多くの場合、身舎は数室に間仕切られて当初は畳敷きだった。天守の品格を示すために破風《はふ》・廻縁《まわりえん》・華頭窓《かとうまど》などで外観を飾られ、他の櫓より華やかであった。そして、籠城時の物見と司令塔の役割のために四方に向けて窓を開き、また城下の四方から仰ぎ見られることを考慮して四面ともに遜色がなく、裏側がない四方正面（江戸時代には八方正面と呼ばれた）の意匠を有した。

それに対して、三重櫓を含めて櫓という建築は、当初から城を守備する局地的防御の軍事建築であった。したがって規模は小さく、一般的に入側と身舎の区別はなく、内部が一室になっている。しかも滅多にない籠城の際はともかく、平時は兵糧や武器・武具などの格納庫だったので、主君の居住はもとより平時の家臣の居住すら考慮されておらず、内部は物置程度の安普請が一般的であった。窓は局地防御のため城外側だけに開かれ、延焼の恐れがある城内側には窓を設けず、外観の装飾も天守より控えめで、特に城内側には破風などの飾りを設けないのが普通であった。

しかし、天守代用櫓は、天守に準じた規模や意匠を備えており、一概に天守と区別できない。公式な三重天守の現存最小例は、一階が六間四方で三重三階の宇和島城天守である。それに対して米沢城《よねざわ》（山形県）の本丸東北隅櫓（図5）は「御三階」と呼ばれた天守代用櫓であったが、長辺七間に短辺六間の三重三階で、宇和島城天守より少し大きかった。白石城《しろいし》大櫓（三階御櫓、宮城県）に至っては九間に六間もある天守代用櫓で、明らかに宇和島城天守より大きかった。よって平面規模の大小で天守と天守代用櫓が区別されていたわけではない。

また先述したように、水戸城「御三階」は六間四方の三重五階櫓であって、宇和島城天守よりも高層建築であったが、天守とは認められず、天守代用櫓だった。江戸時代では天守や櫓に対して、内部の階数の差はさほど重視されず、外観の重数のほうが重視された。したがって、三重三階櫓も三重五階櫓も特に区別せずに「御三階」すなわち三重櫓と認識されていたのでる。

三重天守と天守代用櫓の区別については、規模や意匠については大きな差異がない。両者の区別は、元和元年（一六一五）の武家諸法度《ぶけしょはっと》の規定が影響したものと考えられる。

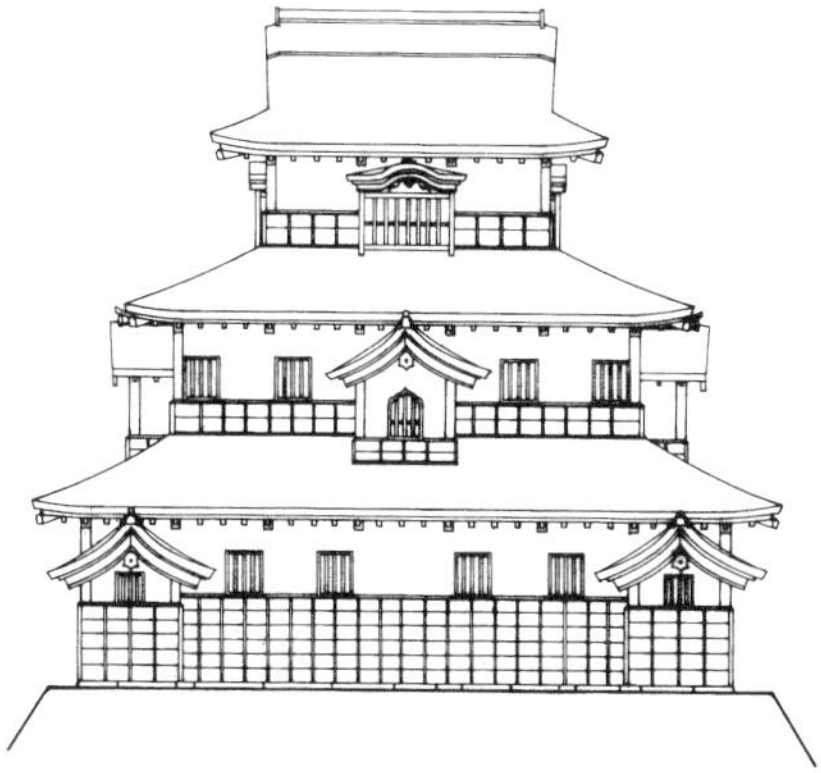

図５　米沢城本丸東北隅櫓復元立面図
（復元：石井正明）

武家諸法度と天守代用櫓

豊臣氏を大坂夏の陣で滅ぼした元和元年に、諸大名を統制する武家諸法度が公布された。大名に厳命したこの法度（禁令）のなかに新規築城の禁止がある。「諸国居城修補を為すと雖も必ず言上すべし、況や新儀の構営堅く停止せしむる事」という禁令である。大名の居城（本拠の城）を修理する場合であっても幕府に届け出て将軍の裁許を得ねばならず、ましてや「新儀の構営」は堅く禁止された。この「新儀の構営」には、新たな城を築くことはもちろんのこと、既存の城に新たな石垣・土塁・堀や城郭建築（天守・櫓・城門・土塀・木柵）を増築することも含まれていた[31]。

法度による城普請の規制は厳格であった。福島正則《ふくしままさのり》は大水害で破損した広島城の修築を幕府重臣の本多正純《ほんだまさずみ》には届け出たものの、将軍裁許を得る前に無断修築したことが発覚し、元和五年（一六一九）に法度違背の罪で広島城主を改易されてしまった。また高知城では、寛永九年（一六三二）に「駒寄せ」（転落防止の木柵）を新造したところ、城普請をしたという風説が流れ、藩主が幕府に申し開きをしたほどであった。西国に群雄割拠していた豊臣系外様大名に対しては、法度の適用が特に厳しかったようだ。

武家諸法度の公布により天守の創建が原則的に禁じられてしまったが、江戸時代の法令ゆえに法度自体に重大な欠陥があった。まず、元和元年以降に転封や新たな取り立てによって城持大名が城のない領地（陣屋大名の領地など）を宛がわれた際、新規の築城を許可している。寛永六年の丹羽家による白河小峰城《しらかわこみね》（福島県）、寛永十九年の山崎家による丸亀城、慶安元年（一六四八）の浅野家による赤穂城《あこう》（兵庫県）などの築城がその典型例である。

同様に天守をもつことが許されるべき禄高（例外は少なくないが江戸時代前期には五万石以上、後期には十万石以上だったと考えられる）であっても天守をもっていない大名が天守の建設（または再建）を希望した場合には、それを認めざるを得ない。水戸徳川家の水戸城や上杉家の米沢城、津軽家の弘前城がそうした例であった。そうした場合に、新規に建てられた実質的な天守を「天守」と称することを幕府は認めない（大名側が自主規制した例もあろう）のが一般的で、三階櫓や三重櫓と称させていた。実質的には天守建造を許可するが名目的には不許可という、幕府の御都合主義がうかがえる。

したがって三重天守であるか天守代用櫓であるかの区別は、法度公布時の元和元年（一六一五）に天守が既に存していたか、あるいは存在していなかったかによるとしても大過はない(32)。元和元年に天守が存在していれば、それは大名にとって既得権益であって、その天守が災害や老朽化によって失われた場合には、公式な天守として再建できたのである。寛文五年（一六六五）再建の宇和島城天守、延享四年（一七四七）再建の高知城天守、嘉永五年（一八五二）再建の松山城《まつやま》（愛媛県）天守はそうした再建天守である。したがって、備中松山城の二重天守も天守として天和三年（一六八三）に再建された。苗木城天守も享保三年（一七一八）の地震で破損して再建されたもので、四間四方の一重という極小規模であっても天守と称された。

それとは対照的に、四重天守を焼失してしまい三重櫓（本丸巽櫓）を再建した越前松平家（六十七万石）の福井《ふくい》城、五重天守を建てられる家格なのに三重櫓で済ませた伊達家（五十八万石）の仙台《せんだい》城や前田家（百二十万石）の金沢《かなざわ》城などは特殊な例である。そうした大身の大名家にとっては、他城の公式な天守を超えるような規模の三重櫓を建てたとしても、三重の規模ではそもそも天守でなかった。

明治維新以降になって幕府の統制がなくなり、実質的に天守の格式をもつ天守代用櫓は天守と呼ばれるようになった。弘前城天守・水戸城天守・丸亀城天守がそうした例である。したがって、近年に木造で再建された白石城大櫓・白河小峰城三重櫓・新発田《しばた》城（新潟県）御三階櫓などは、実質的に天守の格式があるので天守と呼んでも構わないであろう。

4　天守型式と構成

(i)　天守型式

望楼型と層塔型

天守は構造の違いによって、一重だった苗木城天守（岐阜県）は論外として、望楼《ぼうろう》型と層塔《そうとう》型の二型式に大別される(33)。望楼型は織田信長以来の旧型天守で、層塔型は藤堂高虎《とうどうたかとら》の今治《いまばり》城天守（愛媛県）に始まる新型天守である。

望楼型天守は、一重か二重の入母屋造《いりもやづくり》の建物を基部とし、その屋根上に望楼（物見）を載せた型式である。したがって一重目か二重目の屋根に入母屋破風が必ず存在する。ただし、天守本体から突き出して設けられた出窓上の入

図6　高知城天守（右：望楼型）と宇和島城天守（左：層塔型）

母屋破風は、基部の屋根とは別物なので望楼型の判定にはならない（会津若松城・和歌山城など）。また入母屋破風を二つ並べた比翼《ひよく》入母屋破風は、比翼千鳥《ちどり》破風とほぼ同等であるので、これがあっても望楼型とは言えない（名古屋城・福山城・高松城など）。なお、織田信長が創始した天主は一階建てや二階建ての書院造の御殿を基部としたものだったので、尾張楽田《がくでん》城殿守（愛知県）を例にして矢倉（櫓）の上に望楼を載せたものという昭和前期の定義は正しくはない。

入母屋造の屋根上に望楼を載せたものというのは、望楼型天守の外観の特徴で、その内部構造は、基部の入母屋造の梁に直にその上階の骨組を載せており、したがって入母屋屋根の中に望楼の下部が埋没している。上階の逓減が大きいと屋根の中に一階分が完全に埋没して屋根裏階となり、その上の階が屋根上に突き出すことになる（岡山《おかやま》城・松江《まつえ》城など）。そうした例では屋根裏一階分が屋根の重数より多くなって重階不一致となる。姫路城では屋根中の階高を著しく大きくしたので屋根裏階は生じなかったが、中二階ができてしまった。逓減率が小さい彦根城は、望楼型ではあるが屋根裏階が生じず、重階一致の天守である。

それに対して層塔型は、入母屋造の基部がなく、四方から均等幅を縮小させて各重を積み上げた構造である。したがって、一重目や二重目に入母屋破風がないので、容易に区別できる。ただし、千鳥破風・比翼千鳥破風・比翼入母屋破風などは、基部の入母屋造ではないので、望楼型と層塔型の両方に用いられている。そのため両型式の判別には、入母屋破風と千鳥破風の区別が必要である。

入母屋破風は、入母屋造の屋根の端部なので、破風上の屋根はそのまま軒先ま

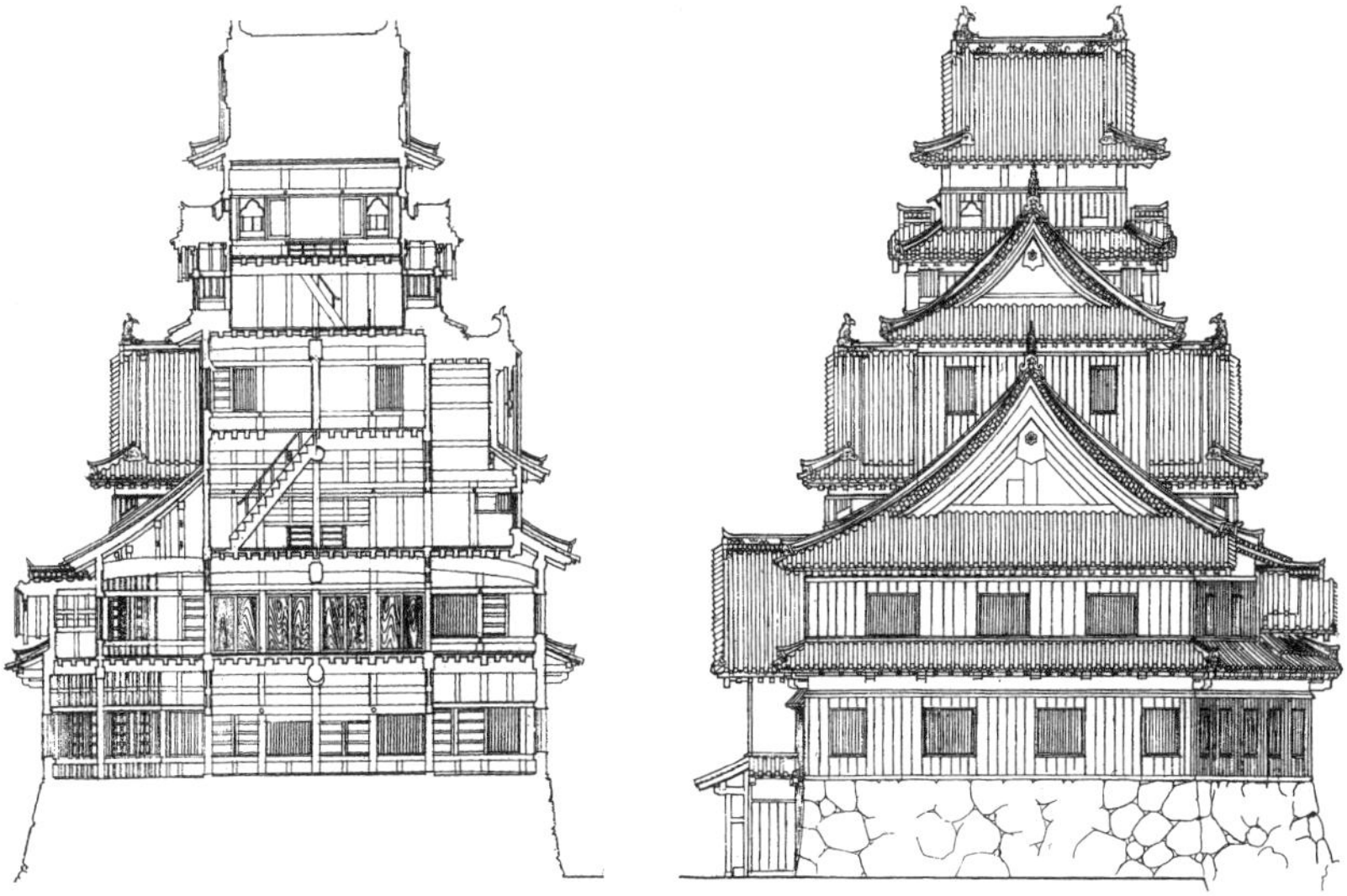

図７　逓減率が大きい望楼型の岡山城天守

（右：立面図／左：断面図）

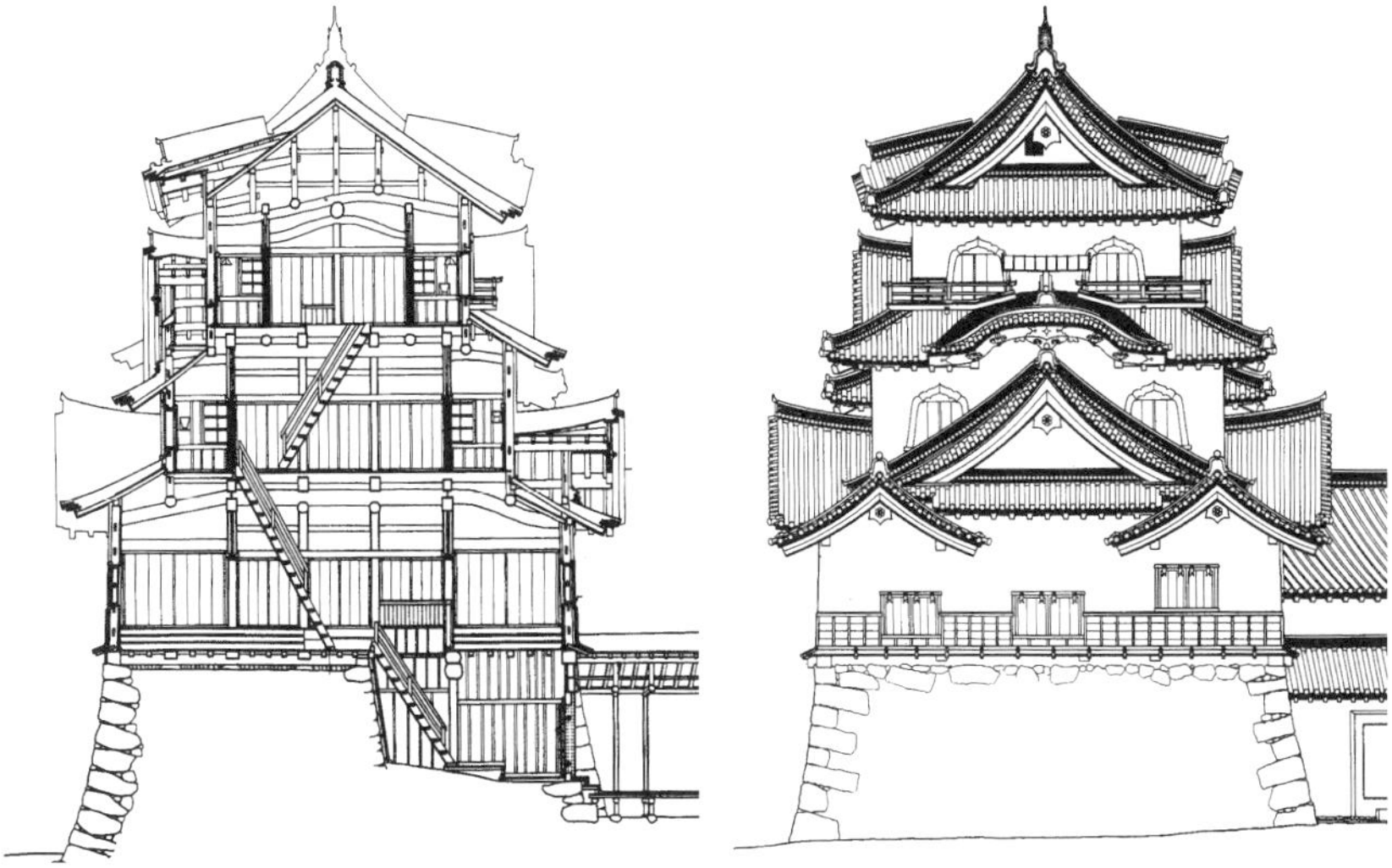

図８　逓減率が小さい望楼型の彦根城天守（右：立面図／左：断面図）

で連続する。それに対して千鳥破風は、本体の屋根の斜面の途中に三角形の屋根を置いた構造なので、破風上の屋根を下方にたどると本体の屋根の斜面に突き当たり、そこで谷ができている。（図9）

層塔型天守の初例

層塔型天守だったことを明白に確認できる最古例は、慶長十五年（一六一〇）に築城の名手と称えられた藤堂高虎が丹波亀山城《かめやま》（京都府）の公儀普請（天下普請）に際して家康に献上して建てた五重五階の天守で、明治初期に取り壊される直前に撮られた写真にその姿が見える。最上重以外には破風が全くなく、典型的かつ最古の層塔型天守であった（図10）。この天守は高虎が慶長九年（一六〇四）頃に伊予今治城に創建したものだったが、同十三年に伊賀伊勢への転封に当たって伊賀上野城《うえの》（三重県）へ移築する目的で解体し、藤堂家の大坂屋敷に部材を保管していたものであった。移築前の寸法と移築後の寸法がほぼ一致するので、今治城天守こそが史上初の層塔型五重天守だったと断定できる。

その後、高虎は慶長十六年から自己の居城伊賀上野城の大改修に着手し、新たに天守を建造していた。ところが、その天守は作事途中に大風で倒壊してしまい、天守建造は中止された。『高山公実録《こうざんこうじつろく》』によると「殿主は五層の塔立なり」とあり、また「五層を五つに分け、五か所に小屋を立、棟梁一人に一層つゝの請取なり」と記されている。この場合の五層は今治や丹波亀山城の天守からすれば五重または五階（重階一致なのでどちらでもよい）のことである。「塔立」は層塔型を意味するものと考えられており、文献記録上における層塔型天守の初見である。

その五層を一層ずつ別々の棟梁に請け負わせ、作事小屋も別々に立てたというので、各階は独立した構造になっており、分担請負により工事の作業能率が格段に高くなった。それに対して、望楼型は基部の入母屋屋根が屋根裏階や上重屋根と絡まるので各階請負は不可能であった。まさに層塔型は、工期を劇的に短縮できる点で天守として理想的な構造であった。伊賀上野城天守の作事を請け負った棟梁は、高虎に粉河《こかわ》（和歌山県）時代から仕えてきた次郎三郎、伊予（愛媛県）から付き従ってきた助五郎と九十郎、地元伊賀の棟梁小田町仁介と荒木村兵衛の五人であって、出自の違う大工棟梁に各階を分担させることができたのは、層塔型天守ならではの画期的な特性であった。

また、作事小屋が別々であったので、各階を上下に緊結する通柱《とおしばしら》は全くなく、各階の柱はすべて管柱《くだばしら》だったと考えられる。しかしその結果、組み立て工事中に大風で吹き倒されてしまったのであろう。その後の多くの層塔型天守（福山城・江戸城など）では、上下階を結びつける通柱を用いており、通柱の効用の一つとして強風対策が挙げられる。高層建築である天守は、風当たりが激しいのである。

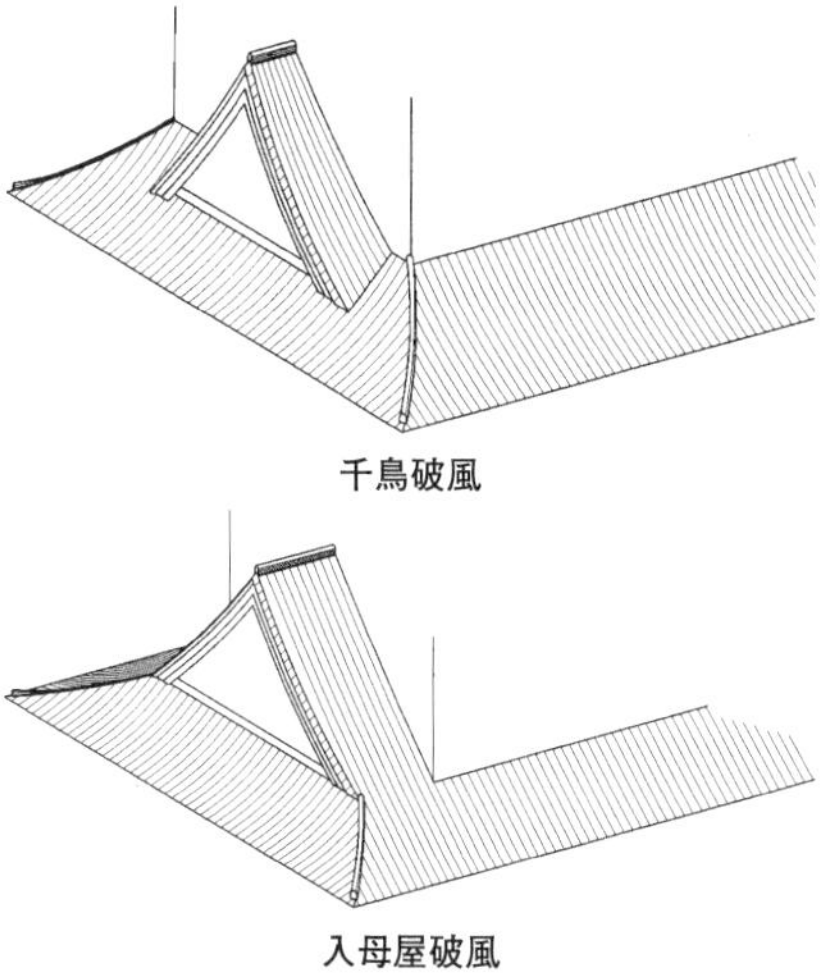

図９　入母屋破風と千鳥破風

図 10　丹波亀山城天守復元立面図
（復元：松田克仁）

唐造（南蛮造）

層塔型天守の中で小倉城天守（福岡県）（図11）は四重五階であって、重階不一致の特殊例であった。かつて重階一致が層塔型天守の条件とされたが、小倉城天守は最上重以外に破風が全くなく、典型的な初期の層塔型天守に分類される。細川忠興が建てた天守で、慶長十五年（一六一〇）の不動尊の札が天守五階にあったと記録されているので、それまでには完成していたことになる。

四階には屋根がなく、五階の廻縁が外側に迫り出し、その廻縁の縁先に雨戸を建てて室内に取り込んでいた。そのため五階が四階より大きく、四階の屋根の代わりになっていた。この珍しい形式は「唐作《からづくり》」[34]といわれた。近代になって南蛮造と新たに命名されたが、江戸時代の呼称である唐造（「唐作」を学術用語の表記に整えたもの）を用いるべきである。

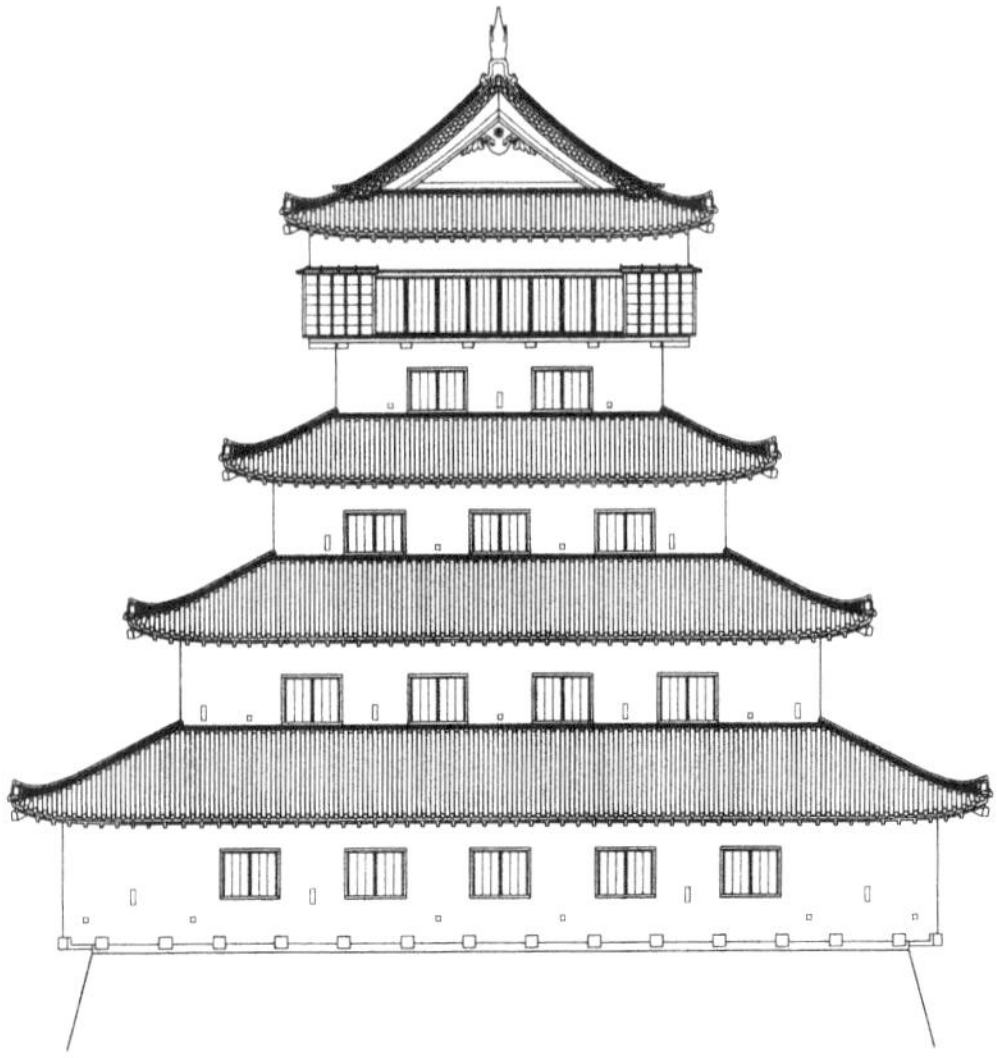

図 11　小倉城天守復元立面図（復元：中村泰朗）

小倉城天守は、佐賀城・津《つ》山《やま》城（岡山県）・高松城の天守建造において手本にされたと伝えられる著名な天守である。佐賀城と高松城の天守は、伝えの通り小倉城と同様の唐造であった。津山城天守（図12）は、四重目屋根だけが軒の出の短い板葺で、その上に五階の廻縁を張り出していて、典型的な唐造ではなかった。しかし、当時は、天守や櫓に使われた板葺の屋根は、本来の屋根とはみなさず、すなわち重数に算入していなかったと考えられる。したがって、津山城天守では四重目の屋根が実質的に省略されていたとみなせるので、唐造の変型とす

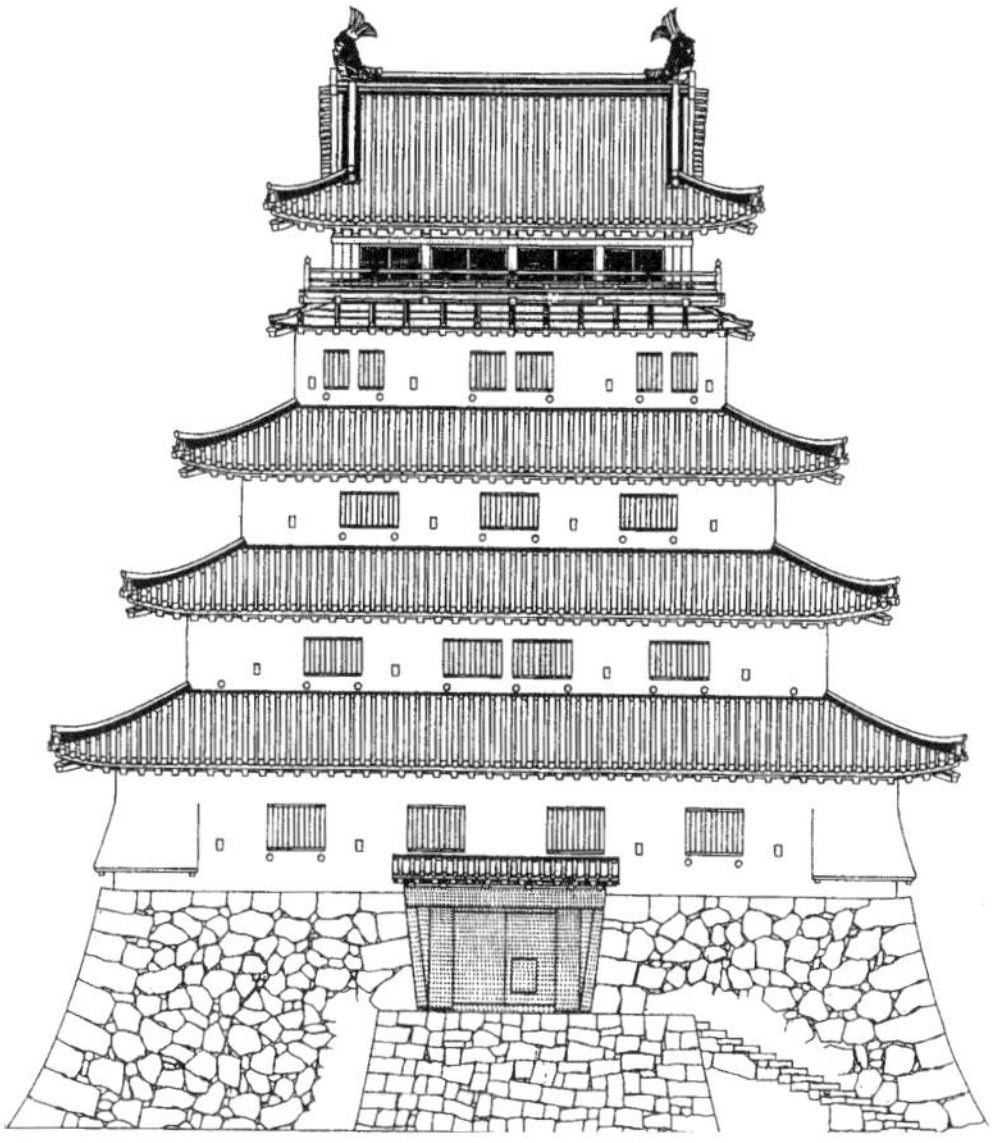

図12　津山城天守復元立面図（復元：石井正明）

ることができる。そして、これらの天守は小倉城天守と同じく典型的な層塔型に分類される。

唐造がこれら大藩の城で応用された理由は、実質的な五重五階（高松城は四重四階）天守を建前上で四重五階（高松城は三重四階）とする政策上の都合があったからと考えられる。当時、幕府が諸大名の五重天守建造を厳しく規制していたことが背景にあるようだ。階数の多寡が問題ではなく、屋根数が増すことに厳しい制限があったのである。(35)

特異な岩国城天守

唐造は、最上階をその直下階より外側に迫り出し、直下階の屋根を省略した形式と定義される。層塔型の進化発展型と考えられるが、望楼型の岩国《いわくに》城天守（図13）も残されている建地割図からすると唐造の一種であった。岩国城天守は四重六階で、四階と六階がそれぞれ三階と五階より張り出しており、二つの階で唐造を応用した唯一の例であった。しかも四階の屋根（三重目）を入母屋造にして一階平面の細長さと歪みに見切りをつける特異な望楼型天守でもあった。

岩国城天守は慶長十三年（一六〇八）に建てられており、小倉城天守より建築年代が早く、史上初の唐造天守だったことになる。しかし、この天守の一階平面は、二間半幅の広大な入側があるのに身舎は八畳間二室しかなく、小倉城やそれを手本とした天守とは全く異質の構造であって、小倉城との関連はないと考えられる。惜しまれることに岩

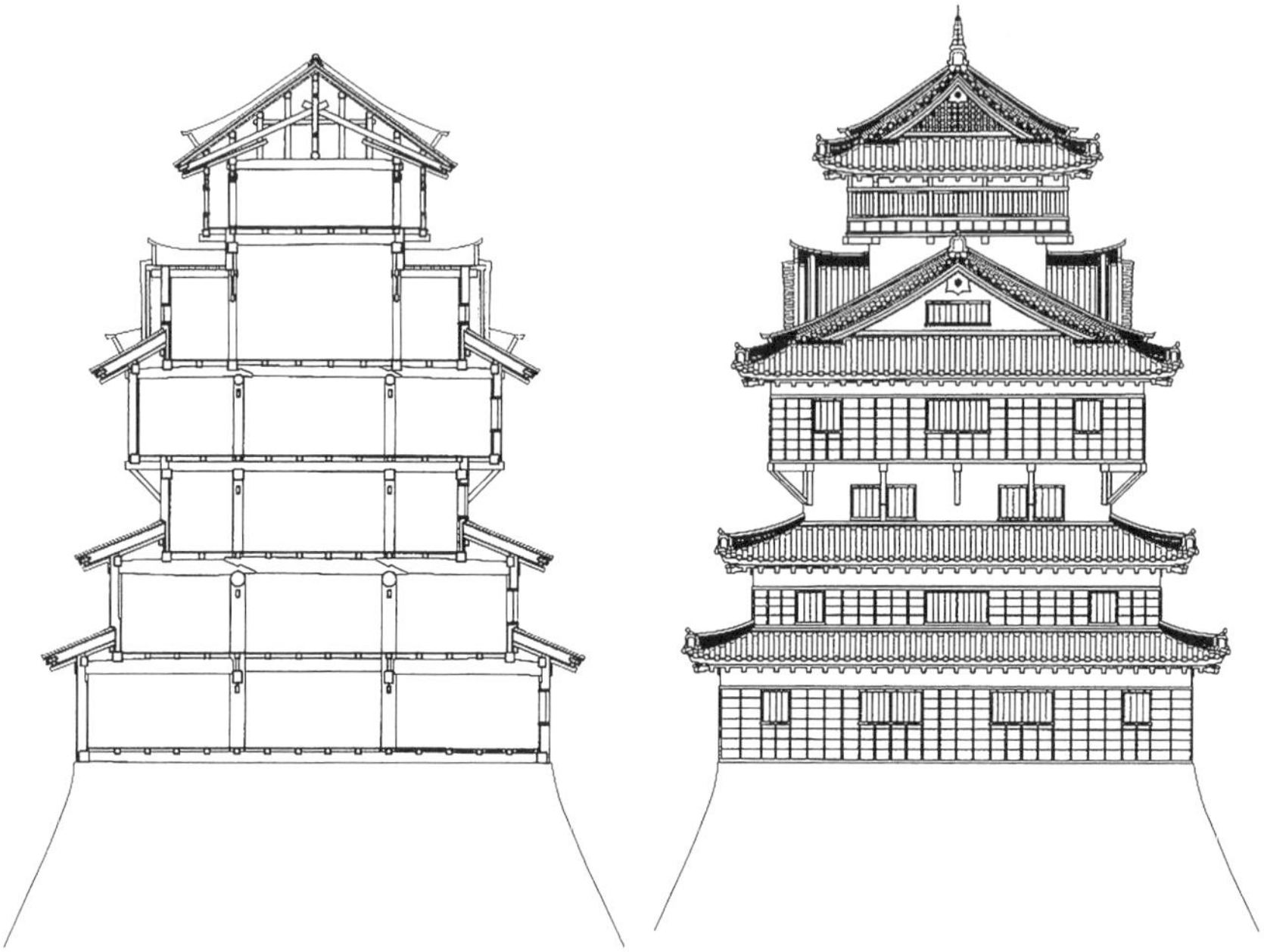

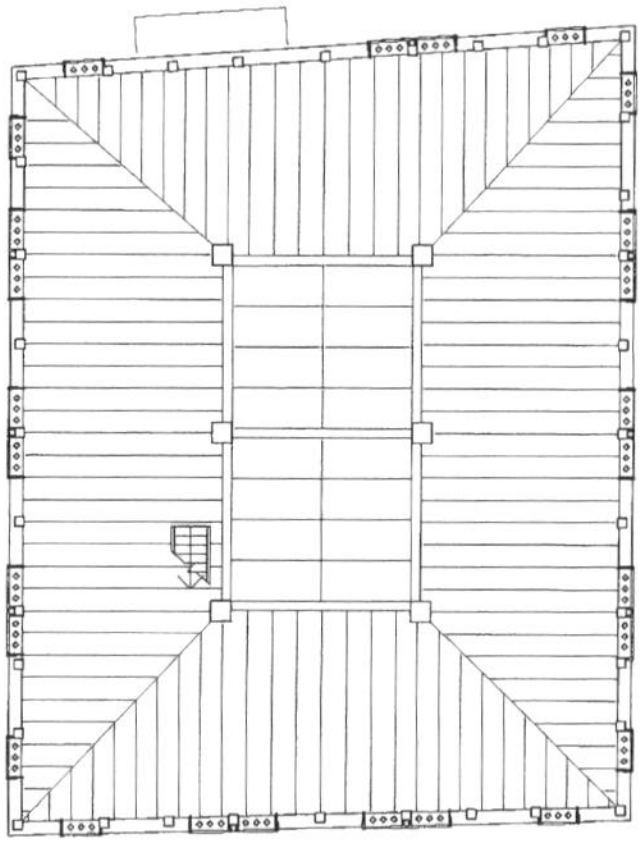

図 13　岩国城天守復元図

（上右：立面図／上左：断面図／
下：一階平面図）（復元：高橋優子）

国城天守は元和元年（一六一五）の一国一城令で取り壊されてしまった。

(ii) 天守の構成

付櫓と小天守

天守は単独で建つことは少なく、多くの場合は櫓や小天守などが付随している。天守に付属する櫓は付櫓《つけやぐら》といい、天守以外の櫓や櫓門に付属する櫓は続櫓《つづきやぐら》と称して区別することになっている。付櫓には一重のものと二重のものとがあり、平面規模は大小様々であった。

天守に付属する櫓のなかで比較的に規模が大きいものは小天守という。城によって小天守と付櫓の区別は一様ではないが、最上階が天守から独立している二重以上の付櫓を小天守とするのが一般的である(36)。また、天守と小天守が離れて建つ場合には、両者を結ぶ細長い櫓が設けられ、それを渡櫓《わたりやぐら》というが、城によっては廊下とも称した。

小天守の初見は明智光秀の坂本城であって、早くも天正十年（一五八二）に「小天主」で茶の湯（茶会）があったことが『兼見卿記』に記されている。その小天主は元亀三年（一五七二）に天主と同時に建てられた可能性が高い。また『家忠日記《いえただ》』には、天正十七年に駿府城《すんぷ》の「小伝主（小天守）」の石垣を主君家康の命により手伝い普請したことが記されている。

四種類の構成型式

天守の構成型式とは、天守に付櫓や小天守などが接続する形態についての分類である。大類伸《おおるいのぼる》が戦前に提唱した説であって、独立式・複合式・連結式・連立式の四種類の型式に分類されている(37)。現在でも使われている分類ではあるが、大類が示した各型式の定義が曖昧あるいは不正確だったので、現行の分類方式は大類の型式定義とは齟齬が生じ

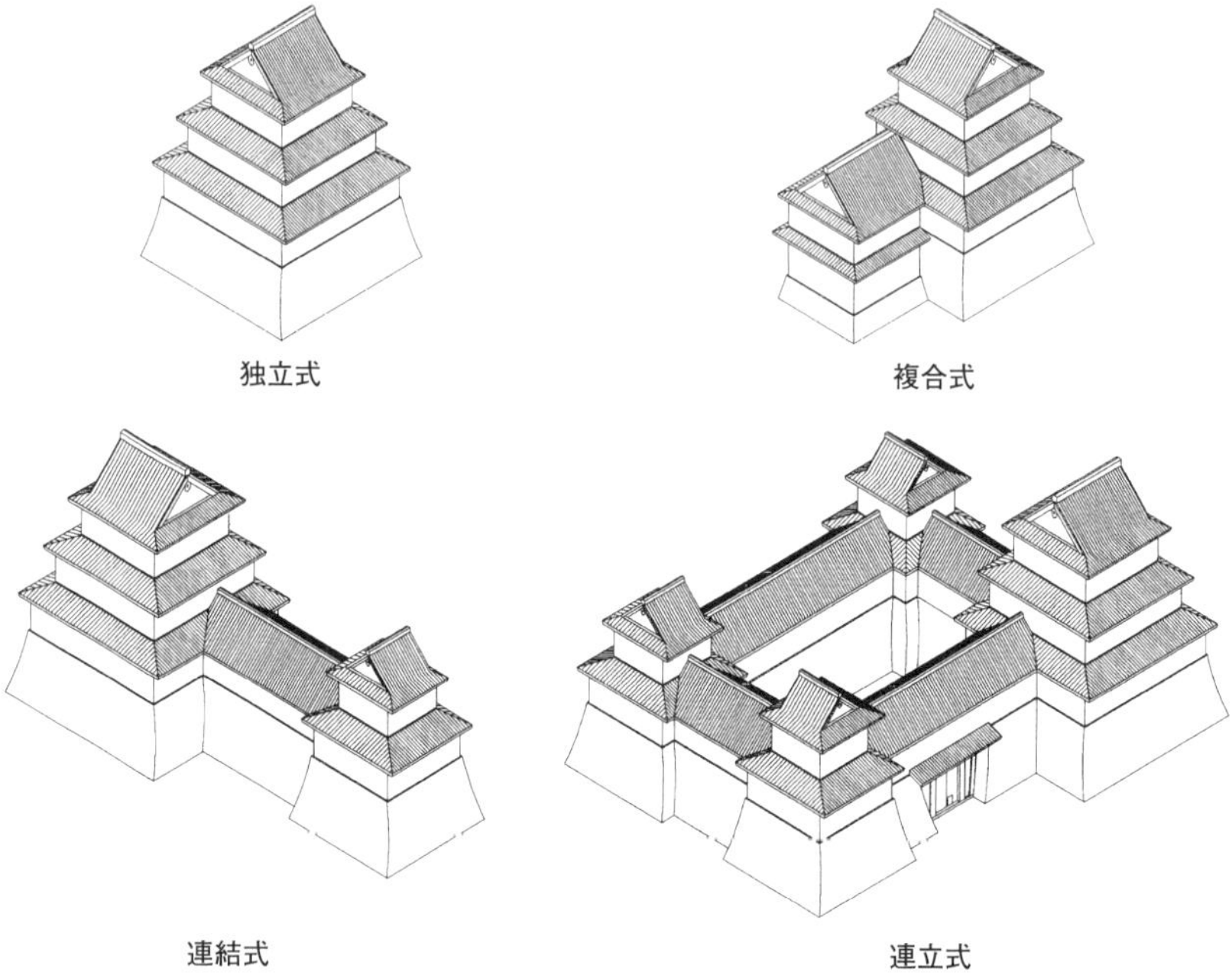

図 14　天守の構成型式の模式図

ている。したがって、本書では現行の型式の定義を改めて明記する。

独立式は、小天守や付櫓を伴わず、天守が単独で建つ型式である。現存例では、丸岡《まるおか》城・宇和島城・高知城がある。津山城・徳川大坂城・寛永度江戸城・島原《しまばら》城・水戸城などの失われた天守も独立式であって、実例は少なくなかった。なお、宇和島城天守は入口に唐破風造の玄関式台が取り付いているが、これは付櫓ではなく、入口の雨避けの類であるので、複合式には加えない。

複合式は、天守に付櫓や小天守が直に接続している型式である。現存例では、犬山《いぬやま》城・彦根城・松江城・備中松山城がある。岡山城・丹波亀山城・岡崎《おかざき》城・福山城[38]・会津若松城など多くの実例があった。これらは付櫓が接続する例であるが、小天守が接続した例は熊本《くまもと》城である。

連結式は、小天守が渡櫓など別の建築を介して天守に接続する型式である。現存例では、松本城があり、天守と乾小天守が渡櫓を挟んで接続している。失われた例には桑名城（三重県）があったが、実例は少なかった。名古屋城・八代城《やつしろ》（熊本県）では渡櫓を土塀で挟んだ橋台に変えていた。橋台は小天守の火災が渡櫓を伝って天守に延焼するのを防止する工夫で、連結式の進化型であった。

連立式は、天守と複数の小天守や隅櫓《すみやぐら》を渡櫓で結んで中庭を囲んだ型式である。現存例では、姫路城天守群があり、五重天守と三棟の三重小天守を二重の渡櫓四棟で繋いでほぼ口の字形に中庭を囲む。渡櫓のうちの一棟（ニの渡櫓）は、天守群への入口の櫓門（水の五門）を兼ねる。松山城では、三重天守と櫓門二棟（上部の渡櫓は焼失）が現存し、二重小天守や二重櫓二棟・渡櫓が再建されており、連立式天守群を形成している。なお、松山城天守は幕末の再建であるが、慶長創建時では中庭の代りに溜池を囲んだ連立式であって、本邦初の連立式であった（図15）。

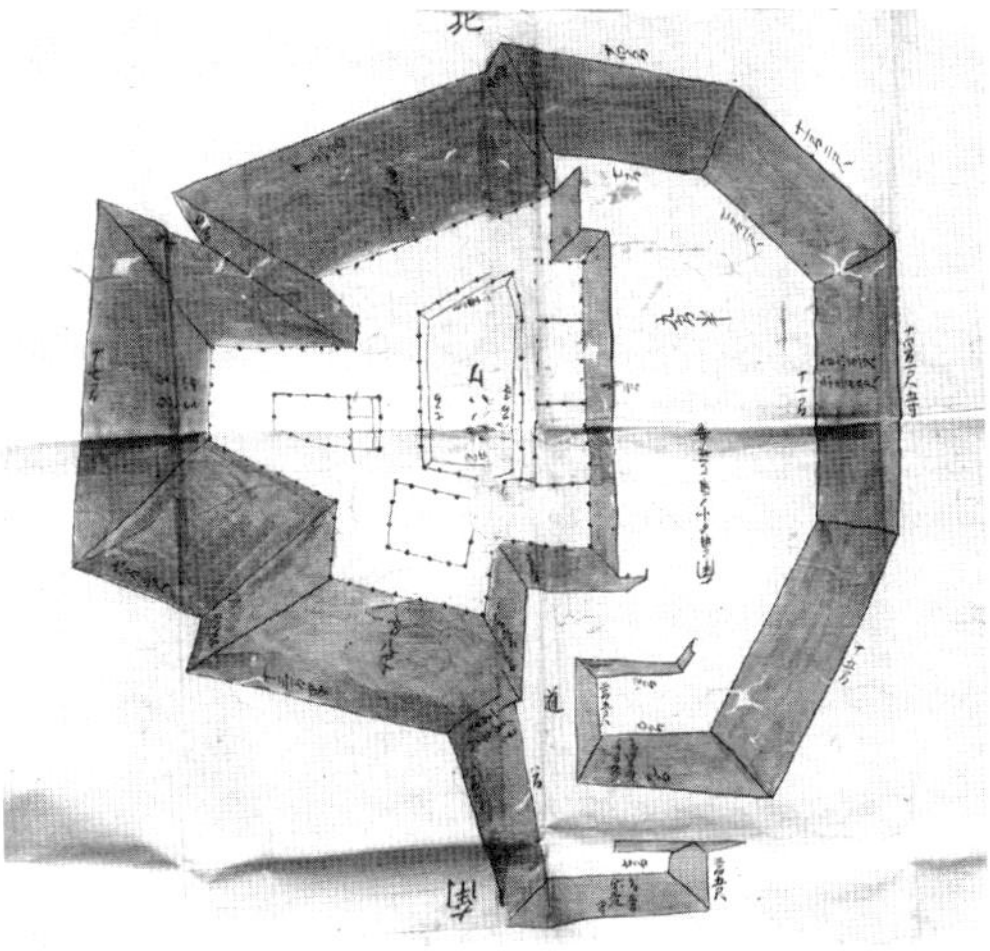

図 15　慶長創建時の松山城天守群
（「与州松山本丸図」）

これら四種類の区分には、研究者によって混乱がある。

まず、独立式についてであるが、津山城天守・寛永度江戸城天守・徳川大坂城天守などは、天守台の正面に小天守台を突き出しているので複合式とされることもあった。しかし、その台座に小天守や付櫓は一度も建てられておらず（図16）、台座石垣しかないものを天守建築の一環として捉えるのは不適切であるので、これらは独立式の代表例とする。

そうした例については、台座石垣しか残っていないため、分類に揺らぎが生じたものであろう。したがって、往時の状況を古写真や絵図や古記録から復元的に考察して型式分類すべきである。弘前城天守と丸亀城天守は現状では完全な独立式であるが、明治維新当時には、両者ともに多門櫓が接続していた。弘前城では短い多門櫓を付櫓として従えた姿が古写真にも見える。明治初期の

図16　大坂城小天守台に建つ金明水井戸屋形

取り壊しによって、複合式から独立式に改造されたものである。

同様に広島城天守では、往時は三重三階の小天守二棟が渡櫓で連結されていたが、明治初期に小天守を取り壊されてしまい、原爆被災時には渡櫓の一部が天守に接続する形で残っていた。したがって、連結式から複合式へ改変されたものである。なお、二棟の小天守を連結しているので、複連結式と分類されることもあるが、実例が一例しかないような分類型式を立てるのはいかがかと思う。小天守二棟の連結式でよかろう。

松本城（図17）では、現在の乾小天守が三重天守として文禄元年（一五九二）頃に創建され、その後慶長二十年（一六一五）頃に五重天守が新築され、旧天守が小天守に改造されて渡櫓で両者が連結された。さらに寛永十～十五年（一六三三～三八）に辰巳《たつみ》付櫓と月見《つきみ》櫓が増築されている。松本城の場合では、当初は独立式か複合式であり、それが増築によって連結式となり、さらに複合式に付櫓・月見櫓が増築されたものである。この例では時代によって型式が変化しており、そうした歴史的変遷も考慮しなければならない。なお、この連結式かつ複合式について、複合連結式という分類項目を立てることもある。しかし、一例しかないものに新たな分類型式を設けるのは煩雑になるだけなので、連結式かつ複合式としておいた方が合理的である。

連立式と天守曲輪

ところで、この四種類の型式に当てはまらない事例がある。まず、連立式に分類されている戦災焼失した和歌山城では、三重天守・二重小天守・二重櫓二棟・櫓門を長大な多門櫓で結んだもので、通常は天守曲輪《くるわ》（天守丸）と称すべき規模である。同等な例では大洲《おおず》城本丸があり、四重天守（木造再建）に二重櫓二棟（現存の台所《だいどころ》櫓・高欄《こうらん》櫓）・櫓門を長大な多門櫓で繋いでいた。このような事例は、連立式の拡大型とみなせないわけでもない。

さらに巨大化させたものでは、津《つ》城本丸（天守は焼失）は三重櫓二棟・二重櫓三棟・櫓門二棟を多門櫓で結んだもの、二条城本丸は五重天守・三重櫓・二重櫓二棟・櫓門二棟を多門櫓で結んだものであって、極めて壮大であった。

図 17　松本城天守群

これらを連立式の範疇に含めると、そもそも天守の構成型式とは言えず、曲輪の縄張である。したがって、連立式の中庭は天守一棟程度の面積までに限っておくのが至当であろう。そうなれば、姫路・松山城が連立式の現存例であり、福島正則が築き間もなく廃城となった亀居《かめい》城（広島県）が連立式だった可能性が高い例である。

先に挙げた丸亀城天守も分類に悩む例である。本丸を囲う多門櫓に接続して建てられていたが、明治初期に多門櫓を取り壊されて、現状では独立式である。この多門櫓は長大であって、天守の付櫓というようなものではない。丸亀城をはじめ和歌山城・大洲城のように天守曲輪（または本丸）の多門櫓が天守に接続する例は、四種類の型式とは別に天守曲輪として扱うのが至当である。

それらとは対照的に、駿府城と淀《よど》城（京都府）では、巨大な天守台の中央の平地に天守を建て、その周囲に多門櫓を廻らせていた。この巨大な天守台自体は天守曲輪の一種であり、その中に単独で天守が存したのであるから、独立式に分類すればよい。

5　現存天守と再建天守

現存天守

天守建築と社寺建築との大きな違いは、天守の現存例が極めて少なく、市民の要望等を反映して過去に失われた天守を近代に再建した例が多いことである。社寺建築の場合では、再建するにしても前身建築の規模や意匠を再現することは稀で、近代に規模意匠まで忠実に再現した例は浅草寺《せんそうじ》や四天王寺《してんのうじ》・薬師寺《やくしじ》・興福寺《こうふくじ》といった特別な由緒をもつ大寺院に限られている。

近年、現存天守と言われているのは、明治四年（一八七一）の廃藩置県以前に建てられた天守で現存しているものである。近代に建造された天守は築五十年以上（文化財指定の必要条件）の木造（伊賀上野城・郡上八幡城《ぐじょうはちまん》）であっても現存天守には含まれない。社寺建築では明治以降の建築であっても今に存在すれば現存というのであって、城は特殊な建築分野である。(39)

その現存天守は、公式な天守十棟と天守代用櫓二棟、合わせて十二棟である。そのうち犬山・彦根・姫路・松江・松本の五例が国宝、残り七例が重要文化財である。国宝や重要文化財の指定には、天守に付随する付櫓・小天守・渡櫓なども含まれるので、例えば姫路城天守では連立天守群の合わせて八棟（五件八棟）が国宝指定されている。

実際に現存する天守はこの十二棟より多い。熊本城宇土《うと》櫓は加藤清正《かとうきよまさ》が創建した初代熊本城（往時は隈本《くまもと》城と記した）天守を移築改造したものと考えられる。松本城乾小天守も初代松本城天守であって、現天守を新築した際に改造されて小天守となったものと考えられる。名古屋城西北隅櫓（御深井丸戌亥《おふけまるいぬい》櫓、別名は清洲《きよす》櫓）は清洲城天守を移築改造したものと考えられる。また、笠間《かさま》城（茨城県）の天守（二重二階）は、原位置に現存しているが、二階および一階の正面入側を撤去されて佐志能《さしのう》神社拝殿に転用されている。このうち名古屋城西北隅櫓は、移築時の改変が著しくて当初の形が明らかにできないので、現存とは厳密には言えないが、熊本城宇土櫓と松本城乾小天守は現存天守に加えても良さそうである。笠間城天守は将来に二階が復元されれば現存天守と言えよう。

再建天守

明治以降に再建あるいは新築された天守は、現存天守ではないが、その状態は千差万別である。慣例的にそれらの天守は、復元天守・復興天守・模擬天守に分別されている(40)。

復元天守は、失われた天守の規模や意匠を資料(実測図・古写真・雛形・指図・絵図・古記録・発掘調査資料など)に基づいてできるだけ忠実に再現したもので、木造によって内部までほぼ正しく復元されたものをいう。三重の白河小峰城(福島県)を最初として、四重の大洲城(愛媛県)がある。

復興天守は、コンクリートや鉄骨などの新建材で造られたもので、内部は完全に現代建築であって、資料館と展望台を兼ねる。失われた天守の外観のみを復元したもので、外観復元天守とも言われる。外観は古写真や絵図などの資料によって復元されている。古写真が豊富に残る、明治以降に喪失した天守が多い。熊本城・広島城・福山城・岡山城・和歌山城・名古屋城・大垣城・小田原城・会津若松城・松前《まつまえ》城(北海道)などがある。復興天守の外観復元の正確さには優劣があって、岡崎城・高島《たかしま》城(長野県)などでは本来はなかった廻縁を観光の都合で付加、小倉城では入母屋破風・千鳥破風を付加するなどの意図的な改変があり、それらは本来、外観復元とは言えないが、本来の天守の趣をある程度は再現している。意図的な改変の著しい小倉城は模擬天守として扱われることも少なくない。

模擬天守は、復元資料が全くない天守を想像で建築したものである。その中には、明らかに誤った再建や、もともと天守が建てられたことのない城での天守創建も含まれている。想像による中津《なかつ》城・岸和田《きしわだ》城・岐阜城、天守台より一回り縮小して再建した伊賀上野城・浜松《はままつ》城、層塔型を望楼型とし位置も変えて再建した今治城、天守が存在しなかった唐津《からつ》城などがある。伊賀上野城天守は木造再建であるが、本来の天守は建造途中で倒壊したため天守がなかった城であり、天守台より一回り縮小し、五重を三重に変更して建築されている。大阪城天守閣は、徳川再築天守台の上に大坂夏の陣図屏風に描かれた豊臣天守を参考に復元されており、黒壁を白壁にするなどの改変があるので、復興天守ではなく模擬天守の範疇に入れられることがある。

なお、本来の天守があった位置とは別に天守型の博物館や資料館を建てた例は、そもそも天守再建とは言えないが、岩国城（山口県）・清洲城（愛知県）・忍城《おし》（埼玉県）など多くの例がある。

第二章　天守の平面と構造

1　一階の平面形式

(i)　入側と身舎

石垣に載る特殊平面

天守や櫓《やぐら》といった城郭建築は、その多くが石垣の上に直に建てられた。社寺建築や住宅建築と最も相違する特性である。天守が載る石垣は天守台、櫓が載る石垣は櫓台という。おおむね慶長十年（一六〇五）以前の石垣築造技術は未熟であって、天守台や櫓台が計画通りに施工できることは少なかった。天守台や櫓台の上端の平面が歪んでしまい、台形や不等辺四角形になることはむしろ多かった。また、計画された平面規模通りにはならず、過大あるいは過小になることも珍しくない。

社寺建築や住宅建築では、その隅部は完璧な直角に造られる。また、柱間寸法の誤差は経年変化して歪みが生じた場合でも実測値でせいぜい一、二センチメートル程度である。それに引き替え城郭建築では、施工誤差の大きな石垣

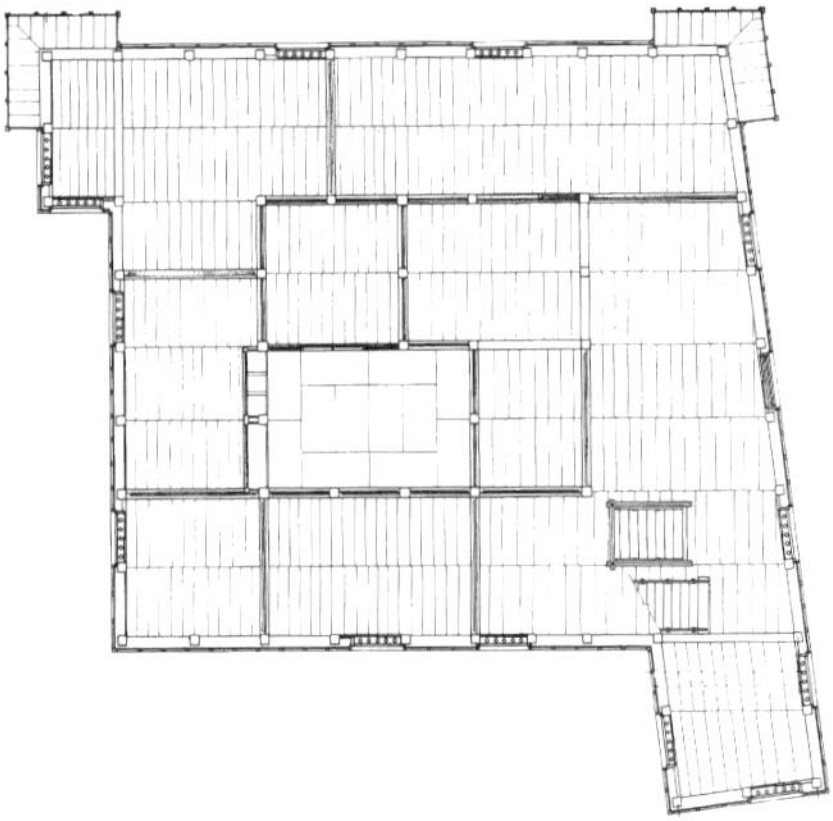

図18　犬山城天守一階平面図

上に建つことが多く、しかも石垣端と外壁との間に隙間ができると防備上で不利となるので、天守台や櫓台の上面いっぱいに建築された。必然的に一階平面が歪んでしまったり（図18）、柱間寸法が中途半端になってしまったりする。したがって、天守の一階平面は、社寺建築や住宅建築では考えられない、歪みと柱間寸法の調整が不可欠となる。なお、その調整は特殊な一階平面だけではなく、上方の屋根（望楼《ぼうろう》型天守の基部の入母屋《いりもや》屋根）においても巧妙に行われていたのである。

身舎と入側（武者走）

天守を含め日本の伝統的建築では、外壁に立つ柱を側柱《がわばしら》といい、その一列内側に立つ柱を入側柱《いりがわばしら》という。側柱と入側柱に挟まれた、外壁沿いの廊下状の空間を入側《いりがわ》といい、入側の内側、すなわち入側柱で囲まれた部分を身舎《もや》（母屋）という。天守の入側は籠城時には城兵らが防戦に当たる場所なので武者走《むしゃばしり》[41]とも呼ばれ、また身舎の周囲を廻る通路なので廊下ともいう。

入側の幅は、大型天守では二間（犬山城・姫路城・松江城・名古屋城・津山城・江戸城など）、小型天守では一間（丸岡城・丸亀城・備中松山城など）とするのが標準的であり、彦根城天守ではその中間の約一間半である。年代が下降すると一間半の例（宇和島城・伊予松山城など）が多くなる。大型天守では、小倉城が一間半、松本城天守が一間であって異色である。また、熊本城天守や高知城天守では入側と身舎の区別が曖昧である。

身舎は天守の規模に応じて一室から十数室の部屋に間仕切られ、部屋境には柱が通常一間間隔で立ち並ぶ。

このような天守の平面形式は、天守の基となった書院造の建築の平面的特徴をある程度継承（書院造では入側は身舎の四周を廻らない）したものであるが、天守に独特なものでもあって、同じ城郭建築の櫓の平面とは大きく異なる。

この独特な平面が生まれた要因としては、天守台という石垣の上に建つことと軍事建築であること、そして櫓に比べて平面が格段に大きいことが挙げられる。

梁による空間の制約

天守の平面の特殊性を理解するためには、木造建築の構造の基本を理解する必要がある。日本の伝統的木造建築は、中国や韓国やベトナムの木造建築と同様に長方形平面が基本である。その所以は、柱どうしを繋いで上階の床や屋根を支える梁《はり》が力学上で特に大きな断面積を要するからである。梁は長くすると曲がりやすくなり、限界を超えると折れてしまい建物が崩壊する。よって室内空間の幅は、梁の長さにより制約される。

なお、梁の上には小屋束《こやづか》が並び、小屋束の頂部に母屋桁《もやげた》が渡されて、屋根面を構成する多数の垂木《たるき》を支える。したがって、梁どうしの間は、柱ほどの太さの母屋桁が渡るので、その強度から梁どうしの間隔は一間と定まっている。梁の上に上階の床を張る場合でも、梁どうしの間には根太《ねだ》という細い部材が渡されて床板を支えるので、やはり梁の間隔は一間に定まる。

次に梁の長さと太さの関係について解説しておく。例えば中央部に荷重を受ける梁の場合では、梁の長さが二倍になると、中央部での撓《たわ》みはその三乗の八倍にもなる。それに対抗するためには梁を太くしなければならず、丸太の梁(42)では直径を一・七倍（断面積は約三倍）にしなければならない。長さ二間の梁なら直径九寸（二七センチメートル）ほどの松丸太が使えて経済的だったが、それを超える大径材の入手は往時から容易ではなかった。入手が比較的に容易だった松丸太材でおおむね直径五〇センチメートルほどが限度であり、その太さの梁が支えられる長さはおおむね三間だった。四間梁にすると、直径は六二センチメートル必要となり、用材確保が難しく、ほとんど建築不能となる。

したがって、木造建築の梁が渡る方向（梁間）は梁の長さに制約されて短くなり、それに対して梁と直交する方向（桁行）は一間ごとに柱を立てればよいので無制限に長くできる。その結果、建物は長方形平面となり、見栄えをよくするために、その長辺である桁行を正面に向け、短辺の梁間を側面に向ける。なお、屋根を支える小屋束は梁の上に立つので、一般的に屋根の山形が梁の上に形成され、梁間側に妻壁ができ、桁行側には屋根頂部の大棟《おおむね》から流れ下る大屋根がかかる。そこで、梁間を妻、桁行を平という。

天守の架構

天守の梁間は少なくとも五間以上あり、最大の江戸城天守では十六間もあった。すなわち一本の梁で梁間の全長に架け渡すことは不可能なため、途中で梁を継がねばならない。天守の場合、梁を継げる部位は、入側柱や部屋境に立つ柱の頂部である。したがって、身舎を複数の部屋に間仕切るのは、部屋としての使い勝手だけではなく、梁を繋ぐ手段として必要だったからである。そのため一般的に、身舎は三間ごとに間仕切ってある。ただし、入側は一間から二間の幅であって、入側についてては妻・平の区別なく四周ともに原則として側柱と入側柱を結ぶように梁を架ける。

身舎に架け渡す梁は、すべて梁間方向に揃えて通すのが理想である。しかし、例えば四間に三間というような大きな部屋を配置する際に、その長辺がどうしても梁間方向に向いてしまう場合もある。そのような場合は、その部屋に渡る梁の向きを九〇度変えて桁行方向に通すのが一般的である。また、間仕切りの柱を三間以内に立てられない場合には、特別に太い牛梁《うしばり》を間仕切り柱の代わりに渡して、その牛梁で梁を途中で支えることも行われた。要するに梁の長さを三間以内に収めるように臨機応変に様々な工夫がなされている。

名古屋城天守の絶妙な架構

そうした工夫を理解する上で、名古屋城天守の一階に架けられていた梁の方向が参考になる。戦災焼失前に作成された大量の実測図のなかで一階の天井見上図（図19）を用いて、一階に架けられていた梁（二階の床を支える梁）の向きを検証してみる。

まず、二間幅（名古屋城天守の一間は七尺の大京間）の入側については、桁行・梁間を問わず相対する側柱と入側柱を繋いで梁（直径一尺五寸、約四五センチメートル）が架けられている。入側の隅部においては隅行《すみゆき》（四五度方向）に太い梁（隅行梁、通常の梁のルート二倍の長さ、直径一尺八寸）が渡され、隅の側柱の両隣の側柱には相対する入側柱がないので、隅行梁に梁を架け渡す。他の五重天守と比べて名古屋城天守は破格的に巨大だったので梁も極めて太い。なお、名古屋城では、後述するように新式の層塔型天守の架構法を用いているので、入側の梁はすべて入側柱の側面に突き挿さって止まり、身舎の梁は入側の梁より一段高い位置に架けられていた。

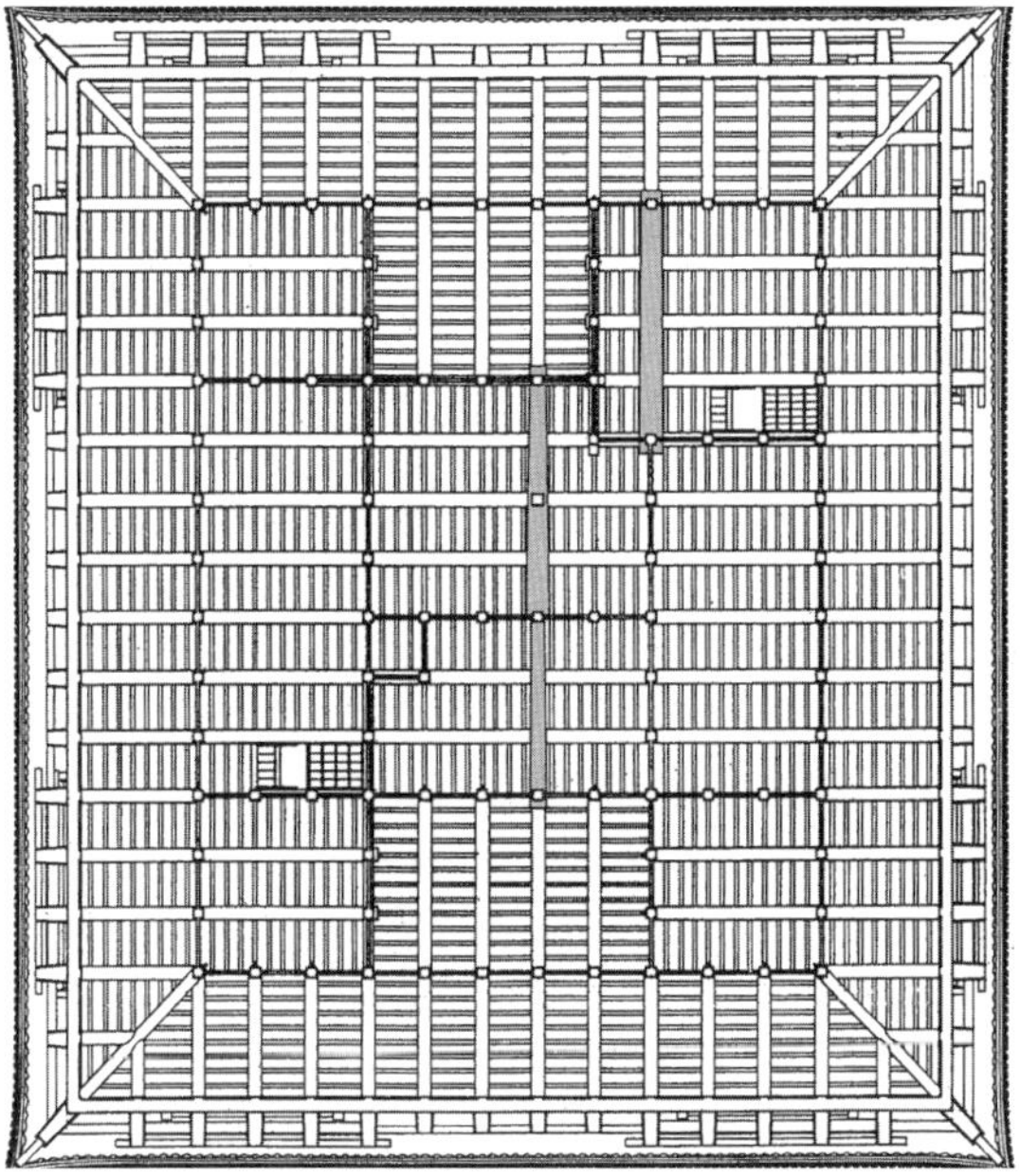

図 19　名古屋城天守一階天井見上図（灰色は牛梁）

身舎の中においては、原則的に梁（直径一尺七寸以上）は梁間方向に揃えて架けられ、部屋境ごとに継がれている。もちろん梁どうしの間隔は入側柱の間隔と同じ一間である。ところが、身舎の北側（図の上側）と南側の中央室は梁間方向が長くそれぞれ四間と五間もあるので、その二室だけは梁を桁行方向に渡して、梁の長さを三間としている。

身舎の北東隅室は四間四方なので、やむを得ず極めて太い牛梁を桁行方向に一本架け、その牛梁の上に通常の梁を梁間方向に架け並べている。牛梁で途中を支えたので、梁が支える距離は一間と三間に分割され、三間の制約を満たしている。一方、牛梁は四間を持ち放つので、驚異的に太く、直径二尺四〜六寸（末口《すえくち》と元口《もとくち》で太さが相違）もあって、通常は入

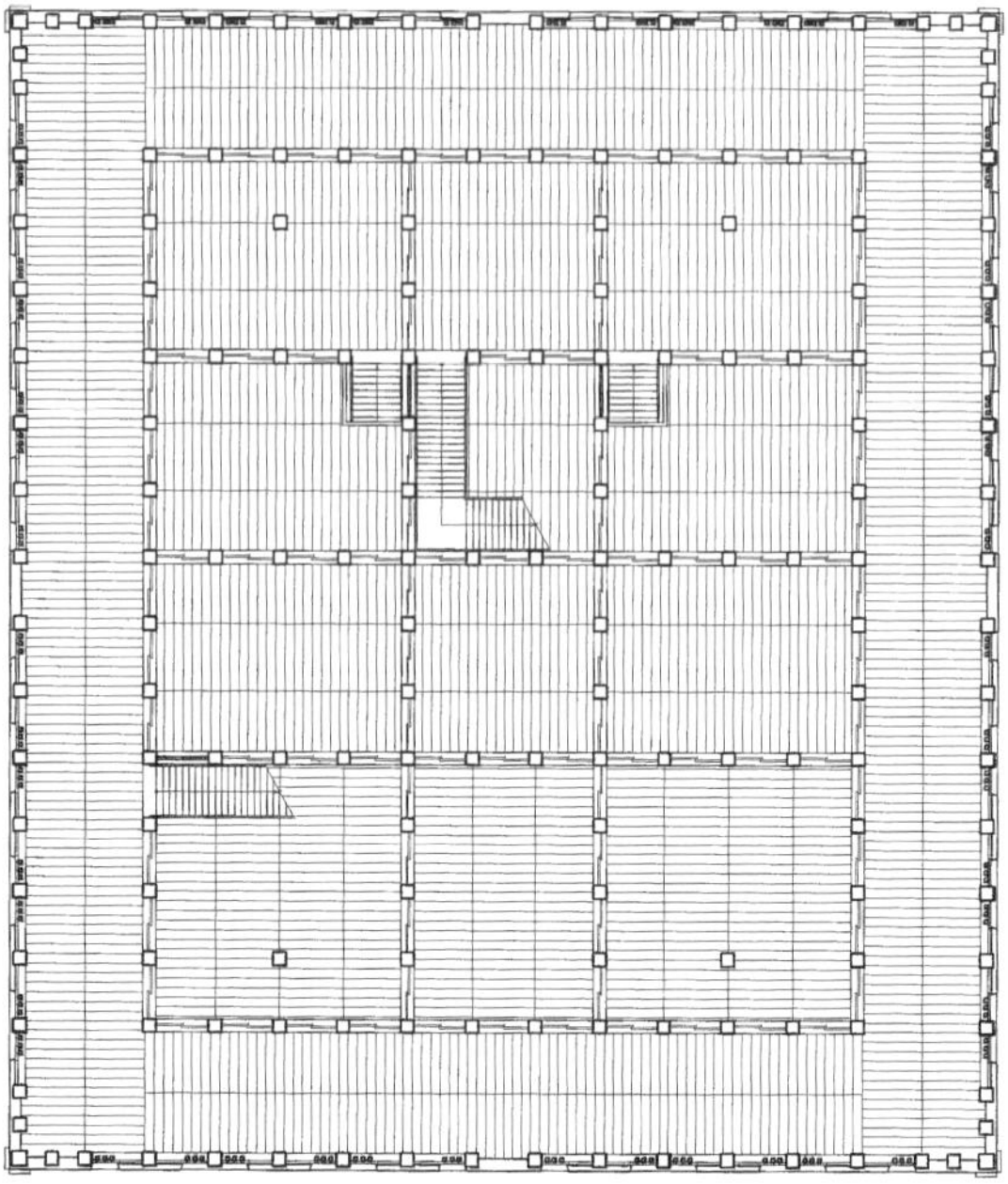

図 20　徳川大坂城天守復元一階平面図

（復元：松島悠）

手不可能な大材が用いられていた。

また、身舎中央の二室は梁間方向が五間と長大だったので、同様に太い牛梁を桁行方向に架けて通常の梁を途中で支えていた。そのうち北側室の牛梁は長さが四間になったので、牛梁の中央下に支柱を加えている。北側室の牛梁は直径二尺〜二尺八寸と末口と元口の差が大きく、入手できた丸太材の末口が細いために支柱を加えたものであって、綿密な構造設計がなされていた。南側室の牛梁は長さが三間だったので、直径は比較的に小さく一尺九寸であった。このようにこまめな梁の太さの使い分けがなされていたのは、大材の入手が困難であったからで、手配できた材木の長さと太さの特性に合わせて梁の架構を設計していたことがうかがえる。今日の画一的な建築設計方法（用材の寸法を入手前に決定）とは違い、確保できた材木をまさに適材適所に配置していたのである。

なお、名古屋城天守と同様に徳川大坂城天守の一階（図20）においても、その四隅にあった広大な部屋では梁の長さが三間を超えて四間となってしまったので、室内に独立柱を一本ずつ配して牛梁を渡して梁を支えていたことが指図から判明する。小倉城天守一階にあった八間に五間余りという広大な部屋（天守方役所）も当然にして室内に独立柱があったはずである。

(ii) 平面の歪みの調整

入側における調整

石垣の築造技術は、関ヶ原の戦い後の慶長の築城盛況期（一六〇〇〜一六一五年）に日進月歩の進化発展を遂げた。石垣の隅部において長い石材を用い、その長辺と短辺を左右交互に向けて積み上げる算木積《さんぎづみ》はおおむね慶長十年（一六〇五）頃に完成域に達した(43)。また石垣の築造精度が飛躍的に向上し、その頃までに高い天守台石垣を歪まずに築き上げられるようになった。逆に言えば、その時期より早くに築かれた天守台は著しく歪んでいたのである。

それ以前の慶長九年までに築かれたと考えられる姫路城大天守台では、その上端の南東隅が直角ではなく鈍角になっており、そのため一階平面では北東隅が南東隅より約七〇センチメートル東へ突き出してしまっている。関ヶ原の戦い前に築造されたと考えられる犬山城天守台ではほぼ台形平面に歪み、さらに早い天正二十年（一五九二）以前に築かれた広島城天守台は、現存する天守台では最も歪みが著しい例の一つで（不等辺八角形の安土城、不等辺五角形の岡山城は別として）、不等辺四角形である。和歌山城天守台（戦災焼失した幕末の天守は旧天守台上に再建されていた）も菱形に近い。関ヶ原以前に築造された甲府城天守台も大きく歪んだ台形平面である。

築造時期の早い天守台は概して歪んでおり、その上に天守を建てる場合には、おおよそ三通りの歪み対処法がなされている。

そのうちの普遍的に採用された対処法は、入側の幅による調整である。天守一階は天守台の上端いっぱいに建てるので、その平面は必然的に歪んでしまう。一階中央部に矩形の身舎を置き、その周囲の余った部分を入側とする対処法で、入側の幅の広狭によって歪みを吸収するものである。犬山城天守（図18）や姫路城大天守（図116）では、向って右側面の入側が縦長の台形平面となっていて、天守台の歪みを吸収している。広島城天守（図2）では南正面および東側面の入側で調整されていた。いずれの場合でも身舎は矩形平面となって、畳敷きの部屋数室が配されていた。

張り出しによる調整

残りの二通りの対処法は特殊例である。まず、熊本城・小倉城・萩城・高松城の天守での対処法は、天守台の外側まで一階の外壁を張り出すものであった（図21）。天守台上端から一階床梁を半間から一間ほど外側へ突き出し、その先端に柱盤を載せて一階の側柱を支える技法で、張り出しの長さを調節して一階平面全体を矩形にすることに成功した。

この技法では一階外壁が空中に突き出すため、そこに大きな荷重を掛けると構造的に不利になる。したがって二階平面は縮小させて、その投影平面を天守台内に収めている。建築年代の早い五重や四重などの大型天守では、一階と二階を同大平面とするのが通例（例は広島・岡山・犬山・姫路・松江・名古屋・松本など）であるが、一階を張り出した例では必ず二階が縮小している。巧妙な技法であったが、経年によって床梁が老朽化すれば危険な状態になりやすく、例えば高松城天守は明治初期の取り壊しを免れたものの、明治十七年（一八八四）に取り壊されてしまった。ほぼ同時期に建築された三重櫓二棟が高松城に現存しているのとは対照的である。

武者走による調整

もう一つの対処法は、逆の考え方であって、天守台の上端平面から一階外壁を内側に引き込めるものである。その萌芽的な例は豊臣大坂城天守であったと言える。豊臣大坂城本丸を描いた「本丸図」（中井家蔵など数例がある）によると、当時の天守は本丸の東北隅に位置していたが、本丸の東北隅の高石垣（天守台に相当、高さ六間、約一二メートル）上には直接に載っておらず、天守台上端より二間内側に高さ五尺（約一・五メートル）の低い天守基礎の石垣を別に築いて天守を上げていた。したがって天守台の北辺と東辺においては、天守台端部と天守との間にL字形に幅三間もの細長い空地、すなわち武者走ができていた。豊臣大坂城の天守台は、その東北隅が鈍角になっており、武者走の幅でその歪みを調整できたはずであるが、武者走の幅を均等に三間としたため、天守一階平面は調整されずに歪んでいた。武者走を設けた理由は、高石垣上に巨大な天守を直に載せることに対して建築技術的な不安があったためと考えられ、歪みの調整ではなかったが、後世の天守に応用されている。

秀吉の臣下となった蒲生《がもう》氏郷《うじさと》が文禄元年（一五九二）頃に創建した会津若松城（会津城）の天守（図22）は、寛永十六年（一六三九）頃に再建されたといわれるが、天守台は文禄期のものが現存する。その天守台も豊臣大坂城天守と類似して東辺と南辺に武者走の空地をとっていた。[44] この天守台は東南隅がやや鈍角なので、空地によってその歪みを避けることができていたが、天守台築造着工前から東南隅が歪んでしまうことを想定していたのではなさそうである。天守台を広く築いてその一隅に寄せて天守を建てれば、天守台の歪みの影響を大幅に削減させることができるからではなかろうか。類例には白石城（宮城県）の大櫓（天守代用三階櫓）があった。

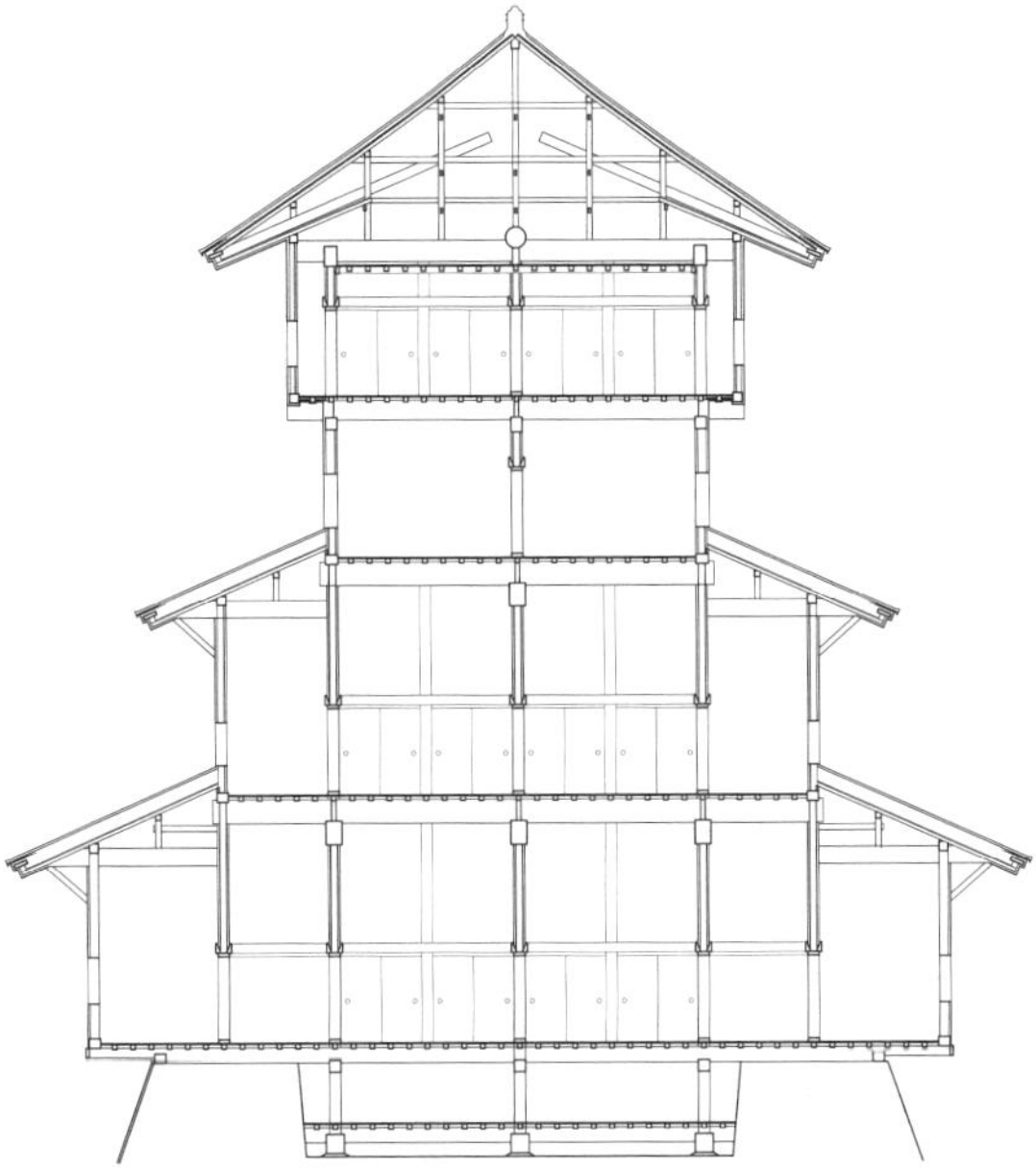

図21　高松城天守復元断面図（復元：佐藤奈月）

そうした配慮が天守台築造時になされていたと考えられる例として、徳川家康が慶長十二年（一六〇七）に創建した慶長度江戸城天守が挙げられる。現在の天守台よりはるか南方に建造された五重天守であった。『当代記《とうだいき》』によると、前年の慶長十一年に築かれた天守台は、高さ八間で、そのうち六間は「常の石」（江戸城本丸白鳥堀で見られるような打込接《うちこみはぎ》）、二間は「切石」（切込接《きりこみはぎ》）だったが、その切石を取り除けて二間を築き上げ、その上に取り除けた切石を積み、合わせて十間の天守台となったという。天守台は「二十間四方」とする。慶長度江戸城天守は、その後の元和度・

図22　天守台上に武者走をとった会津若松城天守
（明治取り壊し前）

寛永度の天守と同じく一階平面は七尺間で十八間に十六間だったと考えられ[45]、天守台上端に武者走があったことになる。天守がその広い天守台の中央に建てられていたか、あるいは隅に寄せて建てられていたかは不明である。

続いて家康が慶長十三年に再建した駿府城天守では、「駿府城御本丸御天主台跡之図」によると、天守台は北辺二十三間五尺七寸（約四七メートル）、西辺二十七間四尺、東辺二十八間三尺四寸と史上最大であり、西辺と東辺で一間、約二メートルもの誤差があって、かなり歪んだ長方形平面だった。天守一階は『当代記』によると十二間に十間しかない。その天守は広大な天守台の中央の平地に建てられており、四周に広い武者走があって、そこに多門櫓が建て回されていた。天守台の歪みの調整が武者走の役割の一つだったとするなら、当を得た縄張だといえる。なお、この天守台は入口に枡形もあったので、規模の広大さからすれば天守曲輪《くるわ》とみなしたほうがよい。

犬走による調整

武者走とは違い、天守外壁に沿って天守台上にできる極狭い空地は犬走《いぬばしり》（建物や塀の外側に沿って設ける狭い段）という。侵入した敵の足掛かりにならないように、幅三〇センチメートル未満である。武者走なら土塀や多門櫓を設けて防備に供せられるが、犬走では不要な狭い空地にしかならない。現存天守では、宇和島城天守の外壁周囲に幅一メートルもの犬走が見られるが、この例では幕末の天守台修築の際に、既存天守台石垣の外側に新しく石垣を付け足したために生じたものと考えられるので、ここでは除外しておく。

さて、犬走が特に広い天守として丸岡《まるおか》城天守（図23）が注目される。この天守は本多成重《ほんだなりしげ》が元和・寛永期（一六一五〜一六四四）に再建したものと考えられ、一般的な天守と比べて種々の点で強い地方色と古式が見られる。その一階の側柱は天守台石垣の天端石上には立てられず、天守台端部から内側に四分の一間ほど引いて据えられた土台（現状では天端石の内側に土台を支える礎石が補われている）上に立てられており、他に類例がない。天守台上端はやや歪んだ台形平面であって、しかも輪取《わどり》といって石垣面が凹曲面になっているので、各辺が内側に向けて少し湾曲している。

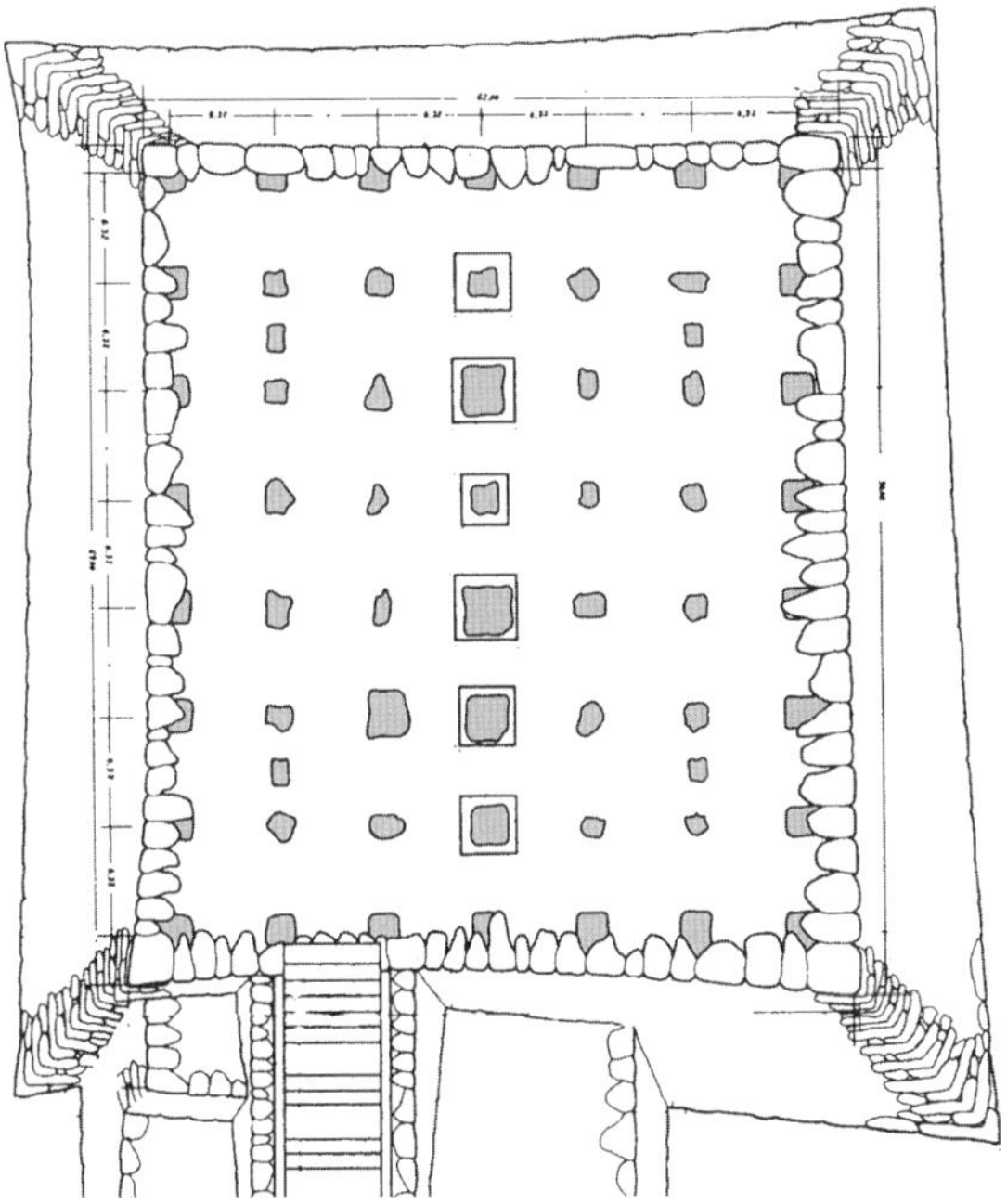

図23　丸岡城天守の礎石配置（復旧）

したがって、周囲に広い犬走を取ることによって、矩形平面が得られたのである。ところで、この天守の一階の柱間寸法は六尺三寸（現行尺で測ると六尺三寸二分）の均等割りにされている。それからすると、天守台が計画寸法より少し大きかったので、側柱が天端石《てんばいし》より内側に引き込まれてしまったとも解釈できる。

土塁上に建てられた天守には、建築の安定のために天守周囲（天守の基礎石や低い鉢巻《はちまき》石垣の周囲）に広めの犬走を設けたものが一般的だった（例：古河城三階櫓）。丸岡城の場合は石垣の天守台ではあるが、土塁が多かった徳川譜代の天守の特徴をもっているのかもしれない。なお、丸岡城天守の一階の棟通りの柱列は、昭和十二

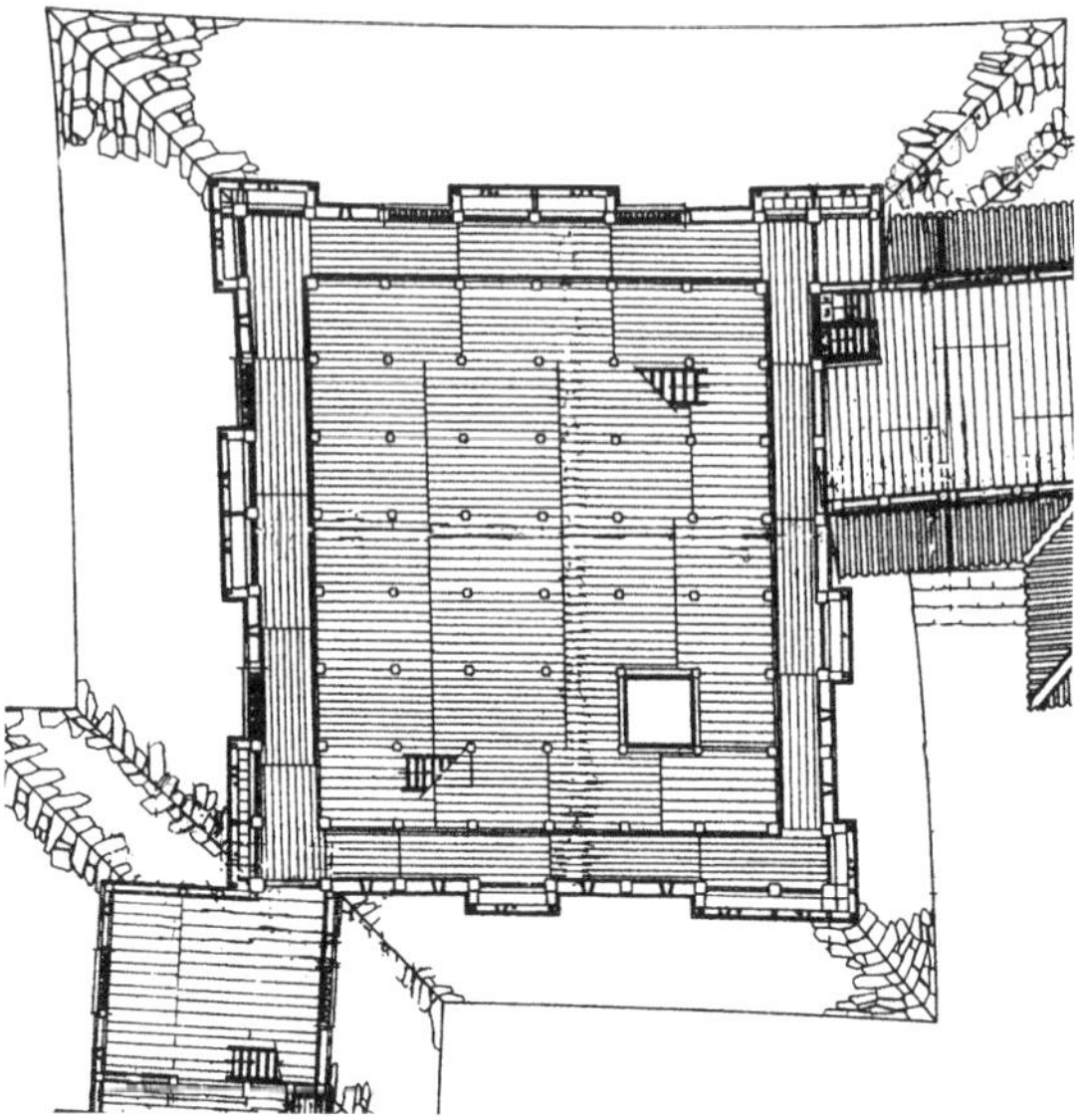

図24　松本城天守一階平面図

年の修理までは掘立柱であって、強い地方色である。これについては別に後述する。

無調整の天守

以上の例とは対照的に、松本城天守（図24）は天守台の歪みを全く調整していない異色の存在である。その一階平面は、天守台の歪みに合わせて平行四辺形に歪んでいる。五重天守としては異例なことに、入側の幅が一間しかなく著しく狭い。通常なら平面の歪みは入側の幅で調整し、身舎は矩形に整形するところであるが、入側を一間の一定幅に取ったため、身舎は平行四辺形に歪んだままである。

天守一階の身舎は、一般的には数室の部屋に区画されるが、松本城天守では、後世の改造によって柱が一間間隔で縦横に立つ総柱《そうばしら》状態で、間仕切りは全くない。当初は身舎中央の梁間方向に一間幅の廊下が通り、その両側に十二畳大の部屋が三室ずつ並んでおり、それらは倉庫だったと推定されている。したがって身舎を部屋として用いることが配慮されておらず、身舎を矩形にしなかったらしい。

2 平面の逓減

(i) 二階以上の平面の逓減

建築年代が早い大型の天守では、一階と二階は同大平面とし、三階から平面を逓減するのが一般的であった。その多くは旧式の望楼型天守である。そうした例では、一階と二階の間取りはほぼ同じである。すなわち入側と身舎の各室に間仕切られている。

小型の望楼型天守と大半の層塔型天守では、二階以上を逓減させる。その逓減の仕方は、各階において平面の長辺(平)と短辺(妻)で等しい間数を縮小するのが原則であるが、望楼型天守では、基部の入母屋屋根の上の階において長辺と短辺を不均等に縮小させるのが一般的であり、それが望楼型の特性かつ存在意義でもある。また、一部の望楼型天守では、最上階あるいはその直下階においても不均等な縮小が見られる。

次に天守の各階の逓減の状況を表4に示しておく。

望楼型天守の逓減

望楼型天守の場合では、基部の入母屋屋根のところで大きく逓減させるのが一般的である。その部位における史上最大の逓減は岡山城で、二階から三階において長辺で六間、短辺で四間もの平面縮小がなされている。もちろん長辺の縮小は、短辺のそれを上回る。広島城・松江城の三階や彦根城の二階の長辺で四間もの縮小が見られる。岡山城では三段重ねの望楼型であるので、五階長辺でさらに四間が縮小されている。基部の上階における長辺の大幅な縮小は、望楼型天守の一階平面の多くが細長いことに起因しており、それを修正するための必要不可欠な措置であった。建築年代の早い天守では一階平面の細長い例が多く、したがって望楼型天守は層塔型天守に比べて細長い一階平面をもつ

表4　天守の逓減（長辺・短辺は一階平面におけるもので、上階は一階平面の方向に合わせてあるため、犬山城では長短が逆転する。数字は間数、一間の寸法は城ごとに相違、変則的な柱間寸法は計画値に換算、＊は長辺と短辺で下階からの逓減が相違した階を示す、●は屋根裏階、△は半屋根裏階）

城名	長辺・短辺	一階	二階	三階	四階	五階	六階	型式
広島	長辺	一二	一二	八＊	六	三・五＊		望楼五重
	短辺	九	九	七・五＊	五・五	三・五＊		
岡山	長辺	約一三	約一三	七＊●	七	三＊●	三	望楼五重
	短辺	約八	約八	四＊●	四	三＊●	三	
姫路	長辺	一三	一三	一一△	九△	六・五＊●	六・五	望楼五重
	短辺	一〇	一〇	八△	六△	四・五＊●	四・五	
米子	長辺	一〇	一〇	七	三	三		望楼四重
	短辺	八	八	六	二・五	二・五		
松江	長辺	一二	一二	八●	八	五＊		望楼四重
	短辺	一〇	一〇	六●	六	四＊		
高知	長辺	七（八割）	七（八割）	三・五＊●	三・五	二・五＊●	二・五	望楼四重
	短辺	六	六	四＊●	四	二・五＊●	二・五	
犬山	長辺	約九	八・五	三＊	三			望楼三重
	短辺	八	八	四＊	四			
彦根	長辺	約一一	七＊	約六				望楼三重
	短辺	約六・五	五＊	約三・五				
三春	長辺	七	三	三				望楼三重
	短辺	四	四	二				
丸岡	長辺	七	四●	四				望楼二重
	短辺	六	三●	三				
丹波亀山	長辺	九	七・五	六	四・五	三		層塔五重
	短辺	九	七・五	六	四・五	三		
小倉	長辺	一五・五	一二	九	七	八（唐造）		層塔四重
	短辺	一三・五	一〇	七	五	六（唐造）		
名古屋	長辺	一七	一七	一三	一〇	八		層塔五重
	短辺	一五	一五	一一	八	六		

城名	長辺・短辺	一階	二階	三階	四階	五階	六階	型式
津山	長辺	一一	九	七	五	四		層塔五重
	短辺	一〇	八	六	四	三		
松本	長辺	九	九	七●	七	五	四＊	層塔五重
	短辺	約八	約八	六●	六	四	四＊	
福山	長辺	九	八	七	六	五		層塔五重
	短辺	八	七	六	五	四		
島原	長辺	一〇	一〇	八	六	四		層塔五重
	短辺	一〇	一〇	八	六	四		
徳川大坂	長辺	一七	約一四	約一一・五	九	七		層塔五重
	短辺	一五	約一二	約九・五	七	五		
寛永江戸	長辺	一八	一五	一二・五	一〇	八		層塔五重
	短辺	一六	一三	一〇・五	八	六		
伊予大洲	長辺	七	五・五	四・五	三・四			層塔四重
	短辺	六	四・五	三・五	二・四			
白河小峰	長辺	六	四	二				層塔三重
	短辺	六	四	二				
丸亀	長辺	六	四・六七	三・三三				層塔三重
	短辺	五	三・六七	二・三三				
宇和島	長辺	六	五	四				層塔三重
	短辺	六	五	四				
水戸	長辺	六	六	六	四	三		層塔三重
	短辺	六	六	六	四	三		
伊予松山	長辺	九	七・五	六				層塔三重
	短辺	七・五	六	四・五				
備中松山	長辺	七	五					層塔二重
	短辺	五	三					

からである。

なお、犬山城天守では、三階長辺で五間半、短辺側で四間もの縮小であって、それによって三階の大きさは正方形平面を通り越して、逓減前の長辺側三間に短辺側四間と逆転現象を起こしている。これは基部の屋根裏階となる三階をできるだけ一階の長辺側に突き出して、採光の便を図ろうとしたためであって、合理的であり、かつ当該部分の改造年代の下降を示すものでもある。

くどいようではあるが、そうした望楼型天守一階の平面の細長さについては、多くの例で基部の入母屋屋根の上階で長辺と短辺で逓減量を変えることによって修正されるのである。例えば、一階の長辺と短辺の間数差が最大の五間もあった前掲の岡山城天守では、三階において長辺六間の縮小に対して短辺は四間、さらに五階において長辺四間、短辺一間の縮小であって、その結果、最上階を正方形平面に修正することに成功している。同様に、広島城天守三階と彦根城天守二階においても、長辺四間の強い縮小に対して短辺はわずかに一間半の縮小でしかなく、一階平面の細長さを二間半も修正している。高知城天守三階では、長辺三間半、短辺二間の縮小で、差し引き一間半の修正である。

ところが姫路城大天守と松江城天守では、望楼型でありながら基部における逓減の調整が全くなされていない。姫路城三階では長辺短辺ともに二間、松江城三階では長辺短辺ともに四間の縮小である。この点に関してだけ見ると、逓減が層塔型天守の例と同様であって、望楼型から層塔型への過渡期の天守であることを示している。造形上の問題を差し置けば、この両天守の基部の大きな入母屋屋根は不可欠のものではなく、よって層塔型であっても建築可能であったといえる。なお、この両天守では、最上階の直下階や最上階において一間だけ細長さの修正をしている。姫路城五階（最上階直下階である屋根裏階）で長辺二間半に対して短辺一間半、松江城五階（最上階）で長辺三間に対して短辺二間である。これでは長辺と短辺で逓減量が相違しているので、その結果、その部位に架かる屋根である上から二重目の屋根の納まりが変則的になってしまった。松江城天守三重目屋根は隅棟が最上階の隅に納まらずに短辺の壁面に突き刺さり、やや美しさに欠ける（図25）。姫路城大天守四重目の屋根は長辺と短辺で勾配が相違してしまい、隅棟が真隅《ますみ》(46)に納まらず振《ふ》れ隅《すみ》になっており、姫路城大天守における造形上の唯一の欠点となっている（図26）。

その一方、松本城天守は層塔型であるが、最上階の六階において長辺は一間縮小するが短辺は全く縮小していない。その結果、四重目屋根の勾配は長辺側が急で短辺側が緩くなってしまい、著しい振れ隅を呈している（図27）。

以上のような検討をしてみると、古風な望楼型である丸岡城天守は、基部の入母屋屋根上において長辺と短辺の縮小が均等であって、その点では新式の層塔型と同様である。その一方、層塔型の松本城天守では、最上階において長辺と短辺の逓減量が相違しており、望楼型の姫路城大天守と同様に四重目屋根が振れ隅となっており、完璧な層塔型天守とは言い難く、古式を残している。

図25　松江城天守三重目の隅棟の納まり

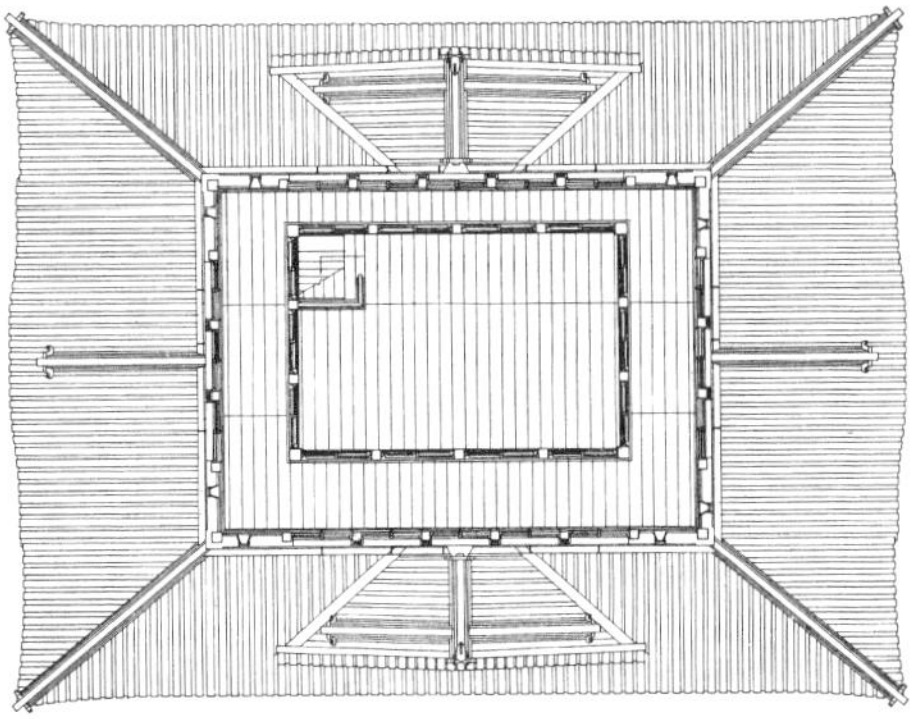

図26　姫路城大天守四重目の振れ隅
（六階平面図）

屋根裏階

望楼型天守では、その基部の入母屋造の屋根にその上階が埋没して屋根裏階を生じる例が多い。岡山城・松江城・高知城の三階、丸岡城の二階がそうした屋根裏階である。屋根裏階は平面が著しく縮小するので、入側を設けないのが一般的で、身舎だけの階になり、多くの例ではその身舎は一室である。屋根裏階の明かり採りのために、入母

図27　松本城天守四重目の振れ隅

屋破風の間《ま》や千鳥破風の間、あるいは出窓を身舎から突き出す。これについては後述する。

また、望楼型天守の岡山城（図28）・姫路城・高知城では、最上階の直下階を屋根裏階とする。これは最上階の下部がその下重の屋根に埋没するのを防ぐための巧妙な工夫であった。屋根裏階で最上階の床を高く持ち上げて、下重の屋根が最上階の窓からの物見の邪魔にならないようにしたものである。

望楼型の姫路城大天守の三階は、本来は屋根裏階であるが、階高を異様に大きくすることによって他階と同じような外壁面を設けて窓を開く。いわば半屋根裏階である。

犬山城天守の三階も通常なら屋根裏階となるが、二階身舎を変則的に高く立ち上げたので、屋根裏階にはなっておらず、望楼型天守の突然変異というべきものである。

望楼型であっても彦根城天守では、短辺の縮小が少なかったので、その二階は屋根裏階にはならなかった。

層塔型天守では、基部に大きな入母屋屋根はなく、構造的に屋根裏階が生じることはない。その一方、層塔型の松本城天守は、三階が屋根裏階となっており、構造的には望楼型に近い。

層塔型天守の逓減

層塔型は、寺院の五重塔や三重塔のような層塔に類する均等な逓減をなすことから命名されている。各重ともに屋根の四隅の隅棟がその上階の隅柱に真隅に納まることが層塔の必要条件であり、それによって均整のとれた美しい造形が生まれる。そのためには、各階で長辺と短辺で逓減量が均等でなければならない。表に前掲した例では、松本城天守の最上階を除いて、すべての層塔型天守において長辺・短辺が均等に逓減している。

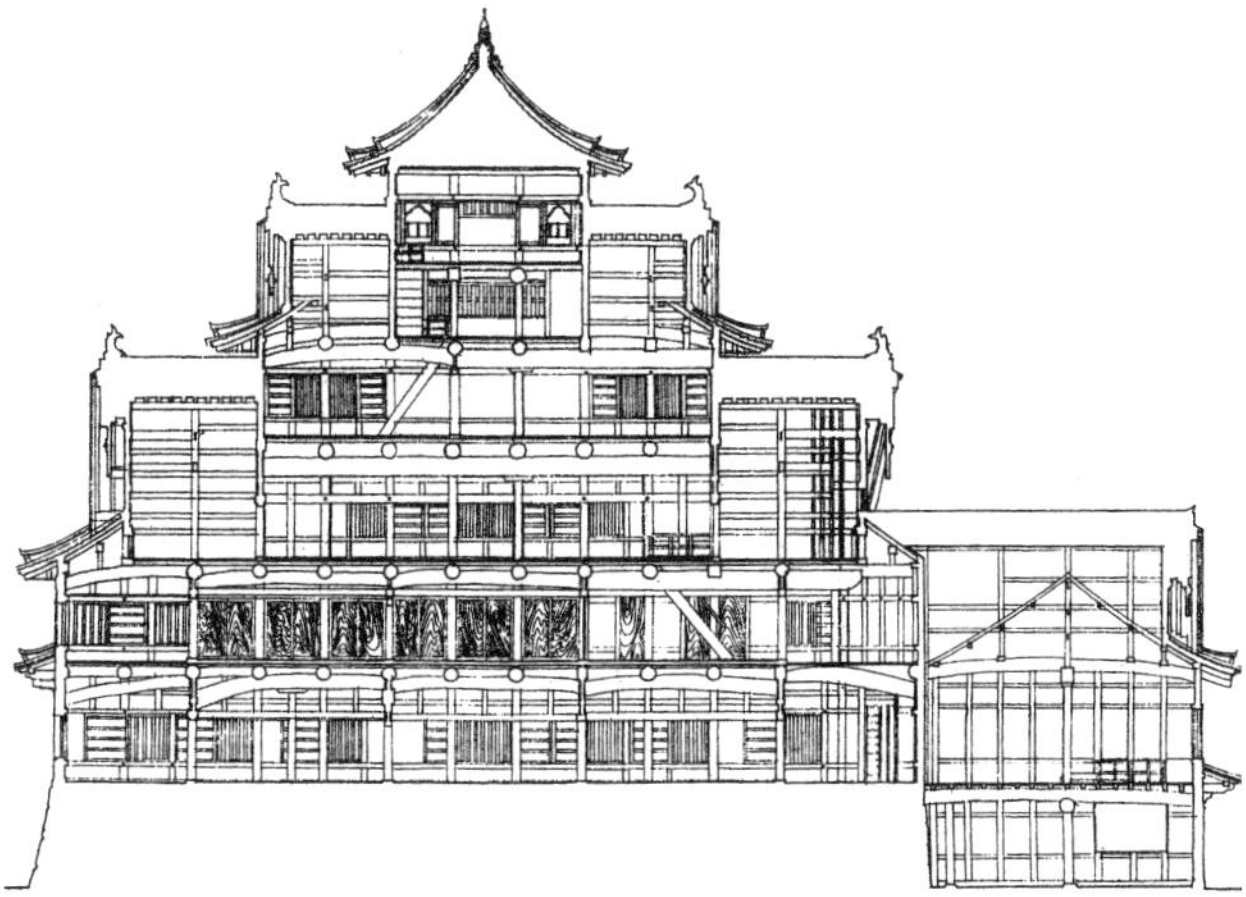

図 28　岡山城天守断面図
三階と五階が屋根裏階

層塔型三重天守では、逓減の機会が二回しかなく、それを同じ逓減量とするのが一般的である。白河小峰城では二間ずつ、伊予松山城では一間半ずつ、丸亀城では一・三三間（一間と三分の一）ずつ、宇和島城では一間ずつの逓減である。例えば、各階で一間ずつの逓減であれば、各階の外壁面を半間ずつ前後左右で後退させて上階を積み上げることになる。

一階平面が三重天守としては最大級の松山城では逓減量が一間半と大きく、それでも最上階は六間に四間半もある。その一方、一階が六間四方しかない宇和島城では、逓減量を一間に抑えることによって、最上階を相対的に大きな四間四方とすることに成功している。また、丸亀城の中途半端に見える逓減量は、造形美と造営費用（各階面積の合計にほぼ比例）の均衡を図った極めて技巧的な逓減と評価される。そうした例とは対照的に、白河小峰城では、一階が六間四方であったにもかかわらず、三重天守としては最大の二間ずつの逓減だったため、最上階は二間四方という極小規模になってしまい、天守代用三重櫓としても異例であった。

層塔型五重天守の場合では、逓減の仕方に二種類がある。その一つは層塔型三重天守の場合と同様に各階で均等幅を逓減するもので、寺院の層塔に近い。丹波亀山城の一間半ずつ、福山城の一間ずつがその好例である。層塔型の最初期例の丹波亀山城と比較的に年代が下降する福山城において採用されている手法なので、建築年代によるものではない。一階が前者で九間四方、後者で九間に八間しかなく、五重天守としては小型であったので、逓減量を一間半や一間というように低く抑えるためである。その均等幅の逓減により、丹波亀山城天守五階は三間四方、福山城天守五階は五間に四間となっている。なお後述するように、一般的に天守最上階は関ヶ原の戦い以前は三間四方、以後はそれより拡大するが、関ヶ原以降の丹波亀山城天守が古式の三間四方であったのは、一階が小さいにもかかわらず、一間半の均等幅の逓減を採用したために生じてしまったもので、最初期の層塔型天守の試行錯誤期の状況を物語っているようである。

もう一つの層塔型五重天守の逓減法は、上階にいくにつれて逓減量を小さくするものであって、その初例が名古屋城天守である。この天守は長辺十七間、短辺十五間もある超巨大天守で、しかも一階と二階が安土城や豊臣大坂城の天守に倣って格調高く同大に造られているので、三階以上の逓減は必然的に史上最大となる。三階は四間、四階は三間、五階は二間ずつ縮小しており、各辺の縮小幅は合計九間にも及ぶが、それでも最上階の五階は八間に六間もあって、江戸城天守と並んで最上階が史上最大の五重天守であった。

その江戸城天守の一階は史上最大の十八間に十六間であって、二階は三間、三階は二間半、四階も二間半、五階は二間の合計十間もの縮小で、最上階は名古屋城と同じ規模となった。江戸城に次ぎ名古屋城と同じ一階規模だった徳川大坂城天守は江戸城天守と全く同じ逓減量であって、これが江戸幕府の超巨大層塔型天守の基本的逓減だった。

これに類する例が小倉城天守（図11）である。小倉城天守は四重であったが、唐造《からづくり》なので実質的には層塔型五重天守である。この天守の一階は史上四位と大きく、二階は三間半、三階は三間、四階は二間と規則的に八間半も縮小されていた。ただし五階は唐造として逆に一間の拡大であって、最上階の五階は江戸城・名古屋城と同じく史上最大となった。なお、小倉城天守を模して建てられたと伝えられる津山城天守（図12）では、一階がさほど大きくなかったので、二階・三階・四階を二間ずつの縮小として、五階だけは一間の縮小として縮小の合計を七間に抑えていた。五階の周囲には半間幅の廻縁《まわりえん》を張り出しており、それを加えると五階は縮小していないことになり、唐造にやや似た形態であった(47)。

その一方、層塔型五重天守である松本城は、一階と二階を古式に同大規模として、三階と五階を二間ずつ縮小しているが、三階が屋根裏階なので四階は縮小せず、六階は変則的に長辺だけを一間縮小して短辺は縮小していない。屋根裏階があることや逓減が不規則な点からすれば、望楼型天守の構造をかなり残した過渡期的な天守だったと言える。逓減量の合計は長辺五間、短辺四間しかなく、層塔型五重天守では最新鋭の福山城天守の合計四間に次ぐものであって、その点だけにおいては層塔型の先進的事例なのである。

また、層塔型四重天守の大洲《おおず》城では、二階は一間半、三階は一間ずつの縮小であるが、四階は一・一間の縮小であって、逓減に乱れがある。

層塔型三重天守の水戸城では、一階から三階までを同大規模としてそれを一重目としており、その上階の四階を二間、五階を一間ずつの縮小とする。合計の逓減量は三間にもなり、三重天守としては逓減が著しく、その結果、最上階の五階が三間四方という古風な形態となった。

層塔型二重天守の備中松山城は、二階を二間も縮小しているが、二重天守であるため造形的に成功している。なお、望楼型二重天守の丸岡城は、望楼型の基部の上階となる二階を長辺・短辺ともに三間ずつ縮小しており、その点においては先に述べたように層塔型と変わらない。しかし、一階規模が七間に六間しかないにもかかわらず、それに比して三間ずつの縮小は過度であって、逓減量が比例的に少ない層塔型天守とは対照的である。さらに二階が屋根裏階となって三階を全く縮小していない点からすれば、典型的な望楼型天守といえる。一階の長辺と短辺の差が一間しかないので、長辺と短辺の縮小量を均等にしたものであって、そうした点からすれば、建築年代が層塔型天守の全盛期に入って以降の復古的な作品であると評価される。

(ii) 入側の逓減

逓減と入側の幅

天守の入側の幅は、最大二間であって、一間半、一間、半間などの例がある。特に望楼型天守においては、石垣築造技術の未熟さから一階平面が歪んでいる場合が多く、先述したように入側の幅の広狭によって歪みを調整していたので、その入側の幅は余裕をもって二間とするものが多い。最初期の五重天守だった安土城天主も一階入側は二間幅が想定される。(48) 二間や一間半は書院造殿舎の広縁(正面入側)の幅である。また、一間は書院造殿舎の身舎周囲の廊下(入側)の幅であり、小型殿舎では半間の例もある。天守の入側の幅は、伝統と機能から設計されているといえる。

さて、天守の規模別に入側の幅を検証してみよう。

望楼型天守では、一階・二階ともに入側を二間幅とした例が多く、一般的に基部の上階は屋根裏階となるので入側は設けられない。またそれより上方の階は逓減によって平面規模が小さくなるので、入側を区別しない傾向が強い。松江城天守最上階の幅半間の入側は廻縁を室内に取り込んだものである。姫路城・彦根城の最上階の入側は、廻縁を室内に取り込んだものと見ることもできるが、幅が広く、かつ不均等なので入側として設計されたものとしたほうがよいであろう。

層塔型天守では、屋根裏階がなく、かつ逓減が少ないので上階に至っても平面が比較的に大きく、五重天守の場合で四階、三重天守の場合で二階にも一般的に入側を設ける。超巨大層塔型五重天守の名古屋城・徳川大坂城・寛永度江戸城では、最上階まですべての階に広い入側が設けられていた。

層塔型五重天守では、多くの例で入側の幅も上階にいくにつれて逓減している。さらに津山城天守では、その逓減量自体も半間ずつ規則的に逓減しており美しい等差数列になっている。福山城・徳川大坂城の天守もそれに近く、逓減法のいわば完成時期が元和・寛永期だったといえる。

表5　天守の入側の幅（数字は入側幅の間数、一間の寸法は城ごとに相違、●は屋根裏階、△は半屋根裏階。＊は最上階に廻縁があることを示す）

城名	一階	二階	三階	四階	五階	六階	型式
広島	二	二	なし●	なし	なし＊		望楼五重
岡山	二	二	なし●	なし	なし●	なし	望楼五重
姫路	二	二	約一△ （裏約○・五）	なし△	なし●	約一 （裏○・五）	望楼五重
松江	二	二	なし●	一（長辺） 一・五（短辺）	○・五		望楼四重
高知	一（長辺側）	一（長辺側）	なし●	なし	なし●	なし＊	望楼四重
犬山	二	二	なし	なし＊			望楼三重
米子四階櫓 （旧天守）	一〜二	二〜三	約○・五●	なし＊			望楼三重
彦根	約一・五	一 （長辺○・九）	一＊ （長辺○・七五）				望楼三重
三春	なし	なし	なし				望楼三重
丸岡	一	なし●	なし＊				望楼二重
名古屋	二	二	一・五	一	一		層塔五重
津山	二	一・五	一	○・五	なし＊		層塔五重
松本	約一	約一	一●	一	一 （長辺○・五）	○・五	層塔五重
福山	二	一・五	一	○・六	なし＊		層塔五重
徳川大坂	二	一・四	一・二	一	○・八		層塔五重
寛永度 江戸	約二	一・五	一・二	一	一		層塔五重
小倉	一・五	一・五	一	なし	○・五		層塔四重
伊予大洲	一・五	○・七五	なし	なし			層塔四重
白河小峰	一	なし	なし				層塔三重
丸亀	一	一	なし				層塔三重
宇和島	一・五	一	なし				層塔三重
水戸	なし	なし	一・五	○・五	なし		層塔三重
伊予松山	一・五	○・七五	○・七五＊				層塔三重
備中松山	一	なし					層塔二重

その一方、松本城天守は一階入側が一間未満しかなく、五重天守としては類例のない狭さである。そのため各階で入側幅は一間にほぼ統一されており、特異な層塔型五重天守であることが再認識される。それでもすべての階に入側がある点については、望楼型ではなく層塔型の顕著な特徴を示しているのである。

また、水戸城天守（天守代用三重櫓）は一階から三階までを同一規模として三階に一重目屋根が架かるが、その一階と二階には入側がなく、床下の扱いだったと考えられる。

入側だけの逓減

望楼型天守の入側はおおむね基部の階にだけ、すなわち一階や二階だけにある。その一方、層塔型天守では、最上階は逓減によって平面が小さくなる（例えば梁間三間）ので入側を区画しない例も少なくないが、最上階の直下階までは原則として入側をもつ。入側は籠城時には鉄砲や弓矢で敵を迎え撃つ武者走となるので、層塔型のほうがより実戦的であった。

層塔型天守における各階の逓減は、先述したように、均等幅を逓減させるものと、上階にいくにつれて逓減量を少なくするものとがある。そのいずれにしても、天守の上下方向の構造からみると、三重天守と五重天守とでは、大きな相違が生じる。

層塔型三重天守の場合では、伊予松山城天守のように最上階の三階に入側を設ける例もあるがそれは少数派で、通常は一階と二階に入側を設ける。宇和島城天守では、一階身舎が三間四方で入側が一間半の幅であり、二階身舎は同じく三間四方で入側が一間の幅になっている（図29）。二階は一階より入側だけで前後左右から半間ずつ縮小した規模になる。すなわち入側だけの逓減であって、身舎の規模は変わらない。三階は入側がなく、身舎が四間四方に拡大して、逆に二階入側の上に半間ずつ迫り出す。

伊予松山城天守では、一階入側の幅を一間半とし、二階入側の幅はその半分の四分の三間として、宇和島城と同様に入側の幅だけの逓減である（図30）。そして、三階全体の規模を二階の身舎の規模に揃えているので、一階・二階の身舎と三階がすべて同規模に揃い、結局一階入側の半分の幅をもって二階、三階と逓減させていったことになる。その結果、三階は入側がなくなってしまったので、身舎の幅を縮小させて四分の三間幅の入側を設けている。層塔型三重天守の場合では、この伊予松山城のように一階の入側幅だけで各階の逓減を行い、身舎の規模を一、二階で揃え、最上階の規模を一階身舎と同じとするのが標準的であった。宇和島城天守の場合も、最上階身舎の拡大を差し置けば、これに準ずる逓減であると言える。

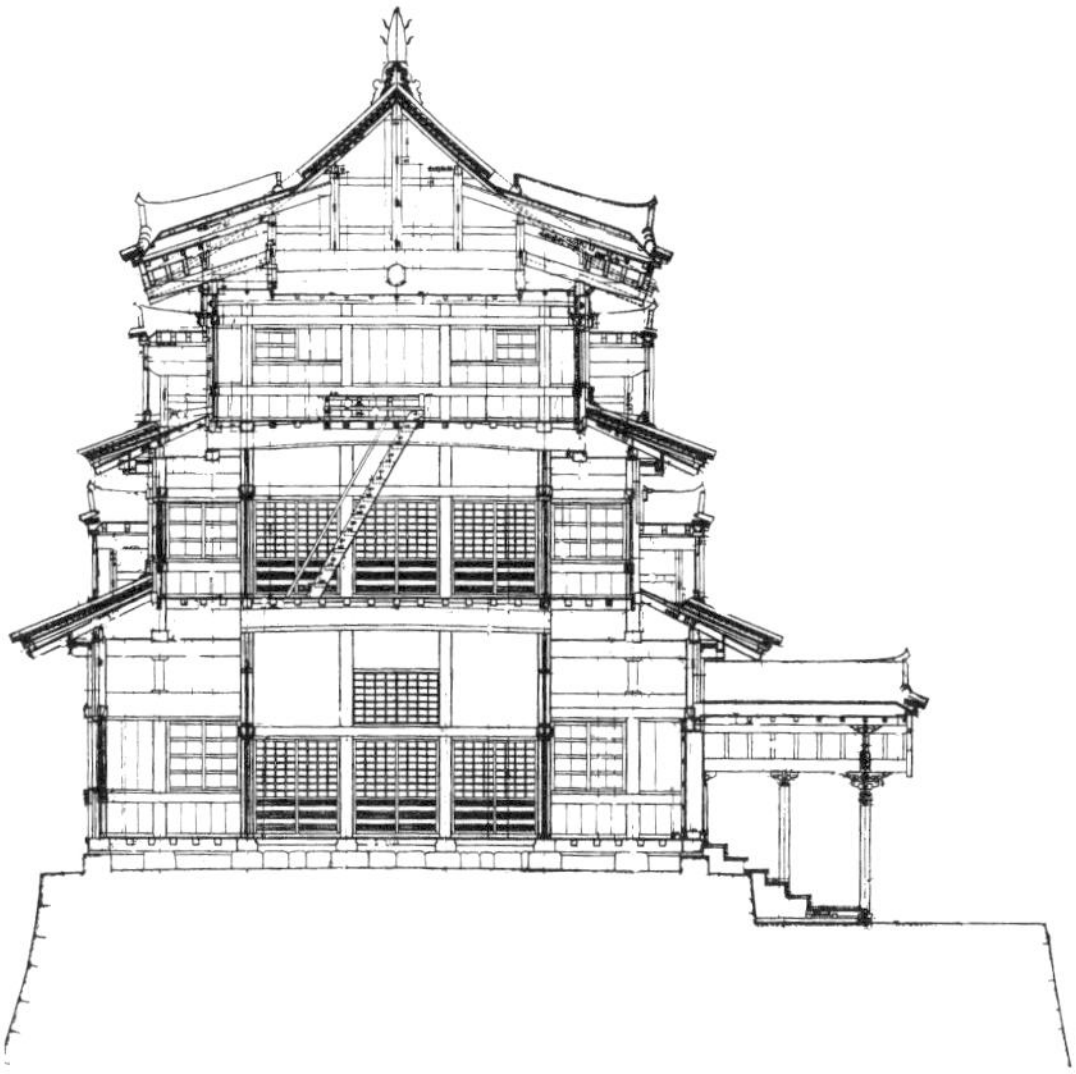

図 29　宇和島城天守断面図

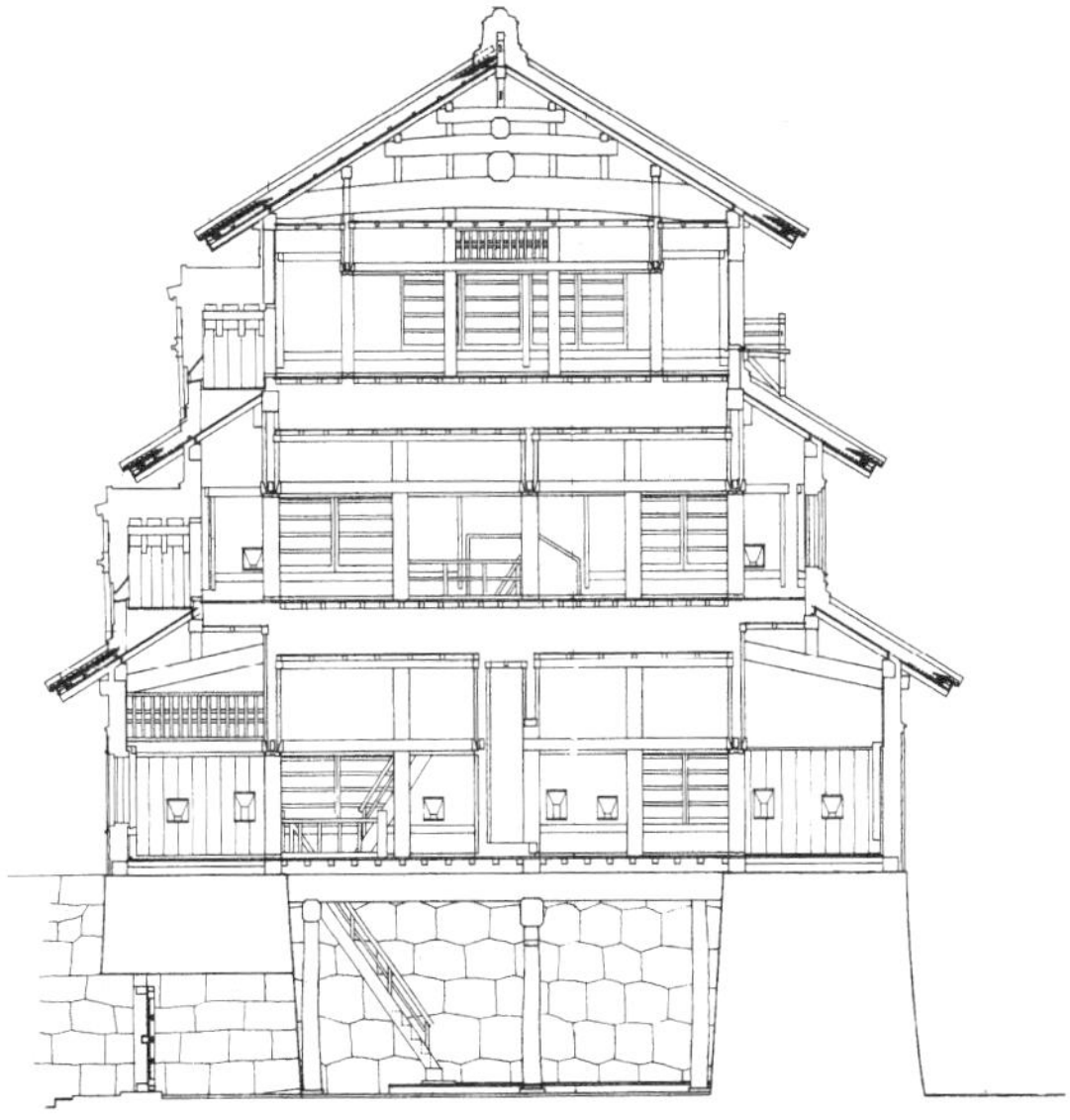

図 30　伊予松山城天守断面図

それとは対照的に、丸亀城天守では、一階と二階の入側の幅を一間に揃えているので、各階の逓減は身舎の規模で行われている。そうした例では、層塔型五重天守の場合と同様に、各階の柱位置がずれてしまうので、構造的に様々な配慮が必要となる。これについては後述することにする。

さて、層塔型五重天守の場合では、各階の逓減は都合四回行われることになるので、入側の幅だけによる逓減は一般的に成立せず、入側と同時に身舎においても逓減させざるをえない。江戸城天守では、入側の逓減と同時に各階において身舎で二間ずつの逓減が行われていた（図31）。

そこで注目すべきは福山城天守で、五重天守における史上唯一の入側だけの逓減例であった。この天守では、一階から五階までの身舎の規模を長辺五間に短辺四間に統一し、一階入側の幅を二間として、二階以上の入側を一間半、一間、〇・六間と逓減させ、五階で入側をなくしている（図32）。このような逓減例が成立するためには、一階身舎の規模が五重天守にしては極めて小規模であることが必須である。その場合の一階身舎の最大限度は五間に四間程度で

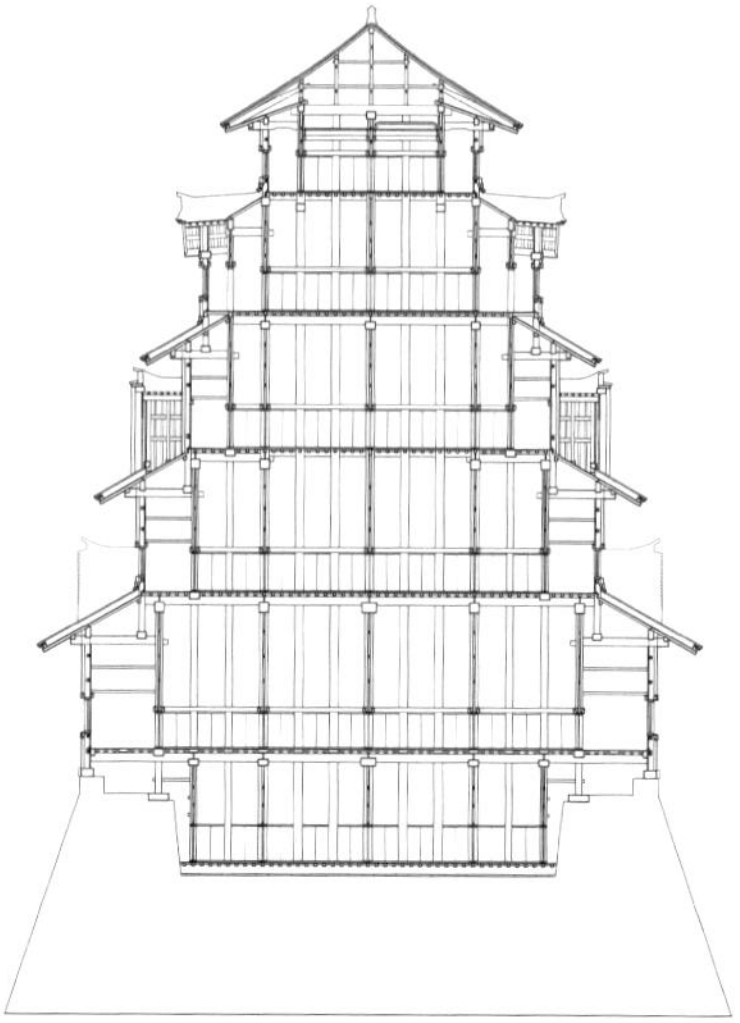

図31　寛永度江戸城天守復元断面図
（復元：中村泰朗）

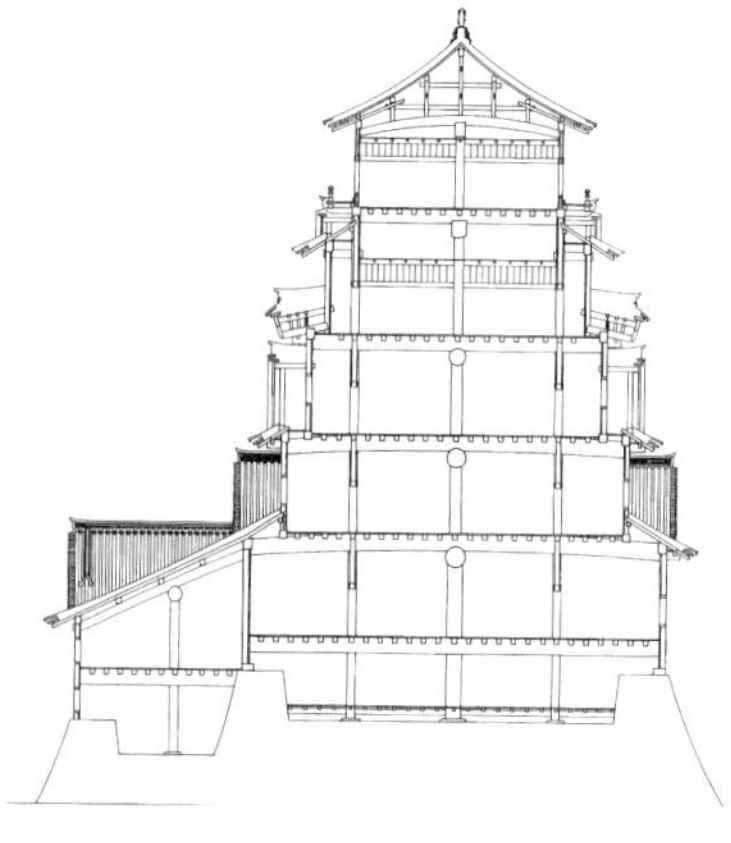

図32　福山城天守復元断面図
（復元：宇根利典）

あるといえ、それより大きいと、最上階が下階に比べて異様に大きくなって、いわゆる頭でっかちになって造形上の破綻をきたす。その逆に、天守としての一階身舎の最小規模は三間四方であろうが、その場合では一階平面（入側幅二間ずつを加えて七間四方）のうち身舎（部屋）が占める割合がわずか一八パーセントしかなく、平面計画上で破綻する。すなわち福山城天守の規模が唯一の解なのである。なお、三重の宇和島城天守の身舎は最小の三間四方であるが、辛うじて一階の二五パーセントであって、これが限界である。

したがって、入側だけによる逓減は、三重天守においては標準的であったが、五重天守においては一階身舎の規模に自由度が全くなく、実例は福山城天守だけに限られていたと言える。また、年代が下降すると入側だけで逓減する例が現れたという意見もあるが、層塔型三重天守においては初期からのことと考えられ、正しくない。

3 最上階の形式

(i) 関ヶ原の戦い以前の最上階

天守草創期の最上階

天守の最上階は「物見」と呼ばれ[(49)]、ほとんどの場合、城内の最高所であって、籠城時には攻城軍の動向を観望する物見台、司令塔の役割があったと考えられている。

織田信長が建てた安土城天主の最上階・六階は、『信長公記《しんちょうこうき》』によると「三間四方」とある。また、信長がローマ教皇に贈った安土山図屛風の写しと言われる絵は稚拙ではあるが、そこに描かれている天主最上階は真壁造《しんかべづくり》の入母屋造で、三間のうち両脇間には華頭窓《かとうまど》（中央間は戸口か）が見える。ルイス・フロイスの『日本史』に「七階層を取り巻く縁側」とあるので廻縁があった。「大坂城図屏風」に描かれた豊臣大坂城天守も同様であり、四方に廻縁をもつ。原爆で倒壊した広島城天守の最上階・五階は、三間（実長は三・四六間に相当、詳しくは後述）四方の真壁造、両脇間が華頭窓、四方廻縁であって、安土城天主や大坂城天守の形式を忠実に継承していた。

このような草創期の天守最上階は、足利義満《あしかがよしみつ》の金閣、義政《よしまさ》の銀閣の最上階に類似している。また寺院の塔婆《とうば》（五重塔・三重塔など）や小型の仏堂（平安時代後期からの阿弥陀堂や室町時代の種々の仏堂や経蔵など）では、三間四方で中央間を扉、両脇間を窓とするのが定型である。天守の嚆矢を信長が将軍義昭のために建てた京都二条城天主だったとすれば、将軍別邸にあった金閣や銀閣が造形上の動機となった可能性はむしろ高い。いずれにしても三間四方は当時において伝統的な規模だったと言えよう。

広島城天守の最上階

正確かつ詳細に知ることができる天守最上階の最古例は広島城天守である（図33）。中国地方最大（一一二万石）の大名であった毛利輝元《もうりてるもと》が秀吉の聚楽第《じゅらくてい》天守や大坂城天守を見て、秀吉の勧めで建てた望楼型五重天守で、天正二十年（一五九二）までに完成していた。秀吉の大坂城天守が天正十三年の建築だったので、まさに最初期の天守の一つである。戦災前に作られた実測図や写真からすると、他城の天守には見られない特色があったことが分かる。

広島城天守五階は真壁造であって、柱や長押などの部材は白木造《しらきづくり》（ただし戦災時。創建当初は黒漆塗だった可能性は否定できない）であって、柱上には舟肘木《ふなひじき》を載せて桁を受ける格調高い建築様式である。金閣や銀閣の最上階と同様に三間四方の一室である。金閣・銀閣は三間とも一間を六尺とする等間であるが、銀閣は出入口のある南・北面で中央間を大きく七尺五寸、両脇間を小さく五尺二寸五分にしている。それに合わせて中央間を垂木三枝《し》分、両脇間を二枝分としている。金閣が等間で世俗建築的であるのに比して、銀閣は中央間を大きくする点で社寺建築的であって楼閣建築として進化したともいえる。

さて、広島城天守五階では、中央間を八尺一寸、両脇間を七尺二寸として計画されたと考えられ、銀閣よりもさらに社寺建築に近い。この中途半端に見える柱間寸法は、中央間は垂木九枝、両脇間は垂木八枝として、垂木一枝あたり九寸とし、垂木一枝分だけ相違させて中央間を大きくしたもので、枝割《しわり》という社寺建築の設計技法に倣っている。枝割は世俗建築である天守には使われない高等な技法である。また、一般的な天守では一間に四枝だけの疎らな垂木配置とするが、広島城天守最上階の垂木はその倍もの多さであって、高級な書院造建築のようである。さらに、広島城天守の下階においては、他城天守によく見られる六尺五寸（京間）の等間であるが、最上階だけは柱間寸法を平均七尺五寸として拡大していることも注目される。

安土城天主最上階の正確な寸法計画は不明であるが、その天守は熱田神宮《あつたじんぐう》の宮大工であった岡部《おかべ》又《また》右衛門《えもん》が作事したので、広島城天守のような社寺建築的技法が採られていた可能性もある。ただし、広島城天守は信長・秀吉の天守系譜からやや逸脱した形式をもっていたので、この天守独特の技法であった可能性は否定できない。いずれにしても、真壁造の三間四方で華頭窓と廻縁付きが最初期の天守最上階の形式であったことは確かであろう。

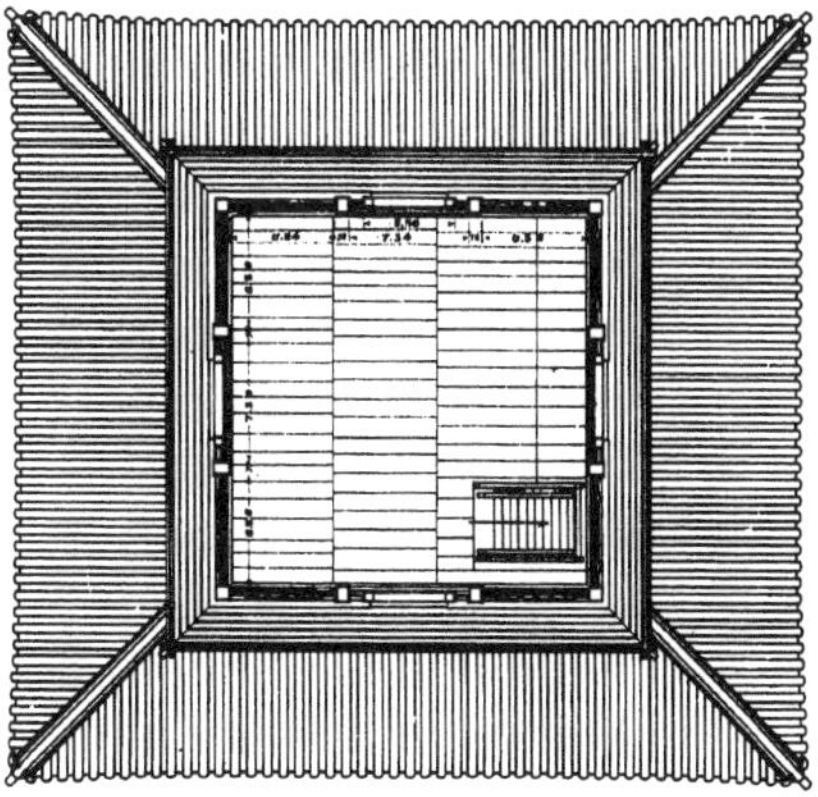

図 33　広島城天守五階平面図

関ヶ原以前の最上階の規模と廻縁

建築年代が早い天守最上階の規模は三間四方の一室が標準だったとしてよく、熊本城初代天守と考えられる天正十八年（一五九〇）頃の熊本城宇土《うと》櫓、文禄元年（一五九二）頃の肥前名護屋城天守、慶長二年（一五九七）以前（文禄頃か）の岡山城天守、慶長元年頃の米子城初代天守（後の小天守、四階櫓）などがそうした例であった。なお、広島城天守五階は柱間寸法が下階と比べてやや大きくされて実長は三・四六間に相当するが、柱間数では三間四方である。また、天正八年頃の福知山城天守最上階は、三間四方ではあるが、その短辺（梁間）の実長は二間半しかなかった。同様に文禄元年頃の松本城初代天守（現、乾小天守）最上階も短辺を実長二間半とする三間四方である。おおむね慶長五年の関ヶ原の戦い以前の天守は、最上階が三間四方であって、それより大きい例は管見によれば全くない。

それについて補足しておくと、慶長元年頃の建築と考えられる犬山城天守は、最上階が四間に三間であるが、その部位は元和四年（一六一八）に城主となった成瀬氏による増改築である。古式な天守の代表例とされる丸岡城天守は、最上階が四間四方（そのうち短辺の実長は三間）であるが、最も古く見ても慶長十八年以降（同年の絵図に天守が描かれていないので）の建築であって、寛永元年（一六二四）に城主の本多氏が福井藩から独立した以後の建築であると考えられる。したがってこの二例は除外して考察する。

建築年代が早い天守のうち最上階に廻縁を設けていたのは、安土・大坂・広島城以外に、熊本城宇土櫓・肥前名護屋城天守・米子城初代天守である。福知山城天守は一面のみに縁を設ける。したがって、関ヶ原の戦い以前の天守は最上階に廻縁をもつものが多かったと言える。

最上階の廻縁の主たる役割は格式の高さの誇示であるが、望楼型天守では最上階平面の逓減が下階の長辺側と短辺側で不均等になる例が少なくなく、それを覆い隠す効能もあった。逓減の不均等があれば、金閣や銀閣のように屋根を振れ隅にしない限り、下重の隅棟は最上階の隅柱に納まらない。広島城天守ではそうした隅棟の納まりの悪さが生じているが、廻縁で隅棟の上部を覆い隠しているので不整合に全く気がつかない。廻縁を室内に取り込んだ松江城天守では不整合がはっきりと見えている。

次に関ヶ原の戦い以前に建てられた天守最上階の規模と廻縁の有無についての表を挙げておく（表6）。

表6　関ヶ原以前の天守最上階の規模（最上階の間数については、柱間の数を示し、（　）内はその実長。実長の一間の寸法は城ごとに相違。＊は最上階の外部に廻縁があることを示す）

城名	一階規模	最上階規模	重階	型式	建築年代
安土	一三×一二か	三×三＊	五重六階	望楼	天正七・一五七九
福知山	九・五×四	三×三（二・五）＊	三重四階	望楼	天正八・一五八〇頃
豊臣大坂	一二×一一	三×三＊	五重六階か	望楼	天正十三・一五八五
熊本初代（宇土櫓）	九×八	三×三＊	三重五階	望楼	天正十八・一五九〇頃
広島	一二×九	三（三・五）×三（三・五）＊	五重五階	望楼	天正二十・一五九二頃
松本初代（乾小天守）	五×四・五	三×三（二・五）	三重四階	もと望楼か	文禄元・一五九二頃
岡山	約一三×約八	三×三	五重六階	望楼	文禄・一五九二～
米子初代（小天守）	六～七×六	三（二）×三（二）＊	三重四階	望楼	慶長元・一五九六頃

(ii)　関ヶ原の戦い以降の最上階

廻縁の取り込み

関ヶ原の戦い以降の慶長の築城盛況期を迎えると、西日本を中心に天守の建造が大流行した。天守建造の大流行は、天守の規模拡大と構造の発展を促した。天守最上階についても、平面規模の拡大と廻縁の改良がなされている。

まず、廻縁について述べると、高所にあって激しい風雨に晒される廻縁は腐朽しやすく、通常では二十年ほどで造替などの修理が必要となり、その維持はある意味、経費の無駄使いであった。今日では天守の廻縁は展望台という近代的な機能があるが、信長・秀吉時代はともかく、泰平の江戸時代になってからは廻縁に城主や藩士が出て城下を望むことはありえないことで、すなわち廻縁の実用的価値は皆無に等しかった。その一方で、建築の格式の高さを表徴する廻縁は、天守には捨てがたい重要な意匠であった。

関ヶ原以降に建てられた天守では、廻縁をもつ例が激減している。現存天守で外に出られる廻縁をもつものは犬山城と高知城だけである。見せ掛けの廻縁をもつものは、彦根城・丸岡城・伊予松山城であるが、特に彦根城と伊予松山城の廻縁は、縁の出が極端に短くて簡易的であって、造替の費用が軽微な新形式である。現存しない天守では、津山城と福山城は見せ掛けの廻縁をもっていたが、風雨による朽損を防ぐために、後世になると廻縁の縁先に仮設の板壁を造って隠されてしまった（図34）。米子城の大小天守も仮設の板囲いで廻縁を覆い隠していた。

外に露出する廻縁が見せ掛けだけのものになったり、仮設板壁で囲ったりする例が関ヶ原以降に散見されるが、それとは別の新たな手法が開発されている。廻縁を室内に取り込んでしまう形式であって、その代表例が松江城天守である（図35）。松江城天守の最上階・五階には半間幅の廻縁があるが、その縁先に柱を立てて敷居を設け、そこに雨戸を引くことによって、廻縁を室内空間に取り込み、風雨による腐朽を防いでいる。外観意匠上は格式の低下をきた

図34　廻縁を板囲いされた福山城天守
（戦災前）

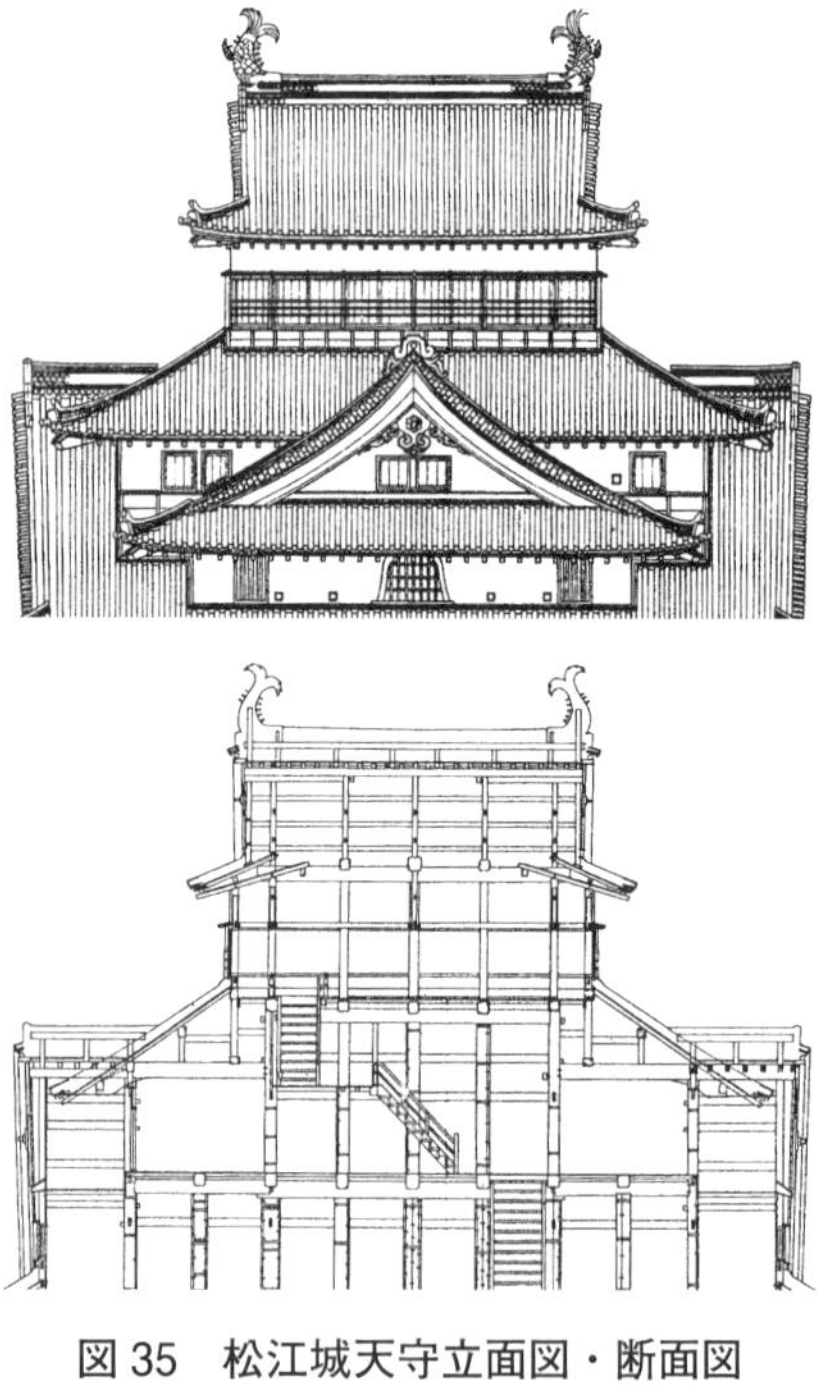

図35　松江城天守立面図・断面図
（部分）

すが、縁先の外壁を軽微な板壁の意匠とし、最上重の軒の出を極端に短くすることによって、本来の外壁が廻縁の内側に存在することを明示している。そうした意匠によって、廻縁を室内に取り込みながらも、廻縁の存在を主張していると言える。

唐造だった小倉城天守の最上階も、いわば廻縁の縁先に板壁（雨戸）を設けた形式であって、その直下の屋根の有無に言及しなければ、松江城天守に類する廻縁の風雨対策だったと言える。小倉城天守は天保八年（一八三七）に焼失してしまったため、詳細な意匠の検討ができないが、慶長十五年（一六一〇）の創建時には、その廻縁は外部に露出していた可能性が高い。小倉城天守を模したと伝えられる津山城天守は、正保城《しょうほうしろ》絵図《えず》（一六四四〜四八）に描かれた姿から当初は廻縁が露出した形式だったことが分かるからだ。細川氏が小倉城から熊本城に移された寛永九年（一六三二）までに廻縁縁先に板壁を設けたものと推察される。

図36　熊本城天守（焼失前）

熊本城の大小天守は明治十年（一八七七）の西南戦争で焼失したが、焼失以前の写真を見ると、最上階の廻縁は縁先に柱を立てて雨戸を引き、両端部には雨戸を収納する戸袋を設けていた（図36）。その上に載る五重目屋根の軒の出は、下重の軒の出より短く、そうした点からすると、熊本城天守の五階の外壁（雨戸や戸袋など）は廻縁先に後補されたものであって、慶長六年（一六〇一）頃の創建当初はその内側の廻縁が露出していた可能性がある。また、その場合、外壁の後補は小倉城天守との類似性からすると、細川氏が小倉

図37　松本城天守最上階内部の廻縁

から熊本に転封した後に行われたものと推察される。

廻縁の風雨対策として究極の技法は、当初から廻縁を室内に取り込み、本格的な土壁の外壁を縁先の位置に設置するものである。その早い例は姫路城大天守であって、その後は見せ掛けの廻縁を除いて、天守最上階から外部に露出した廻縁がほとんど消えてしまうのである。犬山城天守や高知城天守は実用的な廻縁をもつ少数派であるが、復古的な例外作と言える。

最上階の拡大

最上階の廻縁（幅はおよそ半間）を室内に取り込むと、古くは三間四方だった最上階が少なくとも四間四方となる。松本城天守六階（図37）がその好例で、三間四方の一室の身舎の周囲に半間幅の入側が廻って四間四方となっている。最上重の五重目の軒の出は三尺七寸と短く、下重の軒の出の五尺二寸と対比させて廻縁が内部に存在することを暗示しているようである。

なお、室内に取り込まれた廻縁は、建築的には入側に相当するものである。熊本城・松江城・松本城などの天守は廻縁を取り込んだ形式であることが明確に分かるが、それらを除くと、その入側が廻縁に由来するのか、あるいは当初から入側として設計されたのかは判別が困難である。

次に関ヶ原の戦い以降の最上階の規模と廻縁の有無についての表を掲げておく（表7）。

関ヶ原以降になると、廻縁の取り込みだけではなく、最上階の身舎自体の拡大も始まる。天守一階の規模も同時に拡大したが、建築技術の飛躍的な進展によって、一階の規模に比して大きな最上階の建設が可能になった。そして、城下町から天守を見上げられた時に天守の迫力を示すためには、最上階の拡大が最も効果的であったからでもある。関ヶ原以降の築城盛況期になると城域面積が劇的に拡大し、その結果、天守が城下町から遠くなったので、従来の三間四方の最上階では貧弱に見えたのである。

先述したように、慶長五年（一六〇〇）の関ヶ原の戦いまでの天守は、その重数を問わずすべて最上階は伝統的な三間四方であった。この三間四方は外観の見せ掛けの規模で、その時期の天守最上階は原則的に真壁造だったので、三間という柱間の数を容易に視認できた。その三間の実長は、広島城天守のように下重の柱間寸法よりわずかに広くしたものや、福知山城天守のように二間半を三間に見せ掛けていたものであるが、実長はともかくも、見せ掛けの三間四方という伝統的な規模が重視されていたといえる。

それが関ヶ原以降になると、最上階も真壁造は極少数派となり、塗籠《ぬりごめ》や下見板張《したみいたばり》の大壁造《おおかべづくり》が主流となった。廻縁を室内に取り込むことによって最上階が拡大したが、大壁造が主流となったので三間四方という伝統よりも規模の大きいことのほうが重要となったはずである。そこで廻縁の取り込みだけではなく、最上階の身舎自体が拡大した姫路城大天守、身舎が一室から複数室に増えた彦根城・松江城の天守のような例が間もなく現れた。

複数室に間仕切られた最上階は、平面が三間四方の正方形から長大化したために生まれたものである。彦根城天守の最上階は約六間に約三間半という二倍以上の規模に拡大しており、その身舎は十畳と六畳（階段を含む）の二室に間仕切られている。松江城天守では、五間に四間の最上階はその周囲半間が取り込まれた廻縁に由来する入側であって、その身舎は四間に三間と拡大しており、十二畳間を二室（内の一室は階段を含む）取っている。

その一方、廻縁を取り込まず、すなわち入側のない身舎だけの古式な最上階とし、その身舎自体を拡大した望楼型の丸岡城天守・犬山城天守（最上階は造替新築）や層塔型の伊予大洲城天守・宇和島城天守のような例もやや後れて現れた（早例は慶長末の大洲城）。そうした天守は比較的に小型のものに限られ、五重天守の例はない。

表7　関ケ原以降の天守最上階の規模の年代変化（最上階の間数については、真壁造は柱間の数を示し（　）内はその実長、大壁造は実長。実長の一間の寸法は城ごとに相違。◎は最上階に入側をもつこと（推定を含む）、＊は最上階の外部に廻縁があること、▲は入側がないことを示す、＋は唐造）

城名	一階規模	最上階規模	重階	型式	建築年代
熊本	一三×一一	五×五◎	五重六階	望楼	慶長六・一六〇一頃
米子	一〇×八	三×二・五＊	四重五階	望楼	慶長八・一六〇三頃
今治	九・五×九・五	三×三▲＊	五重五階	層塔	慶長九・一六〇四頃
彦根	約一一×約六・五	約六×約三・五◎＊	三重三階	望楼	慶長十一・一六〇六
福井	一二×一〇	五×四◎＊	四重五階	望楼	慶長十一・一六〇六頃
姫路	一三×一〇	七（六・五）×五（四・五）◎	五重六階	望楼	慶長十三・一六〇八
岩国	八・五×六	四×四◎＋	四重六階	望楼	慶長十三・一六〇八
萩	一一・五×九	三（三・五）×三▲＊	五重五階	望楼	慶長十三・一六〇八頃
駿府	一二×一〇	五×四か◎	六重七階	層塔	慶長十三・一六〇八
小倉	一五・五×一三・五	八×六◎＋	四重五階	層塔	慶長十五・一六一〇頃
丹波亀山（今治移築）	九・五×九・五	三×三▲＊	五重五階	層塔	慶長十五・一六一〇
松江	一二×一〇	五×四◎	四重五階	望楼	慶長十六・一六一一以前
名古屋	一七×一五	八×六◎	五重五階	層塔	慶長十七・一六一二
津山	一一×一〇	四（五）×四＊	五重五階	層塔	慶長二十・一六一五頃
伊予大洲	七×六	四（三・四）×三（二・四）▲	四重四階	層塔	慶長二十・一六一五頃
松本	九×八	四×四◎	五重六階	層塔	慶長二十・一六一五頃
鳥羽	六×五	三×三▲＊	三重三階	望楼	慶長
岡崎	八・五×七	五×四	三重三階	望楼	元和三・一六一七
大垣	五（六）×五（六）	三×三▲	四重四階	層塔	元和六・一六二〇
福山	九×八	五×四▲＊	五重五階	層塔	元和八・一六二二
西尾	九×七	四×三・五	三重四階	望楼	元和
犬山	八・五×八	四×三（三・五）▲＊	三重四階	望楼	元和〜寛永改造

城名	一階規模	最上階規模	重階	型式	建築年代
丸岡	七×六	四×四（三）▲＊	二重三階	望楼	元和～寛永
二条（伏見移築）	一〇×九	五（四）×四（三）◎	五重五階	層塔	寛永元・一六二四
島原	一〇×一〇	四×四＊	四重五階	層塔	寛永二・一六二五
淀（二条移築）	八・五×七・五	四×三▲	五重五階	望楼	寛永二・一六二五頃
徳川大坂	一七×一五	八（七）×六（五）◎	五重五階	層塔	寛永三・一六二六
三春	七×四	三×二▲	三重三階	望楼	寛永五・一六二八頃
白河小峰	六×六	二×二▲	三重三階	層塔	寛永九・一六三二頃
寛永度江戸	一八×一六	八×六◎	五重五階	層塔	寛永十五・一六三八
会津若松	一一・五×一一・五	三×三▲＊	五重五階	層塔	寛永十六・一六三九
丸亀	六×五	四（三・三三）×三（二・三三）▲	三重三階	層塔	正保二・一六四五頃
宇和島	六×六	四×四▲	三重三階	層塔	寛文五・一六六五
高松	一三×一二	七×七（六）◎＋	三重四階	層塔	寛文十・一六七〇
備中松山	七×五	五×三▲	二重二階	層塔	天和三・一六八三
高知	八（七）×六	三（二・五）×三（二・五）▲＊	四重六階	望楼	延享四・一七四七
小田原	一一×九	七×五◎	三重四階	層塔	宝永三・一七〇六
水戸	六×六	三×三▲	三重五階	層塔	明和六・一七六九
弘前	六×五	四×三▲	三重三階	層塔	文化七・一八一〇
白石	九×六	五×三	三重三階	層塔	文政六・一八二三
和歌山	一〇・五×一〇	五×五＊	三重三階	層塔	嘉永三・一八五〇
伊予松山	九×七・五	六×四（四・五）◎＊	三重三階	層塔	嘉永五・一八五二
松前	七×六	四×三▲	三重三階	層塔	安政元・一八五四

4　重・階

(i)　重階一致と不一致

望楼型の屋根裏階

前述したように、外観の屋根の重数と内部の階数によって天守の上下方向の規模を表す。その場合に、重数と階数が同じものを重階一致、両者が相違する（換言すれば重数より階数が多い）ものを重階不一致と慣例的に称している(50)。重階不一致の原因は、屋根裏階がある場合と一部の屋根を省略した場合がある。

まず、屋根裏階をもつ天守の場合であるが、それは主に古式な望楼型である。望楼型の基部となる入母屋造の大屋根の中にその上階（望楼の下部）が埋没して屋根裏階ができてしまうからだ。多くの望楼型天守は重階不一致となるため、重階不一致が望楼型、重階一致が層塔型の特徴であるという意見もあった。大きな入母屋屋根の上に載る望楼の部位において平面が強く縮小するため、大屋根が縮小した望楼の壁面に向って大きく伸び上がることによって屋根裏階が生じるからである。現存例では、四重五階の松江城天守が典型的である。

しかし、望楼平面の縮小がわずかな場合（彦根城天守など）では、望楼型天守であっても屋根裏階は生じない。したがって、重階不一致は必ずしも望楼型天守の特徴であるとは言えない。そして上階の縮小率が大きな場合でも屋根裏階が生じていない層塔型の名古屋城天守のような例もある。屋根裏階の有無は望楼型・層塔型の違いではなく、梁の架け方の違いにある（詳しくは後述）。

一部の屋根を省略した例は、関ヶ原の戦い以降に建築された天守に見られる。その一つは、一階と二階を同大平面に造り、その間の屋根を省略した場合で、望楼型の福井城天守（四重五階）や層塔型の小田原城天守（三重四階）などの例があり、天守代用の三重櫓では水戸城（茨城県）・古河《こが》城（同）が挙げられる。水戸城では一階から三階までを同大平面に造って屋根を二重分も省略していたため、三重五階であった。

唐造

もう一つの重階不一致の原因は、最上階の平面をその下階より大きく造って外壁を張り出すことによって下階の屋根を省略した構造であった。望楼型の岩国城天守（山口県、四重六階）、層塔型の小倉城天守（福岡県、四重五階）・佐賀城天守（四重五階）・高松城天守（三重四階）などの例があった。それらは特異な外観から唐造（南蛮造ともいう）と呼ばれる。その最初の例は慶長十三年の岩国城天守で、慶長十五年の小倉城天守が著名である。

図38　小倉城天守復元立面図（復元：中村泰朗）

唐造の天守が誕生した要因は、五重天守の建築規制だったと考えられる。五重天守を直接に規制する文書は確認されていないが、歴史上で実際に建てられた五重天守を見ると、その建築主はまず織田信長（安土）と豊臣秀吉（大坂・聚楽・肥前名護屋・伏見）そして徳川将軍家（江戸・駿府・名古屋・大坂・二条）、いわば天下人である。次いで毛利輝元（広島・萩）・宇喜多《うきた》秀家《ひでいえ》（岡山）といった豊臣五大老、池田輝政《いけだてるまさ》（姫路）・加藤清正《かとうきよまさ》（熊本）・蒲生氏郷（会津若松）といった五十万石を超える大身の大名らであった。ほかに家康の信任の篤かった藤堂高虎《とうどうたかとら》（今治＝丹波亀山）、信濃国の守護の系統の小笠原秀政《おがさわらひでまさ》（松本）などがいたが、概して他の大名を凌駕する特別な存在であった。なお、後述するように、津山城天守（岡山県）と福山城天守は四重目屋根が板葺《いたぶき》や杮葺《こけらぶき》だったので、その重を無視して扱いは四重だったと考えられる。島原城天守は四重五階だったと考えられるが、これを五重だったとする場合にはその一重目屋根は無視できる板葺である。

小倉城天守を建てた細川忠興《ほそかわただおき》は三十九万石の大身の大名であったが、五重天守を建てられる家格とは認められていなかったようである。そこで一階平面が五重天守を超えるような巨大天守（史上第四位の規模）を建築し、それを唐造にすることで、名目上は四重天守、実質上は五重天守を実現させたものと考えられる。

また、佐賀城の鍋島勝茂《なべしまかつしげ》は三十五万石の大身の大名であって、小倉城天守の指図を黒田長政《くろだながまさ》から得て、唐造の四重五階の巨大天守（史上第五位の平面規模）を建てた[51]。忠興とは不仲だったと言われる長政から小倉城天守の指図を得たことについては不可解ではあるが、唐造の採用については細川忠興と同様の思惑があったと考えられる。

板葺屋根

ところが、小倉城天守を手本として外様大名十八万石の森忠政《もりただまさ》が慶長二十年（一六一五）頃に建てた津山城天守は、五重五階であって唐造ではなかった。『森家先代実録《もりけせんだいじつろく》』によると、「天守ハ豊前小倉の天守を大工保田惣右衛門、木図に作り帰て建る、小木図櫓に有り」と記されており、小倉城天守の木図（木製の模型）によって建てられたことは確かであろう。津山城天守は最上重以外に破風《はふ》が全くない典型的な層塔型であること、最上階五階の中央に上段の間があること、一階の階段室に湯殿・揚がり場があったこと、一階と二階の身舎の間取りが小倉城の二階や三階に似通っていることからして、その伝えは史実であったと首肯できる。

津山城天守は唐造ではなく、最上階の直下の四階に四重目の屋根が設けられていた。しかしその四重目屋根だけは瓦葺ではなく、猿頭《さるがしら》という五角形断面の棒で押さえた板葺（軽微な出格子窓の屋根に使われる板葺）であった[52]。取り壊し前の古写真によると、四重目の軒の出が他重よりかなり短い簡略な構造であったことが分かる。すなわち小倉城天守のように四重目屋根を省略するのではなく、瓦葺ではない板葺に変えることで名目上、一重を減じるという唐造と同等の効果を得たものと考えられる。

この津山城天守の四重目屋根については、怪しげな伝説がある。津山城に五重天守が建てられたことを知った幕府は江戸にいた忠政を詰問したが、忠政が四重だと言い張ったので、役人を派遣して検分させることにした。そこで忠政は家臣の伴唯利《ばんただとし》を津山へ派遣した。唯利は仙術を使って一夜で津山に至り、幕府の役人が到着する前に四重目の屋根を取り去って難を逃れたという。もちろん荒唐無稽の話ではあるが、四重目屋根が板葺だったのは五重天守ではないとする口実であったことくらいは類推できよう。

この点に関して、福山城天守（図40）の四重目屋根にも注目される。幕命によって譜代大名の水野勝成《みずのかつなり》が元和八年（一六二二）に完成させた層塔型五重天守であったが、正保城絵図に描かれた天守の姿からすると、その四重目屋根

図 39　津山城天守（取り壊し前）

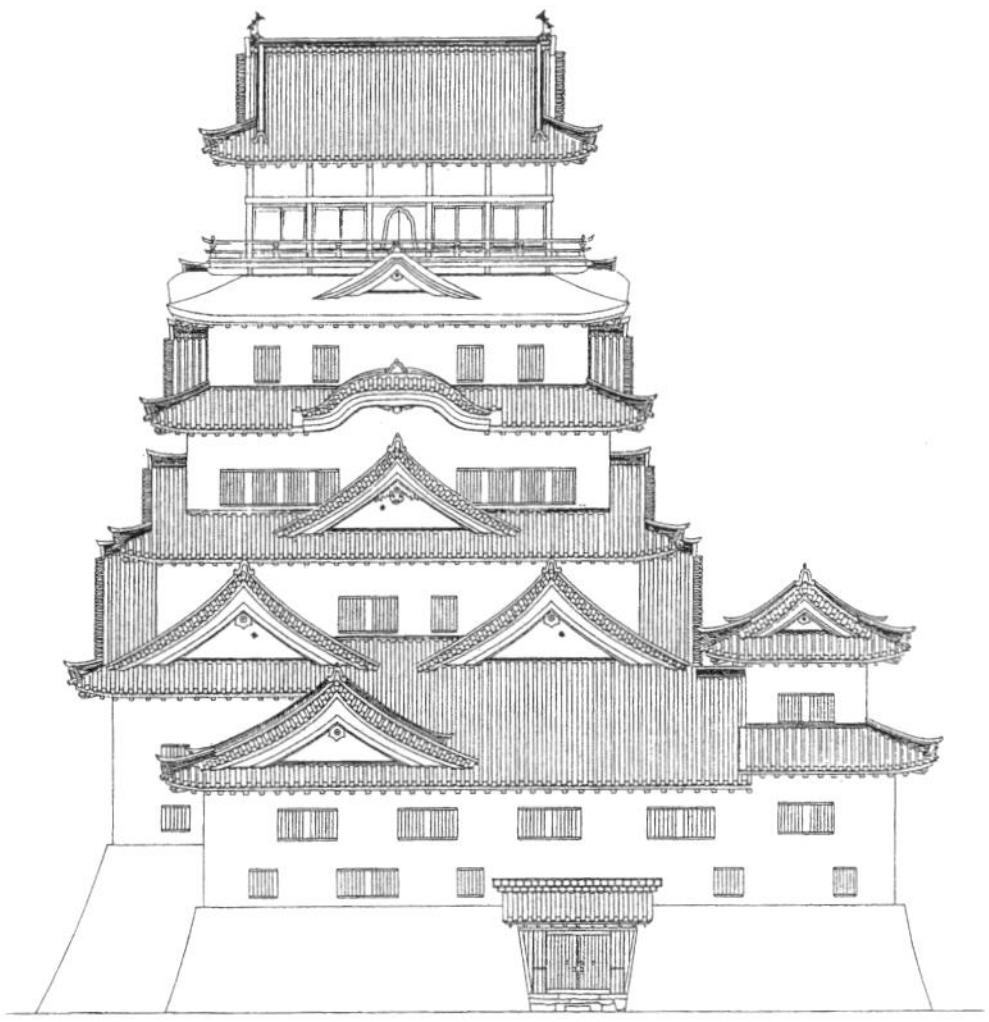

図 40　福山城天守創建時復元立面図
（復元：宇根利典）

だけは瓦葺ではなく、板葺か杮葺だったことが分かる。中国地方の外様大名を監察する目的で幕命による築城ではあったが、勝成は十万石にすぎず、五重天守を建てられる家格ではなかった。そのための方便として四重目屋根だけを瓦葺にしなかったもので、その点で津山城天守と共通していると考えられる。

津山城と福山城の天守の例からすると、板葺や杮葺の屋根は重数には算入されなかったことが分かる。(53)

(ii) 地階

地階（穴蔵）

城郭建築では、地階を一般的に穴蔵《あなぐら》と称した。地階は居住環境が劣悪なので、土蔵にしか使えないからだ。しかしながら穴蔵は湿気が溜まるので土蔵としても不適切であったので、火薬の原料である焰硝《えんしょう》（塩硝、硝石のこと）や火薬（煙硝を含む）を貯蔵しておく焰硝（煙硝）蔵ぐらいにしか使われなかった。焰硝蔵は類焼や落雷を恐れて穴蔵とされることが多かったからだ。

土蔵は防火構造の厚い土壁で造られるが、それを地下室として造ったのが穴蔵であって、焰硝蔵では地下室の上に直に瓦葺の屋根を架ける。狭義の地下室でなくても、壁体を土塁や石塁としてその壁体に直に屋根を架けた穴蔵もある（現存例は大坂城焰硝蔵）。

焰硝蔵以外の地階は、一般的に天守にしか造られなかった。櫓は一階面積が狭いので、地階を設けることは物理的に不可能だからである。なお、名古屋城天守の地階は、創建当初は焰硝蔵と金蔵《かねぐら》などに使われていたが、後に火薬の爆発を恐れて御深井丸《おふけまる》に独立した穴蔵を設けて焰硝を移している。

さて天守には、地階をもつものと、もたないものがある。それらを表にまとめておく（表8）。

この表からは一目瞭然であるが、一般論で言えば一階の規模が大きいものに穴蔵があり、小さいものには穴蔵がな

図41　津山城天守台

い傾向が強い。そして、一階の短辺が七間の岡崎城（愛知県）が穴蔵をもつ最小規模の例であって、七間半の伊予松山城と淀城（京都府）がそれとほぼ同程度の例である。岡崎城天守の一階は、長辺八間半、短辺七間であるが、創建時の一階規模は七間四方であった。元和三年（一六一七）の天守再建に際して旧天守台をそのまま再利用している。(54) したがってその長辺の規模も本来は七間であったので、穴蔵をもつ天守一階の最小規模は七間四方とすることができる。

穴蔵の有無については、天守型式において望楼型と層塔型とで差異は全くない。

その一方、天守の構成型式においては、穴蔵の有無に対して天守への入口の設け方による差異が大きい。天守が天守台の上に建てられている場合、天守台上へ登る動線が必要であって、天守台地下の穴蔵から入って穴蔵内の木造階段で一階に上る方法、天守の付櫓に入って付櫓内の木造階段で天守一階に上る方法、天守台外部に築かれた石段を上って直に天守一階に入る方法に分かれる。

そのうち穴蔵は天守の入口を兼ねているので、天守に直接に入る独立式での穴蔵の応用例は多く、江戸城・徳川大坂城・高松城・津山城などが挙げられる。そのうち江戸城・徳川大坂城・津山城では、天守台から突き出した小天守台に向けて穴蔵の入口が

表8　天守の地階の有無と一階の平面規模・天守型式・構成型式
（＊印は天守代用櫓、構成型式は創建時のもの、独立式の＋は小天守台のみが付属）

長辺間数	短辺間数	城名（重階）	天守型式	構成型式	地階の有無
十八	十六	寛永度江戸（五重五階）	層塔	独立＋	有
十七	十五	名古屋（五重五階）	層塔	連結の変型	有
	十五	徳川大坂（五重五階）	層塔	独立＋	有（半地下）
十五・五	十三・五	小倉（四重五階）	層塔	複合	無
十五	十三・五	佐賀（四重五階）	層塔	複合	無
十三	十二	安土（五重六階）	望楼	独立	有
	十二	高松（三重四階）	層塔	独立	有
	十一	熊本（五重六階）	望楼	複合	有
	十	姫路（五重六階）	望楼	連立	有
	八	岡山（五重六階）	望楼	複合	無
十二	十一	豊臣大坂（五重六階か）	望楼	複合	一部のみか
	十	福井（四重五階）	望楼	独立	無
	十	松江（四重五階）	望楼	複合	有
	十	駿府（六重七階）	層塔	独立	無
	九	広島（五重五階）	望楼	連結	無
十一・五	十一・五	会津若松（五重五階）	層塔	複合	有
	九	萩（五重五階）	望楼	複合	無
十一	十	津山（五重五階）	層塔	独立＋	有
	十	八代（四重五階か）	層塔	連結の一種	有
	九	小田原（三重四階）	層塔	複合	無
	六・五	彦根（三重三階）	望楼	複合	一部のみ
十・五	十	和歌山（三重三階）	層塔	連立の一種	無
十	八	米子（四重五階）	望楼	独立	無
九・五	九・五	丹波亀山（五重五階）	層塔	複合	無
	四	福知山（三重四階）	望楼	複合	一部のみ
九	八	熊本城宇土櫓（三重五階）	望楼	複合	有
	八	松本（五重六階）	層塔	連結・複合	無
	八	福山（五重五階）	層塔	複合	有（半地下）
	七・五	伊予松山（三重三階）	層塔	連立	有
	七	西尾（三重四階）	望楼	複合	無

長辺間数	短辺間数	城名（重階）	天守型式	構成型式	地階の有無
八・五	八	犬山（三重四階）	望楼	複合	一部のみ
	七・五	淀（五重五階）	望楼	独立	有
	七	岡崎（三重三階）	望楼	複合	有
	六	岩国（四重六階）	望楼	複合	無
八	七	小浜（三重三階か）	層塔	複合	無
	七	＊古河（三重四階）	層塔	独立	無
	七	佐倉（三重四階）	層塔	独立	半分のみ
七	七	高島（三重四階か）	望楼	独立	無
	六	丸岡（二重三階）	望楼	独立	無
	六	高知（四重六階）	望楼	独立	無
	六	大洲（四重四階）	層塔	連立の一種	無
	六	＊米沢（三重三階）	層塔	独立	無
	六	＊松前（三重三階）	層塔	独立	無
	五	備中松山（二重二階）	層塔	複合	無
	四	＊三春（三重三階）	望楼	独立	無
六	六	米子城四階櫓（三重四階）	望楼	独立	無
	六	横須賀（四重四階か）	層塔	独立	半分のみ
	六	＊白河小峰（三重三階）	層塔	複合	無
	六	宇和島（三重三階）	層塔	独立	無
	六	＊水戸（三重五階）	層塔	独立	無
	五	＊丸亀（三重三階）	層塔	複合の一種	無
	五	＊弘前（三重三階）	層塔	複合	無
五・五	五・五	盛岡（三重三階か）	層塔	ほぼ独立	無
五	五	大垣（四重四階）	層塔	複合	無
	四	＊高崎（三重三階）	層塔	複合	無
四	四	苗木（一重一階）	—	独立	岩盤部床下

開かれ、小天守自体は建てられていなかった。連結式の一種の名古屋城や八代城（熊本県）でも渡櫓が建てられていなかったので、それらに準じた穴蔵の応用例とすることができる。また、松江城は付櫓を通って天守台の穴蔵へ入る複合式で、江戸城等の小天守が台座だけの独立式の例に準じる穴蔵とすることができ、複合式の福山城も同様である。構成型式の複合式においては、付櫓が天守入口とされる例が多く、小倉城・佐賀城・岡山城・萩城・丹波亀山城・備中松山城・大垣城など多くの例が挙げられ、それらの天守には穴蔵が設けられていない。渡櫓から天守に入る連結式も同様であって、広島城・松本城には穴蔵がない。しかし、複合式であっても付櫓を入口としない岡崎城では、穴蔵を設けて入口とする。

天守の外部の石段から上る例は、小型の天守に多く、高島城（長野県）・丸岡城・宇和島城・弘前城などがあり、もちろん穴蔵はもたない。その多くの場合は独立式である。

また当然のことながら、本丸地盤から高く立ち上がった天守台をもたない米子城・高知城・大洲城・水戸城等では、穴蔵は物理的に設置不能である。

特殊な例では、連立式の松山城天守は穴蔵をもつが、そこからは天守へは上がれず（現状では仮設の階段で上がれる）、天守入口は両脇に建つ櫓門の渡櫓に開いていた。連立式の姫路城大天守も穴蔵をもつが、天守入口は渡櫓にも開く。

建築年代については、最初期の例の安土城天主には穴蔵があるが、それに続く広島城・岡山城といった古例には穴蔵がない。それ以降の例をみても建築年代による差異はない。

この表で、穴蔵が「一部のみ」や「半分のみ」とした例については次項に述べる。

半地下階

地階が一階下方の半分程度しかなく、城外側から見れば地階であるが、城内側からは地上階に見えるような半地下階をもつ例として佐倉城（千葉県）（図42）・横須賀城（静岡県掛川市）の天守が挙げられる。それらは高い石垣の天守台をもたない天守の例であって、本丸を囲む土塁の上に天守を建て、土塁から城内側へはみ出した部位を地階とする。見方を変えれば、傾斜地に天守を建てたようなものである。石材が乏しく石垣の築造を得意としなかった東日本における譜代大名の城である。天守ではなく、櫓にも類例があり、姫路城の帯郭《おびくるわ》櫓・リの二渡櫓、岡山城月見櫓、府内城宗門《しゅうもん》櫓（大分県）などは土塁ではなく石塁に設置されている。それらは西日本の外様大名が築いた城であった。

図42　佐倉城天守跡

そのような櫓の設置方法は、早くも安土城本丸の多門櫓で見られ、櫓台石垣の構築をやや省力化したものと言える。土塁に建つ天守の場合では、天守上り口の確保という目的も考えられる。

それに対して姫路城大天守では、天守穴蔵を囲む石塁のうち北西の角を省略し、天守地階の北西部を連立式天守群が囲む中庭に開放していわば地上階にしている。この例は極めて高い天守台を有していること、角部が欠けているとはいえ、石塁がしっかりと穴蔵を囲んでいることからして、土塁における半地下階の天守の同類とは見なせない。天守群の囲む中庭に面している部位では、防備上の懸念がなく、地階の採光や通風を考慮して石塁を設けなかったものと考えられる。

それに似た事例であるが、豊臣大坂城天守の穴蔵が挙げられる。大坂城本丸指図(55)によると、天守の輪郭を示す線が墨筆と朱筆に描き分けられており、本丸内に面する天守の南西角だけ朱筆である。西面十一間のうち南三間、及び南面（付櫓を含めて十五間半）の西六間半が朱筆で引かれている。この指図では、石垣は墨筆、塀は朱筆で表されているので、天守地階の南西角だけ石塁が築かれておらず、姫路城大天守の地階と同

図43　松代城天守台の入隅

様に地階の木部が本丸側に向けて大きく露出していたと考えられる。

豊臣大坂城天守台は地下に埋没しており確認できないが、参考事例として現存する伊勢亀山城（三重県）の天守台と伝わる石垣が注目される。野面積《のづらづみ》の石垣であって、隅部が算木積ではなく、また築《つき》石《いし》の面を横に長く見せた古様から関ヶ原の戦い以前の築造と判定される。この伝天守台は、本丸側に大きな入隅《いりすみ》があって、すなわち方形天守台の本丸側の角が大きく欠き取られたような形状を見せている。当該の入隅部分は幕末の地震で崩れて積み直されている（谷積）が、当初から入隅であったと考えられる。亀山城内では関ヶ原以前の唯一の高石垣であるので、伝承通り天守台だった蓋然性は高い。その場合、この入隅部は天守の地階であって、一部だけを地階とする例になる。豊臣大坂城天守台は亀山城の伝天守台のような一部だけの地階だったとも考えられる。

同じような形状の天守台として、豊臣系大名の森忠政が関ヶ原の戦い直後に築いたと考えられる松代《まつしろ》城（長野県）の例が挙げられる（図43）。本丸の北西隅に現存する巨大な櫓台はその規模からすると間違いなく天守台として築かれたものと考えられる。その台上には天守は建てられず、江戸時代には台の隅の一部分だけを使って三間に二間の小さな乾櫓《いぬいやぐら》（一重二階櫓）が建てられていた。この天守台は本丸側に大きな入隅があり、方形平面から入隅を欠き取った形状であって、伊勢亀山城の伝天守台と同じである。

次に一部だけの地階をもつ福知山城・犬山城・彦根城の天守について記しておく。これらの天守は天守の上り口として極めて狭い地階をもっているが、ほぼ通路としての面積しかないので穴蔵とは言いにくい。

これらの天守は建築年代が早く、福知山城天守は最も古くみれば明智光秀が天正七年（一五七九）頃に創建し、その後に増改築されたものであった。天守本体から東側へ突き出したいわば付櫓の地階に天守入口が設けられていた。したがって天守本体の地階ではない。犬山城天守は慶長元年（一五九六）または慶長六年頃に創建された現存最古の天守で、地階を天守入口とし、地階内部に木造階段を設けて天守一階に上がる。天守台が高いので、地階は二階分になっており、現存唯一の地下二階の天守である。彦根城天守は、関ヶ原の戦いで籠城戦に供せられた大津城天守を慶長十一年に移築改造したもので、天守入口は付櫓に設けられているが、それとは別に天守本体の地下にも入口を設けている。その地下入口（現状では入口の外側に土蔵を後補）は単なる通路でしかなく、穴蔵では全くない。

穴蔵から立ち上がった半地階

地階には窓を造るのが難しく、採光と通風に甚だ不便であった。姫路城大天守のように穴蔵の石塁を大きく欠き取ったり、松江城・名古屋城のように採光用の小窓を石塁に開いたりする工夫がなされてきたが、多くの天守の穴蔵は暗闇だったはずである。

そうした穴蔵の欠陥を解決しようとしたのが元和八年（一六二二）に完成した福山城天守であった。地階の上に被さる一階の床を、穴蔵石垣の天端よりはるかに高く設けることにより、地階の外壁を天守台石垣の天端に立ち上げていた。一階と地階の外壁面が一連の大きな壁となり、そこに地階と一階の窓を並べて開いた。この技法によって明るい地階が実現された。

同様の技法は、寛永三年（一六二六）に幕府が再建した大坂城天守にも応用されていた。福山城天守と建築年代が近く、また福山築城を譜代大名の水野勝成に命じたのは将軍徳川秀忠《ひでただ》であり、大坂城の再築を命じたのも秀忠だったので、新たに開発された半地下の穴蔵の技法が共通しているのは当然であろう。

図44　会津若松城天守（取り壊し前）

この新技法は穴蔵の進化発展の最終形態であって、寛永十六年の会津若松城天守再建にも応用されていたと考えられる。天守取り壊し前の写真を見ると、一階の窓の下方に土塀の屋根と同じ高さの短い腰屋根があり、その腰屋根の下の外壁に鉄砲《てっぽう》狭間《ざま》が並んでいるのが確認できる（図44）。腰屋根の高さが地階の外壁の立ち上がりだったと考えられる。

その後に穴蔵をもつような大型の天守建造がなくなり、この新技法は普及することがなかった。

5　構造

(i)　天守台と穴蔵

天守台の有無

天守（天守代用の三重櫓を含む）が建てられる台座が天守台であり、その多くが高い石垣で築かれている。一般的に天守台が城内で最も高い所にある石垣である。

天守台は本丸（天守曲輪を含む）の城壁に面して設けられ、本丸の防御の一役を担うことが多いが、本丸の内部に独立して設置された江戸城や宇和島城のような例も少なくない。城壁に面した天守台では、城外から高く立ち上がるだけではなく、本丸内からもかなり高く立ち上がるのが一般的であるが、高知城・大洲城（愛媛県）のように本丸内からの立ち上がりのない例もある。

その一方、土塁または土塁上の極めて低い石垣（鉢巻石垣や天守の石垣基礎で高さがおおむね一間未満）を天守台とした城は石垣用の石材が乏しい関東に多く、佐倉城（千葉県）・関宿《せきやど》城（千葉県）・古河城（茨城県）・笠間城（茨城県）・忍《おし》城（埼玉県）・高崎城（群馬県）などの例があった。

珍しい例としては、水戸城には全く天守台がなく（城内に石垣も全くない）、天守代用の三階櫓は二の丸内の平地に建てられていた。また、駿府城天守は巨大な天守台の穴蔵の中に建てられており、天守自体には天守台がなかったが、その巨大な天守台は天守曲輪の一種とみなすこともできる。

豊臣大坂城・会津若松城では広大な天守台の一隅に寄せて天守が建てられており、天守の外壁と天守台縁辺との間に鍵の手に広い武者走があった。初期の石垣築造技術の未熟さを回避するための方策と考えられ、天守台平面の著しい歪みや大重量の天守を高い石垣（城壁に面する側）の直上に載せることを避けるためだったと推定される。

以上のように天守台には種々の例があり、これに天守の構成型式の差異や穴蔵の有無や入口の設け方の相違などが加わるので、天守台の形態は変化に富むことになる。

天守台だけ残る城

城内に立派な天守台石垣が現存するが、江戸時代においてそこに天守が建てられていなかった例は少なくない。主なものを挙げると、甲府城・松代城（長野市）・浜松城・津城（三重県）・伊賀上野城・伊勢亀山城・明石城・赤穂城・福岡城・唐津城（佐賀県）などである。

甲府城では、天守台の近くから天守に使われるような大きな鯱瓦の破片が出土しているので、浅野《あさの》長政《ながまさ》によって関ヶ原の戦い以前に天守が建てられていたことは実証されたが、江戸時代初期までに天守は失われていた（図45）。

松代城・明石城・赤穂城・唐津城では、天守台は築造されたが天守の建築が中止になった。松代城は城主の森忠政

図45　甲府城天守台

が築造途中の慶長八年（一六〇三）に津山へ転封となったため、天守の建築が中止となったと考えられる。明石城・赤穂城は、武家諸法度の公布後の築城であったため、幕府から天守の建築許可が得られなかったと考えられる（図46）。

伊勢亀山城天守は、江戸時代初期の元和・寛永期に丹波亀山城と誤って取り壊されたという伝承（真偽は不明）があり、その天守台と伝えられる石垣上には多門櫓が寛永以降に建てられていた。天守は位置を変えて天守代用の三重櫓が建てられていた。

浜松城の天守台は関ヶ原以前に豊臣系外様大名の堀尾吉晴《ほりおよしはる》が築いたものが現存するが、江戸時代を通じて天守はなく、関ヶ原の戦い前後に取り壊されたと考えられる。

福岡城天守（唐造の四重五階と推定される）は豊臣系の大大名であった黒田長政が慶長十五年前後に建てたと考えられるが、元和六年に自ら幕府に申し出て天守を取り壊したため、[56]その後は天守台のみが残る（図47）。その前年に広島城無断修築の罪で福島正則《ふくしままさのり》が改易されているので、幕府に恭順の姿勢を見せようとしたものかもしれない。唐津城も城主の寺沢広高《てらざわひろたか》が壮大な天守台を築いているが、幕府に遠慮して天守の建築を見送ったようである。

徳川家康から篤い信頼を受けた藤堂高虎は、慶長十六年からの伊賀上野城の普請で壮大な天守台を築いたが、五重天守の建築中に大風で吹き倒されてしまい、天守の建築を断念し、上野城自体の工事も大坂の落城で中断されて未完成に終わった。高虎の居城であった津城では、前城主の富田《とみた》信高《のぶたか》が関ヶ原後に築いた天守台が残っているが、信高が高虎と入れ替わりで宇和島へ転封となって天守の建築が中止された。天守台上には代用の小さな三重櫓が上げられていたが、寛文十年（一六七〇）に焼失して以後は天守台だけになった。

図 46　赤穂城天守台

図 47　福岡城天守台

なお、小諸《こもろ》城（長野県）・弘前城・江戸城では、十七世紀中期に天守を焼失しており、その後は弘前城の天守代用三重櫓（現存の天守）を除いて再建されなかった。

天守台の起源

天守台の起源となるものは、中世山城の曲輪の端に設けられた見張り台といわれる比較的に小さな土壇が想像されようが、近世城郭の天守台とは位置や規模や役割が相違するので、両者に直接的な関係を求めるには無理があろう。

天守の起源を述べた説話として、『永禄以来出来始之事《えいろくいらいできはじめのこと》』に記されている尾張楽田城《がくでん》（愛知県犬山市）殿守（天守）がよく引合いに出されてきた。やや長いが著名な記事なので次に引用しておく。

一、殿守の趣は永禄元年春の事なるに、尾州楽田の城を敵不意に攻入し事有時、城主の父家督の後、殿守と名をかへて、城中に高さ二間余に壇を築き、其上に五間七間の矢倉を作り、真中に八畳敷の二階を拵ひ、八幡大菩薩愛宕山権現を勧請し奉り、つねに信仰ありし。かり弓手たて等をも縁通りに多くかけ置しが、（以下略）

これによると、天守の始まりは永禄元年（一五五八）に尾張の楽田城に建てられたもので、城中に高さ二間余り（約四メートル）の壇を築いて（すなわち人工的に造った壇）、その上に五間に七間の矢倉（櫓）を造り、その中央に八畳敷の二階を拵えたものという。「壇」とあるのは時期的に石垣ではなく土壇のことと考えられ、これが天守台の起源ということになる。大きな櫓の上に小さな八畳の二階（二重の意か）を挙げたのであるから望楼型天守の起源も示している。この記事の真偽はともかく、高さ二間余り壇の上に載せたのは、防御や物見のためか、あるいは神仏を祀る高貴な建築だからかである。

現存最古の天守台である安土城天主台は、天正四年（一五七六）頃の着工で、山頂部を削平して山城の曲輪（本丸）を造成する際に、意図的に削り残した高い壇を芯にして、斜面を削り取ってできた切岸《きりぎし》に石垣で覆ったものと考えられる。その上に高貴な天主を載せたのである。その一方、平城である広島城の天守台は天正十七〜十九年の築造で、平地に築き上げた人工的な壇であって、その点において平城である楽田城に類している。天守台石垣の内部は裏込石《うらごめいし》が充填してある。

安土城天主台の復元

安土城天主台は、穴蔵の内部の礎石はほぼ完存している。穴蔵を囲う石塁は近代の復元であるが、その石塁の根石《ねいし》（石垣の最下段の石）は当初のものが残っている。天主台の外側石垣の上部はすべて崩れ落ちているが、残っている下部の石垣の勾配に従って元の高さ（天主台北部に当初の高さをほぼ保っている部位がある）に復元考察することは容易である。その復元結果から、天主台の穴蔵の周囲には幅二間の石塁が取り巻いていたことが判明した（図48）。

安土城の天主台は固い地山を削り残して成形したもので、復元される天主台の上面は不等辺八角形（穴蔵入口を無視すれば七角形）平面をなしている。他の天守台のように四角形に削らなかったのは、まだ天守台築造の草創期だったので掘削土量を最小限にして作業労力を節減するためだったと考えられる。上から見て円形の地山を削るには、八角形の方が四角形より圧倒的に掘削土量が少ないのは自明のことである。安土城より後の天守台では、岡山城が不等辺五角形になっているが、同様の理由であろう。

安土城天主台の不等辺八角形である天端の縁辺部と、現存する穴蔵の内側の石垣との間にちょうど二間幅の武者走が生じる。これが穴蔵の周囲を廻っていた石塁の上端の幅である。ここで注目すべきは、穴蔵の内側石垣の輪郭は四角形ではなく、平行四辺形から二角を削り取ったような不等辺六角形であることだ。この不等辺六角形の穴蔵平面は、天主台の北部を除いて、天主台天端の縁辺の輪郭から二間内側に引いた形状に一致していることが確認される。すなわち削り取った地山の周囲に二間幅の石塁を立ち上げることによって天主台石垣の外側の高さを補ったものと理解される。

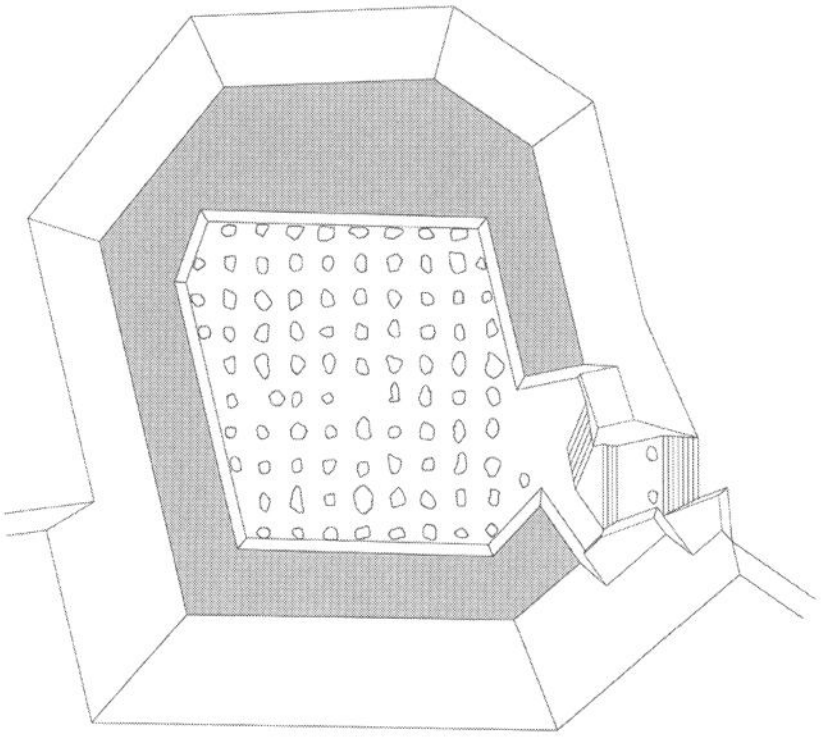

図48　安土城天主台復元平面図

（復元：中村泰朗）

安土城天主台からみた穴蔵の役割

穴蔵周囲の石塁は、安土城天主台の構造からすると、防御性能を高めるためというよりは、高貴さを演出するために天主台石垣の高さを補う目的であったと考えられる。

安土城天主は地上六階建ての当時の超高層建築であって、その自重は他の木造建築とは比べようもなく過大となる。その莫大な天主重量を支えるためには、安定した堅固な地盤が必須であり、地山から削り出した穴蔵の地面は堅固な理想的地盤であった。しかし、天主台の外側石垣の高さを補うには、その地盤の上に盛土（あるいは裏込石）を載せることになり、そこに多大な重量を掛けることは心もとなかったはずである。

そこで、石塁を立ち上げることにより天主台石垣の荘厳さを醸し出し、天主の重量は石塁の下方に位置する穴蔵の地盤で支えるという画期的な技法を開発したものと評価される。

安土城以降の穴蔵を囲う石塁の上端の幅は、安土城と同じ二間幅の例が多く、福岡城・松江城・名古屋城・徳川大坂城などがある。二間半の例が津山城・寛永度江戸城である。一間半の例が岡崎城・姫路城・伊予松山城など、一間幅の例が福山城である。熊本城宇土櫓が二間半と三間であって幅が広い。二間幅は天守台に限らず、平城の曲輪の周囲を廻る石塁（武者走）にも応用されており、当時の石塁の標準幅だったとも言える。

穴蔵の起源

天守台の外側の高さを確保しつつ、高層建築の天守本体の重量を安定して支持するために穴蔵が考案されたらしいと述べたが、そうした観点からすると、安土城天主に先行する事例が注目される。鎌刃《かまは》城（滋賀県米原市）の大櫓跡である。

鎌刃城は織田信長が浅井長政と攻防をした山城で、尾根上に続く曲輪群の先端部において土塁に囲われた穴蔵の遺構が発掘されている。穴蔵の内側いっぱいに碁盤の目の交点に整然と礎石が並ぶ五間四方の規模である。土塁の下辺と礎石との間に空地がないので、穴蔵遺構の上は建物で完全に覆われていたと推定され、石垣で挟まれた穴蔵入口も見つかった。後世の天守穴蔵と構造が一致するため、安土城に先行する穴蔵遺構であると考えられる。穴蔵を囲う土塁上に一階の側柱が立っていたと想定すると、七間四方の一階平面となり、天守級の大櫓が想定される。

もう一例の穴蔵遺構が中世山城の関津《せきのつ》城跡（滋賀県大津市）で発見されている。高さ三メートルと推定される土塁で四角く囲まれた方形の穴蔵で、内部は一三メートル四方であった。穴蔵の入口に門跡があり、穴蔵内の奥側半分ほどでは土塁下辺に沿って礎石列が検出された。また、掘立柱の小規模な建物が二棟見つかっているが、礎石建物とは時期差があるらしい。この穴蔵の上に大きな建物が載っていたかどうかは、礎石が完存していなかったので断定はできないが、鎌刃城のような大櫓の可能性も否定できない。

このような滋賀県域の山城に存在した穴蔵構造が信長の安土城天主の地下構造に応用された可能性は小さくないであろう。

姫路城初代天守と丸岡城天守の床下構造

安土城天主台の穴蔵の設置理由が石垣高さの確保と本体重量の安定支持の二つだったとすると、安土城に続いて羽柴秀吉が築いた姫路城初代天守の穴蔵の構造が注目される。現存大天守（姫路城二代目天守）の昭和解体修理時に天守台地下で秀吉の姫路城初代天守の礎石や穴蔵石垣が発見されたが、秀吉の天守は深さ二メートルほどの浅い穴蔵をもっていたことが判明している（図110）。深さが余りにも浅いので、厳密には極めて深い床下というべきであろう。その浅い穴蔵の効用は安土城天主台と同じであったと考えられる。

丸岡城天守では、一階側柱が天守台石垣の天端石上には立てられず、その内側に大きく引いて据えられた土台上に立てられており、類例がない。また、長辺方向の中央の柱列は、昭和十二年の修理までは掘立柱であった。地下約一メートルの深さに礎石を据え、その上に立つ柱の地中部は防腐のため厚い板で巻き、さらに漆喰が塗ってあった。当初はすべての入側柱も掘立柱であったことが発掘調査によって判明している。しかし、そのような構造が当初からのものとは考えにくい。当初は天守台天端から深さ一メートルほどの掘り込みを床下に設けた構造であって、天守荷重を天守台内部のなるべく低い位置に掛けるための工夫だったと考えられる。貞享五年（一六八八）の天守改修時にその浅い掘り込みを埋め、中央列の柱だけを掘立柱として当初の深さに礎石を残したものとなろう。したがって、天守創建当初は、秀吉時代の姫路城初代天守の浅い穴蔵に類似した構造だったとも考えられる。

なお、姫路城乾小天守の解体修理では、乾小天守台の地中から掘立の床梁《ゆかばり》支持杭（地中埋設柱）が発見されている。これも小天守の荷重を小天守台の天端ではなく、なるべく低い位置（支持地盤すなわち地山）に掛けるために採られた工夫の一つと考えられる。

(ii)　軸部

柱

天守を構成する主要な建築部材は、柱・梁・桁・垂木であって、それらは伝統的木造建築と全く同じである。天守は石垣上に建てられ、また重層建築であるため土台や柱盤《ちゅうばん》という特殊な部材が加わる。

柱は外壁を支える側柱、身舎の部屋の周囲を廻る入側柱、部屋を間仕切る柱などに分かれるが、古くはいずれも一間間隔で立てられた。なお、側柱筋では、重い土壁を支えるため、一間の中間にやや細い間柱《まばしら》を加えることもある。

慶長十三年（一六〇八）の姫路城大天守では、一階・二階南側の五十四畳間で入側柱が一間半間隔となっているが、これは特大の部屋の気分に合わせて大らかに太い柱を立てたからである。それは当時の大型の書院造殿舎の技法であって、天守建築としては例外であった。それとは逆に、十七世紀中期以降になると、耐震強度を高めるために一間半を二つ割りや二間半を三つ割り、あるいは五尺などの短い柱間寸法を採用して、柱を密に並べる工夫が始まった。これは天守以外の櫓でも見られる工夫である。

柱は正方形断面の角柱で、その隅部は四五度に削り取る面取《めんとり》が施される。面取は書院造の住宅や社寺建築に見られる格式の高い工法であったが、年代が下降するにつれて面取の幅が小さくなる傾向があり、幕末になると一分（三ミリメートル）ほどの極細となることが多い。簡略な造りの天守では、古くから面取がない例もあった。

柱の材種と太さ

天守に使われる柱材は、側柱が七～九寸（一寸は約三センチメートル）角、入側柱がやや太く八寸～一尺角ほどもある。五重天守の一階や二階の柱はさらに太く、姫路城大天守では側柱・入側柱がともに一尺二寸角、戦災焼失した名古屋城天守の一階入側柱ともなると、部屋境の隅柱が一尺三寸六分角、その他は側柱・入側柱ともに一尺二寸二分角もあって、正確な寸法が知られている天守の柱としては史上最大であった。現代の木造住宅の柱は三寸三分（一〇センチメートル）角が普通であるが、名古屋城天守の太い柱は断面積でその約一七倍もあり、折り曲げられる力に対抗する強度は、二八八倍にも達した。しかも材種は最高級の尾州檜《びしゅうひのき》（木曽檜）であって、強度はさらに高くなる。ところが、天守の柱材は名古屋城天守のような最高級の檜は少数派であった。姫路城大天守は栂《つが》（六階は檜）を用いており、檜に次ぐ良材であるが、多くの天守では杉・松・栗といった低級木を混用していた。例えば、備中松山城天守では、現状では多くの材種が混在しているが、創建当初材は土台が栗で、柱はすべて松であった。松本城天守では、さすがに森林資源の多様な地域だけあって、調査報告書によると、松・檜・栂・アスヒ（アスナロ）・ネズコ（クロベ）・ヒメコの柱材が混在しているという。このうち檜・アスヒ・ネズコは木曽五木として江戸時代に保護された高級樹種だった。なお、戦災焼失した福山城天守（広島県）は、檜に近いアスナロが使われていたと言われるが、実際はイヌマキだったと考えられる。

以下に主な天守の柱の太さを示しておく（表9）。

建築年代が早い天正二十年（一五九二）頃の広島城天守では、柱の太さがまちまちで揃っていない。太さが不揃いな原木からそれぞれ最大限の角柱を削り出したからで、太さを揃えるための調整（細い柱に合わせること）をせずに使用していたとみられる。大材の不足がうかがえる。五重五階天守でありながら、後世の三重天守並みの細い柱を使

表9　天守一階の柱の太さ

望楼型天守一階の柱の太さ

城名	入側柱の太さ(寸)	側柱の太さ(寸)	重階	建築年代
広島城	八・六～八・九	八・五～九・八	五重五階	天正二十年(一五九二)頃
彦根城	九	七	三重三階	慶長十一年(一六〇六)
姫路城	一二	一二	五重六階	慶長十三年(一六〇八)
丸岡城	六・三～七・二	五・八	二重三階	元和・寛永頃

層塔型天守の一階の柱の太さ

名古屋城	一二・二 部屋隅柱一三・六	一二・二	五重五階	慶長十七年（一六一二）
福山城	一二	八～一〇	五重五階	元和八年（一六二二）
宇和島城	九	九	三重三階	寛文五年（一六六五）
弘前城	七・五	九	三重三階	文化七年（一八一〇）

い、しかも側柱のほうが入側柱より太いという逆転現象も見られた。天守が書院造建築から発生したことからすれば、本来は座敷だった身舎に細い柱を使うのは原初的な特徴が残っているとしてもよかろう。弘前城天守や松本城天守・大垣城天守においても、側柱と入側柱の太さの逆転現象が見られる。側柱が太い例では、分厚い外壁を支えるための配慮であったと考えられる。

　なお、松江城天守では、比較的に細い角柱の回りに分厚い板材を巻き付け、鎹《かすがい》と金輪《かなわ》（鉄の帯）で留めた接柱《はぎばしら》が多数使われている。もちろん面取はなされていない。接柱は今日でいう集成材であって、いわば最新工法であるが、当時の材木不足によって天守に使うような太い柱材が入手できなかったことが原因であった。

土台

　天守一階の側柱は、原則的に土台の上に立てられる。石垣最上部に並ぶ天端石《てんばいし》の上面には、かなりの凹凸や高低差や傾斜が残り、石どうしの隙間も大きい。そこに側柱を一間間隔に立て並べると、柱が立つ高さが不揃いになったり傾いたりし、また柱が天端石どうしの間にきてしまうことも起こる。そこで、天端石の上に木製の太い土台を敷き渡して、柱が立てられる上面を平滑かつ水平にすることが不可欠である。天端石の上面の凹凸や傾斜などは、土台の下面を石に合わせて削り取ったり（光り付けという大工技法）、隙間に詰め石をしたりして調整する。

石垣の上に敷かれた土台の現存最古例は、天正十五年（一五八七）の厳島神社末社豊国神社《ほうこくじんじゃ》本殿（広島県、旧称は大経堂）の正面側の入側柱筋であるが、この巨大建築は豊臣秀吉の寄進と命令によって造営されたものである。したがって、ほぼ同時期に建てられた大坂城天守にも土台が使われていたことは確実である。

一般的に天守においては、石垣の上に立つ側柱だけではなく、内部の入側柱や部屋境の柱もすべて土台の上に立てられている。それとは対照的に、通常規模の櫓では入側がないので、櫓の土台は側柱の下にしかない。

天守の土台の役割

今日の木造住宅には土台を使うことが法令で義務づけられているが、その土台は細い材木であって、下部のコンクリート製の布基礎《ぬのきそ》とアンカーボルトで緊結されている。地震時に柱が基礎からずれ落ちないように留めておくのが現代の土台の役割であって、天守の太い土台とは全く役割が相違している。

天守の土台の役割は、高層建築の重量を支えることであって、そのため一階（穴蔵がある場合は地階）のすべての柱下には土台を敷き渡す。縦横ともに一間間隔で大きな礎石を並べ、その上に土台を一方向に敷き並べる。土台が通るところでは、大きい礎石の間にさらに礎石を加えて、半間間隔の礎石で土台を支えるように補強することも少なくない（図50）。床下の土台は、石垣の天端すなわち側柱下に敷く角材の土台とは違って、梁と同等の太い部材が使われ、角材のほかに、梁と同様に丸太に近いものも用いられる。したがって、柱の上に渡される梁と形状や配置が似ており、梁と同じような部材を柱の下にも並べたものとも言える。二階以上の柱が階下の梁の上に立つのと似ている。

それゆえ、部屋境は別として、すべての土台の上に柱が一間間隔で立つわけではない。戦災焼失した名古屋城天守の地階（穴蔵）には、実測図によると、そのような平行に並ぶ太い土台があったことが分かる（図49）。現存天守では姫路城大天守が同様の構造になっており、江戸城天守も建地割図からすると同様であった。

松江城天守の地階では、一階の梁間方向にまず土台を一間間隔で敷き、その土台に直交させて桁行方向の土台を重ねており、したがって縦横の碁盤目状に土台が敷き並べてある。土台の使い方としては最も進化した構造である。その土台の上には、上階と同じように根太を渡して床板が張られるが、松江城天守の地階では、床板が張られていない部位があるので、土台の様子を見ることができる（図51）。柱は縦横の土台の交点のうち、部屋境に相当する部位（松

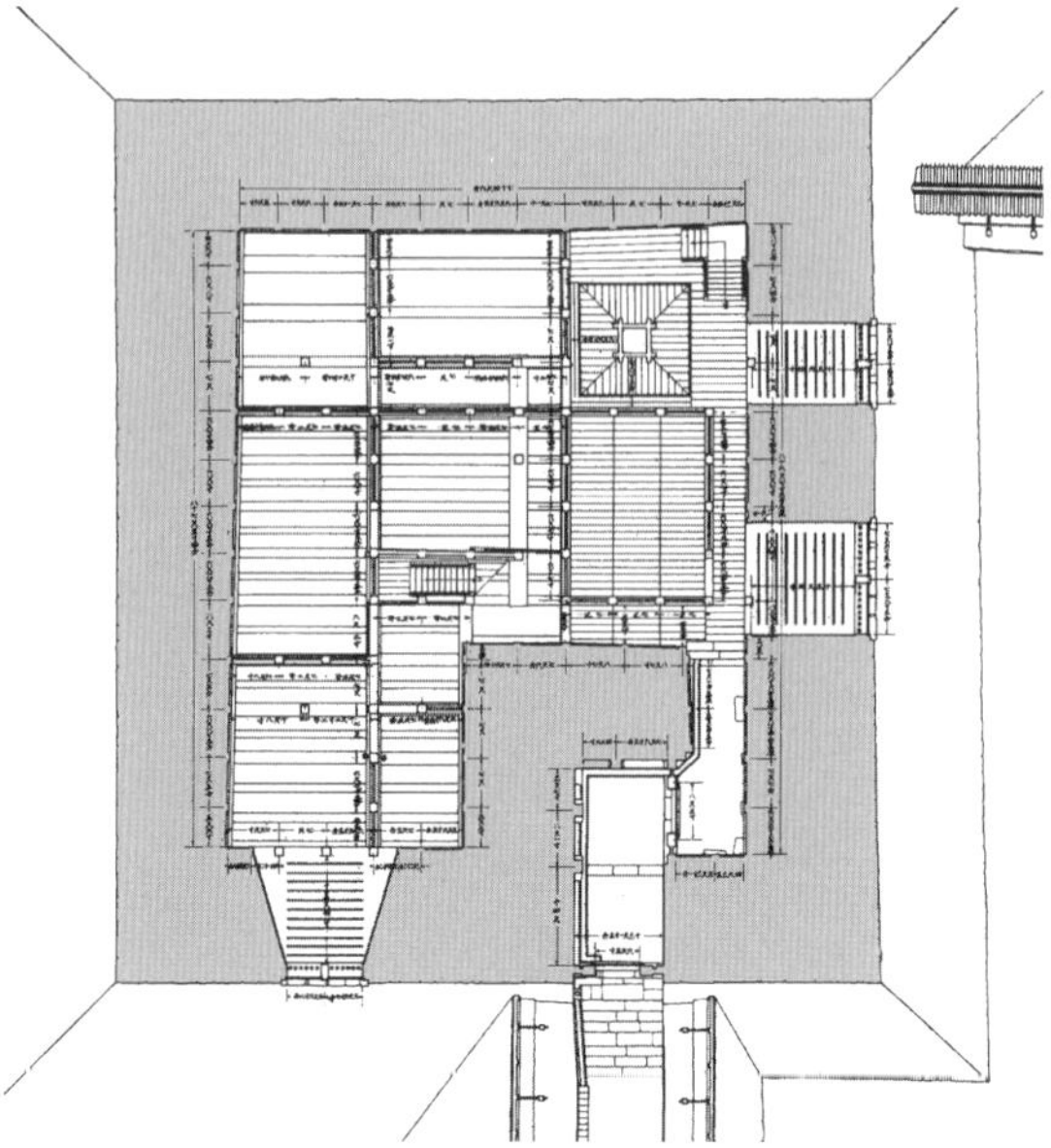

図 49　名古屋城天守地階平面図

図 50　名古屋城天守の旧礎石（移設）

江城天守の現状では最上階を除いて部屋境の柱間は開放されている）だけを選んで立てられている。地階がなかった佐賀城天守や大和郡山城天守でも、発掘調査によって縦列と横列で礎石に高低差があることが分かっており、土台が交差して敷き並べてあったと考えられる（図52）。

天守床下に敷き並べられた土台は、梁組や屋根などの大重量を支える柱からの集中荷重を受ける。大きな集中荷重は土台によって分散されて多数の礎石に伝えられ、天守台全体（穴蔵のある場合は穴蔵の地下）で天守の大重量を支えることになる。土台により一個あたりの礎石に掛かる重量は二、三割（半間の位置に礎石を加えると五割）ほど減少し、さらに礎石どうしの不同沈下を防止できる。礎石の不同沈下は天守が傾く最大の要因である。

図 51　松江城天守地階の土台

図 52　佐賀城天守台の礎石発掘状況
（横列の礎石が高く、縦列が低い）

現代建築では、軟弱地盤にはベタ基礎というコンクリート版を地面に敷き、建築の重量を分散させる構法が行われるが、それと天守土台は同じ原理であって、土台がその先駆けである。なお、近年の天守や櫓の木造再建では、土台の代わりにコンクリート造のベタ基礎を用いることが多い。

また、土台と穴蔵の併用は特に効果的である。天守は上重にいくにつれて次第に平面が縮小するので、天守の大重量の大部分（高層部）は穴蔵の上方（一階の身舎の上方にほぼ等しい）だけにあって、その重量はすべて穴蔵に立つ柱が支持している。穴蔵周囲の高い石塁には一階や二階の入側の重量だけが掛かり、石塁の安定にほどよい重量に限定されている。天守の大重量を受けて堅固な地下地盤にその荷重を分散させる点において、穴蔵の土台が果たす構造上の役割は大きく、極めて合理的である。

なお、土台を敷き並べることは、穴蔵のない天守でも当然、一般的に行われており、戦災で失われた広島城・岡山城天守が知られている最古例である。この両天守の土台を支えていた礎石は、戦後の天守復興の際に移設保存されている。したがって、土台をもたなかった天守は極少数派である(57)。

安土城天主穴蔵の礎石

土台は天守という高層建築には不可欠のものであって、土台の発明によって初めて高層天守の建造が可能となったと言える。安土城天主台の穴蔵に残る礎石は、中央の一か所を除いて、大きな礎石が一間間隔で碁盤の目の交点の位置にすべて配置されているが、これは後世の天守の構造からすれば、土台を受けるための礎石であって、その上に直に柱が立っていたわけではない(58)。なお、中央の礎石がない場所には、焼損した太い掘立柱の跡らしき遺構が発掘調査で確認されており、そこには大柱（心柱）が立てられていたものと考えられる。この大柱は『信長公記』に記されている「本柱長さ八間」と考えられ、その長さからすると、地階から三階までの通柱だったと推定される。太さは一尺五寸六寸と記録されているので、四五～四八センチメートル角の大材だった。天主本体が暴風で移動しないように掘立柱として設けられたものであろう。安土城天主に大柱を加えることは、この天主の作事を担当した熱田神宮の宮大工岡部又右衛門の考案らしく、五重塔に心柱があることからの発想だったかもしれない。

梁と床組の一体化

社寺における二階建ては珍しく、禅宗・浄土宗の三門《さんもん》（山門）に応用される二重門《にじゅうもん》（二重二階門）ぐらいしかない。高層建築の外観をもつ三重塔や五重塔は一般的には一階の天井より上に床がなく、すなわち一階建てであって上には登られない。二重門は屋根が二重の門で、古例の法隆寺《ほうりゅうじ》中門《ちゅうもん》や東大寺南大門《とうだいじなんだいもん》は一階建て（二重一階門）であるが、禅宗・浄土宗の三門は二階に仏壇を設けている。その二階の床は一階の梁組あるいは天井よりかなり高い位置に張られており、間に大きな天井裏ができている（図53）。

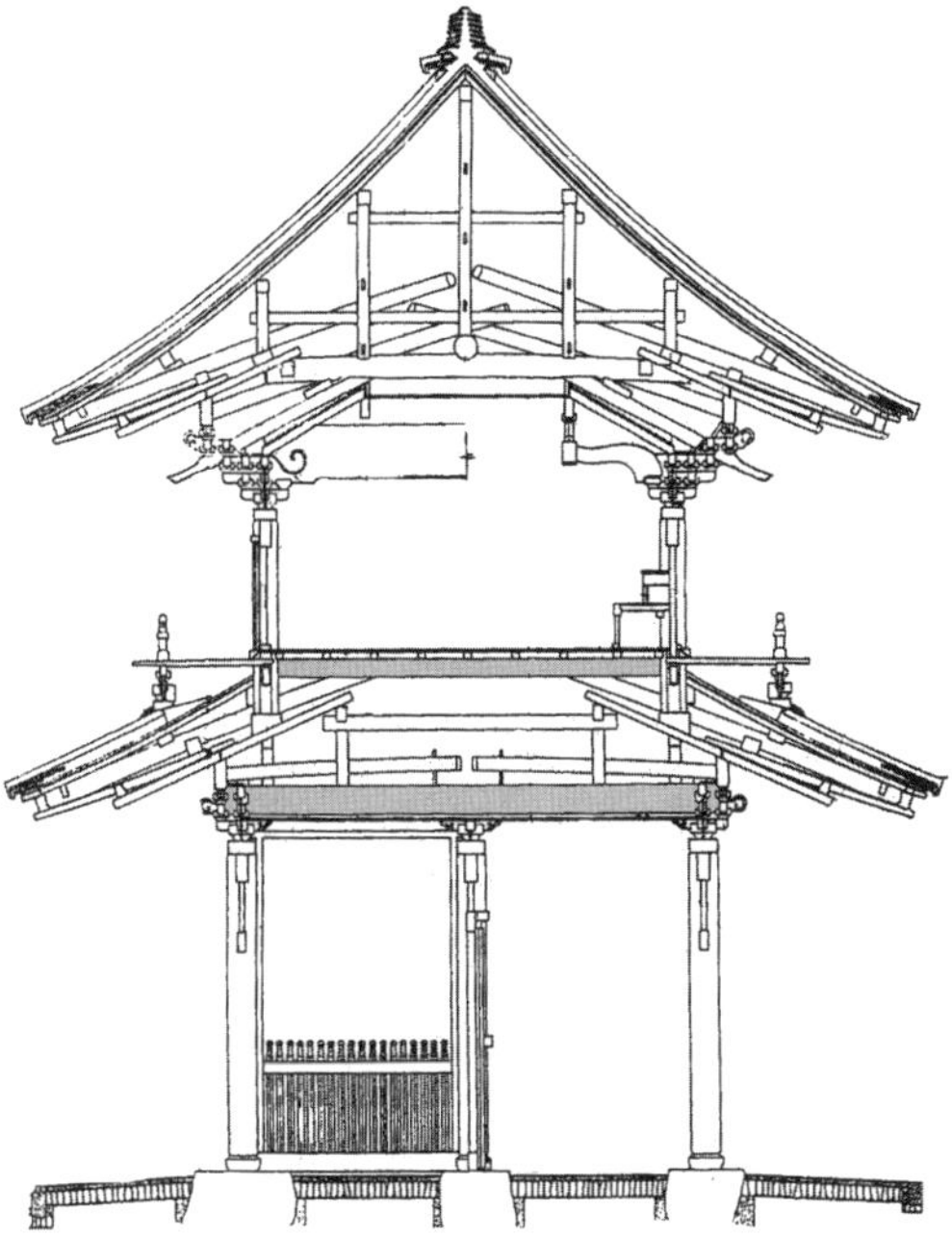

図53　二重門の構造
（広島市、不動院楼門断面図）

社寺建築と世俗建築の中間形態と考えられる楼閣建築では、二重三階の金閣、一重二階の銀閣があって、それらの各階の間には天井裏が設けられている。そのうち金閣の二階・三階間と銀閣の一階・二階間は、下重の屋根が上階の壁面へ伸び上がってくるので、下階の梁から高い位置に上階の床を張っており、二重二階門と同じような構造である。『永禄以来出来始之事』に出てくる尾張楽田城の八畳敷きの二階の構造も同様であって、一階の梁組と二階の床との間に大きな天井裏があったと推定される[59]。

その一方、金閣の一階と二階はほぼ同大平面であって、間に屋根がないので、一階・二階間は太い二階床梁が通るだけの狭い天井裏である。その床梁に根太《ねだ》という細い棒材を渡して二階の床板を張り、床梁の直ぐ下に一階の天井を張っている。すなわち床梁と床組（根太と床板）が接して一体構造になっていることが画期的であった。

天守の梁と床組は、この金閣の一階・二階間の構造に類似しており、そこから天井を省略して上階の床梁を下方から丸見えにした状態である。なお、天井を張らない構造は、秀吉配下の大名らによってもたらされた天守の軍事化に伴う簡略的手法であり、高層化した書院造だった信長の安土城天主や秀吉の大坂城天守では天井は省略していなかったと考えられる。いずれにしても天守における床梁と床組を一体化させた構造は、金閣という先行事例はあるものの、画期的で斬新な構造形式だったと言えよう。床梁と床組が分離した社寺建築的技法は、天守建築では毛利輝元が独自の技術で建てた広島城だけに用いられていた（最上階の直下では分離する例がある）。

柱筋のずれと柱盤

複数階からなる天守建築では、上階の柱は下階の梁の上に建てられる。すなわち上下階において柱が立てられる柱筋が一致している必要がある。ところが平面計画によっては、上下階で柱筋がずれてしまうことも起こる。例えば、桁行の柱間数が偶数あるいは奇数で揃っておれば問題が生じないが、偶数・奇数が入り混じると半間の柱筋のずれが生じる（図54）。梁間方向では、柱筋がずれた（上下階で柱位置がずれた）としても梁の上でのずれであるため、通柱が使えないだけのことで重大な構造問題は生じない。しかし、それが桁

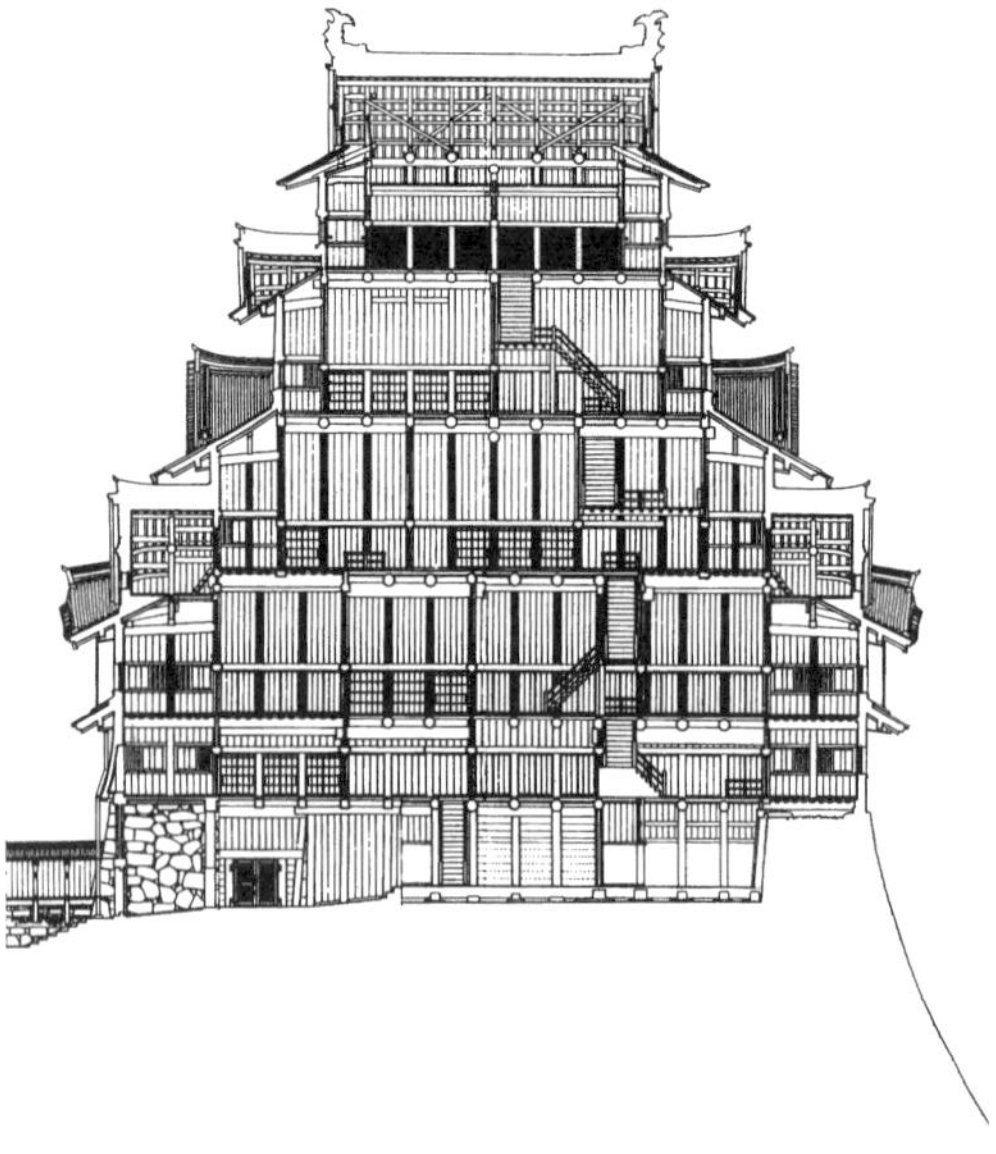

図54　柱筋のずれ
（名古屋城天守二階・三階の柱を黒く表示）

行方向であると、上階の柱の下に下階の梁が位置しないことになり、すなわち構造的に破綻する。そのため、旧式の望楼型天守の多くでは桁行間数は偶数・奇数を各階で揃えており、それができない場合には当該階の端部に半間ずつの柱間を加えて調整して上下階の柱筋を揃えている。

その一方、新式の層塔型天守では、各階で整然とした逓減が行われるため、調整できない平面計画になってしまうことが少なくなく、上下階で柱筋が揃わない事態が起こりがちである。そうした場合には、下階の梁に直交させて柱盤という梁の一種を架けて上階の柱を支える。柱盤はしたがって層塔型天守で多く見られる構造部材である。

柱筋のずれは、上下階の偶数・奇数問題のほかに、望楼型・層塔型を問わず入側において起こりがちである。入側の幅が二間や一間半である場合には、上階の逓減がそれより少ない例が多く、すなわち入側の梁の上に柱盤を直交させて渡し、上階の側柱を支える必要があるからだ（図55）。

図 55　入側梁の上に渡る柱盤
（宇和島城天守二階）

桁と垂木

側柱上に渡る部材が桁で、柱よりやや太い角材が使われる。桁は屋根の垂木を支える構造部材であり、伝統的建築の高さ方向の基準、特に屋根を造る際の基準点となる最重要部材でもある。

側柱の頂部には太い梁が架かり、その梁の上に桁を直交させて渡すのが世俗建築の大原則で、そのような組み方を折置《おりおき》という。町家では江戸時代後期になると、側柱の頂部を桁で繋ぎ、その上に梁を架ける京呂《きょうろ》という新式の組み方が広まっていくが、梁が著しく太い天守建築には不向きであって、小型の櫓の一部に使われたに過ぎない。切妻造《きりづまづくり》では、桁は桁行方向にしか用いられないが、入母屋造では四方に屋根が架かるため、天守では各重の四周の側柱の上に桁が廻される。

垂木は桁の上に並べて釘打ちされる棒状の部材で、屋根面を構成し、瓦などを支える。天守の垂木の配置は、世俗建築の基本である真打《しんうち》になっており、柱真の位置に必ず垂木を配し、柱真どうしの間を等分割して垂木を打ち並べる。その垂木数は一間を四分割した例が一般的で、五分割したものもあるが、それらは垂木の間隔が粗い疎垂木《まばらだるき》という世俗建築の手法である。櫓や城門でも同様である。

一方、社寺建築では、柱真を避けて垂木を配す手挟《たばさみ》で、垂木間隔が狭い繁垂木《しげだるき》になっている。天守でも垂木を塗籠めない場合は、垂木が細くなるので垂木本数が多くなることもある。

旧式と新式の梁組

望楼型天守では、基部の入母屋造の大きな屋根の中に望楼部の最下階が埋没してしまい、屋根裏階ができることが多かった。それに対して層塔型天守では、松本城を例外として屋根裏階は生じていない。望楼型天守は基部の入母屋の大屋根上で著しく平面が縮小し、それが屋根裏階が生じる主たる原因であるが、見方を変えれば梁組に根本的な原因があった。

書院造の梁組を継承した初期の天守、すなわち望楼型天守では、桁行（長辺方向）に並ぶ側柱の頂部に梁の端部を載せ、建物を梁間方向に貫いて反対側の側柱の頂部まで架け渡すのが梁組の原則であった。天守の梁間は最小でも五間、大きいものになると十間を超えるので、梁は途中の部屋境などの柱上で継がれる。梁を途中で継いでも、梁が通る高さは多少の湾曲はあるにせよ一定であり、梁を継いだ箇所で大きく段違いになることはない。そうした梁組が大多数の望楼型天守の構造であって、慶長十三年（一六〇八）にほぼ完成した望楼型の姫路城大天守では各重の梁はすべてそのように架けられている（図56）。

望楼型天守の梁の架け方は、強度的には理に適っていたが、上階の平面が大きく逓減した場合に屋根裏階が生じる不都合があった。これを解決したのが層塔型天守に応用されている新式の梁組である。正確に言えば、層塔型天守の出現時期と新式の梁組の開発時期がほぼ重なったのである。

層塔型天守では、入側と身舎で梁を別材とし、さらに身舎の梁は入側の梁より相当に高い位置に架けられた。入側の梁は従来とおり側柱の頂部に載り、側柱の転倒を止める働きをもった。そして身舎の梁に上階の床を張ったので、上階の床面が高い位置に持ち上げられ、それによって上階が屋根裏に埋没することがなくなったのである。

この新旧の梁の架構の交代時期は概ね慶長十六年頃であったと考えられる。慶長十六年までには完成していた望楼型の松江城天守では、入側と身舎の梁を段違いとする新式の架構が見られるが、身舎の梁の高さの上げ方が足らず、

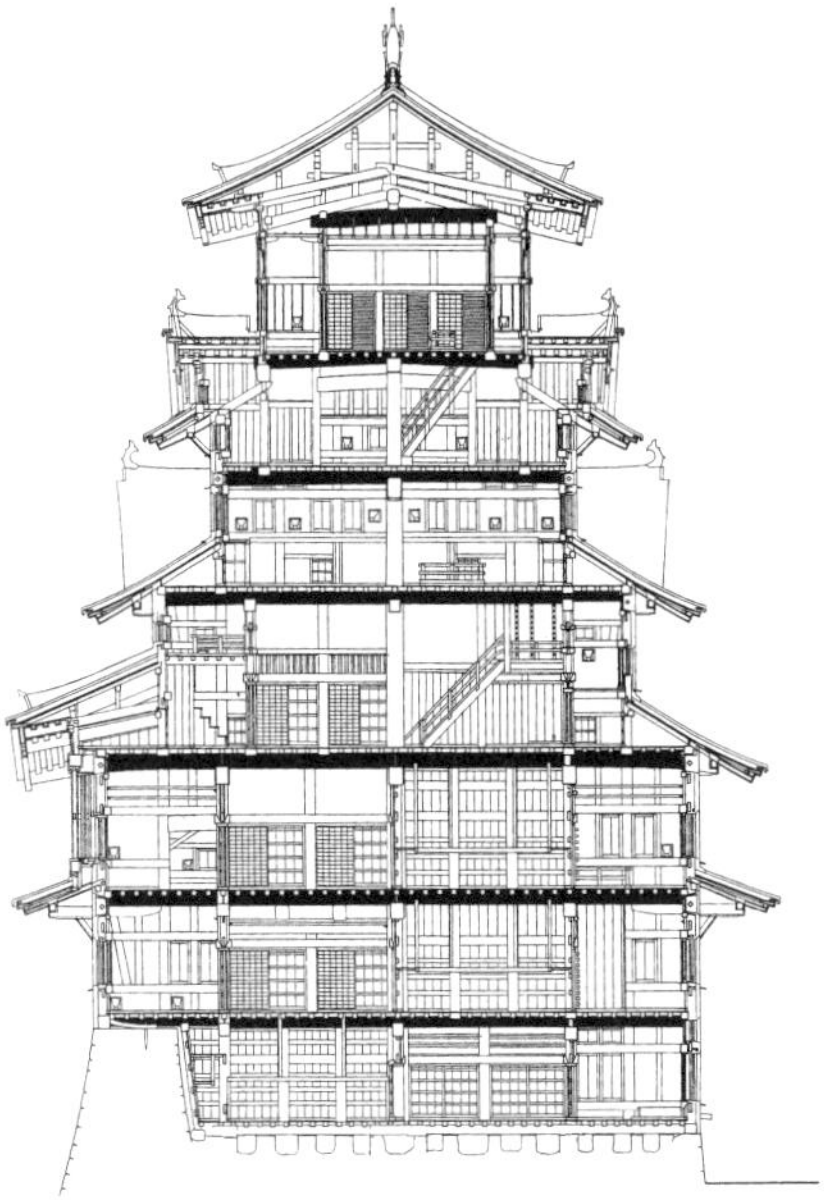

図 56　望楼型天守の旧式な架構
（姫路城大天守断面図）梁を黒く表示

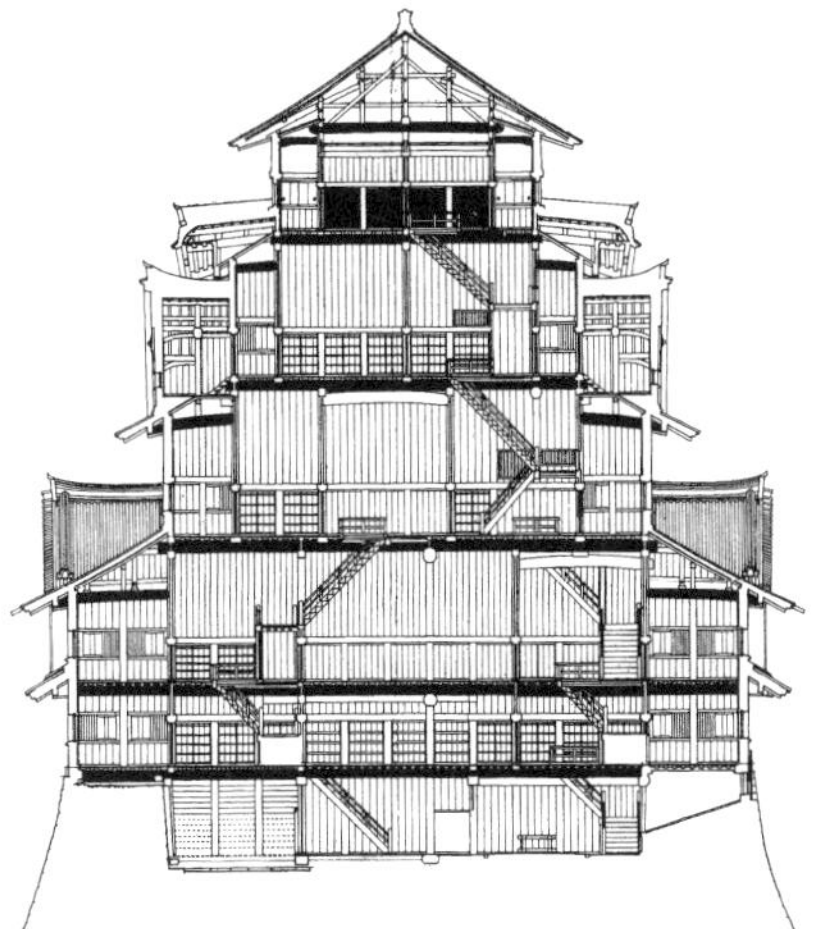

図 57　層塔型天守の新式な架構
（名古屋城天守断面図）梁を黒く表示

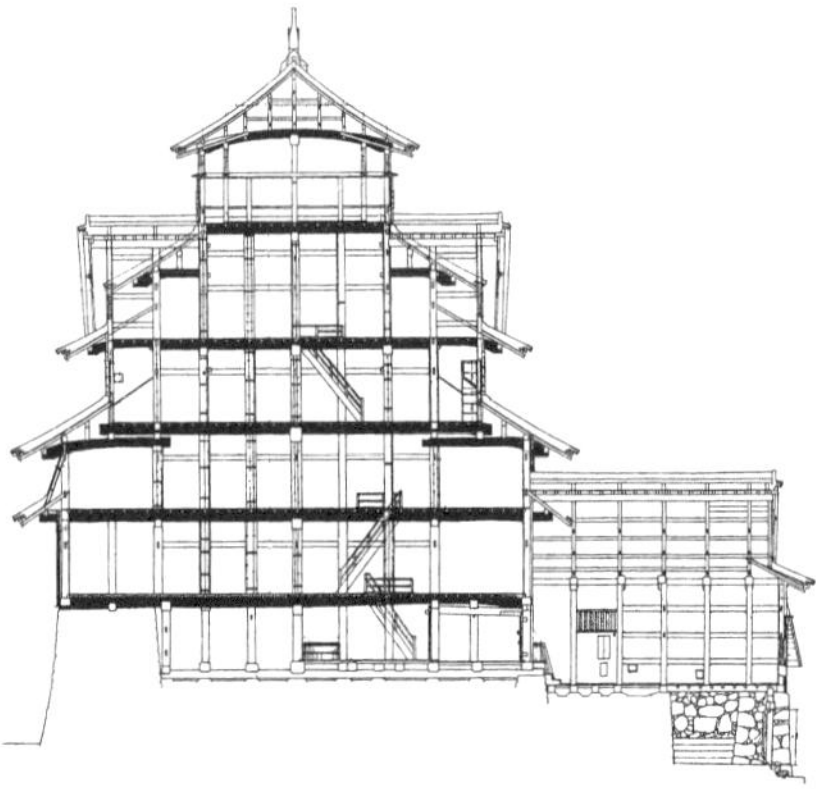

図58　望楼型天守の新旧過渡期の架構
（松江城天守断面図）梁を黒く表示

まだ屋根裏階を生じている（図58）。慶長十七年の層塔型の名古屋城天守では、完全な新式の架構であって、大きく平面が逓減する三階でも屋根裏階にはなっていない（図57）。慶長二十年頃の層塔型の松本城天守では、新旧の架構が混在しており、その点で地方色であると言えよう。

(iii)　通柱と大柱

通柱

二階分以上を通して立ち上がる柱を通柱《とおしばしら》、各階で止まる柱を管《くだ》柱《ばしら》という。天守の柱は、上下階を通さずに各階で別々に立てる管柱が基本である。特に層塔型五重天守では、各重の平面の大きさを四方から均等幅（一間半から半間）ずつ逓減させるのが基本であり、そのうちの半間は入側の幅の逓減であることが多い。そのため、一階から三階までは柱の位置がすべてずれてしまうのが一般的であって、通柱はなくて当然である。津山城天守（岡山県）がその代表例であって、多くの層塔型五重・四重天守では、柱の大多数が管柱であった（図59）。

それに対して、名古屋城天守は層塔型天守の早例の一つであるが、一階と二階は同大平面のため望楼型と同様に多数の通柱が用いられていた。しかし、二階・三階間では柱位置がすべて半間ずつずれており、二階から上階への通柱は一本もなかった。名古屋城天守の木造再建計画で調査研究された結果、地階の柱一一一本のうち一八本が一階の身舎部屋境までの通柱であり、同大平面であった一階・二階間では各階一五八本のうち六九本が通柱であった。一階・二階間の通柱は、入側柱四八本中の四七本（四間梁を受ける一本が管柱）および身舎の部屋境の柱四五本中の二二本であった。さらに一階では地階からの通柱が一八本あるので、一階での通柱は合計八七本に達し、部屋境の管柱はわずか四本しかなかった（図60）。したがって、一階においては、側柱を除くほぼすべての柱が通柱だったことになり、天守における史上最多の通柱の使用例であった。

しかし、三階以上には一本も通柱がなかったことに注目すべきで、天守の二階以下の基部だけを通柱で頑丈に固めて上階の大重量に耐えさせ、また地震に対する備えとする構造計画だったと考えられる。三階の階高が特に大きかったため、二階・三階間に通柱を立てると余りにも長大な柱になってしまうので、そこに通柱を入れないのは合理的である。なお、層塔型二重二階、地下一階の名古屋城小天守では、通柱は全く使われていなかった。

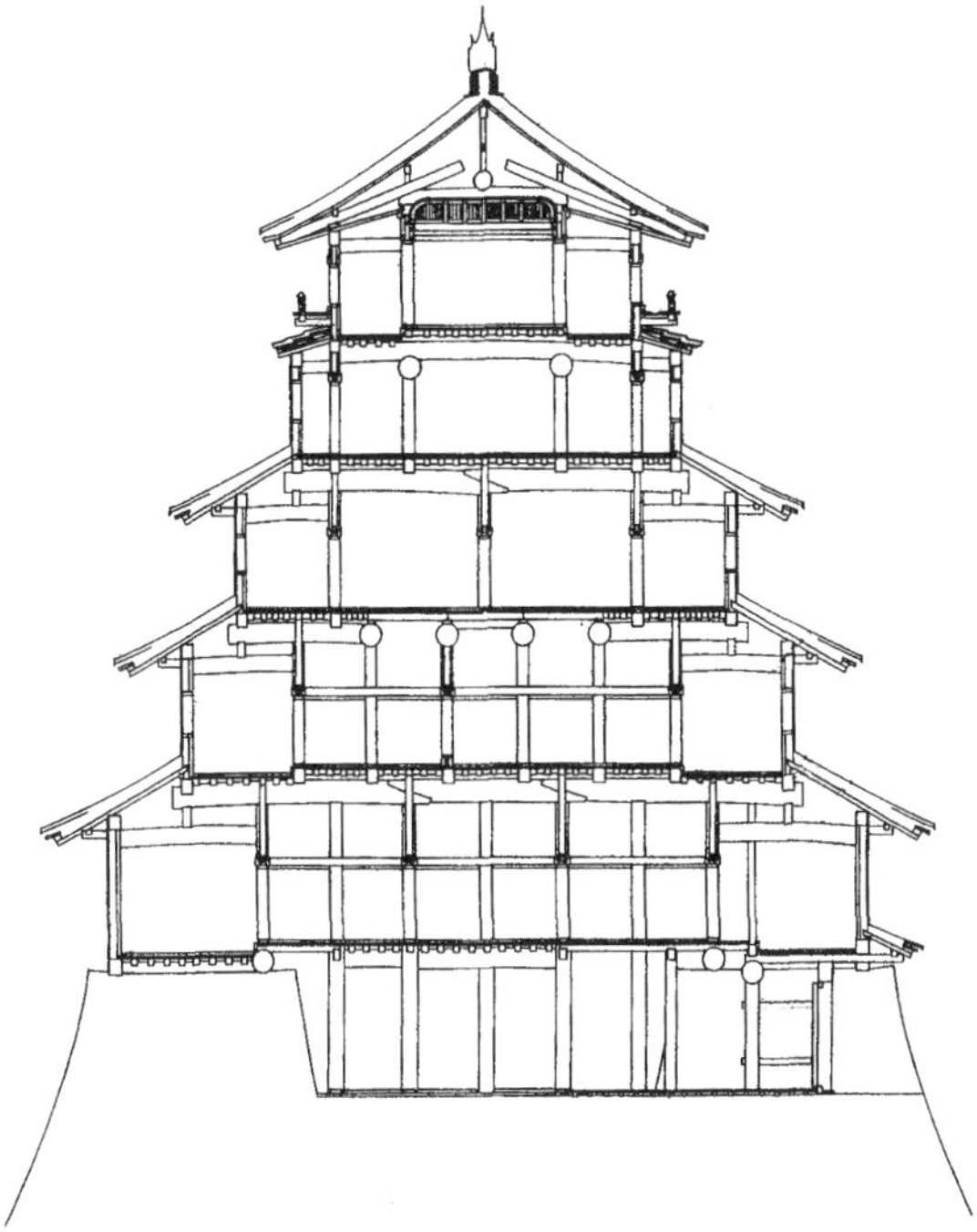

図 59　津山城天守復元断面図（復元：石井正明）

名古屋城天守と全く相違した通柱の用法が寛永度江戸城天守で見られる。江戸城天守は一階が十八間に十六間と超巨大であったため、整然と上階を逓減させていっても上下階で柱筋がずれることがなく、例外的に上下階で柱位置が揃った層塔型五重天守であった。そのため、通柱の用法は独特であった（図61）。二階・三階間では、身舎中心部の部屋境に一三本の通柱を十文字に配置し、三階・四階間では、その部位を避けて三階の入側柱（隅柱を除く）三二本を立ち上げて四階の側柱とし、四階・五階間では、再び身舎中心部の部屋境に九本の通柱を十文字に配置していた。すなわち、二階から五階までは、通柱で交互に緊結されており、しかも身舎中心部十文字と入側柱・側柱という二種類の配置方法を組み合わせているので、通柱の配置に偏りがなく、四方に対して均等に配置されていた。城郭史上で最も進化した通柱の用法であった。ところが、地階・一階には通柱が全くなかったことが注目される。それは名古屋城天守とは全く逆の通柱の配置であって、高層の天守の上階だけを通柱で固めるものであった。天守基部は平面積が広く、柱数が圧倒的に多いので、地震対策は特に重視する必要がなく、高層部における地震時の大きな振幅と強大な風圧に対する配慮のほうが重要だったと考えられる。

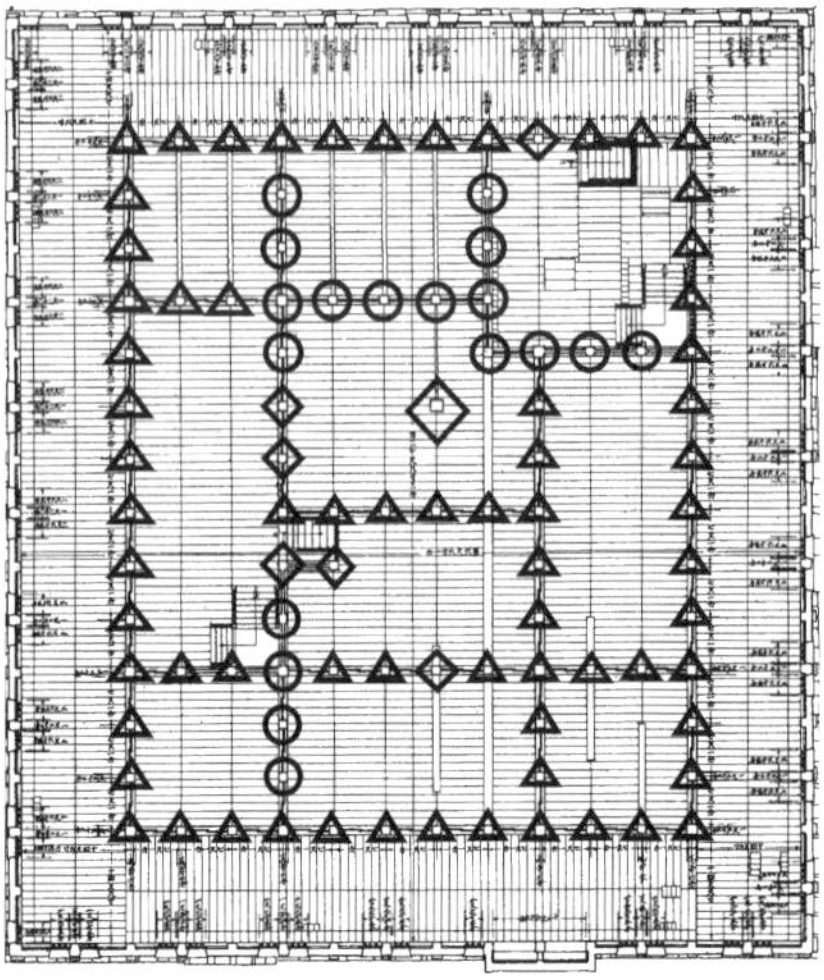

図 60　名古屋城天守の通柱

（一階平面図）◯地階〜一階通柱、△一階〜二階通柱、◇管柱

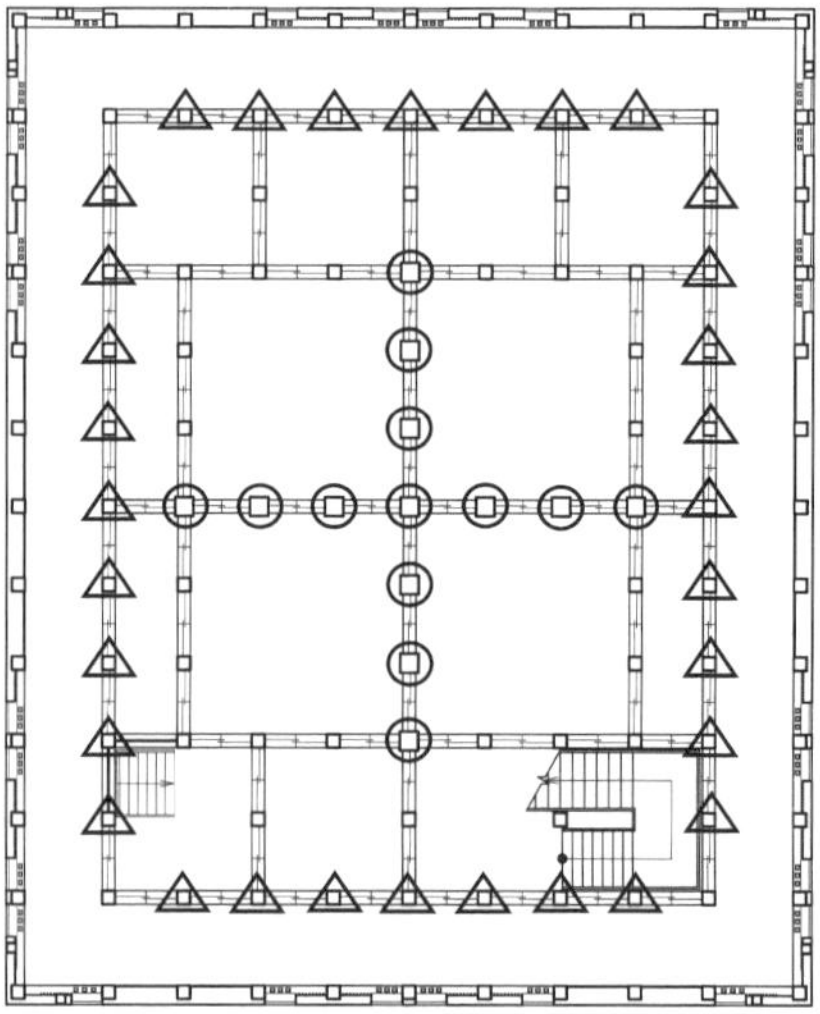

図 61　寛永度江戸城天守の通柱

（復元三階平面図）◯二階〜三階通柱、△三階〜四階通柱

通柱の配置

破格に巨大な名古屋城天守と江戸城天守を例外とすれば、通柱は新式の層塔型天守よりも旧式の望楼型天守に多かったと言える。その理由は、層塔型五重・四重天守では平面の逓減により上下階で柱位置がずれてしまうが、望楼型天守では柱位置が一致するからである。特に一階と二階の平面を同大に造った望楼型天守では、その側柱を通柱とすることが少なくない（犬山城天守・姫路城大天守・松江城天守・高知城天守など）。側柱が二階分の高さを途中で継ぐ管柱であっては、その継手で外壁が折れ崩れるおそれがあるので、通柱として強固にしたものと考えられる。

しかし、一階・二階が同大であった層塔型名古屋城天守では、逆に側柱をすべて管柱としており、設計理念が根本的に相違する。一階・二階の側柱を通柱とすると、その途中に取り付く一重目の屋根を支える腕木《うでぎ》の根元を納めるために、通柱に大きな仕口《しくち》の穴を開けることになり、その部位で折れやすくなるという深刻な構造欠陥が生じるからである。名古屋城天守は、一階・二階の側柱を管柱とする代わりに、入側柱から内側の柱のほぼ全部を通柱として、身舎を完全に固めて一体化させていた。それによって二階分の側柱の脆弱問題を解決したことになり、極めて合理的な構造設計であると評価される。

それに関連することであるが、新式の層塔型天守であった小田原城では、一階・二階を同大平面に造り、その間の腰屋根を省略していた。明治三年（一八七〇）に撮影された天守解体中の写真を見ると、その側柱は一階・二階の通柱であったことが分かる。腰屋根の取り付けの仕口による通柱の断面欠損を避ける配慮だったとも考えられる。

そして、層塔型天守においては、大型の五重・四重の層塔型天守よりも小型の層塔型三重天守に通柱が多く使われている。三重天守では入側の幅だけで上階を逓減させ、身舎平面は上下階で同じにすることが可能だったので、入側柱の位置が上下階で一致し、それにより入側柱を通柱としたからである。宇和島城天守では、一階・二階間の梁間側の入側柱にそうした技法が見られる（図62）。しかし、桁行側の入側柱は、一階身舎に渡される三間の大梁を柱頭で受けるので、通柱が用いられない。また、一階から三階までの入側柱が同じ位置にあるが、三階分の長大な通柱はあ

図62　宇和島城天守の通柱（左２本）と管柱（右２本）

りえないので、一階・二階間を通柱とすると、二階・三階間は通柱にできない。

なお、層塔型五重天守では福山城天守のみが入側幅だけの逓減の例であったが、五階が巨大で一階が五重にしては小さいという極限的な設計だったから実現できたものである。この天守では、短辺側の中央の入側柱を二階分ずつの通柱（大柱）としていた。

一方、層塔型五重天守の場合は柱位置がずれるので不可能なことであるが、三重程度の天守では、一重目の入側柱を通柱として二重目の側柱とする例が存在しそうである。それは江戸城天守の三階・四階間の通柱の使い方である。類例としては、二重二階の備中松山城天守や四重四階の大垣城天守の三階・四階間がそのようになっている。しかし、三重天守の一階・二階間に応用する場合では、一階入側の幅は通常一間なので、二階が周囲から一間ずつ縮小するものだけが該当する。白河小峰城（福島県）の天守（三階櫓）の実例（二階・三階間には不適用）があったが、上重が逓減しすぎである。

そのような構法を拡張適用させると、下重の入側柱をその上重の側柱への通柱とすることを基本として、一重・二重間、二重・三重間というように、それを順次に繰り返す通柱の構法が想像される。その構法を内藤昌は「互入式通柱構法」と命名し、その実例として名古屋城天守を挙げているが[60]、前述したように実際は全く相違した通柱の使い方がなされていた。

通柱の役割

現代の木造二階建ての住宅では、二階の四隅の柱は原則として通柱とすることが義務づけられており、通柱は木造建築の構造補強（耐震・耐風）の基本とされている。上下階が地震や暴風でずれないように緊結する効果が通柱にあるが、上下階の間の床の位置に必ず渡される胴差《どうさし》あるいは梁が通柱に突き刺さるので、その仕口によって柱に大きく断面欠損が生じてしまう。断面欠損部には、柱を折り曲げようとする力が集中（応力集中という）するので、そこで折損しやすい。

ところで、天守が地震で完全倒壊した事例は、昭和二十三年（一九四八）に起こった福井大地震による丸岡城天守があるが、震源を丸岡城の辺りとする内陸直下型マグニチュード七・一の大地震で付近の住宅の倒壊率が一〇〇パーセントというものであった。その際に天守台石垣が崩壊してしまったので、天守が崩れ落ちたのであるが、もし天守台が無事であったなら倒壊は免れた可能性もある。

そのほかの事例では、幕末の安政地震で掛川《かけがわ》城天守（静岡県）が破損、明治二十四年（一八九一）の濃尾大地震で犬山城天守が破損している。いずれも超巨大地震による天守台石垣の崩壊に伴う破損であって、天守本体の強度不足が原因ではなかった。

か細い現代の木造住宅とは違って、天守のような特別に太い柱と梁を用いる木構造では、地震等で部材が折損することもなければ、部材の接合部がずれることもほとんど生じない。したがって、通柱よりも管柱にしたほうが応力集中を避けられるので強度的に勝れている。江戸時代の人々は、超高層建築であった天守が百年に一度の大地震で倒壊することよりも、ずっと高い頻度で起こる暴風によって吹き倒されることの方を恐れていたようで、実際に慶長十七年（一六一二）に建造中であった伊賀上野城（三重県）の五重天守が暴風で吹き倒されるという事故が起こっている。

表10　通柱の使用部位と本数

望楼型天守

城名	重階	通柱設置階	通柱の設置部位	通柱数	建築年代
熊本城宇土櫓	三重五階、地下一階	二～三階	側柱・部屋境柱	三一本	天正十八年（一五九〇）頃
		四～五階	側柱・間柱	一二本	
犬山城	三重四階、地下二階	一～二階	側柱	二五本	慶長元年（一五九六）頃
		三～四階	側柱	一四本	元和四年（一六一八）頃
彦根城	三重三階			なし	慶長十一年（一六〇六）
姫路城	五重六階、地下一階	地～一階	側柱	一六本	慶長十三年（一六〇八）
		一～二階	側柱	四一本	
		四～五階	側柱	二六本	
		地～五階	身舎大柱	二本	
丸岡城	二重三階			なし	元和・寛永頃

層塔型天守

城名	重階	通柱設置階	通柱の設置部位	通柱数	建築年代
名古屋城	五重五階、地下一階	地～一階	部屋境柱	一八本	慶長十七年（一六一二）
		一～二階	入側柱・部屋境柱	六九本	
松本城	五重六階	一～二階	側柱・入側柱	六〇本	慶長二十年（一六一五）頃
		三～四階	側柱・入側柱	四六本	
		五～六階	入側隅柱	四本	
津山城	五重五階、地下一階	地～四階		なし	慶長二十年（一六一五）頃
		四～五階	（可能性のみ）	一六本	
大洲城	四重四階	一・二階	身舎大柱	一本	慶長二十年（一六一五）頃
		三・四階	身舎大柱	一本	
江戸城	五重五階、地下一階	二～三階	部屋境柱	一三本	寛永十五年（一六三八）
		三～四階	入側柱～側柱	三二本	
		四～五階	部屋境柱	九本	
宇和島城	三重三階	一～二階	梁間側の入側柱	四本	寛文五年（一六六五）
備中松山城	二重二階	一～二階	入側柱～側柱	二二本	天和三年（一六八三）
		一～二階	身舎大柱	二本	
弘前城	三重三階			なし	文化七年（一八一〇）

通柱の使用の実情

現存天守や実測図・指図などで構造が分かる天守での通柱の使用状況を示しておく（表10）。

この表からすると、建築年代と通柱の本数は特には関連がなさそうである。

ここで注目されるのは、熊本城宇土櫓・犬山城・姫路城・松本城であって、通柱は多用されてはいるが、各階をすべて相互に緊結するものではないことである。熊本城宇土櫓では、二階・三階間、四階・五階間は緊結されているが、一階・二階間や三階・四階間には通柱がない。犬山城天守では、一階・二階間、三階・四階間を緊結し、二階・三階間には通柱がない。松本城天守では、一階・二階間、三階・四階間、五階・六階間を緊結し、二階・三階間、四階・五階間には通柱がない。姫路城大天守でも、地階から五階までを通す大柱を別とすれば、一階・二階間と四階・五階間を緊結するが、三階と六階は無視されている。これは、逓減が均等でない望楼型天守により多く見られる現象である。上下階が同大平面のところでは側柱を通柱とし、同大平面ではないところ、すなわち側柱の位置が上下階で一致しないところには通柱を使わないというのが原則である。

なお、松本城天守は一応、新式の層塔型に分類されるが、各階の逓減が不均等で、側柱を通柱とする点からすれば、旧式の望楼型天守に近い構造をもっていると言える。また、松本城天守は、一階・二階間と三階・四階間で、側柱と入側柱の双方を通柱とする変則的な例でもある。

大柱（心柱）

通柱のうちで特に太くて長大なものは、大柱《おおばしら》あるいは心柱《しんばしら》と呼ばれる。現存例では姫路城大天守にある東西の大柱で、地階から最上階である六階の床下まで六階分の二四メートルを通している（図63）。ただし、実際に全長を一木としているのは東柱で、西柱は三階の床下で継いである。地階での太さは、長辺九〇センチメートルほどで、上にいくにつれて次第に細くなっていく。慶長十三年（一六〇八）の創建当初の時期にはその様な大材の入手が困難だった

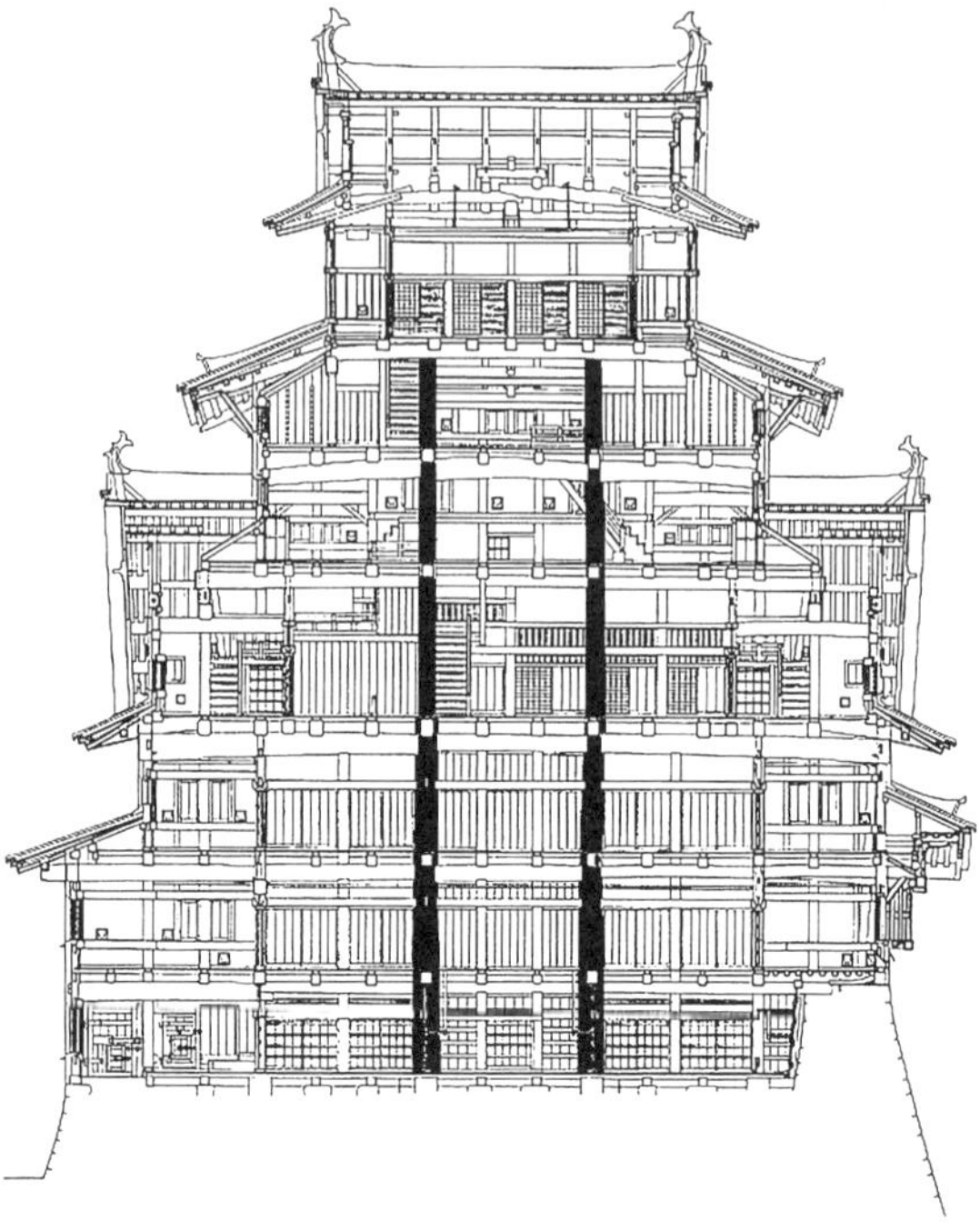

図63　姫路城大天守の大柱（断面図）

ため、成長は早いが強度と耐久性が足らなくて建材には不向きな樅《もみ》が使われていた。その結果、江戸時代には既に腐朽してしまい、継ぎ接ぎだらけになっていた。昭和三十八年（一九六三）の解体修理で檜材に取り替えられている。

姫路城大天守の大柱に類するものとして、天守の中央部に一本だけの大柱を立てる例があった。四重四階の層塔型天守の大洲城天守（愛媛県）は、明治二十一年（一八八八）に取り壊されたが天守雛形が残っているので、軸部の構造を詳細に知ることができる（図64）。この天守の通柱は、ほぼ中央に立つ太い大柱一本だけである。一階・二階と三階・四階とを別々に通すもので、二階の梁上で継がれていた。

元和三年（一六一七）に再建された岡崎城天守（愛知県）では、穴蔵のほぼ中央に巨大な礎石が一個残っているが、これは大柱の礎石と考えられる。また、宝永三年（一七〇六）に再建された小田原城天守は、指図によると三重四階の層塔型天守で、中央に一階から四階までを貫き通す大柱があった。その大柱は四階の床下で継がれており、その上の四階内部では差し渡し一尺五寸（四五センチメートル）の八角柱となっており、「将軍柱」と呼ばれていた。

さらに、指図によると、寛永十年（一六三三）の古河城（茨城県）天守（三階櫓）は三重四階の層塔型天守で、一

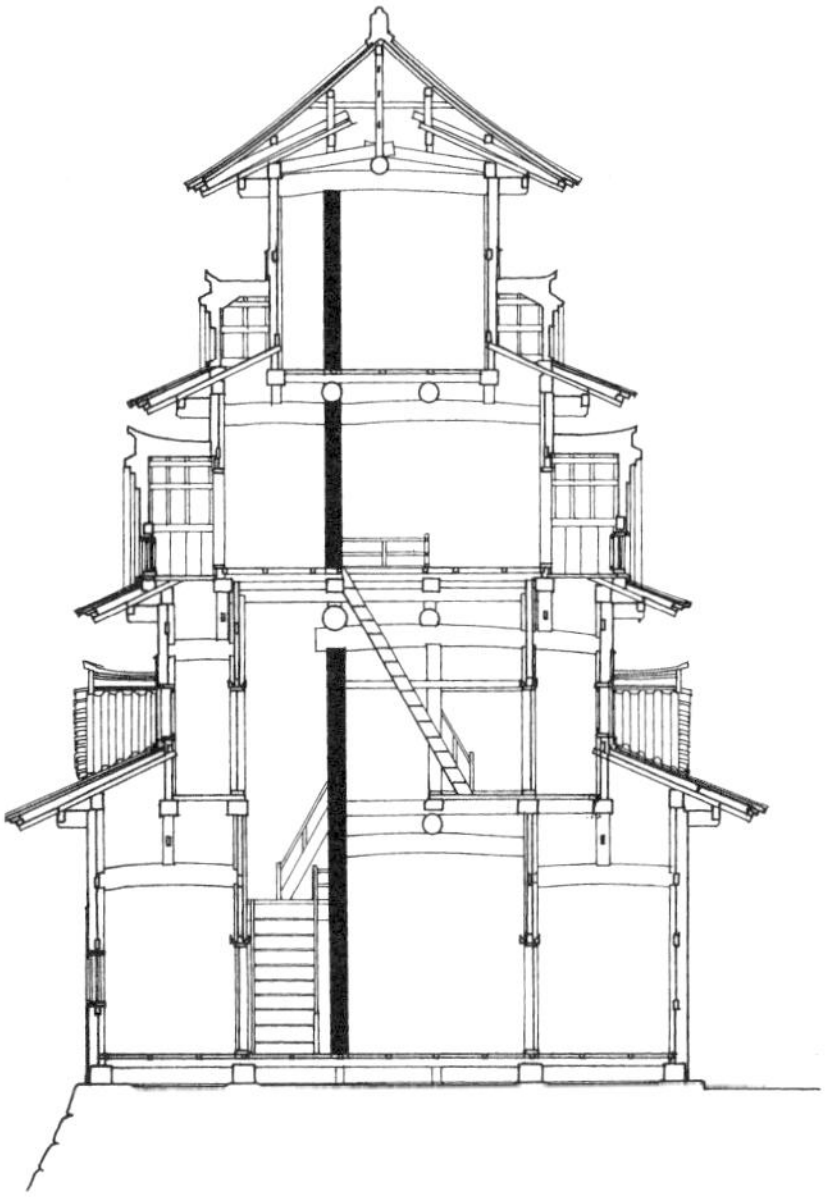

図64　大洲城天守の大柱（復元断面図）

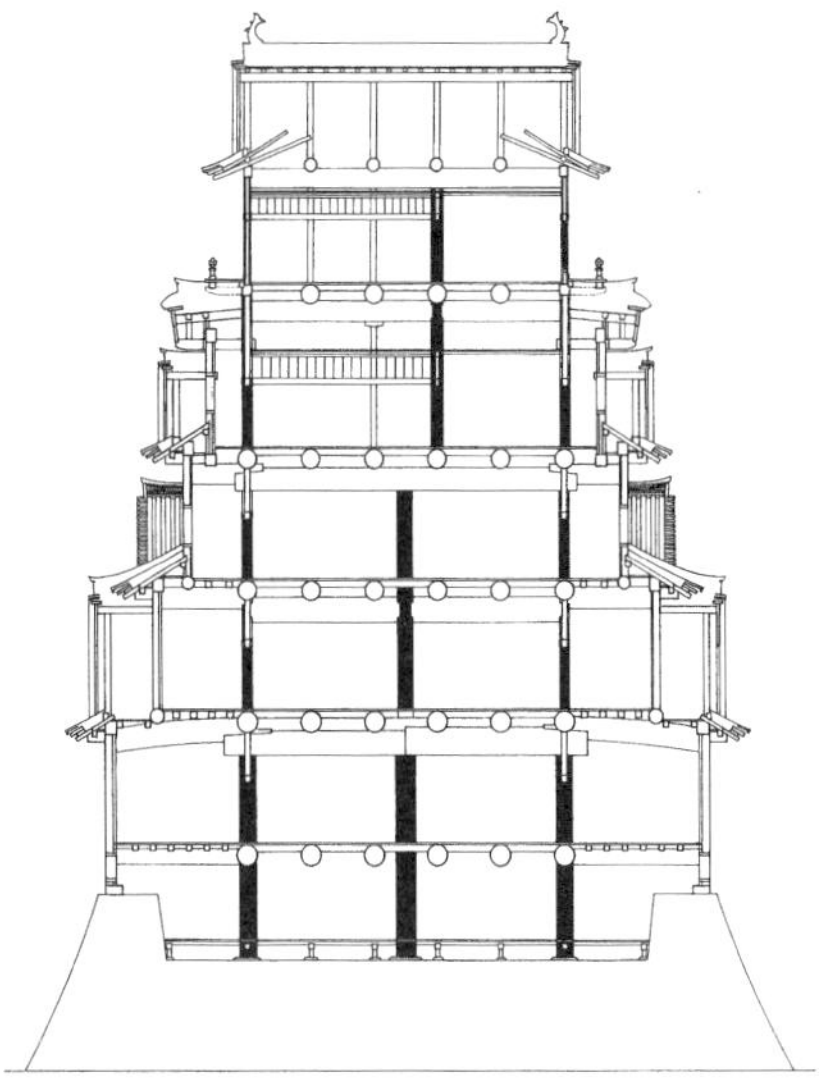

図65　福山城天守の大柱
（復元断面図　復元：宇根利典）

階・二階を同大平面とし、二階に一重目屋根を掛け、三階を二重目、四階を三重目として逓減させていた。それについては小田原城天守と同じ形式である。古河城天守は各階の身舎を一室とし、一階の身舎の棟通りに二本の太い大柱を立て、入側柱と大柱を同大平面の一階・二階の通柱とする。そして二本の大柱は三階の床位置で継がれて四階の床下まで達した。それとは別に三階の中央には別に一本の大柱を立てて、四階までの通柱とし、三重目屋根内の大梁で止まっていた。したがって、大柱を交互に入れて三重四階の各階をすべて緊結しており、大柱の進化の最終形だったと言える。

　元和八年（一六二二）の福山城天守（広島県）では、地階・一階、二階・三階、四階・五階のそれぞれ二階分を貫く太い大柱を身舎の棟通り（桁行方向）に三本ずつ立てていた（図65）。地階・一階間の通柱は特に太く、直径一尺八寸（約五六センチメートル）の丸太材になっていた。この三本の大柱は桁行方向に渡る太い牛梁を受け、牛梁で梁間方向に架かる梁の中央部を支えていた。五階には入側がなく身舎だけだったので、この太い大柱は短辺側の外壁の中央に露出しており、他の側柱よりも太かったため塗籠められず、古写真によると戦災焼失前には外部からもはっきりと視認できた。

(iv) 屋根と破風

屋根形式

伝統的建築の屋根形式には、入母屋造《いりもやづくり》、寄棟造《よせむね》、切妻造《きりづま》、宝形造《ほうぎょう》（方形造）があるが、天守の最上重の屋根は入母屋造である。それが選ばれたのは、天守の発祥時すなわち室町時代末期において入母屋造が最も格式の高い屋根形式だったからである。(61) したがって、望楼型天守の基部の屋根も入母屋造である。天守の付櫓は、入母屋造が正式で、小規模な場合は切妻造も使われたが、下位の寄棟造は原則的に使われなかった（松本城天守の付櫓である月見櫓は例外）。なお、層塔型天守の各重の屋根や望楼型天守の腰屋根、最上階の下の屋根は、外壁から四方に葺き下ろされる屋根で、その隅部には隅棟が四十五度方向に降る。そうした屋根は五重塔の四重目までの各重の屋根と同じであり、特に屋根形式としての呼称はない。それらの屋根を寄棟と呼ぶこともあるが、正しくはない。

破風の種類

破風《はふ》とは、狭義には屋根の端部において垂木と並行して取り付けられる化粧板材をいう。しかし、城郭建築では、屋根の端部の壁面である妻壁全体を破風といい、その部位の化粧板材は破風板として区別するのが慣例となっている。本書では城郭建築の慣例に従っておく。

天守に使われる破風は、屋根構造の端部にあるものと、屋根の斜面の上や軒先にあるものとに分かれる。前者には、最上重や望楼型の基部などに使われる入母屋造屋根の端部である入母屋破風、切妻造屋根の端部である切妻破風があ

図 66　入母屋破風（右）と千鳥破風（左）（高知城天守）

図 67　向唐破風（丸亀城天守）

図 68　軒唐破風（宇和島城天守）

る。後者には入母屋破風に形状がよく似た千鳥《ちどり》破風、軒先を円く迫《せ》り上げた唐《から》破風がある。唐破風は、千鳥破風と同様に屋根の斜面に載せられた向《むかい》唐破風（丸亀城天守）と本体の屋根の軒先を部分的に迫り上げた軒《のき》唐破風（宇和島城天守）に分けられる[62]。向唐破風については、出窓の上の屋根にも用いられる（犬山城天守）。

天守には本体から突きでる出窓がよく使われるが、出窓の屋根が本体から突き出していると、入母屋破風（松江城天守）か切妻破風（丸岡城天守）が造られ、屋

図69　比翼千鳥破風（宇和島城天守）

根を突き出さない場合には出窓上方に千鳥破風（名古屋城天守）を飾る。
千鳥破風を左右に一対並べたものを比翼《ひよく》千鳥破風（宇和島城天守）という。千鳥破風を外側に寄せて本体の屋根の隅棟と接合させた破風は、小さいながらも構造的に入母屋破風の一種になる。そのような小さい入母屋破風を左右に並べたものを比翼入母屋破風（姫路城大天守）という。

千鳥破風と唐破風の創始

千鳥破風と唐破風は、櫓にも使われるが、装飾性が高いため天守に多用される。千鳥破風は平安時代に春日造の神社本殿を連棟《れんとう》させたことから始まったものである。軒唐破風は鎌倉時代の邸宅の正式入口である車寄《くるまよせ》の上方に設けられ、雨垂れを入口の左右に振り分ける役割があった。千鳥破風と唐破風は室町時代には神社本殿の正面側に装飾として使われるようになっており[63]、その優れた造形から天守に応用された。

天守建築における千鳥破風使用の確実な早例は、天正十八年（一五九〇）頃の熊本城宇土櫓（初代熊本城天守を移築と推定される）や同二十年頃の広島城天守であり、軒唐破風と向唐破風の使用例は、文禄（一五九二～九六）頃の岡山城天守である。岡山城を別とすれば、向唐破風は年代が下降し、慶長二十年（一六一五）頃の松本城天守が早例で、元和以降に広まったと考えられる。

天正十三年の豊臣大坂城天守については、「大坂城図屏風」が正しいとすれば、入母屋破風ばかりで千鳥破風や唐破風は全くない。オーストリアのエッゲンベルク城で新たに見つかった「大坂図屏風」では、入母屋破風と軒唐破風が描かれており、「大坂冬の陣図屏風」では唐破風が出窓の向唐破風になっているが、この二図の原本は慶長期に唐破風が流行した頃に描かれたものと考えられ、大坂城天守の実像を伝えていない可能性がある。

したがって、千鳥破風と唐破風は天正後期に天守に応用され始めたと考えられ、慶長期に広まり、特に名古屋城天守のような層塔型天守の装飾として多用されたと言えよう。

破風の間

入母屋破風や千鳥破風の屋根裏（小屋《こや》）は、屋根面を支える多数の小屋束《こやづか》が立ち並び貫《ぬき》が縦横に通っているので、一般的には人が入らない空間である。ところが、天守における屋根裏は、最上重を除いて、内部に破風の間《ま》と呼ばれる小部屋を設けて実用化されている（図70）。特に、望楼型天守の基部の入母屋破風は巨大なため、ほとんどの場合、大きな破風の間が設けられる。千鳥破風の内部も破風の間が設けられることが多い。向唐破風では、下部が出窓の場合（松本城天守・江戸城天守）を除き、破風の間は造られない。軒唐破風は構造上、破風の間を設けることが不可能であるが、姫路城大天守だけは変則的に軒唐破風の間を設けている。

図 70　破風の間（彦根城天守）

破風の間の確実な早例は、熊本城宇土櫓・広島城天守・岡山城天守などであって、入母屋破風と千鳥破風とで時期差は認められない。

破風の間は、射撃の陣地としての役割があり、極めて小さな破風の間でも鉄砲狭間が切られている（彦根城天守・伊予松山城天守）。もう一つの重要な役割が明かり採りのために窓を開くことであった。特に望楼型天守では屋根裏階となる基部の入母屋破風には必ず破風の間が設けられて、その妻壁に窓を開く（熊本城宇土櫓・広島城天守・岡山城天守・姫路城大天守・松江城天守）。

望楼型天守の屋根裏階の採光

多くの望楼型の四重や五重天守では、二重目屋根を基部の入母屋造とするため、三階が屋根裏階となる。三重天守では二階が屋根裏階となる。屋根裏階では、短辺側の入母屋破風の間に窓を開くことができるが、それだけでは明るさが不足するので、長辺側にも採光窓を開くことが必要になる。

図 71　熊本城宇土櫓の千鳥破風（左）と入母屋破風（右）

図 72　松江城天守の入母屋破風の出窓

長辺側に採光窓を設ける方法を見ると、熊本城宇土櫓・高知城天守のように長辺側に大きな千鳥破風を設けて窓を開く例（高知城は一方の千鳥破風のみに開口）と、岡山城天守・松江城天守のように長辺側に大きな出窓を設けてその上に入母屋屋根を架ける例がある。犬山城天守では向唐破風の出窓、丸岡城天守では切妻破風の出窓を設けている。

第三章　天守の意匠と防備

1　外壁と窓

(i)　外壁の意匠と構造

真壁と大壁

日本の伝統的木造建築の壁は、真壁《しんかべ》と大壁《おおかべ》の二種類に大別される。柱が壁面に現れているのが真壁で、社寺建築のほぼすべてと大半の世俗建築の壁は真壁である。真壁で造られた建築を真壁造という。その一方、土蔵のように防火・防犯のために壁厚を大きくすると、柱が壁面に埋没して見えなくなるが、それを大壁という。大壁は江戸時代の農家の外壁にも普通に見られるが、中世に土蔵で発展した外壁の形式であった。その外壁は、外側は大壁となるが、内側は柱を見せた真壁であり、そうした外壁の構造をもつ建築を大壁造（町家では塗屋造ともいう）と呼ぶ。なお、現代の木造住宅では内外ともにすべての壁を大壁とするのが一般的である。

建築の格式からすると、真壁が正式であり、大壁は低級である。ところが、天守や櫓《やぐら》などの城郭建築では、防火・

防弾のために外壁を厚くするので一般的に大壁造にされる。天守は高層化された書院造の御殿として創始されたと考えられるので、本来は真壁造であり、その後に大壁造に変化したものである。

外壁の構造

天守をはじめ城郭建築の外壁は、防弾と防火のため分厚い土壁である。土壁は、竹(竹が生育しない北国では粗朶《そだ》と呼ばれる細い枝木)を格子状に組んだ木舞《こまい》(小舞)を骨組として、粘土・砂・苆《すさ》(藁を短く裁断したもので、壁土が崩れるのを防ぐ)を混ぜ、水を加えて練った壁土を塗ったものである。厚さは五寸から一尺(一五〜三〇センチメートル)ぐらいであるが、姫路城大天守では一尺五寸以上もある。当時使われた火縄銃の弾丸は、鉛製の球体であって、そうした厚い土壁を貫通する威力はなかった。また、付近の建物の火災に対しても厚い土壁は完璧な防火壁としての性能をもっており、延焼を確実に防げた。

土壁は多層構造になっており、木舞に直に付いている荒壁《あらかべ》、その上に塗られる中塗《なかぬり》、表面を仕上げる上塗《うわぬり》の三層からなる。壁厚の大部分は荒壁が占める。

民家の薄い荒壁は水を多めにして柔らかく練った壁土を用いて鏝《こて》で引き延ばして塗るが、城郭建築の分厚い荒壁は鏝で塗ることができず、水分を減じて塊状にした壁土を手で木舞に押し付ける「手打ち」という工法で行われた。なお、分厚い荒壁が木舞から剥がれ落ちないように、木舞には一尺ほどの長さの藁縄《わらなわ》(流し縄という)を結び垂らしておき、荒壁の塊を吊り上げるような意図で荒壁の表面に塗り込む。木舞の片面(外側)からの手打ちの荒壁が乾燥して硬化したら、木舞の裏側からも手打ちあるいは鏝塗りで荒壁を付ける「裏返し」が行われる。

手打ちされた荒壁は水分が少ないので強度が高く、乾燥収縮も少ない。その代わりに表面の凹凸が著しいので、「斑直し《むらなおし》」(二回に分けて行う場合は、「大斑直し」・「斑直し」と区別)として、鏝で壁土を一寸ほどの厚さに塗りつけて平らにする。

中塗は、粘土と砂の割合が荒壁と相違する。荒壁は強度の高い粘土の割合が多く、中塗は乾燥による収縮率が小さい砂の割合が多い。荒壁は粘土が多いので乾燥して多数のひび割れが生じるが、そのひびは中塗との接着力を高める働きがある。中塗は表面を平滑に修正するためのもので、ひび割れが生じないように粘土を減らして砂を多くする。厚さは一寸程度である。

上塗は白色の漆喰《しっくい》であって、消石灰（水酸化カルシウム）を主原料とし、ひび割れ防止と強度を高めるために、麻の繊維を苆として加えて水で練ったものである。粘着性を増して塗りやすくするためにマフノリなどの海藻を煮て作った糊（布海苔《ふのり》）を添加した。今日では化学的な合成糊を水で溶いて加え、黒黴《くろかび》の発生を止めるために防黴剤を添加する。高級な漆喰には、麻苆の代わりに千切った和紙が用いられた。松永久秀の多聞《たもん》城の白壁の漆喰には特別な白い紙が混ぜられていたと記録されている(64)。和紙は長くて強靱な繊維でできているので好都合であった。漆喰の厚さは、一分（三ミリメートル）ほどしかなく、それを一層だけ塗ればよいが、数層を塗り重ねた丁寧なものもある。練ったばかりの漆喰は大変に柔らかく、水にも少し溶けるが、消石灰が空気中の二酸化炭素を吸収して、不溶性の炭酸カルシウムに化学変化して硬化する。この一分の厚みは、粘り気は強いが柔らかい漆喰を鏝で塗りやすい厚さであって、すばやく二酸化炭素を吸着できる厚さでもある。

しかし、漆喰塗りは雨水に対しては強くなく、風雨に晒される部位では、二十年程度で漆喰が下地の中塗と肌別れを起こして大きく剥がれ落ちてしまう。明治初期に撮影された城の写真を見ると、白壁が落ちて荒れ果てた櫓や土塀が多いが、その原因は漆喰の耐久性のなさにある。なお、大正・昭和時代になると、砂を加えた砂漆喰を中塗として分厚く塗る工法（明治以降の洋風建築の内装に広く使われたもの）や、仕上げの漆喰を白セメントに変えて耐久性能を増す近代的な工法が普及し、前者は姫路城、後者は江戸城などの修理に応用されている。

安価な土壁

土壁の材料は、消石灰以外は、骨組も含めて手軽に入手できる極めて安価なものであった。すなわち天守をはじめ城郭建築の外壁は、上塗の漆喰以外は、庶民の粗末な住まいの壁と同様で、いわば安物であったといえる。それでも、城内にあった膨大な量の建築の外壁を漆喰で仕上げるには経費が掛かりすぎるので、漆喰の上塗を省略して中塗仕上げで止めてしまった城も少なくはなかった。現存例はないが、古絵図によると、すべての櫓や城門の外壁を中塗で止めた苗木城《なえぎ》（岐阜県）の例があり、その壁の色から赤壁城と呼ばれた。また、外郭の土塀の壁を中塗で止めた城は、東国では珍しくはなかった。そして、櫓の内部の壁では、経費節減のため中塗仕上げとした例（丸亀城《まるがめ》大手門櫓門・彦根城佐和口多門など）が今でも見られる。内壁を中塗で止めるのは、江戸時代の民家においては一般的であった。

その一方、城内の御殿建築は書院造という高級邸宅だったので、鴨居《かもい》より上方には漆喰塗りの土壁を用いたが、鴨居より下方には土壁を用いず、舞良戸《まいらど》（板戸）や障子や襖といった建具が入れられる。そもそも壁自体がない。なお、書院造でも、床《とこ》・棚といった座敷飾に限っては壁が設けられるが、その壁は土壁ではなく、木造の格子を骨組として、その表面に紙を張った貼付壁《はりつけかべ》であった。近世城郭と書院造の最盛期であった安土桃山時代には、その貼付壁に豪華な金碧障壁画や水墨画が描かれた。当時の城内の御殿においては、土壁は城主が立ち入らない台所・役所・長局・土蔵・納屋・番所といった付属建築や、茶室・数寄屋にしか使われなかったのである。江戸時代中期以降になると、倹約令や財政難などにより御殿建築にも土壁が使われるようになってくる。

なお、寺院建築には漆喰（古くは白土）仕上げの土壁が普通に用いられるが、それに対して神社建築、特に本殿には土壁は絶対に用いられない。本殿には板壁が用いられるが、板壁の材料となる大木の入手が困難であり、それを板材に加工する手間も多く掛かる。板壁は極めて高級であった。城郭建築の外壁に板壁を用いる部位は、城門の戸口脇に限られ、戸口以外では姫路城「と」の一門の二階外壁が現存唯一の例（ただし昭和修理時の復元）である。

大壁の塗籠

現存するほぼすべての天守や櫓の外壁は、格式の低い大壁である。天守に大壁が使われたことが判明する初例は、早くも天正八年（一五八〇）に羽柴秀吉が築き初めた姫路城であって、同九年に完成したと伝えられる三重天守の一階と二階の外壁が大壁だった。その側柱《がわばしら》（外側の柱）が小天守の床梁などに転用されており、大壁を支える間渡《まわた》しを取り付ける段が旧柱の表面に多数刻まれていた。同時に発見された華頭窓《かとうまど》の窓枠からは、それを取り付けていた天守最上階は真壁だったことも判明している[65]。

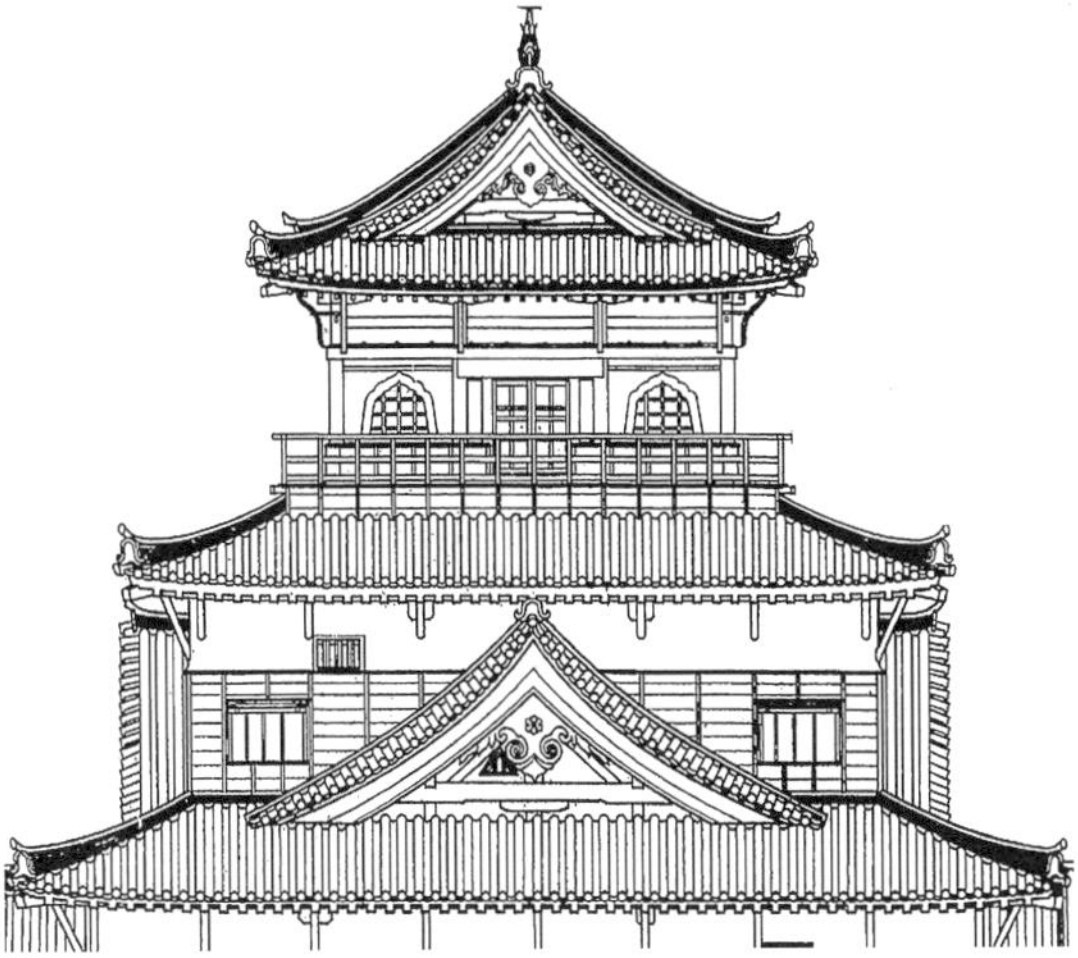

図73　広島城天守の外壁

さて、信長の安土城天主や秀吉の大坂城・聚楽第《じゅらくてい》の天守は、絵画資料等からすると格式の高い真壁であった。それらに続く広島城（図73）・岡山城などの天守は、秀吉の姫路城天守と同様に最上階だけは格式高く真壁であり、下階は実戦的に大壁であった。それが慶長五年（一六〇〇）の関ヶ原の戦い以降になると、天守や櫓の外壁は防弾と防火のために、最上階に至るまですべて厚い大壁とされるのが通例となった。しかし、実戦よりも格式を重んじた場合には、最上階だけにあえて真壁が選択された（福山城・犬山城・丸岡城など）。

大壁の表面は、城郭建築では一般的に白い漆喰で仕上げられる。木部が見えないように塗り込めるので、それを塗籠《ぬりごめ》という。「塗籠」の語は古く、平安時代後期には寝殿造《しんでんづくり》の邸宅の内部に「塗籠」という小部屋があった。防犯・防寒対策でこの部屋だけは土壁が塗り込めてあって、寝室や物入れとなっていた。

図74　下見板張（伊予松山城天守）

下見板張

城郭建築の外壁では、土壁の表面仕上げに漆喰の上塗をせず、下見板《したみいた》（横羽目ともいう）を張る例も多い（図74）。その場合、柱が下見板張の間に見えれば真壁で、柱の表面が覆われて見えなければ大壁である。城郭建築では大壁に張るのが通例であって、下見板張の真壁は稀である。

下見板張は横方向に薄い板（安価な松や杉が多かった）を張ったもので、雨水が板の裏側に入らないように羽重《はがさ》ね（下の板に上の板の端を少しだけ重ねる）にし、板が風で捲《まく》り上がらないように表側に縦に木棒（押桟《おしさん》や簓子《ささらこ》。羽重ねに合わせて裏側を段々に削る刃刻みを施した押桟を簓子という）を取付けて押さえる。簓子下見板張は手間が掛かっており、明治時代の洋風建築で使われた押桟のない南京下見《なんきんしたみ》よりずっと高級であった。そして塗籠と比べて下見板張は材料費と手間が圧倒的に掛かるので、塗籠よりはるかに高価であった。

塗籠と下見板張の相違

塗籠は不燃性の防火壁であるが、下見板張では表面の薄い板が可燃性なので防火壁にはならないと思われがちである。しかし、下見板の背後には分厚い土壁が控えているので、火矢の攻撃を受けて板が燃え上がったとしても、内部まで火が回ることはない。したがって、防火性能については、塗籠と下見板張で大きな差異はない。両者の性能の違いは、耐候性と見栄えだけである。

塗籠が長時間にわたって風雨に当たると、漆喰の上塗は水分をわずかに通すので、中塗の表面を劣化させてしまい、上塗が大きく剥がれ落ちる。すなわち塗籠は風雨に対する耐久性が低い。特に雨が掛かりやすい壁の下部では、せいぜい二十年しかもたない。それに対して下見板張は、厚さが五分もあれば、激しく風雨が当たる場合でも二百年を超える耐久性をもっている。

そこで、城郭建築の外壁では、風雨が当たる壁の下部を高価な下見板張とし、風雨があまり掛からない壁の上部（おおよそ窓より上方）は比較的に安価な塗籠とすることが多い。したがって、外壁に塗籠を全く用いず、全面的に高価な下見板張とする必要性はない。松江城天守の一階・二階のように全面的な下見板張とした実例はむしろ珍しい（図75）。

図 75　全面的な下見板張（松江城天守一階）

下見板張の表面は、耐久性を増すために黒く塗装されるのが一般的である。その塗料は墨であったが、松煙《しょうえん》（樹脂の多い松根を燃やして集めた煤）に油（荏《え》胡麻《ごま》油・桐油などの乾性油）を混ぜた安価なものだった。これに松脂や柿渋などを混ぜることもあったようだ。最近は煤（炭素）を含まない化学合成塗料を用いているので、退色が早く、光沢がない。

耐久性において劣る塗籠は、見栄えにおいては逆に下見板張に大きく優る。天守や櫓の純白の出で立ちは美しく、まさに城郭建築の真骨頂であろう。純白の姫路城は白鷺《しらさぎ》城と称えられている。それに対して黒い下見板張の岡山城天守は烏城《うじょう》と呼ばれ、地味で武骨である。

ところで以前は、黒い下見板張は年代が古く、白い塗籠は新しいと考えられていた。広島・岡山・犬山城など建築年代が古い天守が下見板張で、姫路・名古屋城などの新しい時代の天守が塗籠であったからだ。最初期の天守である豊臣大坂城天守も残されている屏風絵からすれば黒壁であるので、下見板張と思われていた（実際は板壁に黒漆塗り）。しかし、大坂城に次ぐ古さである豊臣秀吉の聚楽第天守は屏風絵からすると白壁（真壁の塗籠）であるし、逆に幕末の再建である松山城天守は黒い下見板張である。要するに壁の黒白は年代とは無関係である。実際は、補修経費を軽減するなら下見板張、見栄えを重視するなら塗籠が選ばれていたと考えられる。城主の好みや経済観念が現れていたようだ。ただし、西国の外様大名の天守に下見板張が多く、幕府や親藩・譜代大名の天守に塗籠が多い傾向はある。(66)

なお、黒白が混在する城も少なくなく、高知城では本丸が主に白い塗籠（正しくは郭外側が白、郭内側が黒）で、二の丸以下はすべて黒い下見板張であったし、大洲《おおず》城（愛媛県）では櫓ごとに黒白がまちまち（天守・台所櫓が黒、高欄《こうらん》櫓・苧綿《おわた》櫓が白）である。城主が途中で交代した場合、例えば岡山城では、宇喜多秀家《うきたひでいえ》の天守は下見板張であったが、池田氏が建てた本丸月見櫓・西の丸西手櫓は塗籠である。

格式が高い真壁の塗籠

姫路城大天守の最上階や菱の門、福山城伏見《ふしみ》櫓（伏見城より移築）の一階と二階などでは、柱や長押《なげし》（柱の表面に取り付ける横材）の形を見せて、漆喰を塗り込めている（図76）。柱の木地が漆喰に覆われているので、これも塗籠であるが、柱や長押の形が白壁の表面に表されているので、大壁ではなく真壁である。

真壁の塗籠は大壁の塗籠よりも防備性能は低いが、格式は高い。聚楽第天守も屏風絵からすると、真壁の塗籠だったと考えられ、伏見城天守も同様であったと推定される。伏見城から移築された福山城伏見櫓は一・二階が真壁の塗籠である。そうした事例からすると、真壁の塗籠の天守は秀吉が始めたものと考えられる。

軒の塗籠

建築の防火で重要な部位は軒裏であって、火災の延焼は外壁よりも軒裏に火が移ることから起こる。社寺建築や書院造住宅の軒裏は、屋根を支える垂木《たるき》という棒状の部材が並び、垂木どうしの間には、薄い裏板が張られているだけなので、隣接する建物に火災が発生したら、ひとたまりもなく類焼してしまう。

天守・櫓・城門などの城郭建築では、軒裏を塗籠（揚げ塗りという）とするのが一般的である。軒裏の塗籠には、垂木形《たるきがた》・波形《なみがた》・板軒形《いたのきがた》の三種類がある。

垂木の四角い形を見せて垂木形に塗り込める例は、年代・地域にかかわらず広くかつ多く存在する。軒裏は下向きなので漆喰が剥がれ落ちやすいため、垂木の表面には、割り竹を釘で打ち付けたり、細縄を巻いたり、鋸目《のこめ》をつけたりして漆喰を付着させている。垂木形の塗籠の技法は、波形や板軒形の塗籠より早くに始まったと考えられる。

図 76　真壁の塗籠（姫路城大天守最上階）

慶長十六年（一六一一）までに建てられた松江城天守は、垂木を塗り込めずに白木のままである。同天守が豊臣大坂城天守の外観をかなり忠実に継承していることから、信長の安土城天主や秀吉の大坂城天守など草創期の天守の軒は塗籠ではなく、その豪華さからすると黒い漆塗りの垂木を見せたものだったらしい。書院造の殿舎の垂木はみな白木であり、天守は書院造から発生したことから、安土城・豊臣大坂城の天守の軒が塗籠ではないのは当然であろう。

すると、第二世代の天守である岡山城・広島城あたりが軒の塗籠の早例となり、天正末から文禄年間（一五九二～九六）頃に垂木形の塗籠が始まったと推定される。その場合でも、広島城天守が最上階だけは垂木を塗り込めない古式な白木造りだったことからすると、垂木形の塗籠にしても白木のままの垂木よりは格式が低いことが分かる。塗籠は格式を

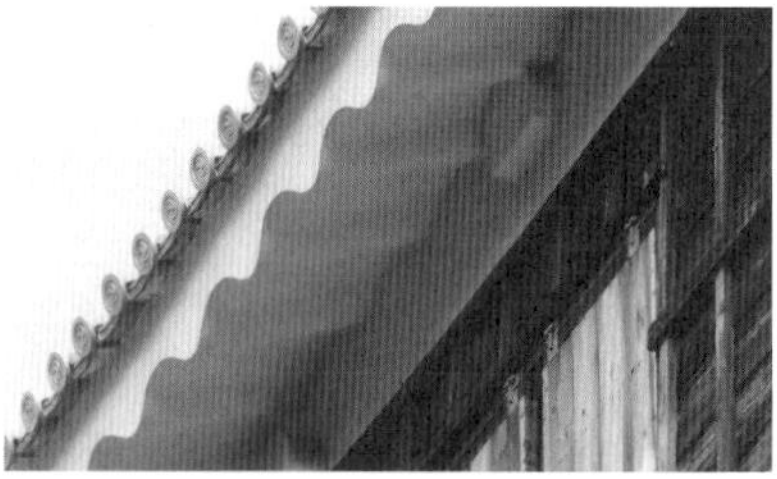

図 77　軒の塗籠

（上左：垂木形〔松山城天守〕／上右：波形〔松山城乾櫓〕／下：板軒形〔高松城月見櫓〕）

犠牲にして防火を優先した技法である。

垂木形に次いで多い例では、垂木を芯にして波形に塗り込めるものである。その波形が下向きに垂れた部位の中心に垂木が納まっている。城郭建築では一般的に一間に垂木を四本打つので、波の間隔は約五〇センチメートルとなる。波形に塗り込める場合は、垂木の両脇に細い竹の束を添えて波形の下地を作り、そこに漆喰を塗り付ける。日本建築の美の見せ所の一つは軒先に整然と並んだ垂木であるので、波形の塗籠は垂木形の塗籠よりも当然に略式である。しかし、波形の塗籠は、垂木の列に劣らぬ造形美を見せる。今日知られている最古の波形塗籠の天守は、慶長十七年（一六一二）に完成した名古屋城天守であったが、十八世紀中期の大修理の際に垂木形から波形に変更された可能性も否定できない。

軒に垂木の形や垂木の存在を一切見せず、垂木下を平らに塗籠にする板軒形は、波形よりも新しい工法で、現代の都市住宅の軒にも応用されている。防火性能は最も高いが、格式は最も低い。実例は多くなかったが、現存例には松江城天守の付櫓《つけやぐら》（創建時は垂木形で、後世に板軒形に改造されたと思われる）があり、古写真からすると寛文十年（一六七〇）再建の高松城天守があった。高松城では現存する月見櫓も板軒形である。格式は低くとも、新鮮で清楚な美しさを見せる。(67)

(ii) 窓の意匠と構造

格子窓

天守をはじめ城郭建築の窓には、敵の侵入を防ぐために頑丈な格子《こうし》が取り付けられている。格子窓とは本来は縦横に格子が組まれたもので、城のように縦だけの格子のものは格子窓ではなく、連子窓《れんじまど》や武者窓《むしゃまど》と呼ぶのが正しいが、慣例で格子窓と呼ばれている。城郭建築の窓は明かり採りや物見の役割が大きいが、窓の格子の間から弓矢や鉄砲を放てるので、重要な攻撃装置でもあった。なお、縦横の文字通りの格子窓は、姫路城の小天守や櫓などの一階の窓に見られるが、幅の狭い鉄板を縦横に組んで賊の侵入防止を図った窓である。

城郭建築で窓格子を縦方向に入れるのは、窓から弓矢を射掛けるには、縦格子のほうが都合がよいからである。横格子では、矢を突き出す高さが上下の格子に制限されてしまうので、射手の背丈の差に適応できず、また下方を狙うのに不便であった。矢を射るためではなく物見や採光に使う窓には、横格子が応用された。物見には、視野が左右に広がる横格子のほうが有用であるからだ。

窓の格子は三寸（約九センチメートル）ほどの太さで、格子の間は弓矢を射るために四〜五寸ぐらい空けられる。したがって、幅一間（約二メートル）の窓で格子七本、半間の窓で格子三本が標準である。格子は正方形断面が多いが、特別に太い格子を立てる場合には、視野を確保して弓矢や鉄砲の射角を左右に広げる必要から八角形（姫路城）や扁平な五角形（宇和島城天守）の格子を用いた例もある。

格子は木製であるが、白木のままでは火災に弱いので、防火のために表面に漆喰を塗り込めるのが一般的である。高級な例では鉄板（岡山城月見櫓や名古屋城天守など）や銅板（江戸城の櫓門や金沢城の出窓）を張る。松江城天守地階の明かり採り窓では、敵が石垣を登って容易に窓に近づけそうなため、破壊活動に備えて厳重な鉄格子が使われている。姫路城の小天守や櫓の一階窓に使われている鉄格子も同様の配慮からである。

現存天守では、犬山城（慶長元年〈一五九六〉頃）・彦根城（慶長十一年）・松江城（慶長十六年以前）といった年代の古い天守に白木の格子が見られる。それらからすると、慶長五年の関ヶ原の戦い以前では、白木のままの格子が一般的であったようだ。豊臣大坂城や安土城の天守では、高級な黒漆塗りであったかもしれない。

格子窓の特殊例では、先述したように厚い鉄板の帯を縦横に組んで文字通り格子窓としたものもある。これでは弓矢は使えず、鉄砲だけで防備することになって不都合であるが、低い位置にある窓に応用されることが多く、敵や忍者の侵入を防ぐことを主眼としているようだ。姫路城の小天守や櫓の一階などの窓に限定して使われている。

ところで、窓は視野が広く、物見や攻撃には都合がよかったが、逆に敵からも丸見えであって城兵の身を守れない。そこで、窓とは別の攻撃装置として、開口部が小さい狭間《さま》が多用される。

窓の建具と窓幅

格子窓の建具には、外側に棒で突き上げる突上戸《つきあげど》と横に引く引戸が一般的であり、外開きや内開きの開き戸が稀に見られる。

突上戸は軽くて薄い板戸が一般的である。板戸の上框《うえかまち》（上側の枠）に蝶番《ちょうつがい》あるいは壺金《つぼがね》という環状の鉄金具を付けて吊り下げる、極めて単純な構造である。格子の間から棒で板戸の下框《したかまち》（下側の枠）を押し上げて開き、そのまま棒で突っ張って開けておく。棒を外せば自重によって勝手に閉まるので、機敏性が求められる城郭建築では合理的であった。窓に降りかかる雨水は、板戸に沿って窓下に流れ落ちるので、雨風を防ぐ建具としての性能も良かった。

ところで、突上戸は平安時代後期から民家の窓に使われた古風な建具で、いわば時代後れで安物だった。しかし、その性能の良さから戦国時代の櫓に使われ、後に天守の建具に応用された。犬山城・彦根城・松江城といった建築年代の古い天守はみな突上戸であったが、慶長十三年（一六〇八）の姫路城大天守から新型の引戸に変わっていった。薄い板戸では、防火性能が全くないし、鉄砲の銃弾が簡単に突き抜けてしまうからだ。それでも、幕末の再建である松山城天守は古式に突上戸（内側に引戸も併用）を用いており、すべての城郭建築の建具が引戸に移行したわけではない。なお、寛永十五年（一六三八）再建の江戸城天守には、防火性能がある銅板が張られた突上戸が用いられていたらしいが、明暦三年（一六五七）の江戸大火で起こった火炎の旋風で銅の戸が吹き上げられて窓から火が入り、ついに延焼してしまった。

それに対して、引戸は分厚い板戸の外面に漆喰を塗り込めた土戸であって、完璧な防火・防弾戸である。現存例では姫路城大天守の引戸が最も厚く、四寸（一二センチメートル）ほどもある。戦災焼失した名古屋城天守の引戸は、厚さ二寸一分であった。重い引戸を動かしやすくするため、下框の中に木製の戸車を付けるのが一般的である。

ところで、書院造の住宅の障子や襖といった引戸では、一つの柱間に二本の建具を入れて引違いにするのが普通である。しかし、城郭建築の厚い土戸を引違いにしても、開口できる幅は最大で戸の一本分しかなく、すなわち半間（厳密には、柱の太さおよび戸の召合わせの縦框《たてがまち》一本分が減るので半間未満）しか窓は開かない。窓からの物見・射撃・採光のいずれにしても、引違いにする意味がない。建具は土壁とは違って製作に手間がかかり、さらに開口部には格子も必要となるので、経済性と工期短縮が至上の城郭建築においては、無益な引違いにはせず、一本の土戸を片引きにする合理的な半間窓が設けられた。

住宅や社寺においては、片引きの半間の戸は略式であって、その用例は稀であるが、天守をはじめ櫓の窓では、あえて略式の片引きの土戸が用いられたのである。その一方、突上戸では引違いにはならないので、柱間いっぱいの一間窓（突上戸は半間幅のものを二枚並べて用いる）が設けられた。窓の幅については、旧式の突上戸のほうが格式では上なのである。

しかし、天守の最上階では、合理性よりも格式のほうが重視された。姫路城大天守と丸亀城天守（香川県）の最上階では、引違いに土戸を建てている。戦災焼失した名古屋城天守の最上階では、片引きの土戸を用いてはいたが、土戸脇の壁を内外ともにまるで土戸のように作り、引違いに見せかけていた。しかし、慶長十七年（一六一二）の創建

図78　突上戸の一間窓（右：彦根城天守）と引戸の半間窓（左：名古屋城天守、戦災前）

時には引違いだった可能性が大きく、片引きは十八世紀中期の改造だったかもしれない。なお、天守最上階では格式を重視するため、無粋な格子を立てずに開放することが多く、松江・名古屋・福山（広島県）・丸岡（福井県）・松山の天守は窓を完全に開放し、姫路では目立たない黒塗り鉄格子としている。格式の高い華頭窓でも一般的に格子を立てない。

最上階以外では、柱を挟んで半間窓を一対にして設け、その一対の半間窓を一間窓に見せかけるのが一般的であるが、その場合には窓の並べ方の左右非対称問題が生じる。それについては、後述する。なお、宇和島《うわじま》城天守（愛媛県）では、窓の並びが左右非対称となるのを嫌って、変則的に各階の窓を引違いの土戸としている。もちろん、どちらか一方の戸しか開けない。

開き戸については用例が少ないが、現存の高知城天守と戦災焼失した福山城天守や水戸城天守などに使われていた。厚い板戸の外側に漆喰を塗り込めた土戸で、高知城天守と福山城天守では内開き、水戸城天守では外開きであった。外開きの重い塗籠の土戸は、戸の内側に格子が並んでいると邪魔になって開閉が難しく、実戦では全く役に立たない。

格子窓の防水

土戸は防火・防弾の性能が良かったが、雨水に対しては弱点があった。土戸が通る敷居の溝に雨水が溜まるからである。その対策として、敷居の溝の底に銅や鉄で作った排水管をつけ、雨水を窓の外に流下させる（図79）。それでも大雨の際には排水が追いつかず、敷居の溝から雨水が室内へ流れ落ちることがある。姫路城大天守でも暴風雨に見舞われると、そうした事態が起こる。

戦災焼失した名古屋城天守では、敷居の溝の下に銅製の箱を組み込み、そこから角形の太い排水溝を二本ずつ窓外に突き出していた。「入子《いれこ》水抜《みずぬき》」と呼ばれたもので、史上唯一の完璧な雨水対策を施した引戸であった。

その名古屋城では、土戸は変則的に格子の外側に建てられている（図80）。したがって、土戸を開くと格子が見えるが、閉めると格子は戸に隠されて、白い窓のくぼみだけが見える。大切な格子が雨水に濡れずにすみ、排水管が短くなるので敷居の溝からの排水が容易である。また、窓を閉めた時に、武骨な格子が隠れるので上品である。名古屋城をはじめ、江戸城・大坂城・二条城といった幕府の城に用いられ、その後の建築年代が新しい城郭にも見られた。

図79　窓の敷居の排水管（上）**外側、**（下）**内側**
（宇和島城天守）

窓の配置

天守では、上下階で窓と壁の位置を交互に変える、すなわち窓を市松模様に並べるのが理想であった。高知城天守や姫路城大天守では、多少の乱れはあるがほぼそのような並べ方になっている（図81）。天守からの四方への視界を均等にし、また外観意匠に変化と調和をもたらした。

天守の格子窓には、突上戸を吊る一間幅のものと、土戸を片引きにする半間幅のものとがある。前者が古式で、後者が新式である。後者では、側柱を挟んで半間窓を一対にして設けるのが標準的で、したがって側柱は、その両側が窓であるものと両側が壁であるものとが交互に並ぶ。姫路城大天守はその早例で、名古屋城・江戸城といった大型の天守では半間窓の対が壁面に整然と並んでいた（図82）。

ところで、半間窓の対を左右対称に配置するには、数学的な制約がある。壁面が偶数間数なら左右対称となるが、

図80　格子外側の引戸（名古屋城東南隅櫓）

図81　窓の市松配置（姫路城大天守）

図82　姫路城大天守の窓と壁

奇数間数では非対称になってしまう。偶数間数では外壁面の中央に側柱が立つので、その中央の柱の両脇を窓にしようと壁にしようと、左右対称になる。ところが、奇数間数では外壁面中央に側柱が立たないので、窓は壁面中央から左右に半間ずれた位置に立つ側柱のどちらか一方を選んで開くことになる。すなわち左右非対称になる。

一階が偶数間数の姫路城大天守（十四間に十間）や江戸城天守（十八間に十六間）は左右対称に窓を配置できたが、奇数間数の名古屋城天守（十七間に十五間）では壁面の片方に割余りができて対にならない半間窓ができていた（図83）。徳川大坂城天守（十七間に十五間）では、対にならない半間窓を複雑に並べて辛うじて左右対称にしていたが、美しい配置とは言えない。姫路城大天守の二階南面は十三間なので左右対称にはならず、壁面中央に五間もの長大な出格子窓を設けて非対称を紛らかしている。

層塔型天守に多用される千鳥破風《ちどりはふ》も左右非対称を紛らかすには有効で、外壁が奇数間数であっても中央に千鳥破風を置くと、その左右に対称に窓を開けられる。

華頭窓

窓枠を尖頭形に作った窓を花頭窓《かとうまど》（花頭窓・火灯窓・瓦灯窓とも書き、櫛《くし》形窓《がたまど》ともいう）と呼ぶ（図84）。曲線を四つか六つ組み合わせて窓枠の頂部が作られており、華やかである。室内側は両脇へ引き分ける四角い板戸を建てる。したがって外側からだけ華頭窓に見える。華頭窓の窓枠は塗り込めず、白木か黒漆塗りで格式が高く、天守の品格を高める細部意匠と言える。

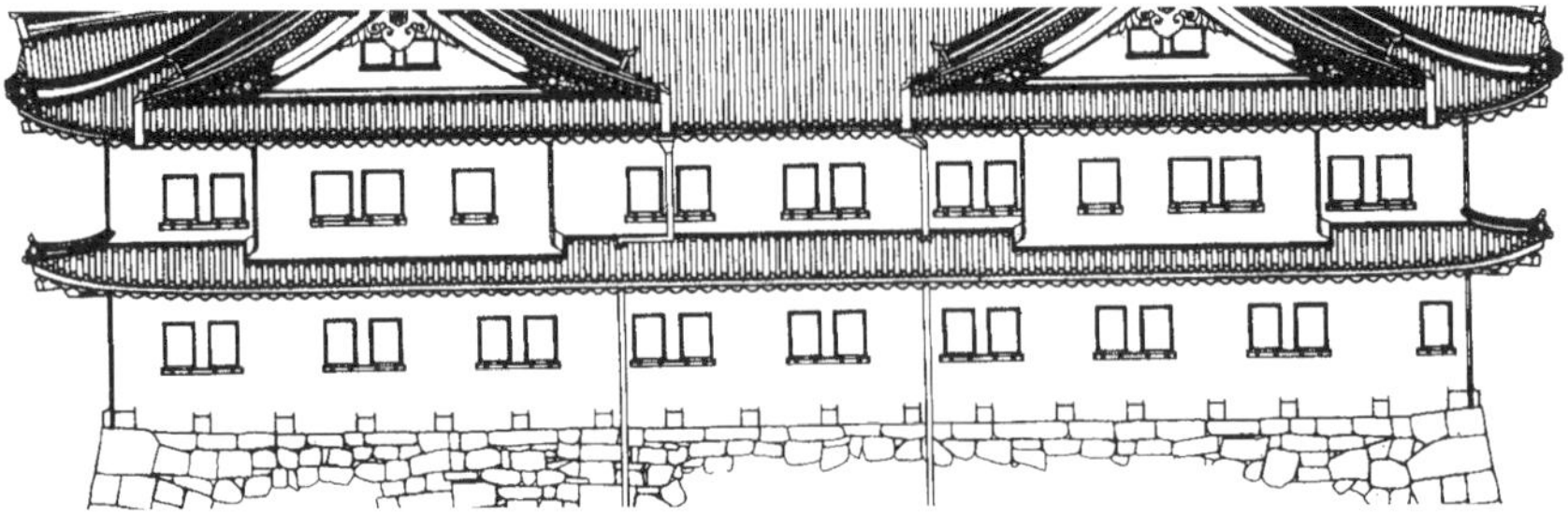

図 83　左右非対称の窓配置（名古屋城天守）

図 84　華頭窓（姫路城乾小天守）

華頭窓は唐様《からよう》建築の窓で、鎌倉時代後期に中国から原型が伝来した。当初は禅宗寺院の仏殿など仏教建築に限って使われたが、住宅風仏殿建築である足利義満《あしかがよしみつ》の金閣、義政《よしまさ》の銀閣の最上階に使われ、楼閣建築の最上階を飾る窓としても使われるようになった。

天守への応用は、織田信長の安土城天主の最上階が確認できる初例で、信長がローマ教皇に送った屏風絵を模写した図からその使用が認められる。天守の華頭窓は仏教建築からの影響と言われるが、金閣などの楼閣の窓に用いられた、高級な中国風の窓だったので天守最上階にも応用されたと見るべきであろう。

なお、姫路城大天守には華頭窓がないが、小天守の最上階には華頭窓が見られる。その華頭窓の枠は羽柴（豊臣）秀吉が創建した当時の姫路城天守に使われていた古材を再利用したもので、安土城天主と同時期の華頭窓の実例として価値が高い。

華頭窓を最上階に飾る場合は、関ヶ原の戦い以前の古い天守では最上階が三間四方だったので、三間のうち中央間を戸口とし、その両脇間を華頭窓とするのが通例であった。初期の天守では、安土城をはじめ広島城・岡山城天守の最上階にそのような華頭窓が見られた。関ヶ原以降の天守では最上階が三間四方より大きくなったので、最上階の三面に一つずつ華頭窓を開く福山城天守、最上階中央に巨大な華頭窓を開く高松城天守など、変化が生じた。

また、関ヶ原以降になると最上階以外にも華頭窓を設けるようになり、彦根城天守では最上階の三階だけではなく、二階にも華頭窓を多数並べており、都合一八もの華頭窓を設けている。史上最多の華頭窓の例である。松江城天守では三階の出窓の中央、大洲城（愛媛県）天守では二階に設けられている。

松本城では、天守ではなく小天守と付櫓の最上階に華頭窓が設けられた。しかし、華頭窓は格式が高かったので、天守以外の櫓や櫓門には滅多に使われず、姫路城菱の門・仙台城大手門（戦災焼失）・宇和島城本丸櫛形門（明治初期に取り壊し）など実例は少なかった。それらの櫓門に華頭窓が使われたのは、大手門や本丸正門などの櫓門が天守に次ぐ格式をもっていたからである。

2　防御装置

(i)　外壁の防弾構造

防弾板壁

厚い土壁は、当時の火縄銃の銃弾に対しては十分な効力があったが、大筒（大砲）の砲弾に対してはやや心もとなかった。慶長五年（一六〇〇）の関ヶ原の戦いの前哨戦では、大津城攻めに大筒が使われ、運悪く天守に命中した砲弾によって侍女が絶命したため開城している。

そうした教訓からか、名古屋城天守では、外壁の中に厚さ四寸の欅《けやき》や樫《かし》の横板を落とし込んでいたと記録されている。姫路城大天守の最上階では、土壁の背後に厚い縦板壁を設けて防弾壁としている。なお、これを耐震壁とする意見もあるが、縦板張であって、しかも細い窓台の上に載っているので耐震性能は全くない。

太鼓壁

厚い板壁は経費が掛かるが、安価な防弾壁として太鼓壁《たいこかべ》が開発され、彦根城天守・丸亀城天守や松山城の櫓など多くの城郭建築に応用されている。太鼓壁は、比較的に薄い土壁を向い合せに二枚、隙間を空けて設け、その隙間に小石や瓦片などの瓦礫を詰め込んだ壁である（図85・86）。土壁が太鼓の皮のように隙間を挟んで両側にあるので、太鼓壁という。もちろん皮となる土壁の芯には竹木舞が組んである。

ところで、単純に強度だけであれば、太鼓壁よりも壁土で充填された通常の土壁のほうが優れている。しかし、大砲弾の命中による衝撃力は、土壁をいくら厚くしようとも室内側へ伝播する。砲弾が壁を貫通しなくても、衝撃力によって（砲弾の質量と速度の積である運動量が保存される法則に従って）室内側では壁土の塊が弾き飛ばされて、籠城兵に死傷者が出てしまう。壁体内部に空隙が多い太鼓壁では、そこにある瓦礫の粉砕と移動によって衝撃力が分散されてしまうので、室内側には被害が出ないはずである。物理学的に優秀である。

現存最古の太鼓壁の例は、慶長十一年（一六〇六）の彦根城天守である。その太鼓壁は床上から桁下まで完全に瓦礫が詰まっているが、それは少数派であった。

通例の太鼓壁では、外側の土壁は桁下まで届くが、内側の土壁は窓の上ぐらいの高さで止まってしまう。それより下方が太鼓壁になっていて、その上方では外側の一重の薄い土壁があるだけだ。内側から見ると、厚い土壁が上の方で急に薄くなっている。瓦礫を詰めるには、内側の土壁が途中で止まっている方が便利である。壁が薄くなっている上方は外部の屋根で守られているし、その壁を銃弾や砲弾が突き破っても、その部位は城兵の頭上なので問題は少な

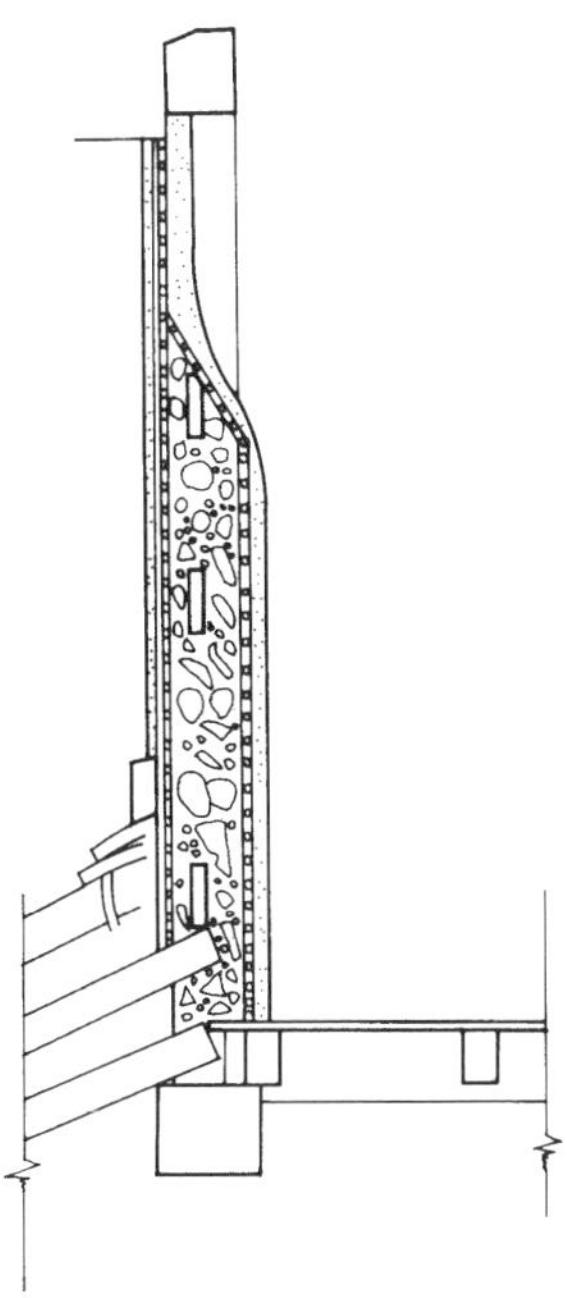

図 85　太鼓壁の断面
（大洲城三の丸南隅櫓）

図 86　内部から見た太鼓壁（丸亀城天守）

い。もちろん、太鼓壁は城外側だけに設けるもので、城内側は通常の土壁にする。

鉄板張の外壁

防弾壁の特殊例としては、戦災焼失した福山城天守（元和八年、一六二二）が著名である（図87）。福山城は築城年代がやや新しく、城の搦《からめ》手《て》である北側の縄張が著しく手薄だったので、短冊形の鉄板を天守北側の一階から四階までの外壁に隙間なく張り詰めていた。

寛永十五年（一六三八）再建の江戸城天守では、下見板の代わりに黒塗りの銅板を張っており、史上で最高級の防弾かつ耐候性の外壁であった。鉄や銅の金属板に施す黒い塗料は、黒チャン（松煙・松脂・荏胡麻油の混合物）という錆止めで、安土桃山時代に南蛮あるいは中国から伝来したと言われる。

図87　福山城天守の鉄板張の外壁（戦災前）

(ii)　狭間

狭間の種類

狭《さ》間《ま》は小間とも書かれ、文字通り狭い隙間のことである。その隙間から弓矢や鉄砲を放つ。城に備えられた攻撃装置としては最重要のもので、ほぼすべての天守に狭間が設けられており、狭間が全くない宇和島城天守は例外的存在である。

狭間には、主に弓を射る矢狭間（弓狭間）と鉄砲を撃つ鉄砲狭間の二種類があり、特殊なものとして大筒《おおづつ》（石火《いしび》矢《や》）を放つ大筒狭間（大狭間、石火矢狭間）があった。矢狭間は箭眼《せんがん》、鉄砲狭間は銃眼や筒狭間とも呼ばれる。また、狭間の開口部を漆喰や壁土で塗り込めて塞いだものは隠狭《かくしさ》間《ま》と呼ばれる。

狭間の開口部の形状には、縦長の長方形・正方形・正三角形（まれに二等辺三角形）・円形・正六角形がある。一般的に縦長の長方形が矢狭間、そのほかは鉄砲狭間である。長方形と正方形のものは箱狭間、特に長方形のものは竪狭間、三角形のものは鎬《しのぎ》狭《さ》間《ま》（鎬は山形を意味する）、円形のものは丸狭間という。六角形の狭間の現存例はないが、戦災焼失した福山城天守の破風の間には六角形の鉄砲狭間が一つずつ切られていた。丸狭間は主に土塀用であって、天守や櫓にはあまり使われなかった。円形では狭間の開口部に蓋（戸）をつけるのが難しかったからだ。蓋がないと、狭間から室内へ風雨が吹き込み、鳥や小動物も侵入して都合が悪い。

矢狭間と鉄砲狭間の違いは、形状のほかに狭間を切る高さにある。矢狭間は窓と同じくらいの高さに切られる。弓矢は立った姿勢で射るからで、立狭間《たちさま》ともいう。それに対して鉄砲は、籠城に際しては座って撃つのが基本であって、座って使うので居狭間《いざま》ともいい、多くの例では窓より低い位置に切られる。床面すれすれに切られた例も少なくない。

矢狭間を切る高さは鉄砲狭間と比べて厳密である。射手と標的が同高になる野戦では矢を水平より高く向けて射るが、籠城の際の弓矢の使われ方は特殊であって、城内の天守や櫓から見て敵はかなり下方にいるので、下向きに射ることになる。水平より少し下向きに左腕を伸ばして弓を握り、矢を放つ。その時の左手首の高さは、身長にもよるが、おおよそ床から九〇センチメートル前後になるので、その高さを基準にして矢狭間を切る。矢狭間の開口部の寸法は、横四寸から五寸、縦一尺二寸から一尺八寸であって、弓に矢を番《つが》えてから目いっぱい引く際に上下方向に左手首を動かせたほうが楽なので縦長である。(68) 矢狭間の下辺の高さは、現存例からすると床より二尺四寸から二尺八寸であり、矢狭間の中心は三尺か、それより少し上方になる。真っすぐ左腕を伸ばした高さにある狭間が矢狭間と思えばよい。

鉄砲を撃つ際には、筒先を弓矢のように上下に動かさないので、狭間の縦横は同寸でよく、四寸から六寸ぐらいである。鉄砲は大変に重いので、立ったままで構えていると数分しか持ちこたえられない。かといって弓矢のように瞬時に構えて放つわけにはいかず、火薬や玉を込めて発射準備をしたままで敵が射程に入るのを待ち続けなければならない。したがって、鉄砲の使われ方も野戦とは違って、床にしっかりと腰を下ろして座り、膝に筒を載せてじっくりと待ち構えるのである。したがって、鉄砲狭間は床からわずか八寸ぐらいのところに下辺を置けと『築城記』に記されている（図88）。多くの鉄砲狭間は床近くの低い位置に切られるが、窓より少し高い位置に切られているものもある。高い位置の鉄砲狭間は城内に敵兵が乱入した際の速射に供する狭間で、そうした狭間を使うようになったら、落城はもう目前であろう。

大筒狭間は、大筒を放つための大型の狭間である。大筒は鉄砲を大型化させたような一種の大砲で大鉄砲《おおでっぽう》ともいうが、ロケット弾のような石火矢とも混同されている。近代戦に使われた大砲とは全く相違し、一人で肩に担いで発射

図 88　鉄砲狭間（姫路大天守）

図 89　大筒狭間（丸亀城天守）

するものと、小さな木製の台座や台車に据えて発射するものがあった。いずれにしても近代の大砲よりはるかに小さい。大筒狭間は、台座に据えた大筒を放つもので、大きな正方形に近い狭間である（図89）。天守における現存例は丸亀城（香川県）だけであるが、記録によれば鳥《と》羽《ば》城天守（三重県）には「大狭間」があった。鳥羽城のほうは、織田信長に仕えた九鬼《くき》水軍の城で、戦国時代の阿武船《あたけぶね》（軍船）に石火矢が搭載されていたことと関連すると考えられる。丸亀城天守にある鉄砲狭間は三角形であるが、それとは別に正方形で開口部が異様に大きく、床面にほぼ接して切られている狭間があるが、それは大筒狭間であろう。

狭間の構造

天守や櫓の土壁や太鼓壁は分厚いので、狭間を開口させるには板で作った箱のような木枠を壁体に埋め込む。その木枠は、矢や鉄砲を放つ方向に自由度をもたせ、かつ狭間内を敵に狙撃されないようにするため、狭間の内部を斜めに作って、室外側を狭く、室内側を広くしている。そのため狭間の内部は四角錐台や三角錐台などになっている。円形の狭間は、底の抜けた木桶のような円錐台の木枠を壁に埋め込むが、経費を節減するために、太い竹筒に細かく割り込みを入れて広げて円錐台にした大竹壺狭間《おおたけつぼさま》（実例は大洲城三の丸南隅櫓の隠狭間）も使われた。なお、土塀の狭間には木枠がないものがある。

　狭間の内部を斜めに広げることをアガキ（足掻き）という[69]。一般的に城内から見て敵兵は下方から迫ってくるので、アガキは下方に向けて作られる。敵の迫り来る方向によっては、左右の片側に大きく片寄らせたアガキとされる。狭間の外側の近くに破風が突き出している場合には、破風を避けて反対方向に大きく捻じ曲げたアガキとする。姫路城や彦根城天守の鉄砲狭間のアガキはそれが著しく、下方かつ右方や左方に捻ったアガキはカメレオンの目のように思えてほほえましい。

図90　狭間のアガキ（松江城天守）

狭間の蓋

天守や櫓の狭間の外側には蓋（戸ともいう）を付ける。狭間の蓋は薄い木製の板なので、江戸時代の実物が残っている例は稀である。窓の建具と同様に、狭間の蓋にも開くものと横に引くものとがあり、開くものが旧式で、引くものは寛永年間（一六二四～四四）頃に発明された。

　現存例で最も優れた狭間の蓋は、姫路城のものである。狭間の木枠の外側上部に蝶番をつけて木蓋を吊り下げたもので、蓋の内側に付けてある鉄製の掛け金をつかんで外側に押し上げて開く。狭間の内側には蓋を固定しておく留め金（環状の壺金《つぼがね》）が二つあり、狭間の蓋の掛け金を差し込む。留め金が二つあるのは、蓋を開いたまま留めておくためと、閉めた蓋が開かないように固定しておくためのものがあるからだ。蓋は上側に跳ね上げられるので、天守や櫓から下方を射撃するのに蓋や掛け金は全く邪魔にならないし、蓋を閉める時には棒状の長い掛け金を引っ張ればよい（図91）。

新型の狭間の蓋は、横に引く板戸である。狭間の木枠の外側に小さな敷居と鴨居を付けて薄い板戸を入れた構造である。その戸は壁の中に引き込まれるので、開けてしまうとほんの一部しか見えない（図92）。狭間としては最高級であるが、破損した場合は壁を壊さないと修理できないという欠点がある。十七世紀中期の大工技術書『愚《ぐ》子《し》見《けん》記《き》』でも「狭間の戸は引戸悪し、掛戸・開戸を可用」としている。従来、天守や櫓には、蓋を付ける都合から四角形の箱狭間しか使えなかったが、横に引く蓋の発明によって三角形の鎬狭間も使えるようになった。鎬狭間には台形の板戸、丸狭間には四角形の板戸が用いられる。

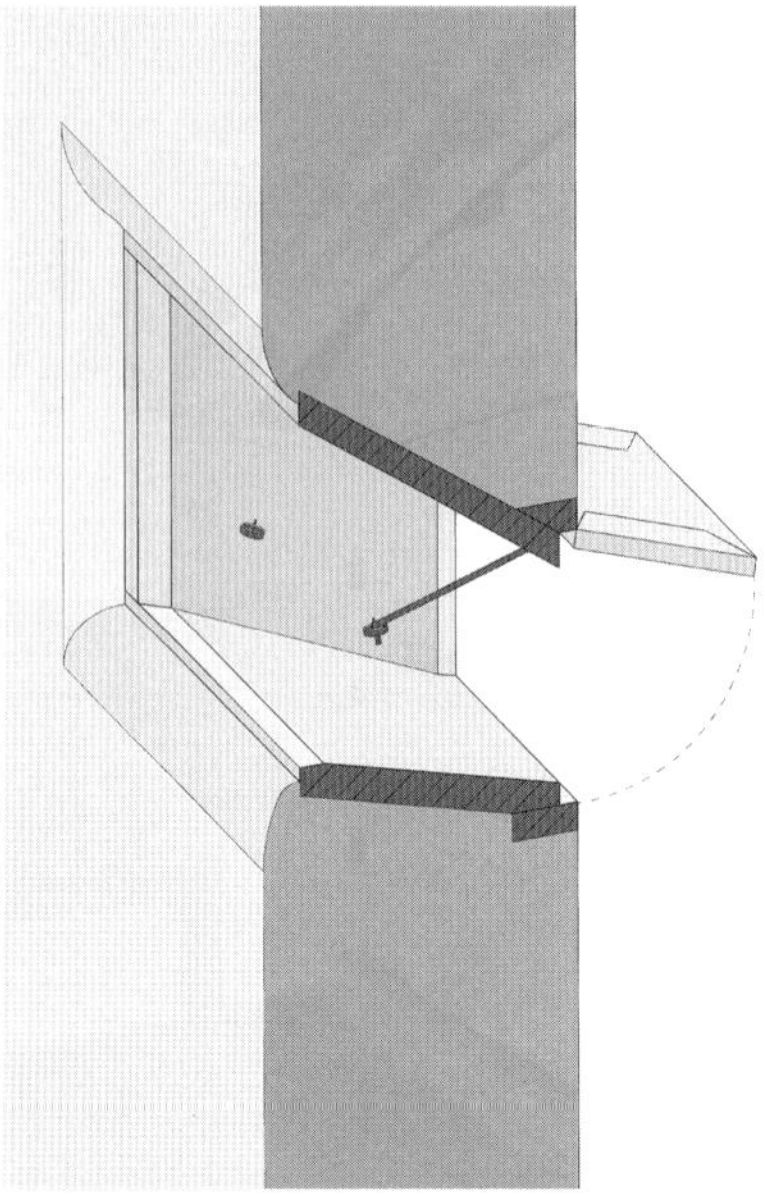

図91　狭間と蓋の見取り図
（姫路城東小天守）

図92　狭間の引戸（丸亀城天守）

隠狭間

狭間の外側を壁で塗り塞いで隠したものを隠狭間（陰狭間とも書く）という。外側から見ると狭間の存在は分からないが、内側から見ると狭間の木枠が見える。現存例では彦根城天守に多用されている。高級な例では木製の化粧蓋が内壁面に揃えて嵌められており、アガキ部分は見えない。戦災焼失した名古屋城天守はすべて高級な隠狭間であった。丸亀城天守では、二階・三階の大筒狭間に応用されている。

江戸時代の軍学書によると、敵が迫ってきた時に隠狭間の外側の壁を突き破って狭間を開口し、敵に不意打ちを加える仕掛けと述べられている。しかし、隠狭間を開口するには数十秒は掛かりそうで、それだけ余裕があれば敵は十分に逃げられるはずだ。したがって、隠狭間は不意打ちを加えるための卑怯な仕掛けではない。

図 93　**隠狭間**（彦根城天守破風の間）

ところで、姫路城大天守では、最上階である六階は当初から隠狭間になっている。その隠狭間は、内側から見ると木製の蓋が嵌っており、外側から見ると狭間の外部に漆喰が塗られている。しかし、狭間の部分だけが外壁面より少し窪んでおり、したがって狭間の存在は全く隠されていない。この例からすると、風雨が激しく吹き付ける最上階では、狭間の蓋の隙間から雨水が吹き込まないように、防水の目的で狭間の外部に漆喰を塗り込めたものである。大天守の下階の狭間も現状では隠狭間であるが、それらは後世の改造の可能性もある。彦根城でも山上に建つ天守は隠狭間（図93）であるが、山下に建つ多門櫓は通常の狭間になっている。

名古屋城天守の鉄砲狭間（鎬狭間）はすべて隠狭間であって、その目的は防水のための工夫であろう。また平時に狭間を開口していたのでは無粋きわまりなく、将軍家が建てる天守としては品格が下がると言えよう。もし、西国の外様大名衆が大坂城の豊臣秀頼を担いで討幕の兵を挙げた場合には、名古屋城の隠狭間をすべて開口して討幕軍の到着を厳然と待ち迎えたと考えられる。将軍家には、隠狭間で不意打ちするような卑怯な戦法は相応しくなかろう。もちろん名古屋城天守の建築当時には、鎬狭間の蓋は設置不能だった。

狭間の数と配置

狭間は通常、柱間一間に一つを開ける。天守や櫓は一般的に一間が六尺五寸（約二メートル）なので、狭間が約二メートル間隔で並ぶが、城によっては一間に二つを設ける例（彦根城天守・津山城天守など）もある。土塀は柱間が五尺（約一・五メートル）の場合が多く、狭間の間隔もそれに合わせて少し短くなる。

ここで、姫路城大天守・松江城天守の現状と、岡崎城天守（愛知県）・津山城天守（岡山県）の古記録による狭間数を次に示しておく（表11）。

姫路城大天守は現存最大の天守であり、その狭間数はおそらく天守史上でも最多である。矢狭間を設けず（格子窓を矢狭間として用いる）、すべて鉄砲狭間としているのは姫路城の特性である。

松江城天守は現存第二位の大型天守で、狭間の付け方は標準的ではあるが、二階に狭間が少ないのは、巨大な石落を多数配備したため、狭間を配れる壁面が少なくなったからである。

岡崎城天守と津山城天守は建築年代が近いが、狭間の比率に差異がある。岡崎城は窓が少なく矢狭間の比率が高い例、津山城は窓が多く矢狭間の比率が低い例であった。岡崎城は望楼型天守なので、二階は大きな入母屋《いりもや》破風と明かり採りの千鳥破風が配されていたために狭間数が少ない。また、津山城天守は破風のない新式の層塔型天守であって、上階にいくにつれて壁面の延長が整然と短縮するので、それにともない狭間の数も整然と逓減していた点にも注目していただきたい。

なお、現存する宇和島城天守や犬山城天守には狭間が全くないが、後者については、明治二十四年（一八九一）の濃尾大地震で破損した後の修理の際に狭間が失われたのであって、当初から狭間がなかったわけではない。特殊な例では、弘前城天守は城外側の二面に窓を一つも設けず、その代わりに矢狭間だけを五九か所（一階に二五、二階に二〇、三階に一四）も設けており、鉄砲狭間は全くない。大型の層塔型天守だった小倉城天守（四重五階）では、天保八年（一八三七）の「巡見帳」によると、鉄砲狭間はなく、矢狭間ばかり一二七（内一九は小天守）あったという。

表11　天守の狭間数

姫路城大天守　五重六階、地下一階　慶長十三年（一六〇八）

	一階	二階	三階	四階	五階	六階
矢狭間	〇	〇	〇	〇	〇	〇
鉄砲狭間	四八	二九	三二	二八	二三	一八

三階の鉄砲狭間の内の四は内向きの狭間

松江城天守　四重五階、地下一階　慶長十六年（一六一一）以前

	地階	一階	二階	三階	四階	五階
矢狭間	〇	一一	二	〇	〇	〇
鉄砲狭間	三	二一	四	一四	一一	〇

地階の鉄砲狭間三および一階の鉄砲狭間五は付櫓内部へ向ける

岡崎城天守　三重三階、地下一階　元和三年（一六一七）頃

	一階	二階	三階
矢狭間	一二	六	一二
鉄砲狭間	一四	一一	一二

津山城天守　五重五階、地下一階　慶長二十年（一六一五）頃

	一階	二階	三階	四階	五階
矢狭間	一七	一四	一二	一〇	〇
鉄砲狭間	二三	三四	二六	二〇	〇

(iii)　石落

石落の創始

石落《いしおとし》は、天守や櫓・土塀の外壁から突き出した部位であって、狭間に次いで重要な攻撃装置である。石落は部材が細く、また外壁から張り出しているので風雨に晒されて腐朽しやすく、現存例の大多数は江戸時代後期以降に作り替えられたか、あるいは昭和戦後の修理の際に部材を取り替えられている。関ヶ原の戦い後に起こった慶長の築城盛況期（一六〇一～一五年）に建てられた姫路城の大天守・小天守や櫓、松江城天守、熊本城・松山城・名古屋城の櫓などに見られる石落は、取り替えられた部材が多いにせよ、現存最古の石落の実例としてよい。

それより古い天正二十年（一五九二）頃に建てられた広島城天守や慶長元年（一五九六）頃の犬山城天守にも石落があったが、前者は原爆で失われ、後者は明治後期の修理で新材に変わり、さらに昭和戦後の修理の際に復元されたものである。両者ともに江戸時代になってから付加された可能性があって判然としない。文禄元年（一五九二）頃に創建された松本城天守は元和元年（一六一五）頃に改造されて乾小天守となっているが、その石落が文禄創建時からあったかどうかは不明である。戦災焼失した慶長二年（一五九七）以前の岡山城天守、同十一年の彦根城天守などに石落がなく、元和以降の城郭建築には石落が普通に見られることから、石落の創始は慶長の築城盛況期だったと考えられる。

石落の構造

石落は、石垣上から外壁を空中に突き出し、突き出した床面に開口部を設けた攻撃装置である（図94・95）。突き出た床面は石垣の頂部に沿って細長く伸び、その床面の開口部から石垣の直下を見下ろせるようになっている。開口部の幅は五寸から一尺（一五〜三〇センチメートル）ぐらいで、長さは半間から二間（一〜四メートル）、一般的には一間である。石落の外壁は、石垣から空中に突き出ているため重くできず、通常の外壁より薄い土壁や板壁になっている。

石落の開口部には、細長い一枚板の蓋を被せる。現存例からすると、蓋は蝶番によって内側に上げて開くものが一般的であるが、ただ板蓋を開口部に被せただけで、開く際には蓋を取り除くような例もある。後者では、蓋を石落から取り落としてしまうおそれがある。前者では、蓋の下面に鉄板を張ったり漆喰を塗り込めたりして防火・防弾構造にしたものもある。なお、熊本城宇土櫓などでは、現状では蓋がなく常時開放されているが、明治以降に蓋が失われた可能性がある。

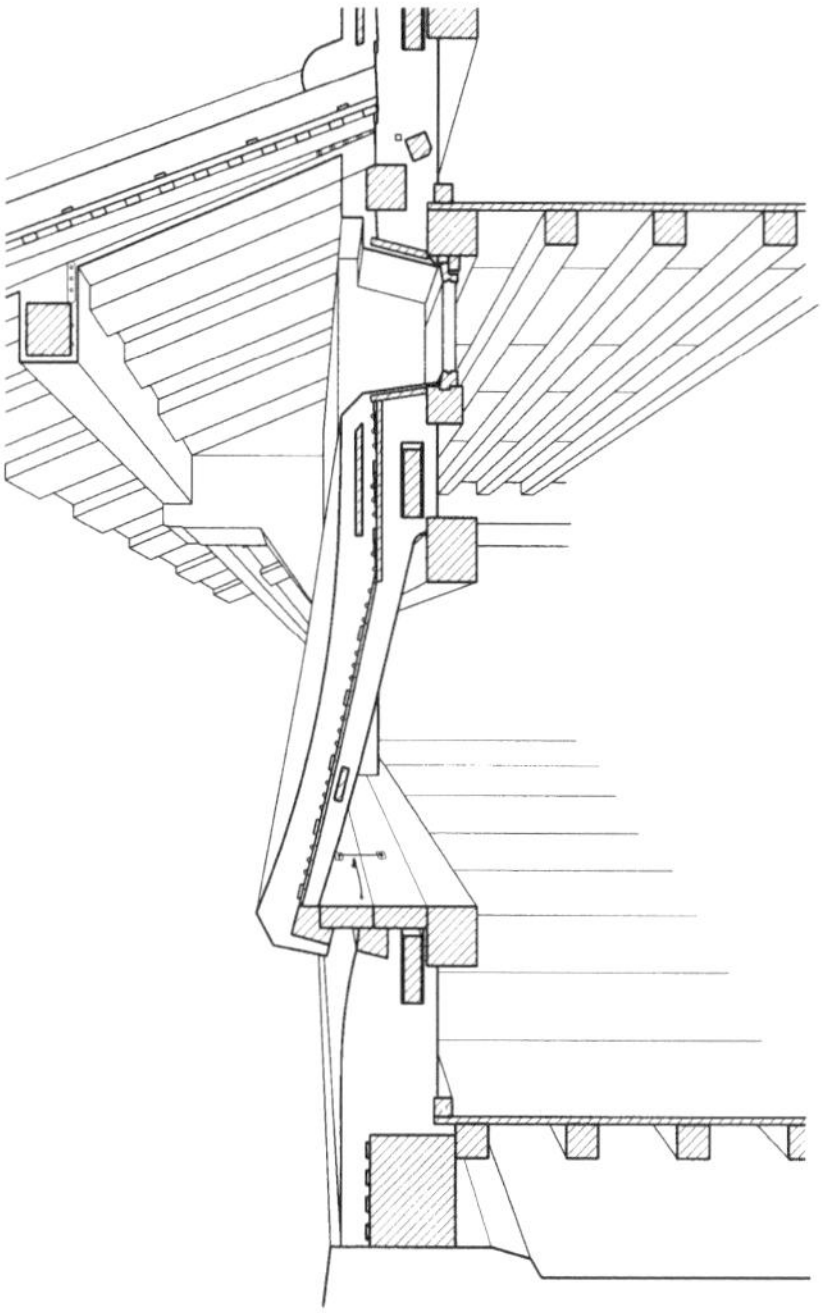

図 94　石落（姫路城大天守）

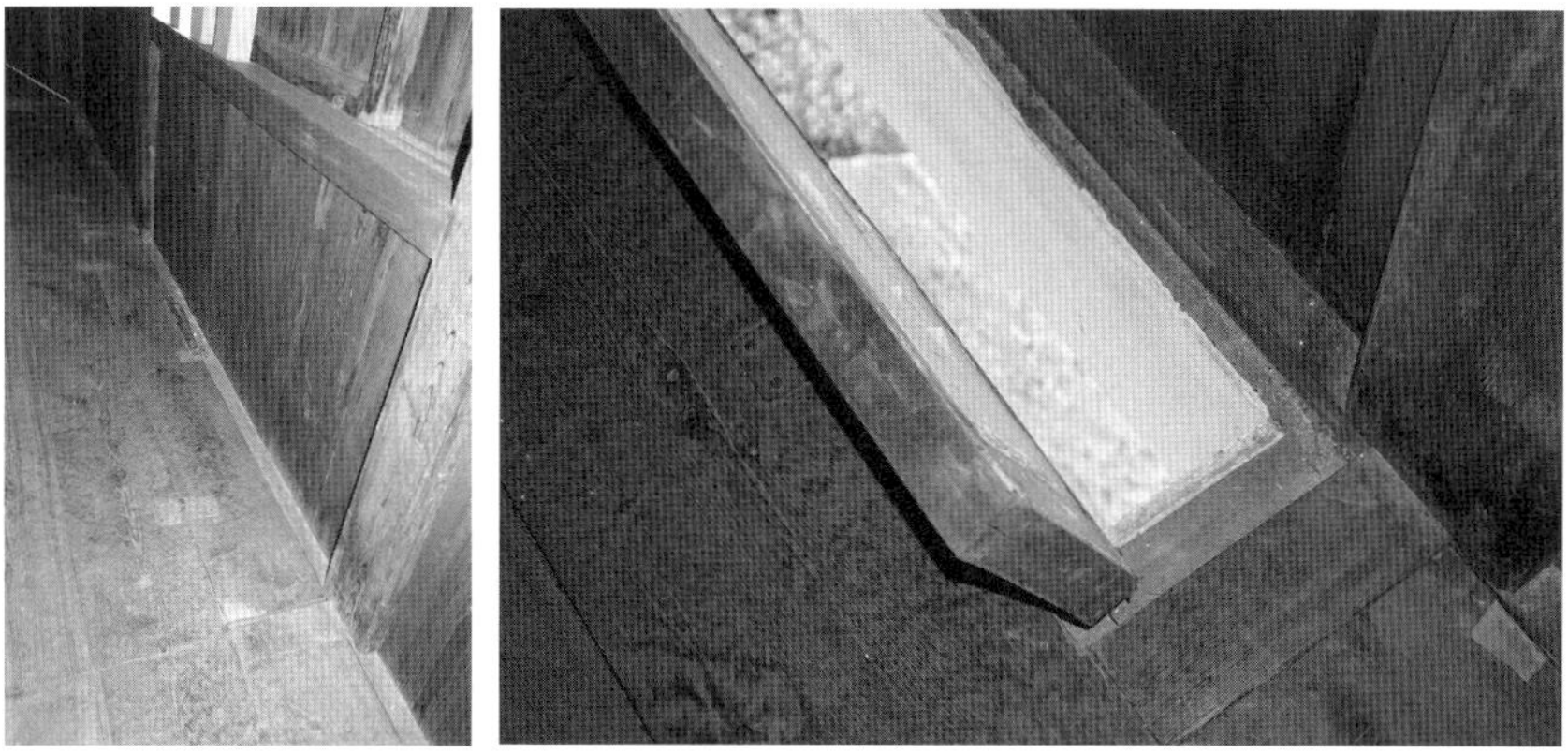

図 95　石落の蓋の開閉（名古屋城東南隅櫓）（左：蓋を閉じた状態／右：蓋を開けた状態）

図96　石落の種類（上右：袴腰型、姫路城大天守／上左：戸袋型、松山城野原櫓／下：出窓型、江戸城富士見櫓）

石落の種類

石落の開口部の造りには大差がないが、外側の形式には、袴腰《はかまごし》型・戸袋《とぶくろ》型・出窓《でまど》型の三種類があり、また外壁は塗籠と下見板張がある。さらに石落の外壁に小窓や鉄砲狭間を開く例もある。出窓型の場合では、出窓上に被せて張り出す屋根の形式に切妻《きりづま》破風・入母屋破風・唐破風の違いがあり、また出窓に屋根を張り出さずに出窓の外壁を本体の軒まで上に伸ばしただけのものやその屋根上に千鳥破風を載せたものがある。そうした意匠の相違により石落から生み出される造形は多種多様であって、城郭建築の城ごとの個性を豊かにしている。

次に、石落の三種類の形式である袴腰型・戸袋型・出窓型について記しておく（図96）。

袴腰型は外壁を斜めに傾けて裾広がりに造る形式で、最も広く用いられている。この形式の外壁は寺院の鐘楼《しょうろう》の腰壁として鎌倉時代初期に出現した。新《しん》薬師寺《やくしじ》鐘楼（奈良市）や石山寺《いしやまでら》鐘楼（滋賀県）などが古例である。中世の鐘楼は二階建てで、屋根が二階にしかなかったので一階の柱に雨が掛かるため、雨避けとして腰（一階部分）に斜めの板壁を付加したものである。その腰壁の裾広がりの形が袴に似ているので袴腰と呼ばれる。鐘楼の袴腰は、板壁の表面に漆喰を塗ったもの、土壁の表面に雨よけの下見板を張ったもの、下見板壁だけで作ったものなどがある。天守に応用された袴腰も漆喰の塗籠と下見板張とがあり、前者には姫路城・高知城など、後者には松本城・松江城などがある。

戸袋型は、雨戸を収める戸袋のような長方形の出っ張りを取り付けたもので、その上には小さな屋根（瓦葺・板葺）を掛ける。袴腰型よりは作製が面倒である。下見板張の戸袋型石落は松山城（愛媛県）・熊本城の櫓に現存するが、この両城の櫓には下見板張の袴腰型石落も現存しており、混用されている。松山城では櫓に戸袋型、土塀に袴腰型を用いており、熊本城では戸袋型は江戸時代中期以降に建て直された櫓に用いられたと考えられる。なお、塗籠の戸袋型は現存しないが、古写真によると松山城北郭《きたのくるわ》の多門櫓に用いられていた。天守の戸袋型石落は現存例がない。

姫路城大天守の東面やロの渡櫓には出窓全体が格子窓となった出格子窓《でごうしまど》があり、その床面が石落となっている。それが出窓型石落の原型と考えられ、出窓型石落の部類に加えてもよい。正規の出窓型の石落は、出格子窓と比べて出が大きく、また本体と同等の太い柱や厚い土壁で造られており、その壁に格子窓を開くものである。そうした正規の出窓型の石落は、袴腰型や戸袋型よりやや後れて出現したと思われる。現存最古例は、慶長十七年（一六一二）頃の名古屋城の三棟の隅櫓である。間口二間から四間の出窓を外壁から半間ほど突き出し、その出窓の床面の先端に石落を連続して開く。名古屋城西北隅櫓では四間もの石落が連続して開口している。

袴腰型や戸袋型の石落は、主に外壁の隅部に設けられるので装飾物としては扱いにくい。それに対して出窓型の石落は、外壁の中央に設けられるので威厳や品格を高められ、さらに出窓の上に様々な破風を飾ることができるので造形的な効果が大きい。徳川家康が築かせた名古屋城の隅櫓では、出窓上の屋根の意匠を入母屋破風・軒唐破風付き入母屋破風・切妻破風とわざわざ変えており、石落が櫓の意匠・装飾の中心となっている。名古屋城天守では出窓型石落を初重の屋根上に設けて、唐破風や千鳥破風で飾っていた。出窓型石落が名古屋城に応用されて以来、幕府が築い

図97　出窓型石落（丸亀城天守）

た江戸城・大坂城・二条城・甲府城の櫓では通常の石落はほとんど用いられず、もっぱら出窓型が採用された。譜代大名らが築いた城でも幕府に倣って出窓型石落が使われることが多かった。

それに対して出窓上に破風を設けない出窓型石落は、正保二年（一六四五）頃の丸亀城天守に見られる（図97）。破風がないので天守の中央部に石落を置く必要がなく、少し脇に寄せて石落を突き出しており、なかなか粋であるが、装飾効果がなかったせいか、類例は少ない。

石落の用法

石落の用法は、天守や櫓の直下まで近づいた敵兵に対して石を落して撃退する仕掛けであるとされてきた。南北朝時代に成立した軍記物の『太平記』にでてくる楠木正成《くすのきまさしげ》の戦法から得たものらしい。誇張に満ちた娯楽物語に出てくるような戦法が事実であったかどうかも怪しい。

実例からすると、石落は二〇から三〇メートル間隔にしか配置されていないが、石落の細長い隙間から石を遠くに投げることは不可能で、ただ真下に落すだけしか術がない。したがって、敵からすれば、石落から離れた場所で石垣を登れば安全であろう。そうしたことから、石落が石を落す目的で作られたものでないことは明らかである。

さて、石落という名称はさほど古くからのものではなく、十七世紀後期に始まったと考えられる。管見によれば、寛文十一年（一六七一）に一応の成立（後に補記）をみた大工技術書『愚子見記』に、江戸城の明暦大火後の再建工事である万治の普請における櫓の「石落」（出窓型石落）の床構造について解説しているのが初例である。元禄十年

（一六九七）に改易になった森家から津山城（岡山県）を幕命により受け取りに赴いた広島藩家老が作成した津山城天守の姿図に袴腰型石落が描かれ、そこに「石落」と書き込まれているのが早例である。

石落には袋狭間《ふくろさま》・足駄狭間《あしださま》・塵落《ちりおとし》・武者返《むしゃがえ》しといった別称がある。袋狭間は袴腰型や戸袋型など張り出した形状の狭間をいい、足駄狭間は足元すなわち床面に設けられた狭間、あるいは下駄の鼻緒のような引手を付けておいて足で開ける狭間をいう[70]。塵落は床面に開けられた穴のことで、武者返しは石垣を登る敵を撃退する装置を意味した。それらの名称は、「石落」の名称よりも古いものと考えられる。

袋狭間・足駄狭間といった名称からすると、石落は本来、下向きの狭間である。弓矢は下向きには使えないので、すべて鉄砲狭間である。石落の隙間の幅が鉄砲狭間の横幅に近いのは、鉄砲を撃つという用法が同じだからだ。石垣面に沿って斜め下に石落から鉄砲を撃ち掛けると、天守や櫓の直下だけではなく、それに続く土塀の直下まで銃弾が届く。また土塀にも石落が二〇から三〇メートル間隔に設けられていたので、敵兵は石垣の裾に近寄ることができなかったはずである。

当時の火縄銃は、火薬と銃弾を筒先から入れる先込め式だったので、下方へ向けての射撃はできない、と江戸時代の軍学者らは考えたようだ。銃弾は鉛の球体なので、銃口を下に向けると発射前に転げ落ちてしまいそうだからだ。しかし実際には、銃弾はカルカという棒で銃口から押し込められており、逆さに向けても落ちることはない。石落から下に向けて銃撃できたはずである。

隠石落

石落の存在を隠しておいて、天守の下に近づいた敵兵に不意打ちを加えるという隠《かくし》石落が名古屋城天守の二階出窓にあった（図98）。松江城天守二階の石落も隠石落と言われることがある。両者の石落は、通常の一階ではなく、二階の床に設けられており、石落の開口部は一階外壁の上に被る一重目屋根の軒裏に隠されている。意表をついて軒裏に石落があるので、敵に見つからないというのである。

戦災焼失した名古屋城天守では、二階の各面に二か所ずつ、一重目屋根上に出窓が設けられており、その床面に石落があった。しかし、二階の出窓は遠くから見ても目立ち、さらには出窓上に千鳥破風や唐破風を付けて飾っており、出窓の存在が強調されている。名古屋城本丸の隅櫓三棟（うち二棟が現存）には、二階に派手な意匠の出窓型石落が設けられており、それを見て学習した敵兵が天守二階の出窓型石落を見過ごすことはなかろう。天守の石落は、実際に敵を撃退するためというよりも、敵を天守に近づけさせない抑止効果のほうが期待される。したがって、石落の存

図 98　名古屋城天守の二階出窓（戦災前）

図 99　松江城天守の二階の石落

在を隠していたのでは逆効果であって、むしろ石落の存在を破風で強調したものと考えられる。石落は一階に設けるよりも二階に設けたほうが、下方の敵を狙いやすく、また石落の開口部に敵（忍び）が近寄りにくい。

松江城天守では、二階の四隅と中央に袴腰型石落を設けている（図99）。遠くから眺めると、袴腰が目立ち、石落が一重目の軒裏に開口しているのは丸わかりである。したがって隠石落ではない。松江城の天守台はやや低く、一階に石落を開口した場合、忍びの者が石垣を登って石落から侵入する恐れがあったためと考えられる。しかし、袴腰型石落を二階に設けたため、一重目屋根を支える垂木が石落の中を斜めに貫いており、垂木が邪魔になって石落を使うのはかなり困難である。なお、松江城天守の二階の側柱には、創建当初は比翼千鳥破風があったとも思える痕跡があり、その場合はその千鳥破風の床面が石落だったことになろう。

注目されたことはないが、上記二例の外に、姫路城大天守の南正面二階にある幅五間の長大な出格子窓の床面にも隠石落が設けられている。幅五間に渡っているので、史上最大の隠石落である。この出格子窓の石落は、その開口部から下方約七〇センチメートルのところに一重目屋根の太い垂木が並んでいるので、それが邪魔となって、真下にしか攻撃を加えられない。松江城天守の石落と同様な難点がある。鉄砲を使うとすれば、通常の火縄銃より銃身が長い狭間銃しか対応できず、有効性には疑問がある。しかし、慶長十三年（一六〇八）の建造なので、現存最古（現存唯一）の隠石落ということになる。

3　天守の品格

最上階の真壁

天守の外壁は大壁が原則であるが、先述したように最初期の天守である信長の安土城天主や秀吉の大坂城・聚楽第

図100　長押形（名古屋城天守）

の天守は格式が高い真壁であった。それらに次いで建築年代が早い広島城・岡山城の天守においては、下階を大壁としながら最上階だけは真壁が踏襲された。慶長五年（一六〇〇）の関ヶ原の戦い以降、慶長の築城盛況期になっても、姫路城大天守の最上階は柱形・長押《なげし》形《がた》を見せる塗籠の真壁であって、下階の重防備な塗籠の大壁とは意匠を大きく変えている。その時期の津山城天守（岡山県）も正保城絵図からすると最上階だけは白木造りの真壁であった。築城盛況期が終わって元和以降の泰平期になってからでは、福山城・犬山城（最上階は元和以降の造替）・丸岡城・会津若松城などの天守の最上階は柱や長押などを白木のまま見せた真壁、大垣城天守（岐阜県）の最上階が塗籠の真壁であって、いわば復古的な建築である。天守は他の櫓とは差別化が図られており、最上階だけは格式の低い大壁を嫌って、防備性能が劣るものの格式が高い古式な真壁を採用する傾向が強かったと言える。

築城盛況期の慶長十七年（一六一二）に完成した名古屋城天守では、各階ともに塗籠の大壁であるが、最上階だけは窓の上下に長押形を造って真壁に近似させており、最上階の品格を高めている（図100）。延享四年（一七四七）再建の高知城天守や嘉永三年（一八五〇）再建の和歌山城天守も最上階だけに長押形を付ける。

窓の上下に長押形を付けた大壁は、防火・防弾性能が通常の大壁と同等で、格式の高さは真壁に準じており意匠的に優れていたので、その後の天守では各階の壁面にも応用されるようになった。高崎城（群馬県）・寛永度江戸城・宇和島城・小田原城（神奈川県）・弘前城・福山城（松前城、北海道）天守などがそうした代表例である。

廻縁

先述したように、真壁造の三間四方で華頭窓と廻縁《まわりえん》付きが最初期の天守最上階の定型形式であった。二重（あるいは二階）以上の格調高い社寺建築に廻縁を設けるのが日本建築の一般的意匠であって、金閣・銀閣でも踏襲されており、多重建築である天守の最上階に廻縁を設けるのは当然の慣例であり、天守の品格を示す一つの重要な要素だった。しかし、風当たりの強い天守の最上階に廻縁を設けておくと、短期間で腐朽破損することになるので、関ヶ原の戦い以降の築城盛況期になると、廻縁は室内に取り込まれるようになり、姫路城・松江城・名古屋城など多くの天守で室外の廻縁が消えた。

図 101　丹波亀山城天守（取り壊し前）

図 102　見せ掛けの廻縁（松山城天守）

ところが、彦根城・松山城の天守などでは、廻縁を室内に取り込みながら、修復が容易な簡易的な見せ掛けの廻縁を設ける（図102）。丸岡城天守では廻縁を取り込まないで、見せ掛けの廻縁としている。そして特に破風がなくて荘厳性が低い最初期の層塔型天守では、見せ掛けの廻縁は天守の格式を表象する意匠上の有効な要素として採用されたと考えられる。慶長十五年（一六一〇）移築（慶長九年頃に今治城に創建）の丹波亀山城天守は層塔型の草創期の天守であるが、古写真によると最上階に見せ掛けの廻縁を設けていたことが分かる（図101）。それに続く津山城・福山城といった層塔型天守にも見せ掛けの廻縁が応用されている。層塔型天守では、構造上見せ掛けの廻縁しか設けられないので、現存しない層塔型天守に廻縁があったとしてもそれらはほぼすべて見せ掛けの廻縁だったと考えられる。

破風による造形

千鳥破風や唐破風は装飾性が高く、多重建築の天守の造形に適合したため、基部に入母屋破風をもたず単調な造形に陥りやすい層塔型天守に多用された。その結果、天守には多数の破風がつきものと思われている。その一方、望楼型天守では、基部の入母屋破風および屋根裏階の採光のための千鳥破風といった必然的に設けられる破風があるので、それ以外の千鳥破風や唐破風の導入は層塔型天守ほど積極的ではない。例えば松江城・犬山城・丸岡城の天守は、最上重・基部の入母屋破風と採光のために生じた破風以外には破風を一切もたない（付櫓を除く）。

歴史上で最も多くの破風を設けたのは層塔型五重の名古屋城天守であった（図103）。最上重の入母屋破風一対に加え、千鳥破風一四（比翼入母屋破風を含む）、軒唐破風六、合計二一の破風がある。四重目屋根に載る千鳥破風を除いて一二の千鳥破風には、すべて破風の間を設けて射撃の陣地としていた。この天守に破風が多いのは、二階の各面に二か所ずつの石落の出窓八つがあり、その上部を強調し飾るために千鳥破風と軒唐破風が合わせて八つ配されていたからである。

名古屋城天守の破風のうち長辺側三重目と短辺側二重目の屋根に載るものはひと際大きく、特に長辺側では、大きな千鳥破風の棟が上重の屋根と絡まるのを防ぐために軒唐破風を設けて大棟を巧みに避けている。名古屋城天守における大きな千鳥破風の位置は、五重や四重の大型の望楼型天守における採光出窓の上の入母屋破風および基部の入母屋破風の位置と一致しており、望楼型天守の造形の基本を継承したものとも言えよう。

また、大きな千鳥破風と小さい千鳥破風を組み合わせて、長辺側では二重目に二つ、三重目に一つの千鳥破風を配し、短辺側では逆に二重目に一つ、三重目に二つ（千鳥破風が狭い壁面に二つ並ぶため比翼入母屋破風となる）、四重目に一つを配している。律動的な千鳥破風の交互配置であって、造形的に極めて優れている。名古屋城天守以降、福山城天守・徳川大坂城天守・寛永度江戸城天守・宇和島城天守などでも同様な千鳥破風の配置が応用されている。

図 103　名古屋城天守（戦災前）

装飾だけの千鳥破風

寛永十五年（一六三八）の寛永度江戸城天守（層塔型五重天守）では、長辺側では一重目に二つ、二重目に一つ、短辺側では逆に一重目に一つ、二重目に二つの千鳥破風を配し、四階の四方に唐破風出窓（四重目に向唐破風の屋根）を配している。名古屋城天守から発展した律動的な破風の交互配置である。この江戸城天守のすべての千鳥破風は、残されている指図からすると破風の間がない装飾だけのものであったことが分かる。名古屋城天守では四重目の千鳥破風だけに破風の間がなかったが、すべての千鳥破風を単なる装飾物とした天守としては寛永度江戸城天守が資料上で確認できる初例である(71)。

望楼型天守では破風の間は屋根裏の採光窓を開くという重要な役割があった。しかし、層塔型天守では破風の間は鉄砲を撃つ陣地にしかならなかったので、元和の泰平の世を迎えると、破風の間を設ける実戦的な必要性が低下し、華やかな外観のみが千鳥破風の存在意義となった。元和八年（一六二二）の層塔型五重の福山城天守では、千鳥破風（比翼入母屋破風を含む）を名古屋城天守にほぼ準じた交互配置（破風は一重分ずつ下方に移動）をしている。ところがその千鳥破風では、それぞれの棟木までの片側半分しか破風の間を設けておらず、その半分だけの破風の間には外をうかがう窓が全くなく、鉄砲狭間が一つずつ切られていたに過ぎない。ほとんど実戦的な有効性を失っていた。この状況が進展して破風の間を完全に失ったのが寛永度江戸城天守であった。その後、宇和島城天守などの例がある。

なお、破風の間のない千鳥破風は、天正二十年（一五九二）頃の広島城天守が事実上の初例であった（図104）。この天守は三階以上において床構造がその下方の梁と遊離していたため、史上初の重階一致の五重天守であるなど、他城の天守の構造とは異質であり、毛利氏の独自技術で建築されたものと考えられる。この天守に多数あった千鳥破風は、破風の間どころか破風の小屋組すらなく、壁面から屋根を突き出しただけの特異な構造になっていた。したがって、他の天守の発展とは別系統の天守だったと評価される。

最上重の向き

天守の最上重は、屋根形式の中で最も格式が高い入母屋造とされ、格下の切妻造や寄棟造は決して用いられない。望楼型天守の場合では、その一階平面はやや細長い長方形であって、その長辺を正面側に向けることによって、天守を大きく見せかけている。その基部となる入母屋造の屋根上に載る望楼部は、棟の方向を直交させた方が造形的に優れているので、豊臣大坂城天守をはじめ広島城天守・岡山城天守（図105）・熊本城宇土櫓（熊本城の古城天守を移築）・犬山城天守（最上階は後世の造替）といった関ヶ原の戦い以前の初期の天守では、基部の入母屋造と最上重の入母屋造は棟が直交している。すなわち最上重の屋根の破風は正面側に向くことになる。信長の安土城天主も同様だったと推定される。

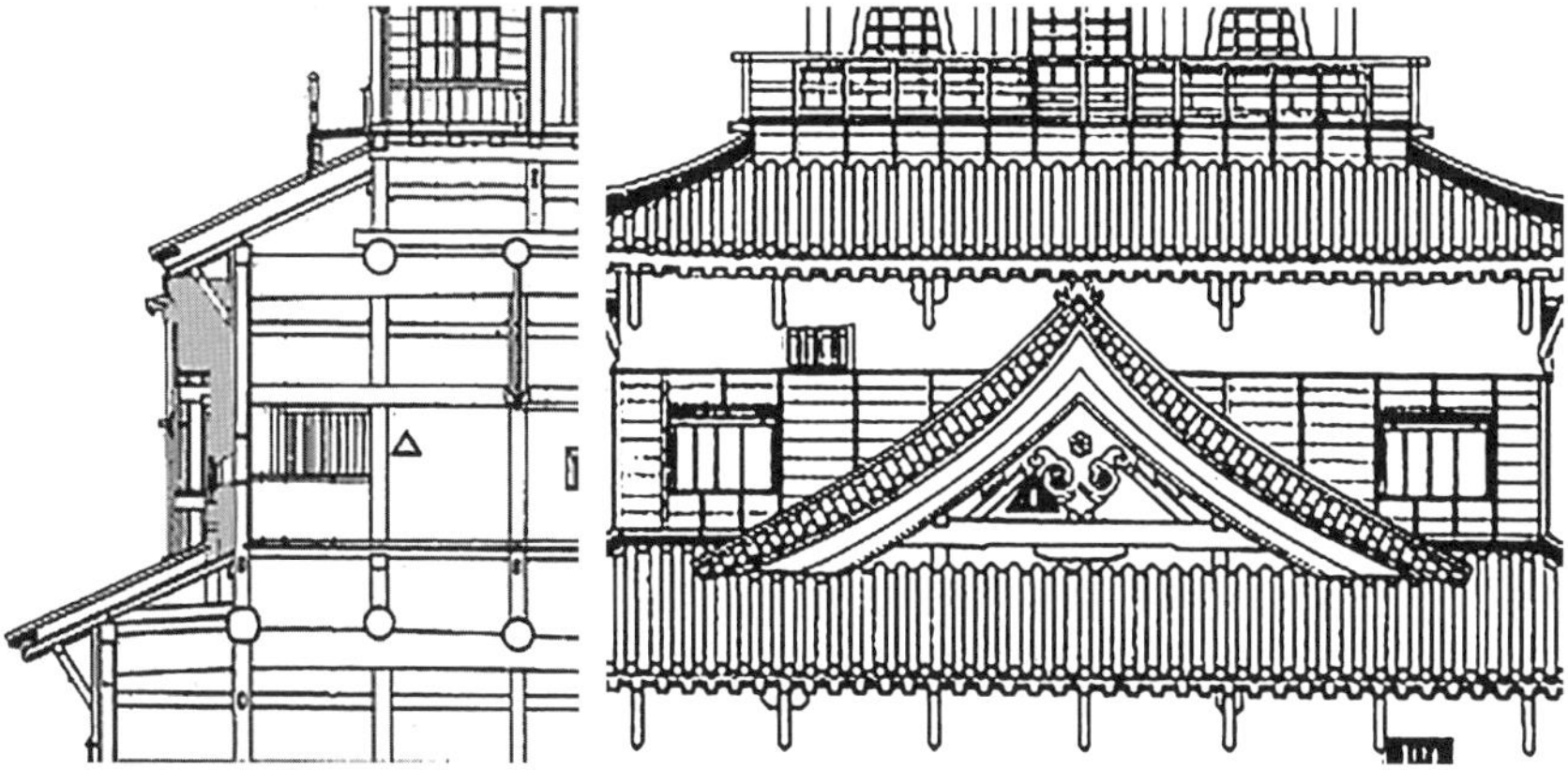

図 104　広島城天守千鳥破風（左：断面図／右：立面図）（戦災前実測図）

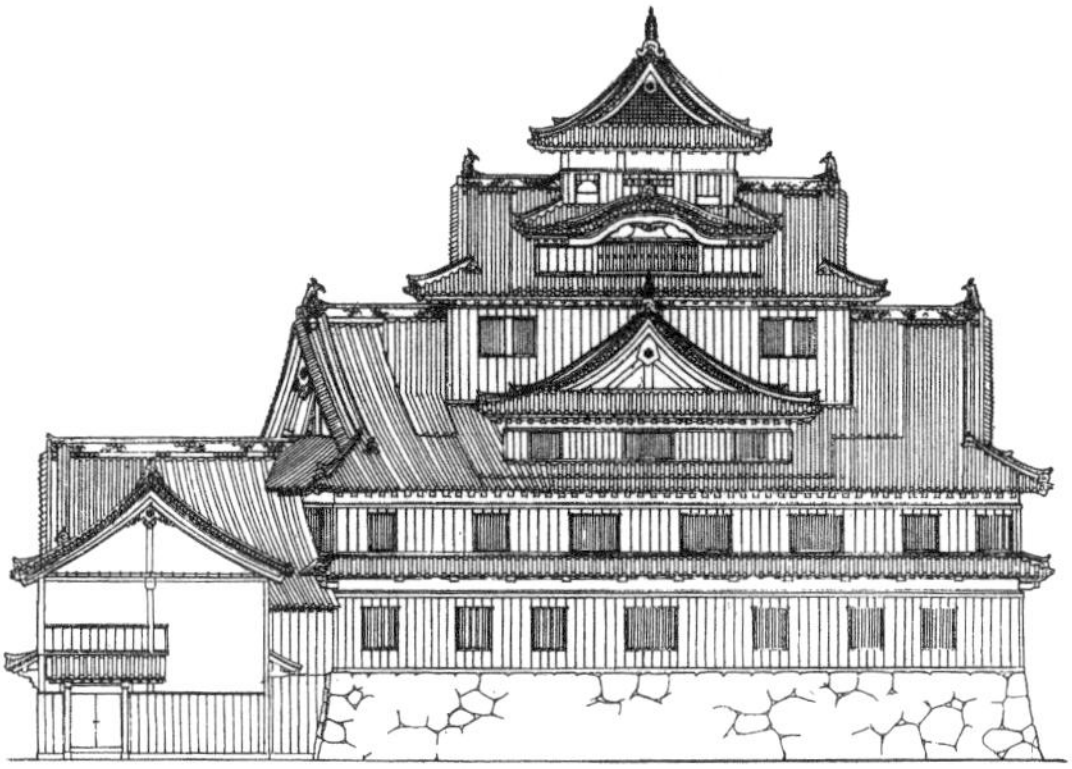

図 105　岡山城天守の正面（戦災前実測図）

層塔型天守の場合では、一階の短辺は最上階の短辺と必ず一致するので、最上重の入母屋破風は一階の短辺側に向くことになる。短辺を正面に向けると、天守が小さく見えて不利であるため、一般的に層塔型天守も一階の長辺を正面に向け、その結果として最上重の入母屋破風は側面を向く。現存の弘前城、現存しない津山城・福山城がそうした例である。

それとは対照的に、史上最大の寛永度の江戸城天守、それに次いで巨大な名古屋城（図106）と徳川大坂城の天守は、短辺を正面に向けている。それらはすべて将軍家が建てた層塔型の超巨大天守であって、最上重の入母屋破風を正面側に向けることに重要な意義があったものと考えられる。正面側に入母屋破風を向けた層塔型天守では、ほかに松山城天守の例がある。

特に注目されるのは、層塔型の丸亀城天守（天守代用の三重櫓）であって、一階は長辺を正面に向けながら、最上階の三階は構造的に無理をしてまで長辺側に入母屋破風を設けている（図107）。そのことからして、正面側に入母屋

図 106　名古屋城天守の正面（戦災前）

図 107　丸亀城天守の正面

破風を向けることには特別な意義があったと考えられる。

最上重の入母屋破風を正面側に向けることは、室町時代末期の将軍邸の玄関である遠侍《とおさぶらい》の形式を受け継いだものと考えられる。将軍邸はすべて一階建ての建築で、遠侍は大きな入母屋破風を正面に向けていた。その建築上の格式は、徳川将軍家が造営した名古屋城本丸御殿玄関（当初名は遠侍）や二条城二の丸御殿遠侍にも引き継がれている。特に名古屋城本丸御殿玄関では、正面側に平面の長辺を向けながら、入母屋破風は短辺である側面ではなく、長辺に設けている（図108）。建築技法からすれば、短辺である側面に破風を向けるべきであって、相当に無理をした小屋組

図 108　名古屋城本丸御殿玄関（戦災前）

図 109　松江城天守の正面

の構造になっている。したがって、将軍家の巨大な層塔型五重天守において、一階の短辺側を正面に向けるような不利なことをしてまで最上重の入母屋破風を正面に向けるのは、室町時代以来の武家殿舎の品格を継承したものとして捉えるべきであろう。

以上のように考えると、将軍家の層塔型五重天守を除外した一般論からすれば、最上重の入母屋破風は、初期の望楼型天守では正面に向き（すなわち基部と最上重で破風の向きは直交）、層塔型天守では側面に向くことになる。そこで気がつくであろうが、関ヶ原以降の代表的な望楼型天守である彦根城天守・姫路城大天守・松江城天守（図109）・丸岡城天守や萩《はぎ》城天守（山口県）は、基部の入母屋破風と最上重の入母屋破風が同じ向きであって、その点において層塔型天守の形式に準じている。関ヶ原の戦い後、既に天守の形式が変化していく過渡期になっていたと言えよう。

第四章

姫路城天守の構造と意匠

1　概要と沿革

天守群の構成

大天守　五重六階、地下一階、望楼型
一階規模は十四間（背面は十三間）に十間（二七・八×二〇・〇メートル）、慶長十三年（一六〇八）造立
東小天守　三重三階、地下一階、望楼型
一階規模は三間半に三間（六・九×五・九メートル）、慶長十四年頃造立
乾小天守　三重四階、地下一階、望楼型
一階規模は五間四方（一〇・〇×九・九メートル）、慶長十四年造立
西小天守　三重三階、地下二階、望楼型
一階規模は四間余りに四間（八・五×七・九メートル）、慶長十四年造立
イの渡櫓　二重二階、地下一階

一階規模は六間に三間（一二・〇×五・九メートル）、慶長十四年頃造立

ロの渡櫓　二重二階、地下一階

一階規模は十四間半に三間（二九・二×五・九メートル）、慶長十四年頃造立

ハの渡櫓　二重二階、地下一階

一階規模は四間半に三間（八・七×五・九メートル）、慶長十四年頃造立

ニの渡櫓　二重（三階）櫓門（水の五門）

二階規模は四間（三間半に相当）に二間（六・七×四・〇メートル）、慶長十四年頃造立

沿革

姫路城大天守は、五重六階、地下一階の望楼型であって、現存最大の天守である。五重の大天守と三重の小天守三棟（東・乾《いぬい》・西小天守）を四棟の二重渡櫓《わたりやぐら》（イ・ロ・ハ・ニの渡櫓）で繋いで中庭を囲った連立式天守の代表例でもある。その合わせて八棟が国宝に指定されている。昭和の解体修理中に発見された墨書銘によると、慶長九年（一六〇四）五月頃に天守群の建築が着工され、大天守は慶長十三年、乾小天守と西小天守は慶長十四年の建築であることが判明しており、したがって天守群としての完成は同十四年である。

姫路城は、この地方を領有していた小寺《こでら》氏の重臣の黒田重隆《くろだしげたか》・職隆《もとたか》が永禄四年（一五六一）以前に創築した中世城郭だった。そして、織田信長の配下だった羽柴秀吉が黒田職隆・孝高《よしたか》より城を譲られて、天正八年（一五八〇）から播磨経略のため近世城郭に改修を開始した平山城である。その翌年に初代天守が完成したという。現存の国宝天守群は、慶長五年の関ヶ原の戦いの功績で播磨五十二万石の大領を得た外様大名・池田輝政《いけだてるまさ》が建て替えた二代目天守である。

秀吉の天守については、輝政の大天守の地下で礎石や石垣が発掘され（図110）、また輝政の小天守や渡櫓に旧天守

の柱・隅木《すみぎ》・破風板《はふいた》・華頭窓《かとうまど》枠などの部材が転用されていた(72)。それらによって秀吉の天守は、三重四階と推定され、一階・二階は八間四方の同大平面で外壁は大壁造《おおかべづくり》の塗籠《ぬりごめ》、最上階は白木の真壁造《しんかべづくり》で華頭窓を開いていたと加藤得二は述べた(73)。発掘調査実測図や当時の写真によると、深さ二メートルほどの浅い穴蔵をもち、穴蔵周囲は幅二間の低い石塁で東面及び南面を囲み、一階は桁行八間半以上、梁間八間以上と考えられる。浅い穴蔵はあるが、それを地階とするには階高が足らないので、丸岡城天守（福井県）の創建当初のような深い床下であったと思われる。深い床下だったと思われる構造は、乾小天守の修理でも見つかっている。

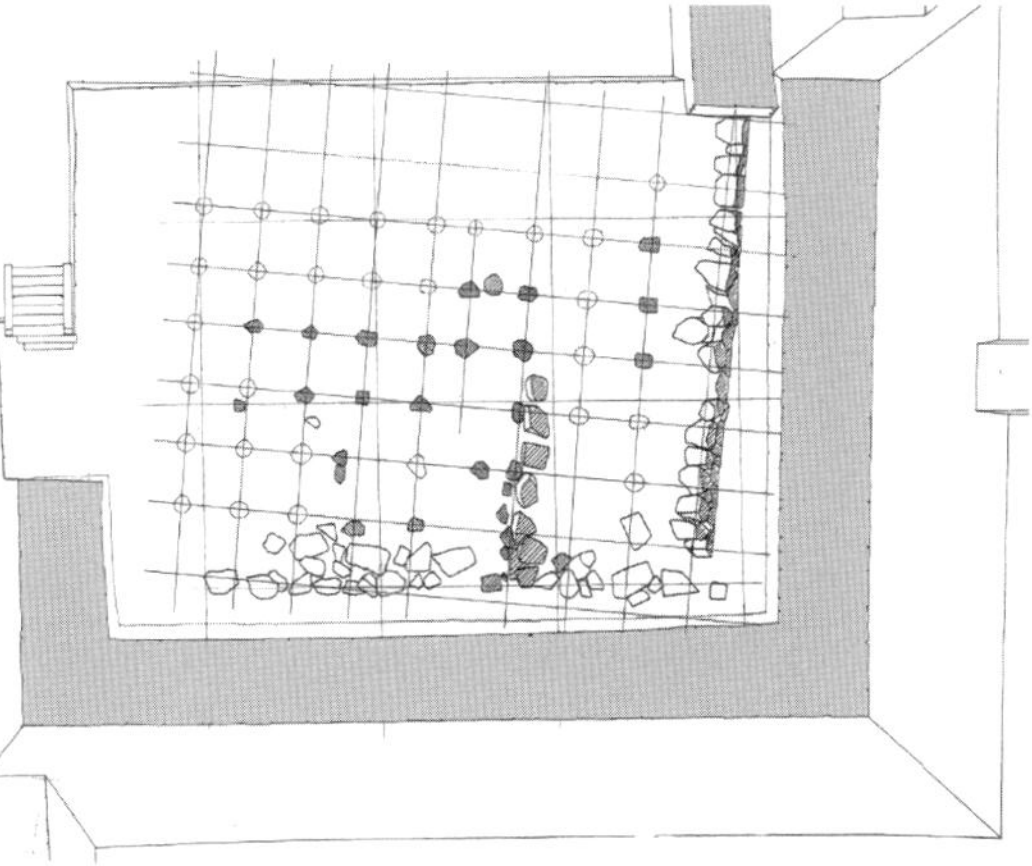

図110　秀吉の天守の礎石と石垣

2　規模形式と構造

(i)　天守型式と構成

望楼型の大型天守

大天守は、一階の長辺を南正面に向け、本丸（備前丸）を南に見下ろしており、東西に細長い平面である。天守台内に穴蔵（地階）を設けて、その上に五重六階の本体を立ち上げる。二重二階の大きな入母屋造《いりもやづくり》を基部とし、三重四階の望楼を載せた望楼型天守である。東・西面の二重目の大きな入母屋破風が基部の屋根の端である。基部が巨大なため入母屋破風が大きくなり、三重目の屋根を突き抜けて四階まで破風が立ち上がる。大型の望楼型である松江城天守でも同様な事態が生じている。破風と本体屋根の交差によって屋根面に谷ができてしまい雨仕舞いが悪く、また軒の垂木や母屋桁などの

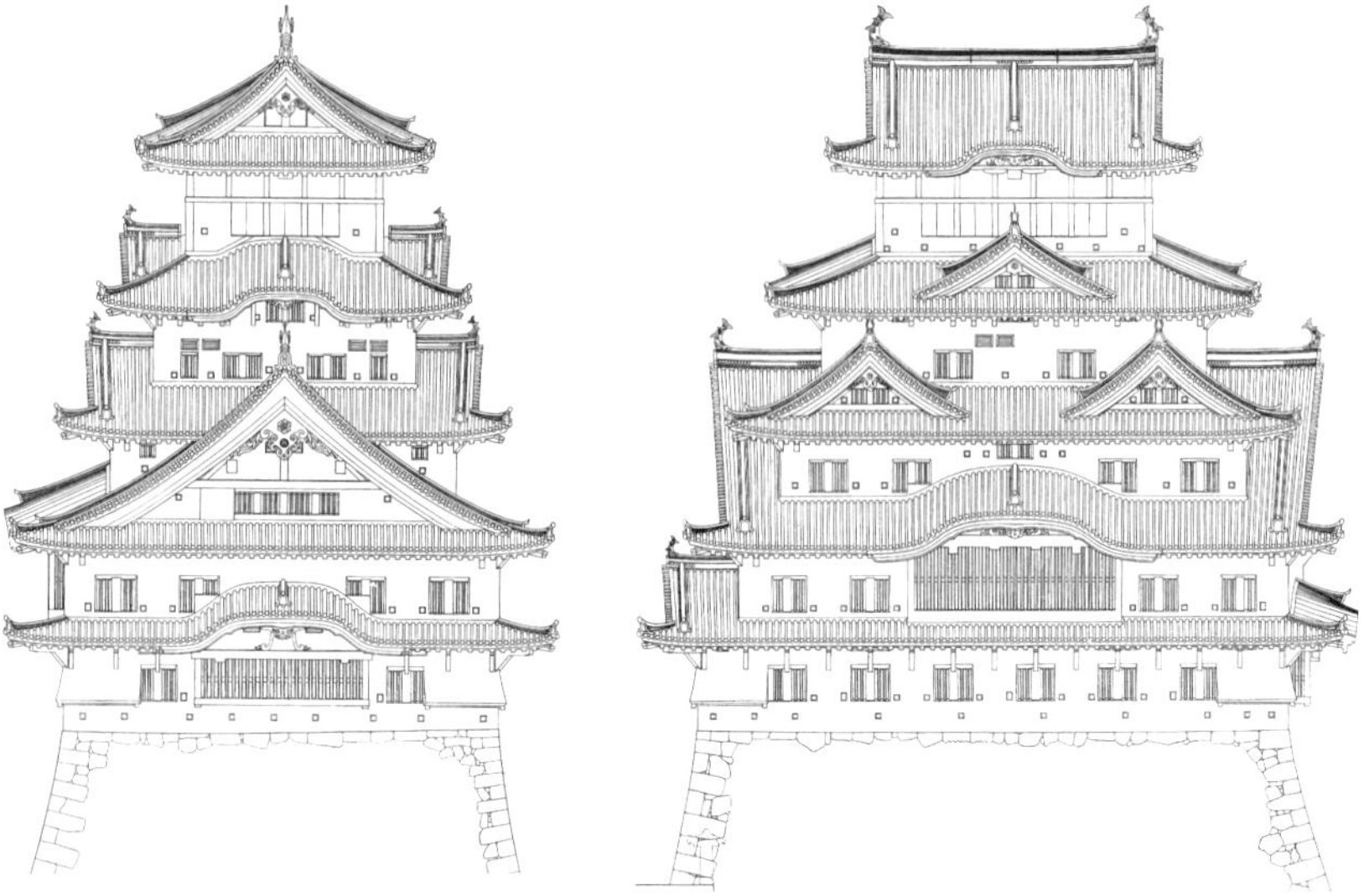

図111　姫路城大天守南立面図（右）・東立面図（左）

部材が複雑に絡まって建築工事が煩雑になるので、望楼型の欠点であるが、造形的には魅了される。後世の層塔型天守でも千鳥破風《ちどりはふ》を大きく造って上重の屋根と絡ませる造形は継承されている。

　西面南寄りの突出部を除いて一階と二階を同形同大に造っているが、一・二階同大は望楼型の大型天守に見られる常套的手法であって、秀吉が建てた姫路城初代天守や大坂城天守も同様であった。現存の望楼型天守では犬山城・松江城・高知城が類例であって、姫路城に続いて建てられた層塔型の名古屋城天守・松本城天守にも応用されている。

連立式と横矢掛り

　五重大天守と三重小天守三棟と二重渡櫓四棟から構成される連立式天守の代表例であって、連立式天守として史上最大規模である。四隅において、南東隅に大天守を、北東隅に東小天守を、北西隅に乾小天守を、南西隅に西小天守を配置する。なお、小天守の名称の付け方は天守から見た方向とすべきで、東小天守は北小天守と称すべきであろう。

　大天守や小天守間は渡櫓で結んでおり、大天守から反時計回りに、イの渡櫓（大天守と東小天守を連結）・ロの渡櫓

（東小天守と乾小天守を連結）・ハの渡櫓（乾小天守と西小天守を連結）・ニの渡櫓（西天守と大天守を連結）を配置する。ニの渡櫓は、水の五門という櫓門であって他の渡櫓と構造を異にしており、その一階（他の渡櫓の地階に相当）を城門として天守群への唯一の入口となっている。

　水の五門を潜ると、中庭の一画を高い土塀で区画した狭い通路状の所に出て、さらに西小天守地階にある水の六門を経由して中庭に出る。中庭はほぼ中央に二階建ての台所が建って大天守とロの渡櫓を結んでおり、中庭は東部と西部に分断される。

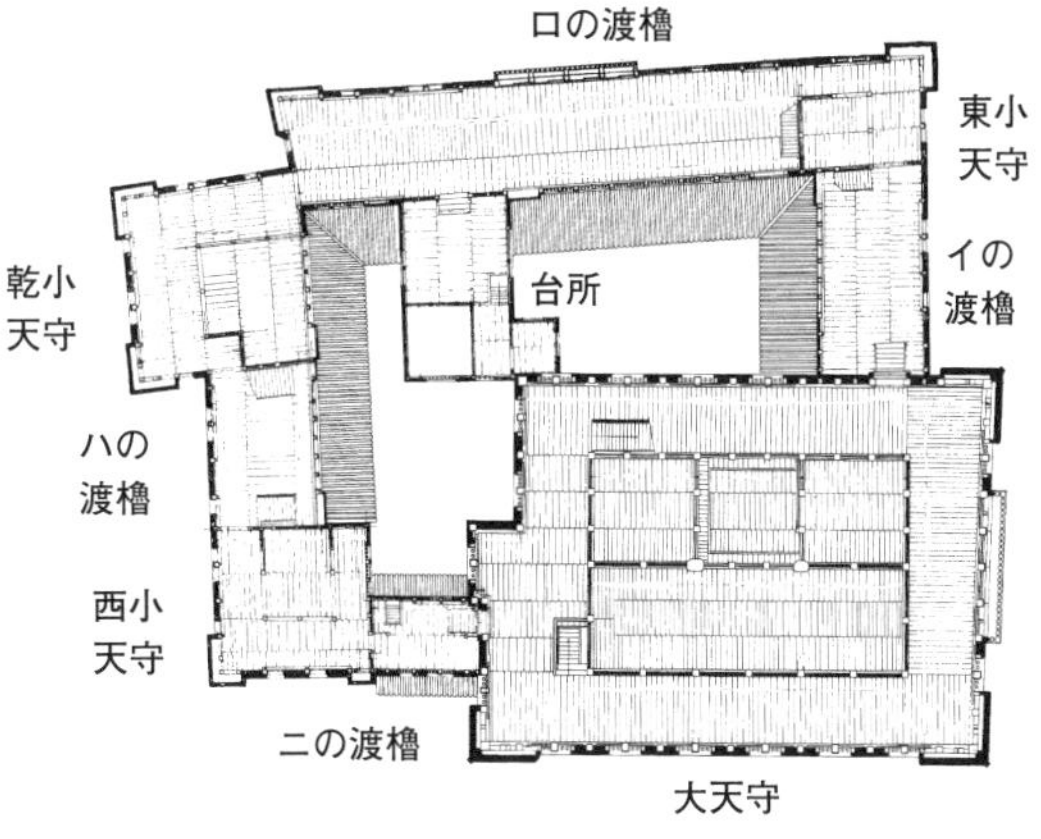

図112　姫路城天守群一階平面図

　これらの大小天守四棟は単純に四角形の四隅に配置されているのではない（図112）。東小天守と西小天守は隅に納まっているが、大天守は外側（南と東）へ二間ほど突き出し、乾小天守は西へ二間突き出し、南へ二間ずれている。乾小天守のずれによって、ロの渡櫓の西面が乾小天守より北側へ突き出している。その結果、連立式天守群は複雑な平面構成になり、必然的に屋根が重なりあって造形美を醸し出している。

　大天守の外側への突き出しの主たる理由は、平面規模が大きいための措置であって、突き出さないと中庭が狭隘になってしまうからである。しかし、乾小天守の突き出しとずれは横矢掛《よこやがか》りを形成するためのもので、軍学的な配慮に基づいている。大天守の突き出しも横矢掛《よこやがか》りの形成に有効である。後述するように、天守群へ近づく敵兵に対する横矢掛りは、城郭史上で最強である。

(ii) 各階平面の規模と形式

大天守の穴蔵

天守の穴蔵（地階）は、通常一か所だけ石垣に狭い開口部（幅一、二間）があって、そこを出入口とするが、姫路城は連立式なので中庭側には穴蔵を囲う石垣は防備上必要なく、そこでは矩折《かねお》り十一間半（さらに二間半はイの渡櫓地階に面する）にわたって地階の外壁が剥き出しになっている（図113）。その先例に豊臣大坂城天守があり、本丸内側に面する天守台の南西隅石垣を矩折りに六間半も切り欠いていた[74]。穴蔵は周囲を石垣で取り巻かれるために窓を開けず、無窓の暗闇階になるのが常であるが、姫路城では全国一明るい地階となっている（図114）。

松江城・名古屋城・津山城・徳川大坂城・江戸城・松山城など多くの大型天守台（小型天守では穴蔵を設置する余地がない）では穴蔵周囲の石塁の上面幅はほぼ二間であって、それは一階の入側《いりがわ》幅にほぼ等しい。安土城天主台は上部が崩れているが、穴蔵周囲の石塁は復元すると北側を除いて二間幅であって、二間幅は天守の草創期からの定型値であった。ところが姫路城の天守群では、石塁幅が例外的にほぼ一間半しかなく、類例は福山城天守（広島県）などわずかである。

一間半幅の穴蔵石塁は少数派であるが、穴蔵の構造的必要性からすると、極めて合理的であった。天守の大重量は主に一階の身舎《もや》の柱（入側柱と間仕切り柱）が支えているからである。石塁の上面が二間幅であると、一階の身舎柱の半数以上を占める入側柱《いりがわばしら》は、穴蔵の内側石垣の直上付近に位置することになる。その結果、一階の入側柱は、穴蔵の内石垣に沿って地階に立て並べた柱（場合によっては石垣面に沿う斜め柱）と位置が少しずれてしまうことが多く、構造的には不完全である。それとは対照的に、姫路城大天守では、穴蔵石垣が幅一間半のため、一階の入側柱は地階の入側柱上に完璧に載っているのである。さらに地階の入側柱と穴蔵石垣との間に生じた半間ほどの隙間は、物入れとして有効活用されている。

したがって、姫路城の穴蔵は、明り採りに大成功したこと、および構造的安定を実現したことで、天守建築史上の最高傑作としても過言ではない。

なお、地階には、大便所六か所と巨大な流しが設置されている（図115）。現存天守中では唯一、籠城時における将兵の居住に対して深い配慮が見られる。

大天守の各階平面

一階の短辺は十間（六尺五寸間）、長辺は南正面で十四間、北背面で十三間である（図116）。北西隅部の一間に四間が欠けており、そこに地階への入口の石段を設けている。そのため、一階は南西部の一間に六間が突出したような形状となり、その部位には本体とは別に一重の入母屋屋根を架けて付櫓《つけやぐら》のような扱いにしている。

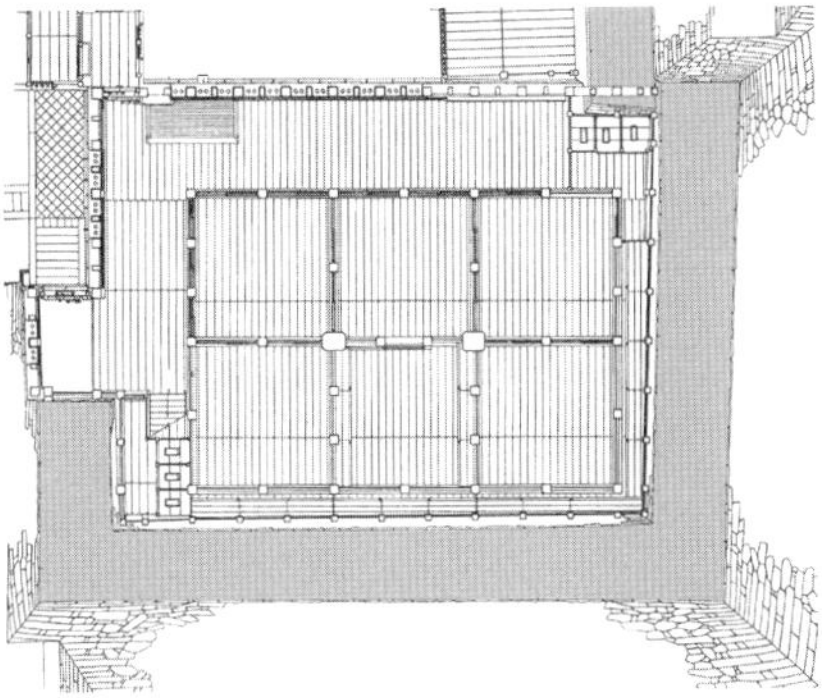

図 113　姫路城大天守地階平面図

図 114　姫路城大天守地階・一階
（北西隅、左方は台所）

天守台石垣は、大天守で発見された墨書銘からすると慶長九年（一六〇四）頃までに築かれたと考えられる。その頃は石垣築造技術がまだ完成期に達していなかったため、天守台の上面が歪んでしまい、その結果、一階平面は東辺において南端より北端が七〇センチメートル突き出して少し台形となっている。この歪みについては、望楼型の特性を活用して基部の入母屋屋根で見切りをつけ、その上階からは修正されて矩形平面になっている。

南西の突出部を除いて、一階と二階の平面を同大とし、身舎は南側に五十四畳（現状では畳は撤去）、北側に十八畳三室を配し、その周囲を二間幅の入側で取り巻く。この五十四畳の部屋は現存天守では最大であり、通常は一間ごとに入側柱を立てるところを、広大な部屋に合わせて一間半（三間を二つ割りにした寸法で、三間につき一本の柱が間引か

図115　姫路城大天守の流し（上）と便所（下）

れる）の間隔にしている。

このように一間より大きな柱間を用いる手法は、関ヶ原以降の大型の御殿建築（名古屋城本丸御殿や二条城二の丸御殿）に見られるものである。(75)御殿建築は一階建てであって屋根材も軽量の柿葺《こけらぶき》（二条城の御殿は後に瓦葺に改造）であるが、天守のような高層建築において、しかも上階の大重量を支える入側柱の本数を少なくすることは構造的に極めて不利である。現存天守中で姫路城大天守だけが大型の御殿建築と共通した入側柱の配置をもっており、この天守の特性として注目すべきである。換言すれば、大型の書院造殿舎における入側柱間寸法の拡大（入側柱の間引き）という発展経過に適合させて、この天守の平面計画が決定されたもので、御殿建築から始まる天守の原初的特質を関ヶ原以降においても継承した稀有の天守だったといえる。(76)なお、姫路城大天守では、地階・三階・六階の入側柱でも同様な柱間寸法拡大手法が見られる。

一階（一重目）と二階（二重目）を同大に造り、一重目は望楼型の基部となる入母屋屋根である。三階（三重目）は周囲から一間ずつ逓減して長辺十一間に短辺八間とし、東西に入母屋破風の間を突き出す。一階平面の歪みは、基部の入母屋屋根で修正するので、三階からは矩形平面となる。また南の入側の中央部と北入側を中二階とする。

四階（四重目）はさらに周囲から一間ずつ逓減して九間に六間とし、内部は身舎と入側を区画せずに一室とし、南面と北面に比翼《ひよく》入母屋破風の間を突き出す。五階は四重目屋根の屋根裏階である。四隅に物入れを設けるが、それより内部は一室である。

最上階の六階（五重目）は、長辺を二間半、短辺を一間半逓減し、六間半に四間半とする。長辺側と短辺側で逓減率が相違するので、四重目屋根は、南面・北面が急勾配で、東面・西面が緩勾配になってしまい、屋根の四隅を下る隅棟が四五度方向から振れる振れ隅になっている。六階の身舎は一室とし、現存天守では最高格式となる蟻壁《ありかべ》（天井周囲に造られた高さの低い漆喰塗りの小壁）を廻した天井を張る。(77)六階においては、身舎周囲の入側は必要度の低い北側を狭くしており、合理的であるが他に類例のない新機軸である（図26）。

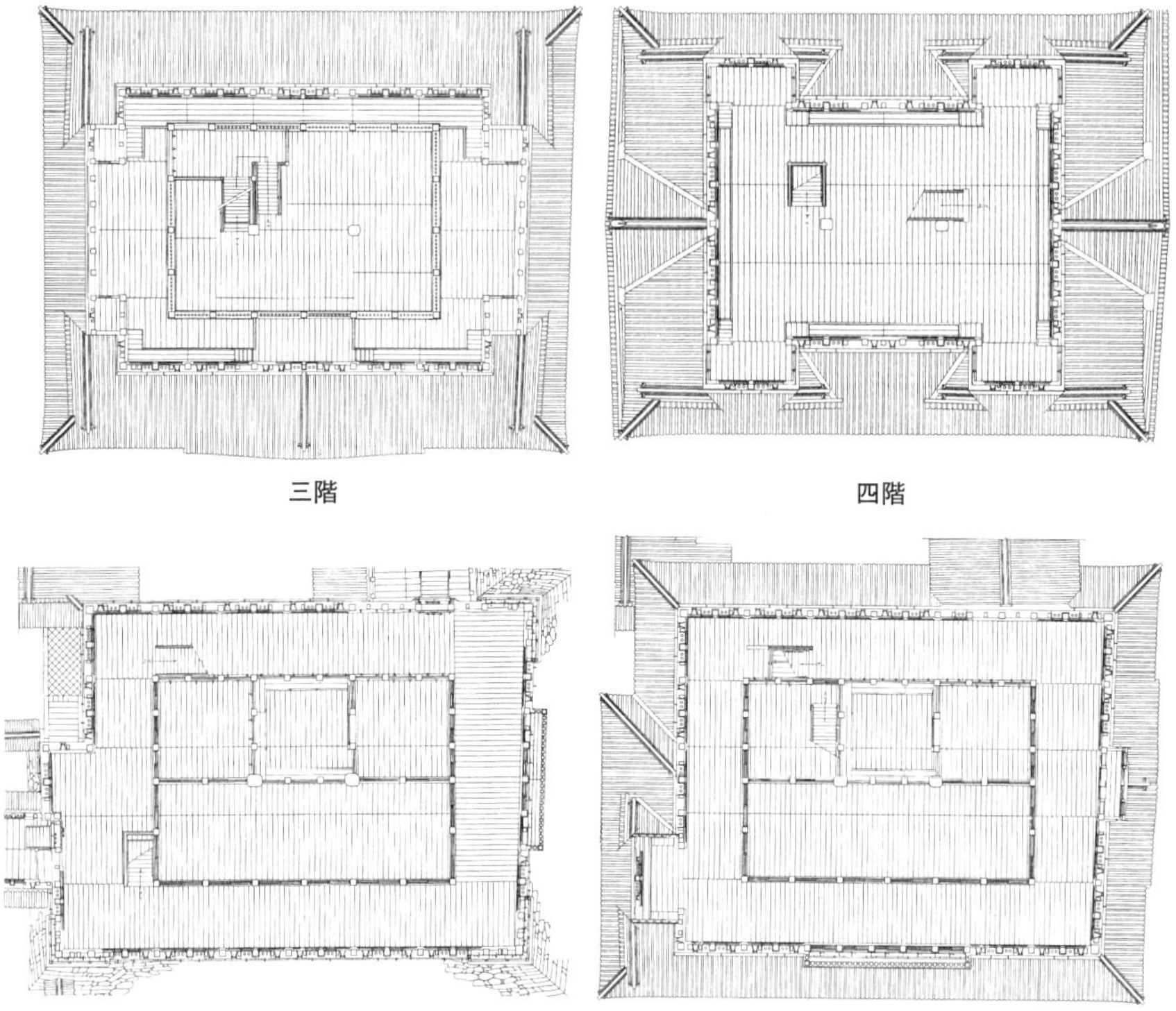

図 116　姫路城大天守一階・二階・三階・四階平面図

大天守の入口

天守群への入口は、大天守と西小天守を繋ぐニの渡櫓一階の水の五門だけである。それ以外のところは天守群の台座の高石垣と高層の天守群の外壁で防備されているので、絶対に敵は侵入できない。天守群は籠城における最終拠点なので一か所だけの入口であれば、防備は容易かつ万全である。その反面、ニの渡櫓で火災が起こると避難不能であるが、天守群は平時においては居住の場でないため、火災避難に対する配慮は必要なかった。なお、籠城時や落城時の脱出路について講釈する向きもあろうが、籠城時は敵軍によって城の出入口に鹿垣《ししがき》(78)などが構築されて往来が完全遮断されてしまうので、そもそも脱出は不可能なことであった。

水の五門を潜ると狭い露地（枡形《ますがた》を縮小したもの）に出、そこから西小天守地階の水の六門を通って漸く中庭へ達する。そして、大天守への入口は四か所設けられている（図117）。第一の入口は、中庭から大天守の地階へ直接に通じるもので、総鉄板張りの厳重な片開き扉が構えられている①。その扉の外側には漆喰《しっくい》塗りの厚い防火扉が設けられ、二重扉になっている。これが正式な入口である。なお、大天守入口は四か所ともに、外側に外開きの防火扉、内側に内開きの鉄板張りの軍事的な門扉が建てられており、二重扉である。籠城時には敵による封じ込めを防ぐために、防火扉は取り外されるはずである。

第二の入口は、水の六門背後の地下通路から中庭へ出る直前にある狭い仮設的木造階段から入る。そこからハの渡櫓の一階まで上がり、乾小天守・ロの渡櫓・東小天守・イの渡櫓の一階を通って、大天守に突き当たったところの木造階段を上がり、厳重な二重扉を通じて大天守一階北面入側の東隅近くに入る②。第三の入口は、ハの渡櫓から西小天守一階へ入り、そこからニの渡櫓二階（水の五門三階）へ出て、大天守に突き合ったところにある高い階段を上がり、二重扉を経て大天守一階の南西隅突出部へ入る③。第四の入口は、ロの渡櫓一階から中庭に建つ台所の二階を通り抜けて、大天守地階北西隅の二重扉を経て流し脇に入るものである④。

第二・第三の入口は小天守や渡櫓との連絡通路であり、第四の入口は天守地階の流しと台所を繋ぐもので、籠城時の炊事と配給の通路である。一般的に天守への入口は一か所のみであり、連立式天守なら両側の渡櫓へ続く二か所であるが、姫路城では複数経路が設置されており、特異な例である。なお、天守入口に防火扉を付加する例は、岡山城・宇和島城・高知城などがある。

(iii) 構造

礎石配置と土台

天守群は上面幅一間半ほどの石塁を穴蔵外周に廻らせ、地階は中庭に面する側には石垣がない。大天守地階には、

①大天守地階西面の鉄扉

④台所二階

天守本体の重量の大部分を支えるために礎石を据える。昭和解体修理の際に鉄筋コンクリート基礎に取り替えられたので、慶長当初の礎石は取り外して移設展示されており、見学することができる。なお、秀吉の天正創建時の礎石は大天守地下に埋没したままである。

大天守の礎石は、部屋境においてはほとんど隙間なく列状に並べられており、その上に太い木造の土台が敷き渡されていた。地階の柱はすべて土台の上に立てられ、天守の大重量は柱から土台に伝わり、土台から礎石列へ分散されて地下地盤へ伝達されていた。また、部屋の中においては、大引[79]を受ける礎石が一間間隔で配置されていた。現状は修理工事によって礎石列と土台は廃止され、コンクリート布基礎に改変されている。

安土城天主や広島城天守のような天正期に建てられた最初期の天守では、桁

③ニの渡櫓二階

②イの渡櫓一階

③大天守一階から見たニの渡櫓二階へ通じる扉

図 117　大天守の入口四か所

行・梁間ともに一間間隔で同大の礎石が配置されており、続く文禄期の岡山城天守では部屋境の礎石が増やされる。その一方、姫路城より新しい慶長十七年完成の名古屋城天守では、部屋境だけではなく、部屋の中も含めて一間間隔に敷き渡された太い土台下に礎石を密に並べ、多数の土台で天守の大重量を分散させて、土台下の礎石列に掛ける構造となっていた。その礎石数は姫路城の三倍に及ぶ。姫路城大天守の礎石配置は、安土・広島城の単純な配置から名古屋城天守の強固な配置へ至る過渡期の状況を示すものであった。

　穴蔵の南と東面を囲う石塁の上では、外側石垣の天端石《てんばいし》（最上段の石）に木造の土台を敷き渡しており、その土台で一階の側柱《がわばしら》と外壁を受けており、他の天守と同様の構造である。

軸部

天守の軸部（木造の骨組）の構造は、姫路城に限らずすべての天守でほぼ共通している。社寺建築や書院造の御殿殿舎とも共通点が多く、木造の伝統的建築の基本的構造に倣っている。

社寺や御殿殿舎などの建築では、礎石は柱の位置だけに据え、柱は礎石に直に立てる。それに対して天守や櫓などの側柱では、石垣の天端石が礎石を兼ね、天端石上に木造の太い土台を敷き渡して不陸《ふろく》等を調節する。(80) 柱は土台上に機械的に立て並べればよく、その後の工事が簡単かつ迅速に行える。

天守においては、土台は側柱筋（外壁下）に廻らされるだけではなく、天守台上面に一間間隔で敷き並べられる。姫路城大天守でも同様の技法が採られている。しかし、姫路城では入側柱等が一間半間隔に立てられているため、部屋境の柱下の土台は柱を受けているものの、部屋の中に渡る土台は柱筋には位置しておらず、したがって部屋の中の土台には天守本体の重量が全く伝わっていない。そのため部屋の中の土台は、床を支える大引きの役割しか果たしておらず、一般的な天守とは構造が異質である。その原因は一間半という特殊な入側柱間の寸法を導入したことにあって、必ずしも姫路城が天守の基本構造から逸脱しているとは言えない。

土台の上には、側柱・入側柱・部屋境柱を立てる。柱の下部は土台にホゾ差しにし、柱どうしは貫穴《ぬきあな》を掘って貫《ぬき》を差し通し、木の楔《くさび》を打ち込んで固める（部屋境では鴨居《かもい》より上の小壁の中に貫を通す）。

側柱の頂部には梁を架けるが、梁には柱より格段に太い木材が必要となる。一般的に天守に使われている梁はほとんどが松の丸太材である。角材に成形すると断面積が減少するので、丸太材や瓜剥《うりむ》き材（瓜の皮を剥くように表面を削ったもの）や十六角形・十二角形に粗削りした梁が使われる。社寺建築では、天井裏の見えないところに架かる梁（野梁《のばり》という）は丸太材であるが、見える部位には丸太材は用いられない。天守では、最上階を除いて天井を張らないので、丸太材の梁が丸見えとなり、低格式であり極めて安普請であった。

ところが異例なことに姫路城大天守では、ほぼすべての梁が角材に成形されており、他城の天守より格調がはるかに高い（図118）。安土城や豊臣大坂城など草創期の天守は、高層の御殿建築だったため各階に天井を張っていたと想像され、天井がなく梁を見せていた部屋では丸太ではなく角材であったと考えられる。角材の梁からすると、姫路城大天守にはまだ御殿建築の雰囲気が残っていると言える。慶長期の御殿建築で流行した入側柱の一間半柱間についても、御殿建築に準じる手法であって、天守の起源である御殿建築に最も近い現存天守である。

大柱

姫路城大天守は構造的に勝れており、他の天守よりも太い柱を用い、隅部には史上初の筋交《すじか》い柱が加えられている。用材も檜《ひのき》に次ぐ良材の栂《つが》を用いている。

構造上での唯一の失敗は、天守中央部に東西二本の大柱《おおばしら》（心柱《しんばしら》）を立てたことである。この大柱は地階から六階の床下まで貫くもので、安土城天主にあった長さ八間の本柱とともに、知られている通柱《とおしばしら》（途中で継いであるものを含む）としては最長のものである。この大柱の構造的な目的は、各階をまとめて緊結し構造的に一体化するためであったと考えられる。

先述したように、姫路城大天守をはじめ熊本城宇土《うと》櫓・犬山城天守・松本城天守などでは、通柱は多用されてはいるが、各階をすべて相互に緊結するものではない。通柱によって二階分ずつが一体化した構造体を形成して

図118　姫路城大天守の角材の梁
（二階入側）

はいるが、その二階分ずつの構造体どうしを結ぶ通柱がないのである。姫路城大天守では、地階と一階、一階と二階、四階と五階が通柱によってそれぞれ構造的に一体化しているが、三階は柱筋が上下階でずれているために通柱が立てられなかった。そこで特別に太い大柱を立てて一・二階、四・五階の構造体どうしの緊結を図ったものと考えられる。そうした構造計画は他城にはない周到なもので、最上階を除いて天守全体が構造的に一体化した初例となった。

ところがその大柱は、根元で九〇センチメートルもある超大材ではあるが、そのような大材の入手が当時困難であったため、材質的に強度や耐久性の低い樅《もみ》の木が使用されていた。そのため、梁との接合部の切り欠きで痛めつけられ、さらに経年劣化で腐朽甚大となって後に天守が傾く原因となった。したがって、構造的な成功例とは考えられない。

3　豊かな創造性

(i)　望楼型天守の欠陥の克服

三階と四階の石打棚

松江城天守や熊本城宇土櫓など他の大型の望楼型天守では、大きな入母屋屋根の中に埋没する三階（宇土櫓では二階）は屋根裏階となってしまい、明かり採りのために入母屋造の出窓あるいは大きな千鳥破風を設けている。それに対して姫路城大天守では、三階の階高を著しく大きくして二重目屋根の上に外壁を立ち上げ、そこに窓を開いて屋根裏階ができるのを避けている。

しかしながら、上階が下重の屋根の中に深く埋没してしまう構造欠陥は避けられず、三階と四階にそうした欠陥が見られる。そこでは、床面よりはるか上方に窓が位置し、窓に手が届かなくなってしまった。その対策として三階では、一間幅の北入側を中二階として、床を高い位置に別に設けている。三階南入側と四階には窓に沿って半間幅の棚状の狭い通路（当初は畳敷き）を設けて、窓から外側への鉄砲射撃の座とする（図119）。それは武者走《むしゃばしり》の一種であるが、土塀の屋根越しに射撃をするために仮設される、石打棚《いしうちだな》の一種とも言える。近代建築のキャットウォークとも言える装置で、天守に類例はない。

図119　姫路城大天守四階の石打棚

四階の比翼入母屋破風は、その武者走上からではなく、四階床面から直接に外部をうかがうために設けられた物見窓である。武者走は半間幅しかなくて狭く、そこからでは物見ができないからである。そうした巧妙な工夫によって、姫路城大天守では望楼型の基部などに屋根裏階ができるのを避けており、天守史上で特筆すべき技巧的な構造であると評価できる。

屋根裏階の五階と軒唐破風

最上階（六階）では棚状の武者走では不都合なため、床面全体を高く持ち上げている。その結果、その床下の四重目の屋根の中に無窓の屋根裏階ができてしまった。それが五階であって、この屋根裏階の存在によって重階不一致となった。他の望楼型天守での重階不一致は、基部の入母屋造の大屋根に埋没する屋根裏階によって生じるもの（松江城天守・熊本城宇土櫓・高知城天守など）であるが、姫路城大天守での屋根裏階は最上階の下で生じたもので、類例は高知

図120　姫路城大天守五階の採光
（上：軒唐破風の窓／下：千鳥破風）

城天守に見られる。

その五階の明かり採りのために南北面では四重目屋根上に千鳥破風を置いて窓を開き、東西面では四重目屋根の軒先を丸く迫り上げて軒唐《のきから》破風を設け、その破風内に窓を開く（図120）。軒唐破風の窓も類例がなく、姫路城の独創性の高さが溢れている。

内室

三階と四階では、平面の大きな逓減によって下重の屋根が外壁に向けて高く上ってきている。すべての天守において必然的に生じる事象である。特に望楼型天守では、屋根裏階が生じることになる。先述したように姫路城大天守では、階高を極めて大きくして屋根裏階になるのを避け、高い位置になってしまった外壁沿いに石打棚を設置して窓からの射撃ができるように工夫されている。

その石打棚の下方に位置する下重の屋根裏に小部屋が設けられており、内室《うちむろ》と呼ばれている。他城ではその部位は小屋組があるだけで全く利用されていないが、姫路城大天守では、そこに床を張って物置として活用できるようになっている。垂木が斜めに通る三角形断面の狭い空間で、立ち上がることもできないが、物置としては実用的である。

屋根裏を利用した物置なので現代のロフトに相当する。五階周囲の屋根裏も同様な物置に使われている。姫路城では、建築の各部に生じた隙間を有効利用することが当たり前に行われており、創意工夫に満ちている。

(ii) 外観の美の追求

山形の造形

巨大な天守群の外壁はすべて白漆喰の塗籠としており、極めて華やかである。当時の塗籠は風雨には弱く、維持費が大層に掛かったはずであるが、城主権威の象徴だったので、壁の塗り直し（往時は十年から二十年に一度）[81]の費用は度外視し、美をひたすら追求した崇高な芸術的天守である。

大天守本体は南正面から眺めると、各重の両端の軒先が一直線上に並び、富士山のような秀麗な山形になっている。いわば富士山型天守（後の層塔型の名古屋城・江戸城の天守など）の始まりであった[82]（図121）。萩《はぎ》城天守をはじめ一般的な望楼型天守では、基部の入母屋造の屋根上の階で長辺方向を著しく縮めるため、その上重で軒先が内側に大きく引き込み、一直線上には並ばない。したがって美しい山形にはならない。

姫路城大天守では、入母屋の基部上の三階の逓減を抑えており、後の層塔型天守のような山形の造形を実現している。層塔

図121　姫路城大天守・西小天守

図122　軒唐破風（上）**と破風の間**（下）
（姫路城大天守）

型天守では逓減を抑えても問題は全くないが、望楼型では基部の大きな入母屋破風が存在するので、その上重の軒先が入母屋破風と絡まり、破風上の雨水の流れを堰き止めてしまう。姫路城大天守では、入母屋破風を大きく外側に転ばせることによって三重目軒先から破風の端を遠ざけ、なんとか平瓦の一列分の流路を確保している。姫路城大天守に続いて建てられた松江城天守も同様な屋根の納め方がしてある。

二階正面の出格子窓と軒唐破風

二階南正面の巨大な出格子窓《でごうしまど》は、二階の格子窓を左右対称に配置できないことを巧妙に隠す工夫である。一階は十四間の偶数なので問題ないが、二階は十三間と奇数なので、左右対称に窓を配置できない。一階と二階の窓の位置を比べてみると、向かって右側では上下階の窓が市松模様のようにずれた理想的配置であるが、左側では上下階で窓の位置が一致している。その左右非対称の矛盾を誤魔化すために、二階の中央に史上最大の五間幅もの出格子窓が設けられている。さらにそれを正当な意匠に見せるために、出格子窓の上に史上最大の七間幅の軒唐破風が設けられた。その超巨大な唐破風では、雨水の流れが極端に悪くなって雨漏りの原因となるので、破風上の屋根を軒先側に大きく傾け、瓦列の方向を通常の唐破風の葺き方とは九〇度変え、軒先側へ直接に流している（図122）。江戸時代中期になるとそうした最新鋭の唐破風は社寺建築でも実例が多くなるが、その当時としては唐破風の概念を根本的に覆す独創的な形態であった。さらに、その特殊な唐破風の構造が起因して、破風内には斜めの隙間が生じている。そこに全国唯一の軒唐破風の間が造られ、窓と鉄砲狭間《さま》を切っている。姫路城に特有な隙間の有効利用でもある。(83)

(iii) 全国一の防備

排煙窓

姫路城大天守は外観の美を追求する一方で、現存天守中で最高の防備性能を併せもつ。その一例が壁面に開けられた鉄砲狭間の数であって、現状で一七八にも及び、天守史上最多である。

その多数の鉄砲狭間から一斉に火縄銃を放つと膨大な量の白煙が発生する。鉄砲の発射薬は黒色火薬なので、その白い燃焼煙には有毒な二酸化硫黄（亜硫酸ガス）が多量に含まれる。『三河之物語《みかわのものがたり》』に「多門作の内にて鉄砲を三つ四つ打つれば煙にて暗くなり、なにとも居られ候はぬ由」とあって、多門櫓内で鉄砲を三、四発撃っただけで、煙で暗くなっておられなくなったという実戦報告がある。

その煙を排気するため、姫路城では大天守を含めて横長の排煙窓を軒下に多く備えている（図123）。排煙窓を設けた天守は、ほかに宇和島城天守と原爆で倒壊した広島城天守しかない。

なお、最上階の狭間（現状では下階の狭間も同様）は、風雨の吹き込みを防ぐために漆喰で外側を塞いだ隠狭間《かくしさま》となっている。ただし、狭間の輪郭は外壁に見えており、隠すのが目的ではなかったことは明白である。最上階の排煙

図123　軒下の排煙窓（姫路城大天守）

窓も外側を漆喰で塗り塞いでいる。

石落

大天守の一階隅部に設けられた石落《いしおとし》は、全国で最も優秀な構造をもつ。床面より高い位置に石落の開口部を設け、その上に座った銃手は天守直下に取り付いた敵を石落の開口部から狙撃できた。また石落の下部にできた腰壁には正面を狙う鉄砲狭間が切られており、正面と下方を同時に射撃できる最高性能の石落であった。二階南正面の出格子窓の床面には、全国最古の隠石落まで装備されている。

覗き窓

姫路城大天守の一階には、格子窓脇にも鉄砲狭間が切られている。その位置に切られた狭間は、格子窓の土戸を開けた時には、土戸裏に隠れて使用できない。そのうち南面に三つ、東面に二つ、北・西面に一つずつ、他の鉄砲狭間より少し大きい狭間が均等距離を隔てて配置されている（図124）。それらの狭間は、土戸を閉めた時に窓の代替としての覗き窓を兼ねるものと考えられている(84)。この狭間の木枠に「鑓（遣）槍窓」という墨書があったというので、遣槍窓《やりやりまど》と呼ばれ、槍を繰り出す窓すなわち大きめの狭間という意であろう。姫路城では、大天守二階や小天守・渡櫓・「ぬ」の門などにも同様の狭間が配置されている。

内部狙撃の狭間

大天守三階は望楼型の基部である入母屋造屋根に深く埋没し、半ば屋根裏階となっている。そのため南面・北面の窓は三階床よりはるかに高い位置にあり、石打棚・武者走に上がらないと窓に近づけない。ところが東面・西面は入母屋の破風の間になっており、その破風の妻壁に通常の高さに窓が並んでいる。したがって三階はうす暗いが破風の

図124　覗き窓（姫路城大天守）
中央の大き目の狭間が覗き窓

間だけは明るい。その破風の間の両脇に二重目屋根裏（内室）が突き当っており、そこに鉄砲狭間が一つずつ、合計四つの狭間が切られている。見た目には、室内の他の狭間と同大の化粧蓋付の開口部なので、天守の外を狙う通常の狭間と区別がつかない（図125）。

この鉄砲狭間は「内向きの狭間」と通称されており、通常とは逆向きに破風の間の内部に向って銃撃を加えるもの

図125　内向きの狭間（上：外側／下：内側）（姫路城大天守）

である。その狭間の内側には極小の空間（内室の続き）があり、そこから狭間の蓋を開く仕掛けである。落城後のゲリラ戦を想定した狭間で、天守を接収しに登閣した敵将を狙撃する計画であった。人は暗い三階に上がると、心理的に明るい大きな窓に誘われて、外を眺めようとして広い破風の間に入ることを見越したものである。落城後に四人の武者が小部屋に籠って敵将を待ち受けるもので、日本史上唯一のゲリラ戦を想定した内向き狭間である。そうした徹底した空間利用の工夫は、天守史上随一の試みである。

第五章　現存する天守の構造と意匠

1　犬山城天守

概要

・三重四階、地下二階（階段室）、望楼型天守
・一階規模は約九間に八間（一八・一×一五・一メートル）
・付櫓《つけやぐら》（一重一階）二か所が接続。複合式
・慶長元年（一五九六）頃、石川光吉《いしかわみつよし》（豊臣系大名）が創建。または、慶長六年頃、小笠原吉次《おがさわらよしつぐ》（尾張国主・松平忠吉《まつだいらただよし》の付家老）が創建（再建）
・元和四年（一六一八）頃、成瀬正成《なるせまさなり》（尾張徳川家の付家老）が三階以上を造替・拡張

解説

慶長元年頃あるいは同六年頃に創建あるいは再建されたと考えられる現存最古の天守である。尾張徳川家の付家老

成瀬正成が元和四年頃に三階と四階を造替拡張し、さらに後に唐破風《からはふ》の出窓を新造したと考えられる。現状の三重四階の古風な望楼型天守の姿になったのは、元和改造以降である。

二重二階の大きな入母屋造《いりもやづくり》を基部として、その上に望楼を載せた典型的な望楼型の三重天守である。現存天守で唯一の地下二階をもつが、地階の面積は極めて小さく、階段と通路で占められており、穴蔵とは言えない。穴蔵入口の扉は風食が少なく、十九世紀のものである。

石垣築造技術が未発達だったため、一階（一重目）平面はひどく歪んだ台形である（図18）。長辺約九間（六尺二寸間）に短辺八間もあって、三重天守としては大規模である。一階には、城主が籠城時に居住する上段の間（上段や床・棚は江戸時代後期の改造）と閉鎖的な納戸（寝室）があり、その周囲の二間幅の入側《いりがわ》には、身分の違う者の通行を制限するために仕切りとして杉戸を建てた敷居が残る（図126）。また六畳大（二間に一間半）の小部屋が見られ、他の天守と比べて古式である。それらは書院造の御殿形式の平面を残したもので、安土城・豊臣大坂城の天守に近い。入《いり》側柱《がわばしら》のうち上段の間と納戸の長辺側に立つ柱は、年輪の詰んだ良質の檜材《ひのき》であるが皮付きの丸みを残しており、表面は丁寧に槍鉋《やりがんな》で仕上げられている（図127）。他の部位の柱は栂材の手斧《ちょうな》仕上げであって、重要な部屋だけ高級になっている。慶長十七年（一六一二）頃の名古屋城東南隅櫓の檜柱には幅の狭い古式な台鉋《だいがんな》の痕跡が見られるが、それと比べると、年代がかなり古いことを示している。

二か所の小さな付櫓（明治二十四年（一八九一）の濃尾大地震で崩壊し、昭和戦後に復元）を設け、天守に近づく敵に横矢を掛ける。

二階（二重目）は一階とほぼ同大の平面で、四重や五重の望楼型天守と同等の風格を備える。一階平面の歪みは、望楼型の基部である二重目の入母屋屋根で修正するのではなく、腰屋根となっている一重目の屋根で修正する。その結果、二階は矩形に整形されている。望楼型としては変則的な手法であって、層塔型の和歌山城天守における平面修正の手法に近い。

注目されるのは、一階と二階の側柱・入側柱に通柱が多用されていることである。向って右側面の側柱列は柱筋が上下階で一致しないが、それを除いて大部分の柱は一階・二階の通柱である。望楼型天守では最も進化した通柱の用法と言える。また、二階の梁組においては、側柱よりはるかに高く立ち上がった入側柱によって極めて高い位置に身舎《もや》の梁《はり》を架けており、その点では層塔型の新式の梁組である。その新式の梁組によって、二重目の大屋根内に屋根裏階ができるのを防いでいる。慶長初期にはそのような梁組は他に類例がない。なお、そうした新式の梁組によって、二階入側に渡る梁（当初材は少ない）は、すべて入側内だけに架けられた繋梁《つなぎばり》であって、入側柱にホゾ差しになって

図 126　犬山城天守一階入側の仕切り

図 127　犬山城天守一階入側柱の槍鉋仕上げ

いる。その梁は下端を少し削り上げて社寺建築の虹梁《こうりょう》の形に成形されており、社寺建築の入側の繋虹梁《つなぎ》に近く、天守としては極めて格調が高い。

三階は最上階の四階を高く持ち上げるために造られた、いわば屋根裏階（類例は姫路城大天守五階・高知城天守五階）で、その明り採りのために唐破風造の出窓を設ける。出窓への出口に改造痕が残るので、唐破風の間は三階の造替後に改造されたことが分かる。四階（三重目）は四間に三間半の広さがあり、関ヶ原の戦い以降の最上階の規模である。四階には廻縁《まわりえん》を設けているが、廻縁に人が出られる少数派の天守で、現存例はほかに高知城天守しかない。

外観は一階を下見板張《したみいたばり》とした武骨な趣で、破風は最上重以外に二重目の入母屋破風と三階出窓の向唐破風しかなく、古式な望楼型天守の外観を示す。四階では、柱と長押を白木造りにしており、古式であり格式が高い。最上重の入母屋破風を正面側に向ける（基部の入母屋破風とは直交する）点も古式な望楼型の特色で、天守の品格を高めている。

天守台石垣は濃尾大地震で一部が崩壊し、その後に大々的に積み直されている。また、穴蔵石垣は戦後の解体修理で積み直されているが、穴蔵石垣の石材は極めて小さく古様を示している。解体修理時に穴蔵内で二段の石階段が発掘されていることから、現状の天守台の使われ方は当初からの状況ではない可能性がある。石階段は多くの場合、室外に設けられるものなので、その場合は、向って右側に突き出している付櫓が独立した三間に二間程度の小櫓になり、天守本体は穴蔵を避けた九間に五間くらいになる。憶測ではあるが、慶長初期にその天守を取り壊して拡張再建したものかもしれない。

一階・二階の側柱・入側柱を通柱《とおしばしら》とし、二階において新式の梁組を用いているが、一階入側柱に残る槍鉋痕からすれば建築年代の下降は想定できない。望楼型天守の一般的な梁組ではないので、層塔型天守の梁組の先駆例とも言えなくはないが、社寺建築の架構（身舎と入側を別構造とする架構）を応用したものと考えられる。また、垂木《たるき》には反りと増し（先端を少し太くすること）があり、建築当初、軒裏は塗籠《ぬりごめ》ではなく白木造りだったことが解体修理で確認されており、社寺建築あるいは書院造の技法が使われていた。

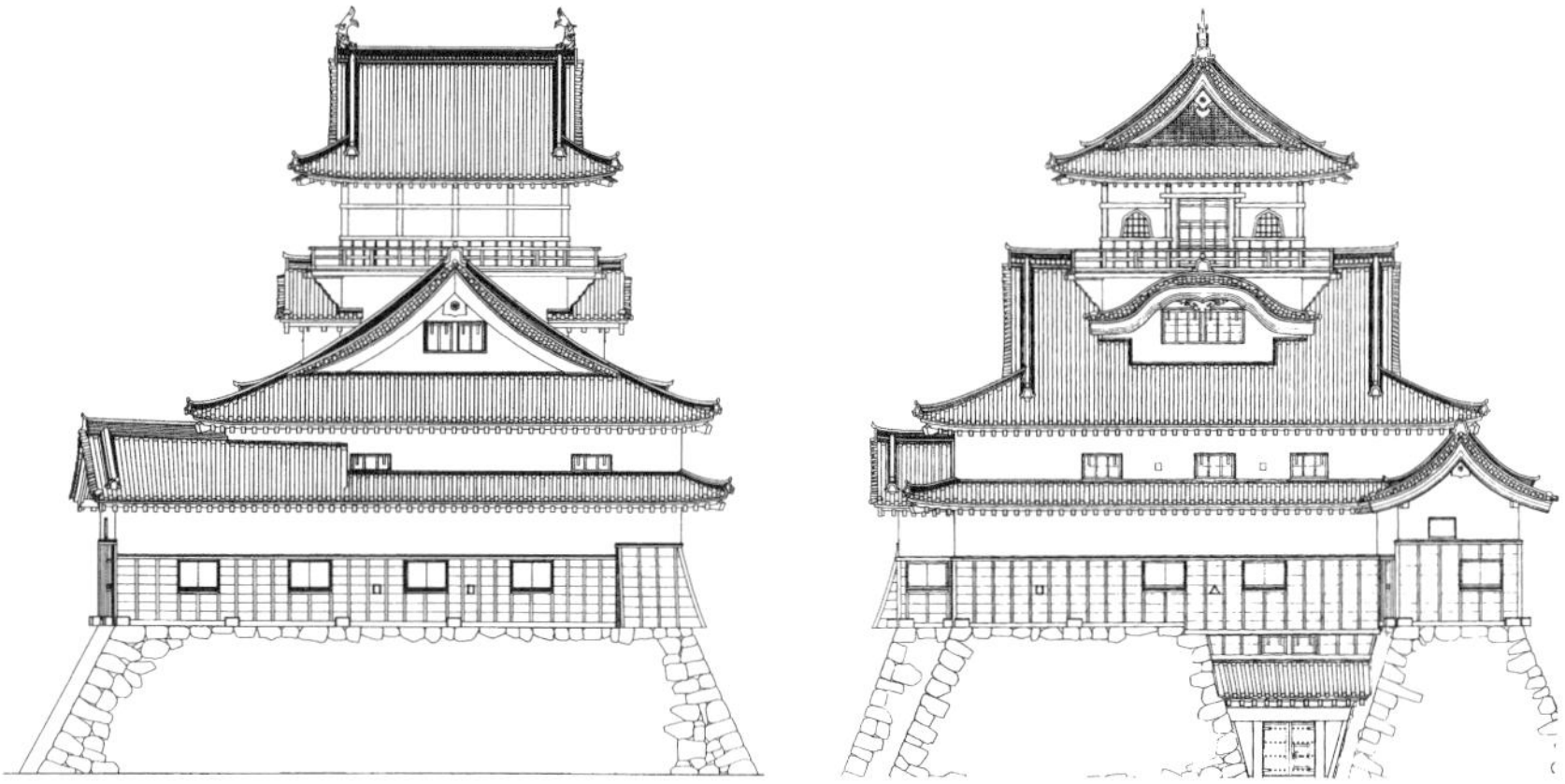

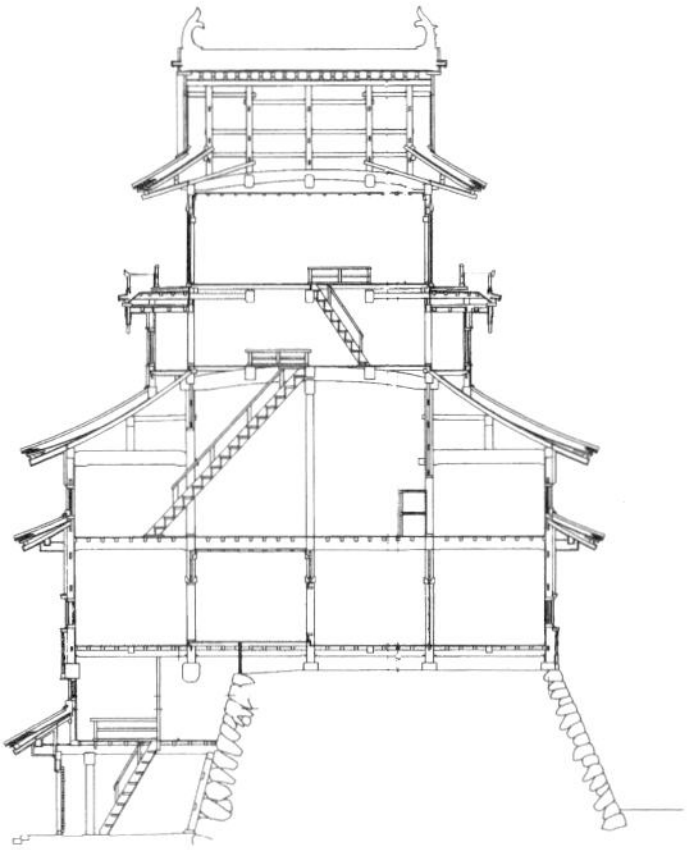

図 128　犬山城天守（上右：正面図／上左：側面図／下：断面図）

ところで、犬山城天守には、美濃金山《かねやま》城天守（岐阜県可児市兼山）を移築したという「金山越え」の伝説がある。一階平面が極めて古式な点や槍鉋仕上げの良質な檜柱や垂木の反り増しなどからすれば、金山城天守を移築改造した可能性はある。「金山越え」が事実とすれば、その天守は天正から慶長三年頃に織田信長の家臣森可成《もりよしなり》・長《なが》可《よし》・忠政《ただまさ》が金山城主だった時に創建され、慶長六年に小笠原吉次が犬山城に移築改造したもので、その時に旧来の犬山城天守は取り壊されたことになろう[85]。この点に関しては、昭和の解体修理時の調査によって、部材の番付や二階の桁などに残る釘穴が一通りしかないことなどから解体された痕跡がないとして移築説が完全に否定された(86)。しかし、移築に際して金山城天守と犬山城天守台の規模が相違したため、柱の位置の変更や槍鉋と手斧による削り直し（削り直す前は丸太材に近い太い柱だったと推定される）等が行われ、さらに新材の補加が行われたとも考えられ、移築説の否定は再考すべき余地がある。移築説を認めると、金山城天守の古材を再利用して旧天守台上に再建新造された天守と言え、現在の天守台の穴蔵から見つかった石階段の意味が説明できる。したがって、移築説を直ちに否定することはできない。

2　彦根城天守

概要

・三重三階、地下一階（階段室）、望楼型天守。大津城天守を移築改造
・一階規模は約十一間に約六間半（二一・二×一二・五メートル）
・付櫓（一重一階）、多門櫓および土蔵が接続。複合式
・慶長十一年（一六〇六）、井伊直継《いいなおつぐ》（譜代大名）が創建。土蔵は増築

解説

この天守は、慶長元年頃に秀吉配下の京極高次《きょうごくたかつぐ》（六万石）が建てた大津城天守（四重五階または三重五階）を徳川家康の命令で移築したものである。『井伊家年譜《いいけねんぷ》』には、「一、天守は京極家の大津の城の殿守也。此殿守は遂に落不申。目出度殿主の由、家康公上意に依て被移候由、棟梁浜野喜兵衛、恰好仕直候て建候由」とある。関ヶ原の戦いの前に西軍に攻められても落城しなかった（実際には降伏開城した）大津城の目出たい天守なので移築したという。城郭建

築の移築再利用は、慶長期には普通に見られたことで、築城経費や工期の節減だけではなく、旧城主（京極高次は近江国の守護職の末裔）から統治権力を継承したことを顕示する目的も強かったようだ。移築に際して、風当たりの強い琵琶湖畔の山上に建てるため、五階建てを三階建てに縮小したらしい。梁には移築に際して彫り込まれた番付《ばんづけ》（部材の位置を示す番号）が残る。

一階（一重目）平面は、長辺約十一間（六尺五寸間）、短辺約六間半で、現存天守で最も細長く、望楼型でなければ建築不能であった（図130）。ひどく歪んだ台形平面の付櫓とそれに続く多門櫓を従えた複合式である。天守の出入りは、多門櫓を通って付櫓から天守一階に上がる道順と、天守台地階の階段で直接に一階へ上がる道順がある。地階からの入口の扉の外側には、切妻造《きりづまづくり》の土蔵が後に付加されたため、その入口としての機能は不明確になっている。

一階は七間に三間を身舎とし、十八畳間（畳は欠失）二室を東西に並べ、その北・西・南の三方に幅一・六六間（二間から三分の一間を減じた幅）の入側を設ける。身舎の東端一間は床高が下がり、その東に二間余りの広い入側がある。北と南の入側も同じ位置で床高が下がり、杉戸で区画されている。一階入側の柱間寸法が中途半端なのは、天守台石垣の規模に合わせたためであろう。天守の一階内部で床高に段差があるのは異例で、東側を下座、西側を上座として区分したものらしい。二階・三階でも西側の部屋を上座とし、東側を階段口とする。

一重目を望楼型の基部となる入母屋造とし、それによって極端に細長い一階（長短差四・五間）をかなり修正して、二階（二重目）は長辺七間、短辺四・七間（長短差二・三間）とする。西に十八畳間、東に十二畳間を置き、四周に入側を設け、半端な間数は入側の幅で調整する。東西に入母屋破風の間を設ける。三階（三重目）は長辺五・八間、短辺約三間半（長短差二・三間）となり、現存天守では最も細長い最上階の平面である。西に十畳間、東に六畳間を並べ、入側を廻らす。長辺側に狭い入母屋破風の間を設ける。三階には外側に廻縁を設けるが、人が出られるものではない、

この天守の外観の特徴は装飾性が極めて高いことで、破風と華頭窓《かとうまど》がともに十八ずつもあり、三重天守としては史上最多である。三階の廻縁は見せ掛けだけの構造となっており、単なる飾りである。見せ掛けの廻縁としては現存最

図129　彦根城天守の破風（上左：一重目隅の切妻破風／上右：特殊な入母屋破風／下：庇付き切妻破風）

古の例である。

また、この天守の破風は特殊な形式（図129）で、特に長辺側において、一重目の切妻破風に庇《ひさし》をつけたもの、二重目の入母屋破風を壁面に貼り付けたものは類例が全くなく、独創性に満ちている。これらの破風は、通常なら千鳥破風《ちどりはふ》として三角形の小屋根を本体の屋根面に載せた形にするところを、破風下方を大きく伸ばして本体の屋根を突き抜いた形式である。それにより、破風を格段に大きくすることに成功した。遠く山下の城下町から見上げられた時に、破風が明瞭に見えるようにした工夫で、いわば歌舞伎役者の目の隈取り化粧と同じ効果がある。天守史上で最も独創性に溢れた意匠と評価できる。

また、短辺側の一重目の両端に設けられた切妻破風は、他に類例がない。短辺側一重目の屋根は望楼型の基部となる入母屋造であるが、切妻破風を両端に付けたために、入母屋造の隅木《すみぎ》（軒の隅部に四五度方向に出る部材で、隅の垂木を受ける）が省略されている。

各階の鉄砲狭間《さま》はすべて隠狭間《かくしさま》で、外部は壁で塞がれていて外からは見えない。隠狭間の現存最古例で、武骨な狭間を隠して粋である。しかし、隠狭間とした最大の理由は、

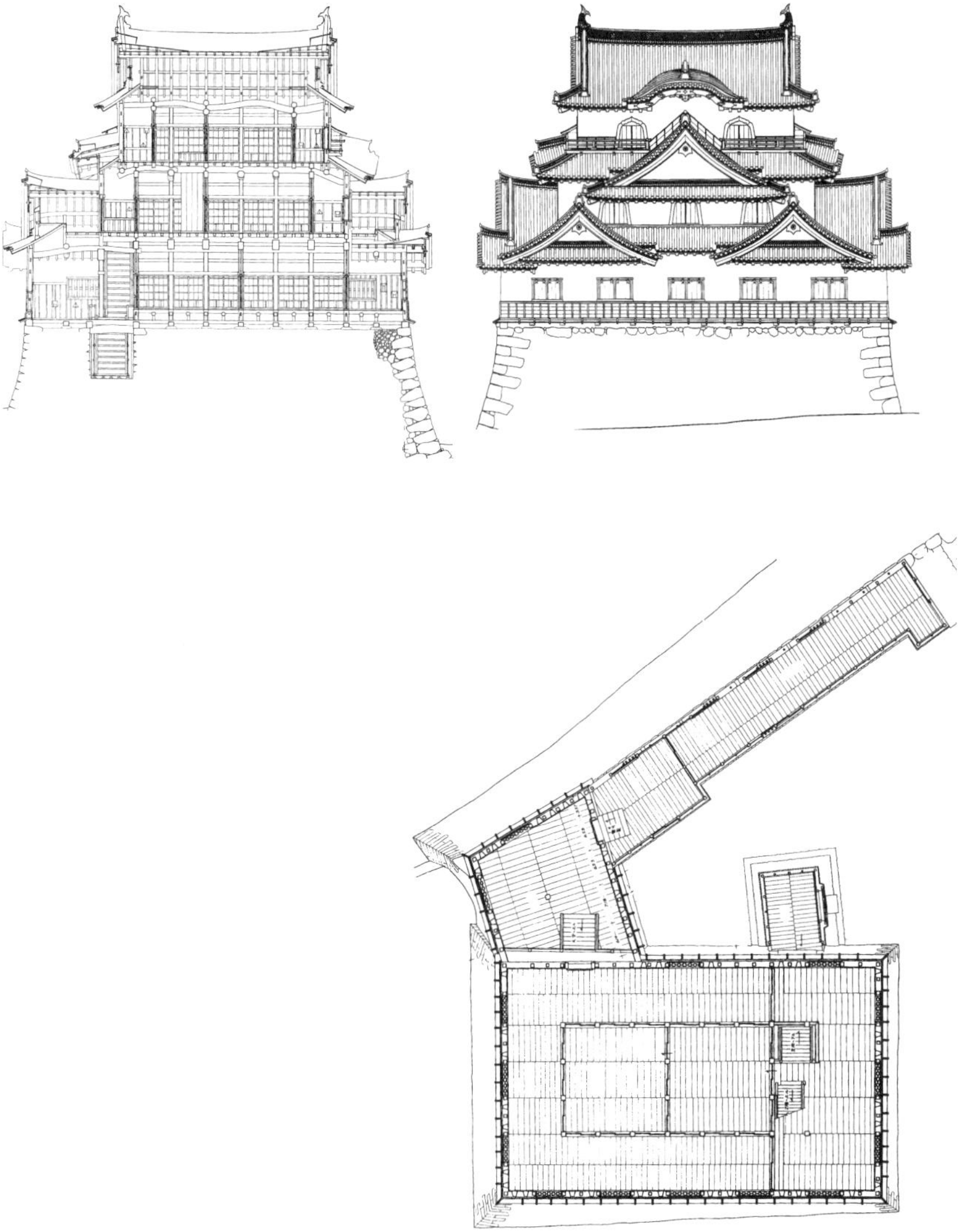

図 130　彦根城天守

（上右：立面図／上左：断面図／下：一階平面図）

風当たりが強い琵琶湖畔の山上に高く天守が聳え立つので、雨水が狭間から室内へ吹き込むのを防ぐためだったと考えられる。

彦根城の櫓の外壁はすべて塗籠であったが、天守一階の腰部分だけは黒い下見板張である。その部位は城下からは全く見えないので、見栄えに劣るが雨避け効果は高い下見板を採用したものである。そうした細やかな配慮も凝らされた天守である。

構造的に注目されるのは、一階の側柱が少し内転び《うちころ》（柱を内側に傾けること）に立てられていることである。内転びにすることによって、構造的な安定性が生まれ、大風や地震に対する強度が大きく増す。内転びの技法としては、寺院や邸宅の四足門（四脚門）においてその正面と背面の控柱《ひかえばしら》を内側に倒すことが中世の遺構に見られる。それをさらに進化させた技法としては、四本柱の鐘撞き堂や手水舎《ちょうずや》において、不安定な構造を補強するため柱を対角線方向に内側に傾けて立てる、四方転びが採用されている。それらは十七世紀中期以降に流行したものであって、四方転びは大工技術的に高度な技法であった。それに比べて彦根城天守は飛躍的に早い時期に内転び（隅柱は四方転び）を採用した建築であった。しかも彦根城天守以外には、城郭建築に内転びは見られない。移築改造を手掛けた大工棟梁の浜野喜兵衛の技量がうかがわれる。

3　松江城天守

概要

・四重五階、地下一階、望楼型天守
・一階規模は十二間に十間（二三・二×一九・三メートル）

・付櫓は一重一階、地下一階。複合式
・慶長十六年（一六一一）までに堀尾吉晴《ほりおよしはる》（豊臣系外様大名）が創建

解説

慶長十六年の祈祷札《きとうふだ》が残っているので、その時には既に完成していたと考えられる。

一階は長辺十二間（六尺四寸間）に短辺十間（長短差二間）もあり、姫路城大天守についで現存第二位の規模である。正面側に入母屋造の付櫓を設け、付櫓の地階が天守への入口になっている。

天守本体は、一階と二階を同大に造り、その二重二階の入母屋造の大屋根の上に二重の望楼を載せる。大屋根の屋根裏階となる三階の明かり採りとして正面と背面に間口六間の大きな出窓を設け、その上に本体とは別に入母屋屋根を載せている。そうした構造・造形は、信長の安土城や秀吉の大坂城の基本的な特徴だったと考えられ、宇喜多秀家《うきたひでいえ》の岡山城天守や毛利秀就《もうりひでなり》（輝元が後見）の萩《はぎ》城天守にも受け継がれたが、それらはすべて喪失しており、本例が現存唯一の正統派天守である。

この三階の正面・背面の大きな出窓上の入母屋屋根は、天守本体の重数には算入されていない。それは四階が大きすぎたため、出窓の屋根が四階の外壁に突き当たって止まっているからである（図132）。途中で止まる屋根は本体の屋根とは認められないので、四重天守として扱われているが、五重五階だった萩城天守よりも大きく、実質的には五重五階天守である。

一階（一重目）と二階（二重目）は同形同大平面で、身舎は十二畳大の部屋四室、二十四畳大二室ずつに分かれ、その周囲に二間幅の入側が廻るが、部屋境に敷居・鴨居・壁などの間仕切りは現状では全くない（後世の修理で失われた可能性はある）。二階の周囲には二間幅（短辺側の隅は一間半幅）の石落《いしおとし》が各面三つずつ（正面は二つ）並び、外壁面の過半を石落が占める変則的な構成である。

図131　松江城天守の明かり採りの出窓（内部）

三階は大屋根の屋根裏階である。二階の入側部分を減じた長辺八間、短辺六間で、短側に入母屋破風の間、長辺側に出窓を設けて明り採りとする（図131）。

四階（三重目）は三階と同じ八間に六間（長短差二間）で、四方に二間幅の破風の間が突出する。最上階の五階（四重目）は、五間に四間（長短差一間）であって、身舎は十二畳間（畳は欠失）二室に間仕切る。その周囲の半間幅の入側は、廻縁を室内に取り込んだ形状を見せ、姫路城大天守とともに関ヶ原の戦い以降の望楼型天守の特徴を示す。

ここで注目されるのは逓減率である。二重目と三重目がともに長短差二間であって、二重目の入母屋屋根で平面の歪みや細長さに見切りをつける望楼型の特性が生かされていない。しかるに、四重目は長短差一間であって、長辺と短辺で逓減率を変えており、その結果、三重目屋根の四隅の隅棟《すみむね》が五階の隅柱に納まっていない（図132）。同様な現象は姫路城大天守でも生じており、関ヶ原以降の慶長期の天守における最上階拡大の一つの手法である。

外観については、望楼型の基部、屋根裏階の明かり採り出窓、最上重にそれぞれ入母屋破風を設け、それ以外には全く破風を設けておらず、その点で古式である。また、漆喰塗りの白壁を極力減らして下見板張の黒い板壁で覆った、耐久性を最優先した質実で武骨な天守である。それでいて三階の出窓だけは白い塗籠として華頭窓を付けて飾っており、その一点豪華主義の意匠が大成功を収めている。

防備については、天守前方の付櫓の中に至った敵に対しても、天守本体の地階と一階から執拗に銃撃を加える狭間があり、天守内部における防備性能は史上最強である。地階には現存天守で唯一（ほかに浜松城・名古屋城）の井戸があり、最後まで籠城を貫徹する気概を見せている。また堀尾氏に代わって松江城主となった松平直政《まつだいらなおまさ》に従って松江に移り、松江城天守の修理を担当していた大工竹内右兵衛の書付に記された図[87]によると、寛永期には天守一階入側の西南隅および四階西の破風の間の南半分に便所が設けられていたことが分かる（現状では便所はない）。

付櫓の石落（袴腰型）は、姫路城と同様の二方向射撃が可能な新鋭であるが、天守本体の石落（袴腰型）は、天守

図 132　松江城天守の屋根の納まり
（上：三階の出窓上の屋根が壁面でとまる／下：三重目屋根の隅棟が五階隅に納まらない）

図133　正保城絵図に描かれた松江城天守

台石垣が低いことを考慮して二階に開かれている。その石落は、初重屋根の垂木が石落を塞ぐように邪魔をしており、いわば失敗作である。これを隠石落と見るのは誤りで、石落の斜めの外壁はよく目立っている。

なお、短辺側の二階の側柱に千鳥破風の母屋桁が取り付いたような痕跡があり、正保城絵図（出雲国松江城絵図）にも比翼千鳥破風が描かれているので、当初は石落ではなく千鳥破風があったという指摘もある（図133）。その場合は、破風の床面に石落が設けられていたかもしれない。しかし、この正保城絵図に見える天守の姿は現状とは相違する五重であって、正面二重目屋根上の出窓の入母屋屋根が三重目として千鳥破風に描かれ、その出窓壁面の位置にも比翼千鳥破風がある。さらにその実在しないはずの側面三重目屋根の上に向唐破風出窓が描かれているが、そこは望楼型基部の大きな入母屋屋根の頂部が本来は存在するので、構造的に設置が不可能である。現状と一致しない不合理な点が多々あるので、この松江城の絵図は正確には描かれていないと言え、側面に描かれた比翼千鳥破風についても直ちには信頼できない。なお、前述の竹内右兵衛の書付の図では、既に現状通りの石落が描かれている。

天守地階の柱は碁盤目に渡された太い土台に立ち、天守本体の大重量を土台で分散させて地盤に伝える構造がよく見える。安土城以来の高層建築特有の構造を忠実に守っている。

また、築城当時の森林資源枯渇によって太い柱材が十分に得られなかったことに対処して、細い柱の一面ないし四面を厚い松板で包んで太い柱とする「接柱《はぎばしら》」の技法が用いられている（図134）。昭和三十年の修理時には、一階から四階までの柱の大多数を占める一三五本が接柱であった。日本初の集成材の天守の柱（城門では姫路城「り」の門が慶長四年で現存最古）である。同時期に堀尾吉晴が奉行を務めた豊臣秀頼再建の出雲《いずも》大社本殿、また秀頼が建てた京都方広寺《ほうこうじ》大仏殿にも接柱が使われ、その後に方広寺大仏殿を参考にして再建された東大寺《とうだいじ》大仏殿にも接柱が使われているので、松江城天守の接柱は慶長創建時に遡るものと考えられる。なお、松江城天守の接柱の包板《つつみいた》の多くには、享保四年（一七一九）や寛保二年（一七四二）などの銘があり、天守の修理の際に順次補加されていったと考えられる。

図134　松江城天守の接柱

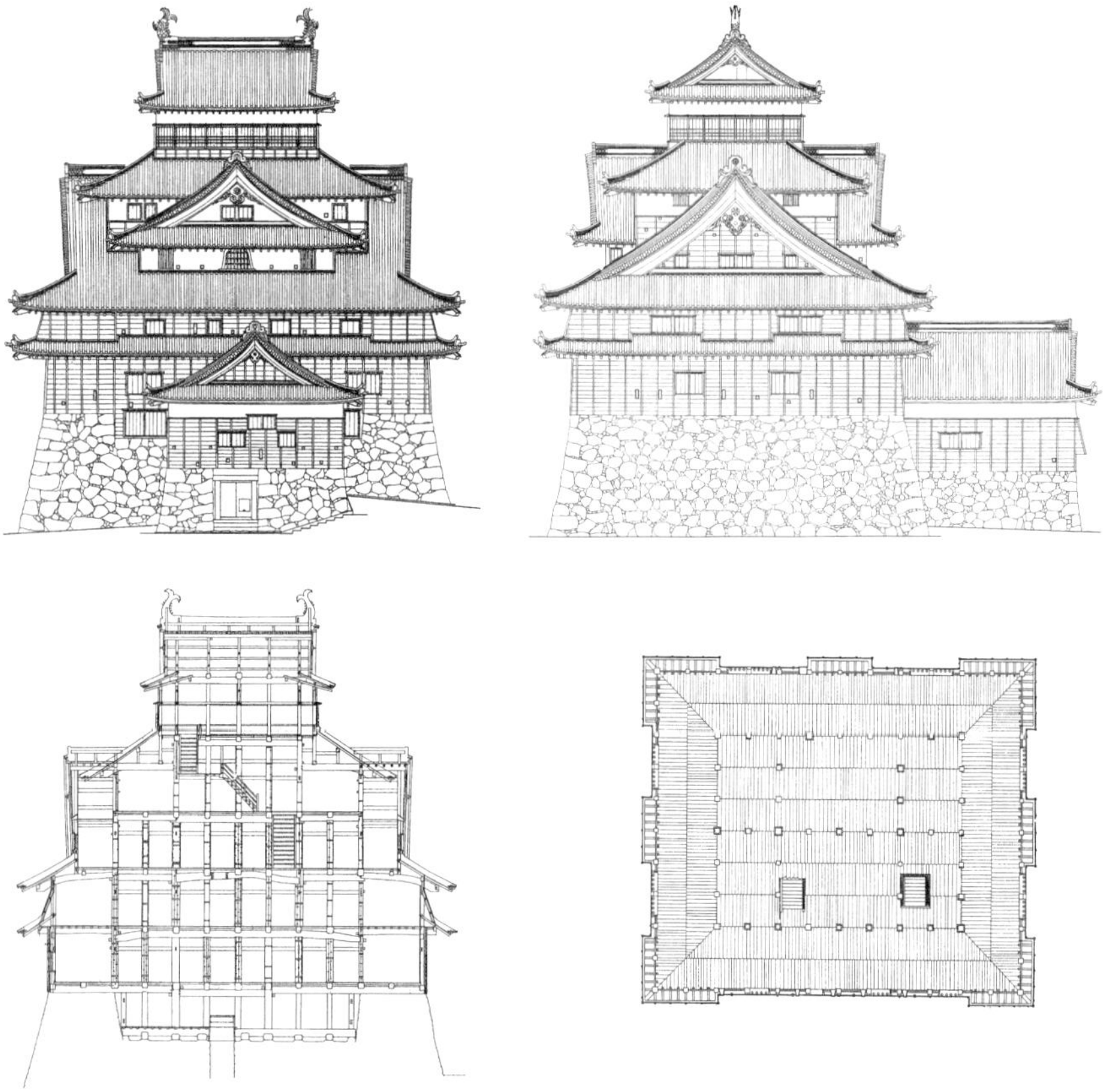

図 135　松江城天守（上右：側面図／上左：正面図／下右：二階平面図／下左：断面図）

4　松本城天守・乾小天守

概要

・五重六階、層塔型天守
・一階規模は九間に八間（一七・三×一五・二メートル）
・乾《いぬい》小《こ》天守《てんしゅ》（三重四階、層塔型）と渡櫓《わたりやぐら》（二重二階、半地下一階）が接続、連結式
・辰巳《たつみ》（巽）付櫓（二重二階）と月見櫓（一重一階、地下一階）が接続、複合式
・文禄元年（一五九二）頃、石川数正《いしかわかずまさ》・康長《やすなが》が初代天守（現、乾小天守）を創建
・慶長二十年（一六一五）頃、小笠原秀政《おがさわらひでまさ》（譜代大名）が五重天守と渡櫓を新築、初代天守を乾小天守に改造
・寛永十～十五年（一六三三～三八）、松平直政《まつだいらなおまさ》（親藩大名）が辰巳付櫓と月見櫓を増築

乾小天守解説

乾小天守は石垣の築造技術が低いためやや平行四辺形に歪んだ天守台に建ち、その一階（一重目）もやや歪んだ長辺五間（六尺間）に短辺四間（六尺七寸五分間）である。長辺と短辺で柱間寸法を変えているが、短辺すなわち梁間の柱間寸法を長くすること、また梁間の全長を二十七尺という完数値とするのは、室町時代の掘立柱建物に一般的に見られる特徴であって、古式かつ地方色（三河地方）である。高知城天守でも長辺と短辺で柱間寸法の相違が見られるが、それは七間を八等分して柱を密に立てる新式技法なので、同類として扱ってはならない。さらに乾小天守では、側柱のほぼ全部と室内の独立柱に丸太材を用いていることも注目され（図136）、室町時代の掘立柱建物の特徴を残している。これを建てた石川数正はかつて徳川家康の重臣であって、三河地方の旧式な建築技法を天守という新時代の建築に応用した結果とも考えられる。六尺間も三河地方の柱間寸法である。

図136　松本城乾小天守の丸太柱

乾小天守の二階（二重目）は一階と同形同大平面で、ともに内部は一室となっていて身舎と入側の区別はない。三階は二重目屋根の屋根裏階で、同大の四階（三重目）が上に載る。最上階の四階は、関ヶ原以前の天守の定型である三間四方であるが、長辺は六尺間、短辺は五尺間である。この五尺間については、梁間の全長を十五尺の完数値としたもので、一階と同じ地方的な設計方法と考えられる。天守として文禄創建当初は望楼型であったが、五重天守の増築時に新型の層塔型に改造されたと考えられる。三階が層塔型天守には通常はない屋根裏階であるのは、二重目屋根が当初は望楼型の基部の入母屋造であったからに他ならない。二重二階の入母屋造の基部の上に望楼を上げた、典型的な望楼型天守だったと推定され、現状でも現存最古級の天守の風格を見せる。

天守解説

天守は層塔型であるが、天守台が平行四辺形に歪み、四重目から五重目への逓減が乱れて四重目屋根の勾配が左右と前後で相違し、また層塔型なら五重五階となるべきなのに五重六階と重階不一致である。望楼型を無理矢理に層塔型としたような特異な天守で、整然と上重が逓減する一般的な層塔型天守とは一線を画すが、古式な層塔型というよりは望楼型の構造を残して層塔型の外観を実現した独特な形式と考えられる。また、一階（一重目）は、北西隅の一間四方の突出部を除いて、長辺（南・北面）九間（六尺五寸間）、短辺（東・西面）八間（同）であって、小さな平面で五重天守を実現した効率の良さが評価される。

基準柱間寸法は、乾小天守が六尺間の江戸間《えどま》であるのに対し、天守は六尺五寸の京間《きょうま》を用いており、宮上茂隆が主張したように、両者の建築年代や施主は異なっている。四階・五階に層塔型の新式梁組が見られること、最上階の六階が廻縁を取り込んだ四間四方であることなどから、小笠原秀政による慶長二十年（元和元年）頃の建築としてよいであろう。

一階は天守台の歪みに合わせて平行四辺形に歪んでいる。五重天守としては異例なことに、入側が一間幅と極めて狭い。通常なら平面の歪みは入側の幅で調整し、身舎は矩形に整形するところであるが、入側の一間幅を一定に取ったため、身舎が平行四辺形に歪んだままである。さらに入側は身舎より床高が五〇センチメートルも低く、入側柱筋で大きな段差を生じている。その理由は、五重天守としては異例に一階の階高が八尺五寸（二・五八メートル）しかないにもかかわらず、一重目屋根（腰屋根）を支える腕木《うでぎ》の延長が入側の梁となっており、低い位置にその梁が渡る。そのため、入側梁下が低くて五尺六寸しか取れなかったので、やむなく入側の床高を下げたものと考えられる。身舎については、床下には太い土台が渡されているため、床高を下げられなかった。もちろん、以上のような類例は他にはない。

さらに珍しいことに、一階においては、柱が一間間隔で縦横に立つ総柱《そうばしら》である(88)。そのため身舎は部屋に区画されておらず、一体となっている。しかし、梁の架かり方や柱材の新旧および礎石の配置などからすると、当初からの総柱ではなく、後世の修理によって柱が補加されたものである。当初は、身舎中央の梁間方向に一間幅の廊下が通り、その両側に十二畳大の部屋（倉庫か）が三室ずつ間仕切られていた。そのような間取りは他の天守に全く類例がなく、松本城天守は全国の天守の系譜に乗らない独特のものだったことが分かる。なお、一階の総柱の例として丸亀城天守が挙げられるが、その総柱は創建当初からの補強であって類例とは言えない。

一階への入口は、乾小天守と結ぶ渡櫓の一階から半間幅の木階を登るものであるが、五重天守の入口としては狭す

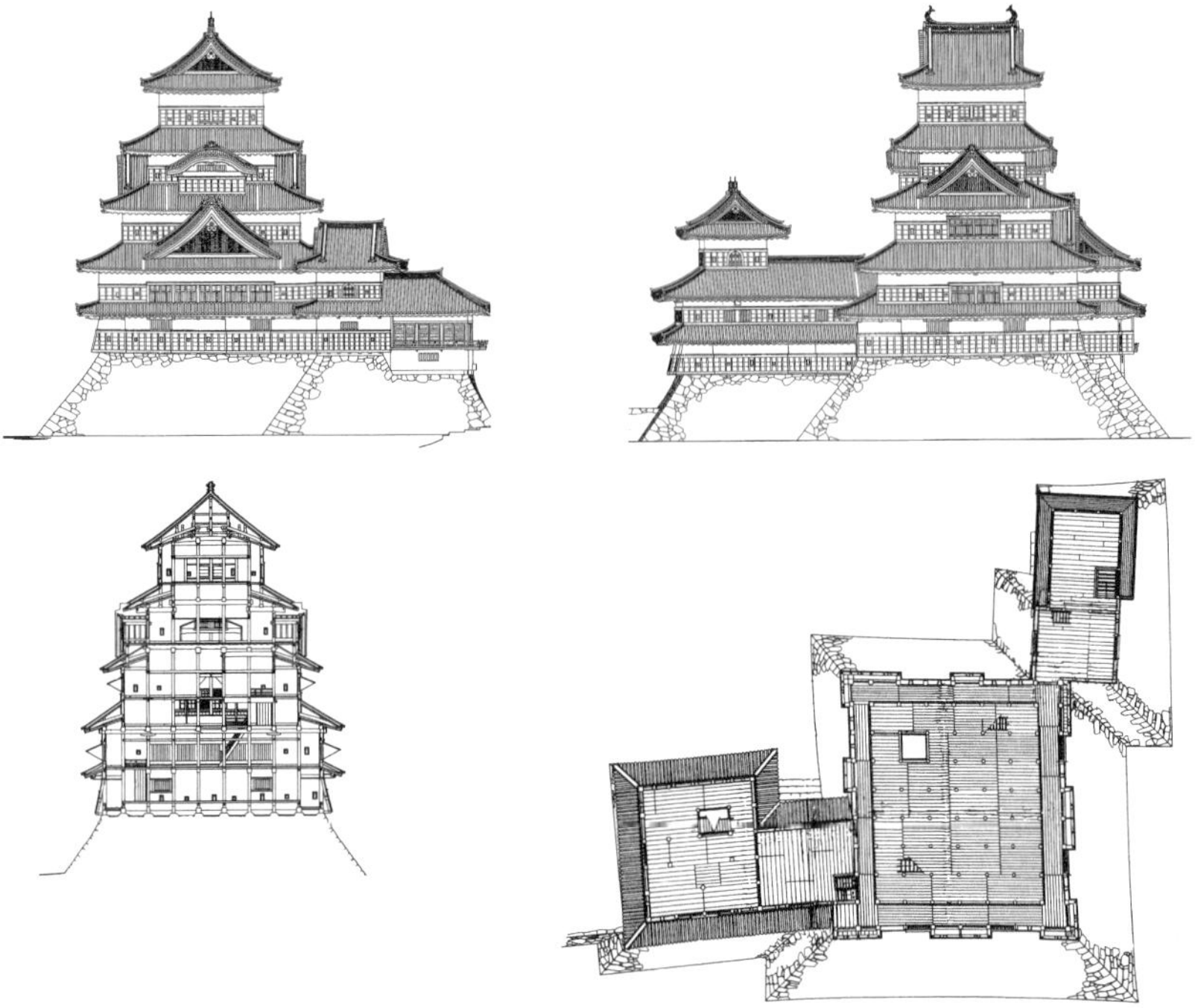

図 137　松本城天守（上右：側面図／上左：正面図／下右：一階平面図／下左：断面図）

ぎであり、敵の侵入を妨げる工夫としても欠陥である。なお、辰巳付櫓・月見櫓の増築後は、一階どうしが一間幅の開口部で繋がっており、月見櫓地階から付櫓を通って天守へ入る動線に変更されたと考えられる。

二階（二重目）は、北西隅の突出部がないことを除いて一階と同大平面であり、入側は一階と同様に一間幅である。現状ではほぼ総柱であるが、一階と同様に後世の改造である。身舎の間取りは一階とは相違して、十八畳大二室、十二畳大三室を取り、残りを小部屋三室としていたらしい。

三階は二重目屋根の中に埋没する屋根裏階である。長辺側の南面に千鳥破風の間を設けており、明かり採りとする。四階（三重目）は三階と同大の長辺七間、短辺六間で、一間幅の入側を取り、長辺側の南面に千鳥破風の間（三階の千鳥破風の間の上階）を設ける。四階は階高が大きく、身舎に長押《なげし》を打っており、最上階の六階とともに格式が高い。

五階（四重目）は、五間に四間で、長辺側に唐破風造の出窓、短辺側に千鳥破風の間を突き出す。最上階の六階の床高を上げるために階高が大きい。六階は三間四方の身舎の周囲に半間幅の縁側を廻したもので、合わせて四間四方となる。五階平面からは、長辺は一間逓減するが、短辺は逓減せずに同長となっており、そのため四重目屋根は正面側と側面側で屋根勾配が異なってしまい振《ふ》れ隅《すみ》になっている。天守を斜め対角線方向から眺めると、隅棟の方向が四重目だけ相違していて美しくない（図27）。

天守台は広大な水堀に面した軟弱地盤に築かれているので、天守の重量を支えるために天守台内に太い木造の地下杭が四本ずつ四列に合計十六本埋め込まれていた。長さ約五メートル、太さ三八センチメートルほどの栂《つが》の丸太材で、地下の固い地盤まで達しており、杭どうしは太い胴差《どうさし》で縦横に結ばれていた。杭の頂部は、一階身舎の土台を支えていたが、昭和三十年の解体修理時には完全に腐朽してしまっており、構造的には全く役立っていなかった。地下杭は現代建築に用いられる工法であるが、天守に応用されたのは稀有の例である。

松本城天守は層塔型であるが、二重二階までを同大に造ること、三階が二重目の屋根裏階になっていることは望楼型の特徴である。また、層塔型では上下階で柱筋が揃わないのが一般的であるのに対して、ほぼすべての柱筋が揃っており、この点も望楼型である。最上重の屋根は層塔型では一重目の短辺側に入母屋破風が向くが、松本城では最上重の逓減を長辺と短辺で相違させることによって、最上重は入母屋破風を一重目の長辺側に向けている。長辺側正面に最上重の入母屋破風を見せることも望楼型天守の特徴である。また、各重の軒先は、すべて野屋根を設けた二重構造になっており、それは天守ではなく社寺建築の構造である。一階・二階の入側が幅一間しかないこと、一階の身舎の間取りが類例のないものであること、最上重の逓減の仕方などを考え合わせると、松本城天守は独特かつ地方的な作品であると言えよう。

なお、現状では、二重目屋根の長辺の南面に千鳥破風、三重目屋根の長辺（四階）に唐破風造の出窓、短辺に千鳥破風を設けている。創建当初（あるいは建造中に計画変更）は、一重目屋根の短辺側西面の上（二階）に切妻造の出窓、二重目屋根の長辺側北面東寄りに入母屋破風（千鳥破風が端に寄ったもの）があったことが柱に残る痕跡から推定され、二重目屋根の現状の大きな千鳥破風は小さな比翼千鳥破風だったと推定されている(89)。

外壁は下見板張である。昭和修理の際に漆塗りの痕跡が見つかったため、現状では高級な黒漆塗りに復元されている。豊臣大坂城など関ヶ原以前の一部の天守は、外壁を墨塗りではなく黒漆塗りとしていたと考えられるので、松本城天守はその伝統を守る唯一の天守である。

月見櫓解説

松本城月見櫓は一般的な城郭建築とは異質である。ほかの四棟が黒漆の下見板張であるのと対照的に、月見櫓の半地下階の外壁は塗籠の大壁で、その上に廻縁が突き出されている。廻縁の高欄《こうらん》は、隅部が交差して先端を少し跳ね上げる跳《はね》高欄で、神社本殿などに使われる最高格式の高欄であって、城郭建築には使われることのない高貴な意匠である。その一方、月見櫓の屋根は、城郭建築では最低級とされる寄棟造《よせむねづくり》になっており、正統な入母屋造としていない。隣接する辰巳附櫓の入母屋造と変化をつけ、月見という風雅な趣を醸し出すために、あえて寄棟造が選択されたようで、高度な美意識が感じられる。

5　丸岡城天守

概要

・二重三階、望楼型天守。独立式
・一階規模は七間に六間（一三・四×一一・五メートル）

・元和・寛永（一六一五～四四）頃、本多成重《ほんだなりしげ》（譜代大名）が再建。あるいは貞享五年（一六八八）に再々建

解説

二重三階の望楼型天守であり、付櫓や小天守を従えない独立式天守である。望楼型の古風な外観から天正四年（一五七六）の丸岡城創築時に建てられた天守とする説があるが、築城開始年を天守の建築年代とする根拠は全くなく、正しくない。慶長十八年（一六一三）の古絵図に、天守台が描かれているにもかかわらず、天守の姿が見えないので、それ以降に再建されたものである。最上階の三階を三間に四間としており、三間四方が基本であった関ヶ原の戦い以前の天守より進化していること、三階の短辺側はその三間を四等分して柱を密に立てる新型であること、一階内部に部屋の間仕切りがないことなどから、元和・寛永期に城主の本多成重が再建した可能性が高い。成重は慶長十八年に親藩の福井城主松平忠直《まつだいらただなお》の付家老・丸岡城主となり、忠直改易後、寛永元年（一六二四）に四万六千石の譜代大名として丸岡城主となっている。丸岡城天守に見られる強い地方色は、古くから家康の家臣だった本多家の天守だからであろう。

一階の側柱は天守台石垣の天端石《てんばいし》上には立てられず、その内側に大きく引いて据えられた土台（現在の土台は天端石の内側に補加された礎石上に敷かれる）に立てられており、他に類例のない工法である。また、長辺方向の中央の柱列は、昭和十二年の修理までは掘立柱であった。地下約一メートルの深さに礎石を据え、その上に立つ柱の地中部は防腐のため厚い板で巻き、さらに漆喰が塗ってあった(90)。当初はすべての入側柱も掘立柱であったことが発掘調査によって判明している。

ただし、そのような構造は変則的であるので、天守台天端から深さ一メートルほどのごく浅い掘り込みを床下に設けた、中途半端な穴蔵（地階はなく、床下が深いだけ）であって、天守荷重を天守台内部のなるべく低位置に掛けるための工夫だったと考えられる。その場合は、貞享五年（一六八八）の改修時にその浅い穴蔵を埋め、中央列の柱だけ

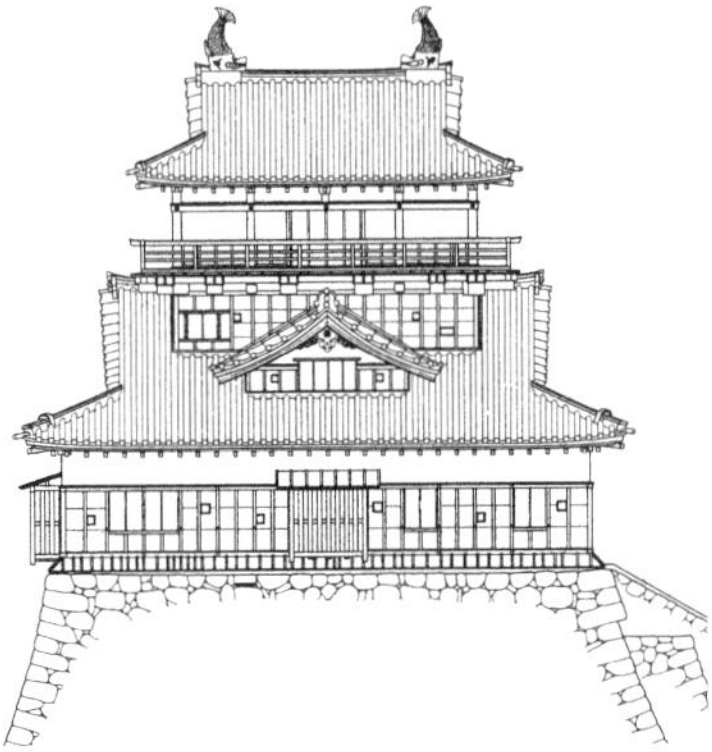
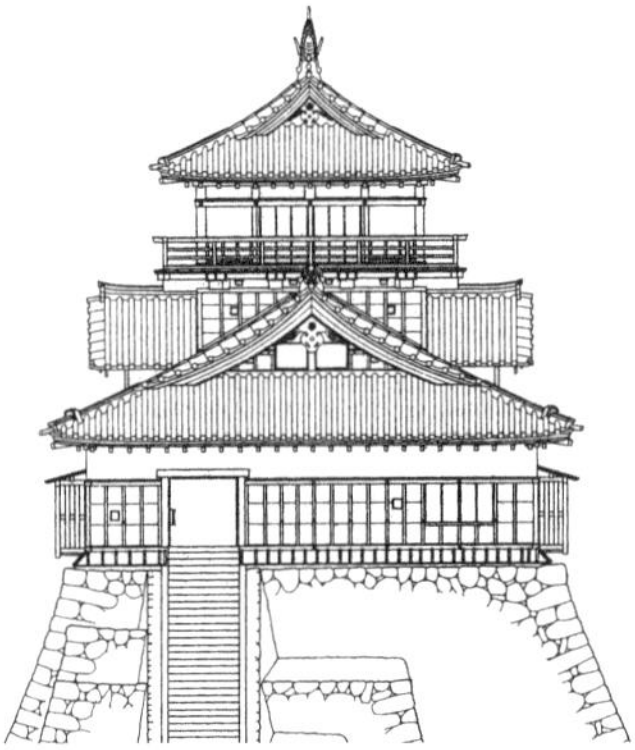
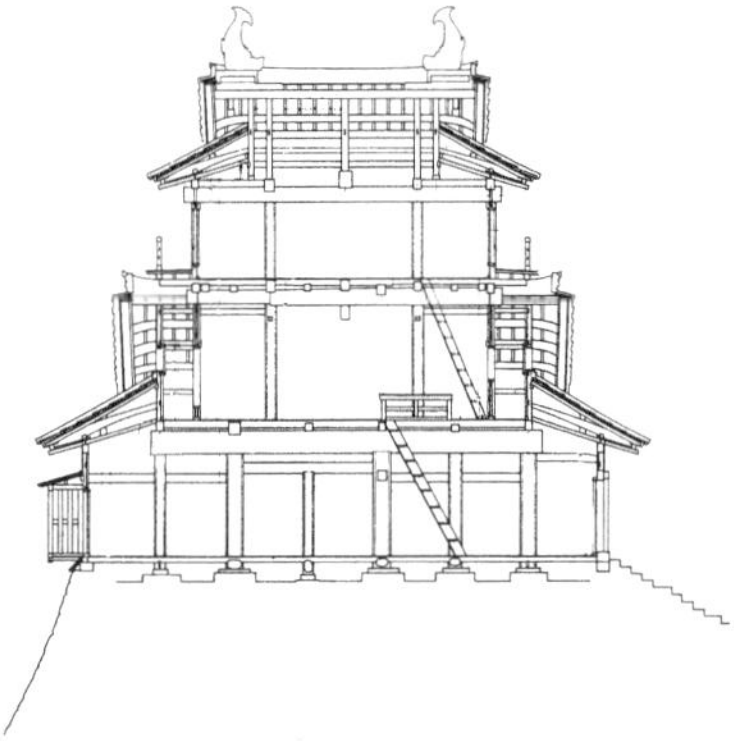
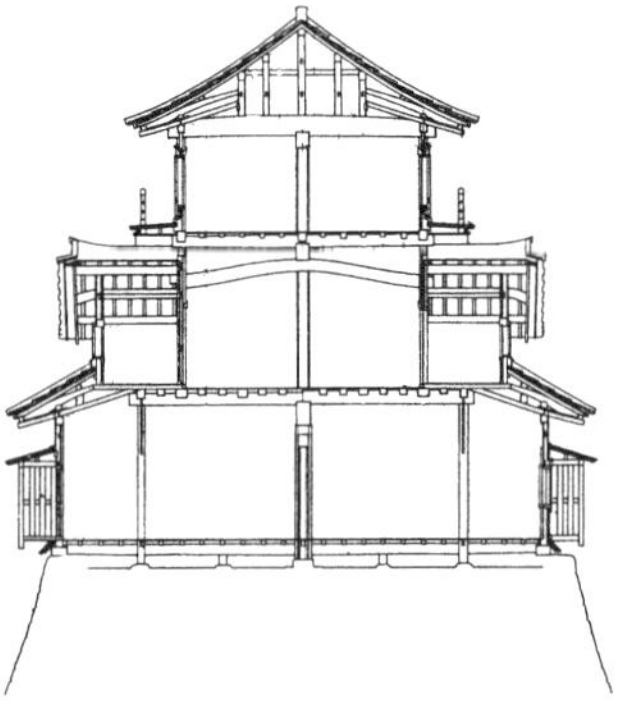

図 138　丸岡城天守

（上右：正面図／上左：側面図／中右：梁間断面図／中左：桁行断面図／下：一階平面図）

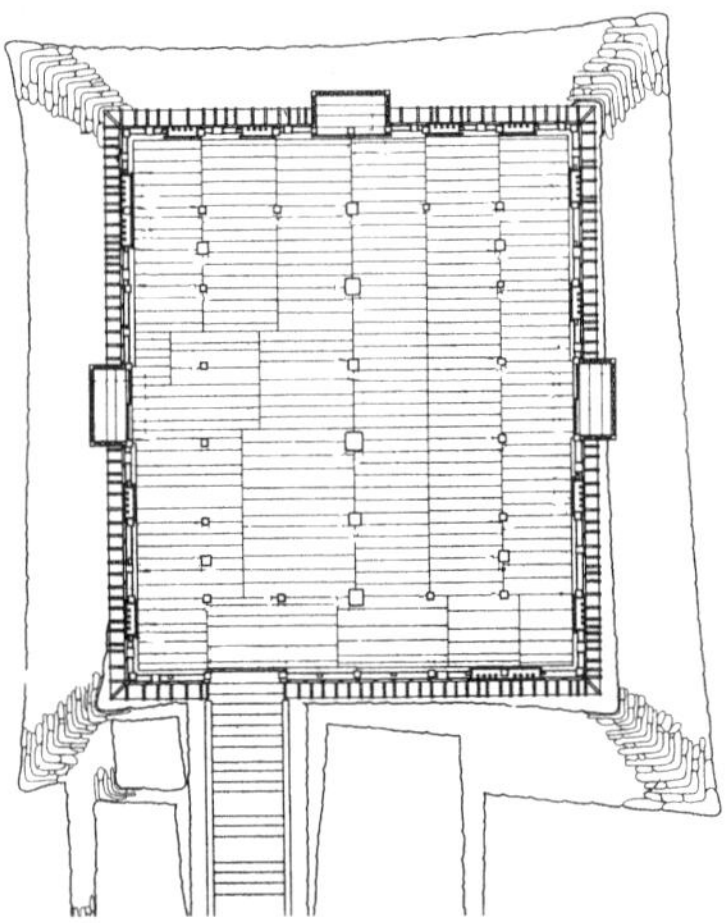

を掘立柱として当初の深さに礎石を残したものとなろう。なお、姫路城大天守地下で発見された秀吉時代の天守は深さ二メートルほどの浅い穴蔵（正確には極めて深い床下）をもっていたことが判明している。丸岡城天守も当初はそうした浅い穴蔵であったと考えられる。また、現存の姫路城乾小天守の内部の土台も掘立の杭で支えられていたことが分かっており、(91) 類似した工法と言える。

一階（一重目）は長辺七間（六尺三寸間）に短辺六間で、周囲一間を入側とし、その内の五間に四間を身舎として棟通りで二十畳大の二室に分けるが、部屋境に間仕切りは全くない。身舎は棟通りに異様に太い牛梁《うしばり》を通し、それに直交させて梁を載せる。しかし、入側には梁がなく、天守建築としては極めて異例である。一階の上を覆う一重目屋根は、望楼型の基部となる入母屋造である。下から見える化粧垂木とは別に、その上に桔木《はねぎ》と野垂木《のだるき》を掛けており、すなわち軒先が二重構造の屋根（上部の屋根を野屋根という）になっている。野屋根は御殿や社寺建築の技法であって、天守では最上重にしか用いられない構造である。姫路城大天守の基部の大屋根にさえも使われないもので、この点も異例である。

二階は四間に三間で、望楼型の屋根裏階である。長辺側の前後に切妻造の出窓を設けて明かり採りとする。三階（二重目）は二階と同大であって、内部を一室とし、室内に二本の柱を立てて牛梁を支える。三階には廻縁があるが、室内との境に中敷居《ちゅうじきい》があり、縁板が室

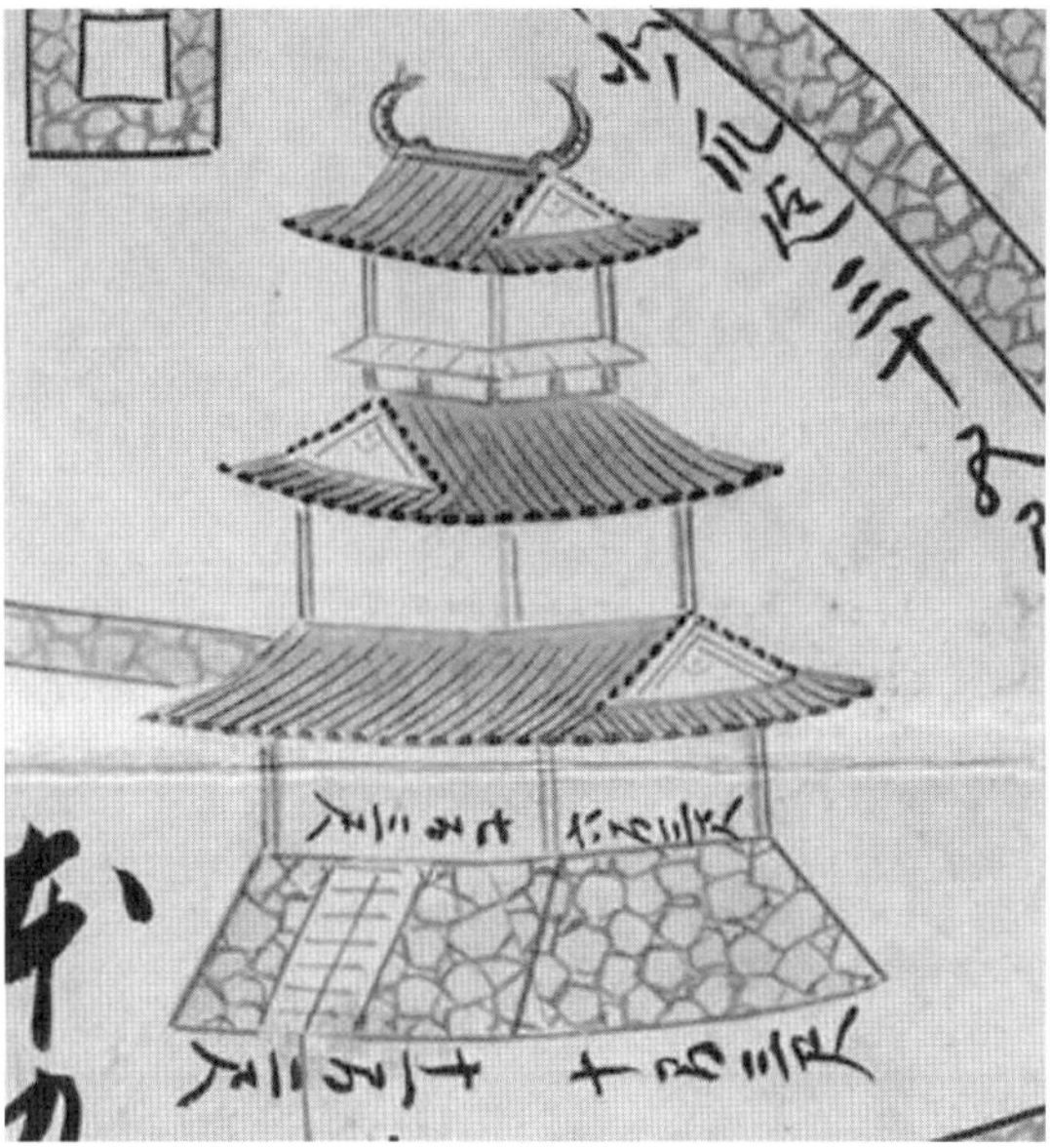

図139　正保城絵図に描かれた丸岡城天守

内の床より高い位置にあるので、廻縁に人が出ることは想定されていない。すなわち飾りの廻縁である。

この天守の屋根瓦は、石を削り出して作った石瓦《いしがわら》葺で、寒冷地に対応するものである。

なお、正保城絵図（越前国丸岡城之絵図）には、二重ではなく、三重（四階か）の望楼型天守として描かれている（図139）。各重とも入母屋造で棟の向きを交互に違えており、三段重ねの望楼型（岡山城天守の例がある）であって、最上階の廻縁はなく、代わりに板葺の短い腰屋根が描かれている。現状とは全く相違する形式であるが、絵図なので直ちに信用することはできない。もし、この描写が正しいものとすると、貞享五年に床下を埋めて掘立柱に改修された時に完全に建て替えられたことになろう。

6　丸亀城天守

概要

・三重三階、層塔型天守。独立式（もと複合式）
・一階規模は六間に五間（一一・五×九・四メートル）
・正保二年（一六四五）頃、山崎家治《やまざきいえはる》（外様大名）が創建

解説

万治三年（一六六〇）に外様大名の京極高和《きょうごくたかかず》が建てたと言われているが、その年代は三階の壁体に塗り込められていた祈祷札《きとうふだ》によるものなので、天守の建築年代とは言えない。先代城主であった外様大名の山崎家治が正保二年（一六四五）に幕府へ提出した正保城絵図に天守の姿図が既に描かれていること、その絵図作成時に普請中だった石垣に

ついては姿図がなく単線で示され、黄色の付紙が貼られ、「黄ノ付紙之分石垣、当年大形出来可仕候」と記されていることと合わせてみれば、天守は正保二年には内壁の仕上げはともかく一応完成していたことが明白である。なお、同絵図には天守に「矢倉六間五間」と記されており、天守ではなく櫓として申告されている。

本丸の隅部ではなく、本丸北正面の中央部よりやや二の丸寄りに建つ。現在は独立しているが、かつては東西両側には多門櫓が接続しており、その多門櫓の中から天守へ入った。したがって、現状は独立式天守であるが、当初は一種の複合式であった。

一階（一重目）は長辺六間（六尺三寸間）に短辺五間（中央六尺一寸間、両脇六尺三寸間）で、北正面の東に寄せて出窓型石落を出す。梁間の身舎柱間寸法をわずかに短くするのは、石垣の築造誤差の調整であろう。内部には当初から畳は敷かれておらず、間仕切りも全くないが、内法貫《うちのりぬき》より上方に小壁《こかべ》を付けることによって、周囲一間を入側とし、身舎は十二畳大の二室に分かれることを示している。その十二畳大の部屋の内部に独立柱を二本ずつ配して構造補強をしているので、結果的に一階は総柱になっている。また、側隅柱に近寄せて側柱を二本ずつ立て加え、その頂部に火打《ひうち》（隅部において隅木と直交する方向に渡された短い梁）を渡して隅行き梁を支える補強がなされている。火打を用いた現存最古の天守であって、この時期以降、多くの天守で火打が応用されるようになった。また、その隅行き梁は入側隅柱を越えて室内の独立柱に達しており、珍しい補強構造を見せる。

二階（二重目）は、四方から四尺三寸（およそ三分の二間）ずつ逓減させた平面で、その周囲一間を入側とし、身舎を一室とする。その結果、身舎は長辺二間四尺、短辺一間三尺六寸という中途半端な規模となり、その端数を処理するために入側隅柱に近寄せて入側柱を立て加える。さもないと入側の梁が渡せないのである。側隅柱では、一階と同様に側柱を加えて補強し、火打を設けるが、この際に加えられた側柱は、側柱筋の端数処理を兼ねている。

三階（三重目）も同様に、四方から四尺三寸ずつ逓減させた平面で、入側は設けずに一室とする。その結果、長辺三間余り、短辺二間余りとなっている。逓減により最上階平面が小さくなっているので、一階の長辺と短辺の長さの

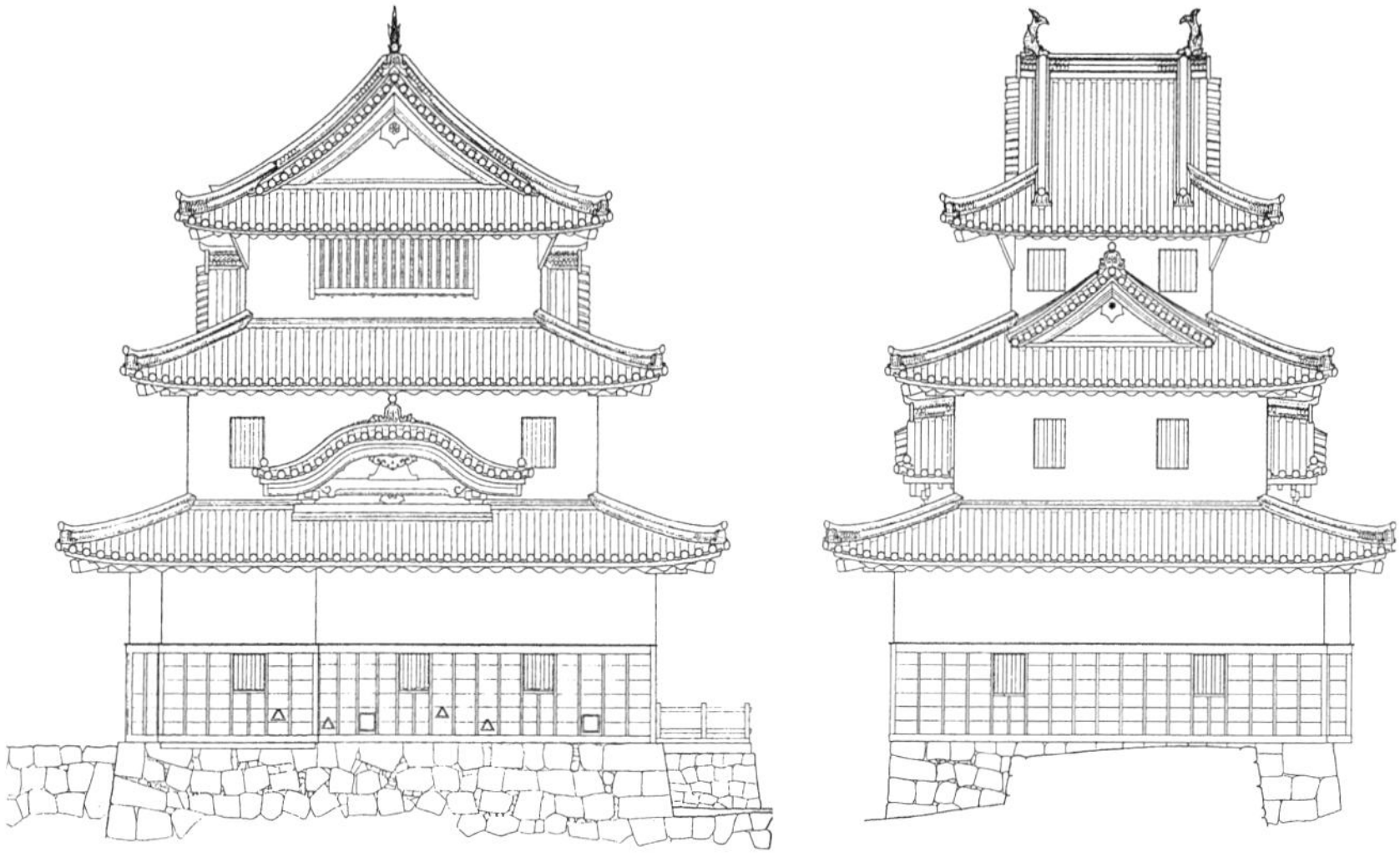

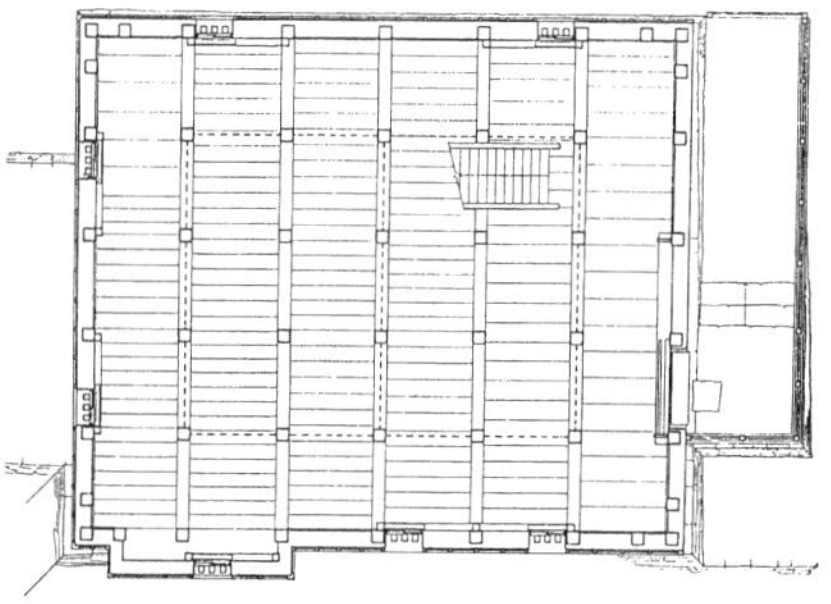

図 140　丸亀城天守

（上右：側面図／下：一階平面図／上左：正面図）

差である一間が大きく作用し、随分と細長い平面となった。

一重目長辺側に向《むかい》唐破風、二重目短辺側に千鳥破風を飾りにつける。向唐破風には、社寺建築と同じ虹梁《こうりょう》と蟇股《かえるまた》を造っており、格式が高い。最上重の入母屋破風は、層塔型であるので、通常は短辺側に向くが、この天守では、無理矢理に長辺側に破風を向けている。一階の長辺（正面）側に最上重の入母屋破風を向けることにより、錯覚によって天守を大きく見せ、また格式を高めている。そのような構法は、天守に類例がなく、慶長二十年（一六一五）に完成した名古屋城本丸御殿の玄関が類例である。

外壁は一階のみに下見板張を

加え、二階・三階は塗籠である。一階正面には三角形の鉄砲狭間を四つ、四角形の大筒（石火矢）狭間を二つ開く。この大筒狭間は床面にほぼ接して切られているので、手持ちの大筒ではなく、木製台座に砲身を据える形式の大筒を放つ狭間である。天守の大筒狭間の唯一の現存例である。狭間の蓋は薄い板戸を横引きにする新式である。二階・三階にも大筒狭間が切られているが、風当りが強いので、外側を塗り塞ぐ隠狭間となっている。

三階の北正面の窓は、引違戸を建てる二間続きの窓で、その外側に二間幅の窓格子を取り付けたものである。天守の窓としては特殊であるが、鳥取城の二の丸三階櫓の正面側の窓も同様だったと考えられる。

7　宇和島城天守

概要

・三重三階、層塔型天守。独立式
・一階規模は六間四方（一一・八×一一・八メートル）
・寛文四～五年（一六六四～六五）、伊達宗利《だてむねとし》（外様大名）が再建
・十九世紀中期、玄関を新築

解説

初代天守は築城の名手として誉高い藤堂高虎《とうどうたかとら》によって慶長六年（一六〇一）に建てられたが、柱の大半が古材だったので早くから老朽化が進み、伊達宗利が藩主であった寛文四～五年（一六六四～六五）に現存の天守に建て替えられた。初代天守は三重三階の望楼型で、一階（一重目）は六間四方の正方形であり、正面側に付櫓を伴う複合式天守

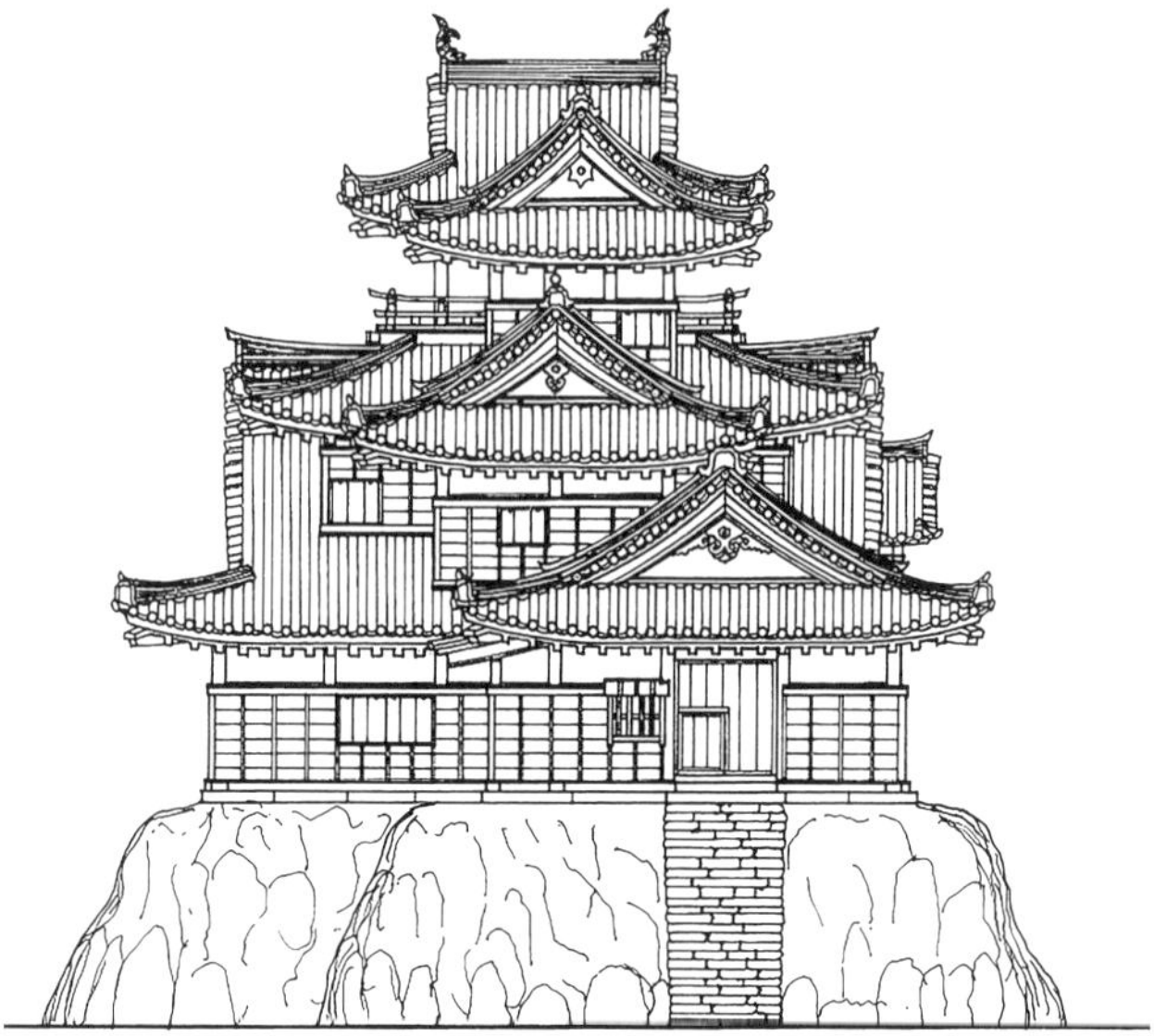

図141　宇和島城慶長創建天守復元図

であった。天守台石垣はなく、現在の天守台のところにあった岩山の上部を削平して天守を建てていた。二階（二重目）は四間四方、三階（三重目）は二間四方と逓減しており、その規則正しい逓減は層塔型に先行するものであった。また、二階には三か所、三階には一か所の入母屋造の突出部が非対称に取り付き、三階には廻縁があって、その複雑な造形は史上随一であった（図141）。

現存の二代目天守は、三重三階の層塔型の新式天守で、一階（一重目）は六間（六尺五寸間）四方の正方形平面であって、初代天守の規模（二階の大きさと屋根の重数）を正しく受け継いでいる。ただし、間取りは全く相違しており、一階は入側の幅を一間半（初代天守は一間幅）とし、身舎は三間四方の一室である。入側内の四隅に独立した柱を設けて隅行きの梁の途中を支えており、その上に二階（二重目）の側隅柱が立つ。

一階と二階は身舎を同大とし、入側の幅だけで逓減する、層塔型三重天守の典型例である。そのため、二階側柱は一階入側の梁上に渡された柱盤に整然と立てられている。一階身舎の梁は入側梁よりはるかに高い位置に架けられており、層塔型に多い新式の構造である。二階の大きさは一階の四方から半間ずつ逓減した五間四方で、入側の幅は一間になる。

三階（三重目）も四方から半間ずつ逓減し、四間四方であり、入側はなく、一室になっている。梁間が四間となっ

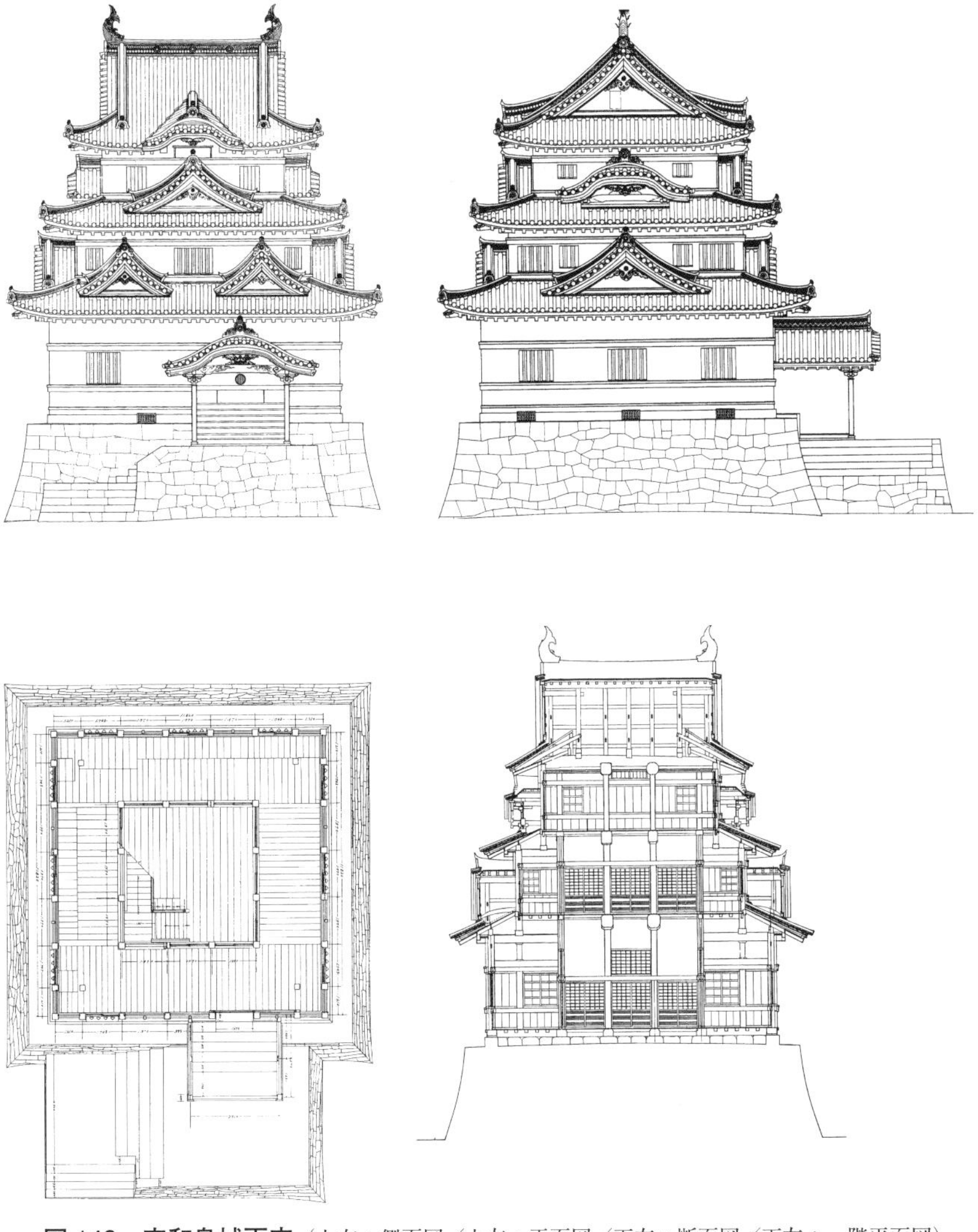

図 142　宇和島城天守（上右：側面図／上左：正面図／下右：断面図／下左：一階平面図）

て無理が生じたので、途中で梁を支える柱が補加されている。三階には天井を張る。初代天守より逓減が小さいので、三階の面積が四倍に増大している。

一重目屋根には正面と背面に比翼千鳥破風、側面に千鳥破風、二重目屋根には正面・背面に千鳥破風、側面に向唐破風を設ける。いずれも破風の間はなく、純然たる装飾である。三重目屋根の正面・背面には軒唐破風を設ける。また、一階正面には唐破風造の玄関が突き出し、その下は低い板敷きの式台《しきだい》とする。現在の玄関は十九世紀中期の新造である。

外壁は漆喰の塗籠であり、各階に長押形を造り出しており、格式が高い。一階の格子窓は、本来は半間窓に片引の土戸を建てるべきものであるが、すべて一間幅になっており、そこに引違の土戸を建てる。身舎を三間四方にして、それに合わせて側柱が立てられているので、左右対称に半間窓を配せなかったからである。引違の土戸では、どちらか一方しか開けられないので不合理であるが、左右対称の美を優先させたものである。窓の格子は極めて太く、射撃の邪魔にならないように、三角形に近い五角形断面としてあり、性能が良い。

鉄砲狭間は全くなく、防備性能は概して低い。しかし、三階の軒唐破風下には横長の排煙窓を設けており、その点は極めて実戦的である。天守の排煙窓は、姫路城・広島城以外に類例がなく、宇和島城天守を泰平の世の天守の代表例に挙げるのは正しくない。

また、天守台上の天守外壁の周囲に幅一メートルもの広い犬走《いぬばしり》が設けられており、正面の玄関や飾りの破風とともに泰平の世の天守の特徴とされている。ところで、現在の天守台石垣は、亀甲積《きっこうづみ》に近い切込接《きりこみはぎ》であって、幕末の天守修理の際に新造されたものである。この天守台の石垣には耐用年数の短い砂岩が使われており、寛文新造の天守台石垣（慶長創建時のままだったとすれば、天守台石垣はなく、岩山を削った岩盤）も砂岩だったと推定される。幕末には既に石材が風化して耐用年限に達しており、修理に際して旧天守台を解体せずに、その外側に新たに現在の石垣を積み加えたため、極端に広い犬走が生まれたと考えられる。

8　備中松山城天守

概要

・二重二階、層塔型天守。付櫓三か所（一重一階）が接続、複合式

・一階規模は七間に五間（一三・〇×一七・一メートル）

・天和三年（一六八三）頃、水谷勝宗《みずのやかつむね》（外様大名）が再建

解説

険しい山城に上げられた二重二階の天守で、現在のものは天和三年（一六八三）頃に水谷勝宗によって再建された二代目天守である。

初代天守は、正保城絵図によると渡櫓で平櫓《ひらやぐら》と連結された二重天守で、現在と同じ場所にあった。慶長十年（一六〇五）に松山城は幕府の備中代官であった小堀政一《こぼりまさかず》（遠州）によって修理されているが、小堀氏は一万二千石に過ぎず、天守建造には禄高が低いので、その創建は関ヶ原の戦い以前の毛利氏支配下だったと考えられる。なお、二重天守と平櫓を渡櫓で連結する形式は、天和再建後も継承されていたが、現在は天守のみが残存している。

現存する二代目天守は低い天守台上に建ち、一階（一重目）は長辺七間（六尺五寸間）、短辺五間であって、短辺側を正面に向ける。正面に唐破風造の二間幅の出窓、向かって右側面に五間に一間半の入母屋造の付櫓、背面に三間に一間半の入母屋造の付櫓を設け、さらに左側面の天守台下に渡櫓（天守の玄関を兼ねた八の平櫓と結ぶ）の端部が残って付櫓的になった庇《ひさし》を葺き下ろし、その内部から天守に上る。大きな入母屋破風をもつ付櫓を従えているので、望楼型天守に見間違うが、付櫓を除いた本体だけを見れば新式の層塔型天守である。単純になりがちな小規模な層塔型二重天守であるが、出窓や付櫓を四方に設けており、その複雑な屋根構成によって優れた造形美を見せ、二重天守の最

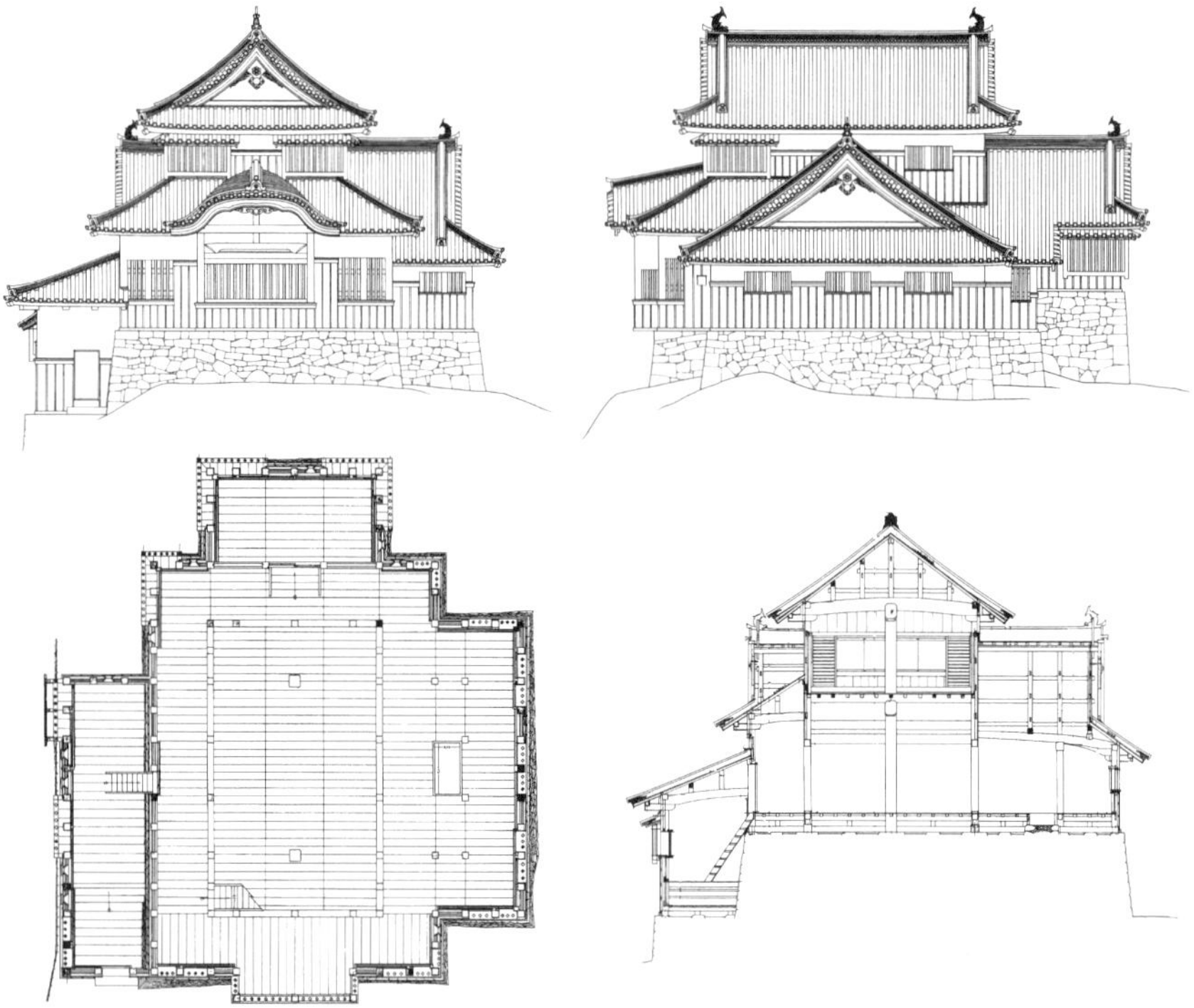

図 143　備中松山城天守（上右：側面図／上左：正面図／下右：断面図／下左：平面図）

高傑作である。背面の付櫓の台座石垣は本体の天守台より一・五メートルほど高いが、それは背面側の地盤が高くなっているためで、浜松城天守台が類例である。

一階内部は、五間に三間を一室の身舎とし、室内に太い大柱を二本立てて二階までの通柱とする。周囲一間を入側とするが、向かって右側の付櫓との境にあたる側柱を二本省略し、付櫓内へ入側を張り出して部屋とし、そこに長囲炉裏《ながいろり》を切る。二階（二重目）は一階の身舎部分が立ち上がった構造になっており、すなわち一階から入側を省略した規模である。室内には大柱が立ち上がる。背面側の奥行一間は後方の大柱の背後に当たり、そこを仕切って窓のない祭壇としている。天守の最上階の背面側に窓がないのは、極めて異例である。

9　高知城天守

概要

・四重六階、望楼型天守。独立式
・一階規模は八間に六間（一四・一×一二・〇メートル）
・延享四年（一七四七）、山内豊敷《やまうちとよのぶ》（豊臣系外様大名）が再建

解説

四重六階の望楼型天守である。江戸時代中期に旧式となって久しい望楼型天守を再建したのは、初代藩主の山内一豊《やまうちかずとよ》が慶長六年（一六〇一）から築城を始めた高知城の初代天守の再現を目指したからであろう。初代天守は享保十二年（一七二七）に焼失している。本丸の城壁が鈍角で折れ曲がる鎬隅《しのぎすみ》（慶長創築時以来の縄張）に建てられ、独立した天守台はなく、本丸御殿と地続きの平地に建つ。したがって石垣には一面だけが載り、残り三面は平地から直接に立ち上がる。

一階（一重目）と二階（二重目）は同形同大の平面で、長辺八間（五尺八寸間）、短辺六間（六尺六寸間）であるが、長辺は六尺六寸間の七間を八等分した柱間寸法として設計されたと考えられる。したがって長辺と短辺で一間の長さが相違しており、斬新である。一階・二階ともに間仕切りはなく、身舎と入側の明確な区別はないが、柱列を見ると、中央に四間四方（ただし、柱間寸法は相違）の広い部屋を置き、短辺側に二間四方の部屋を二室ずつ、長辺側に幅一間、長さ八間の入側に類するものを配している。四間四方という梁間の大きな部屋は、最上階を除いて天守には使われない規模であって、極めて異例である。

この四間四方の直上に三階と四階（三重目）が位置し、そのまま三・四階の平面規模となっている。二重目の屋根

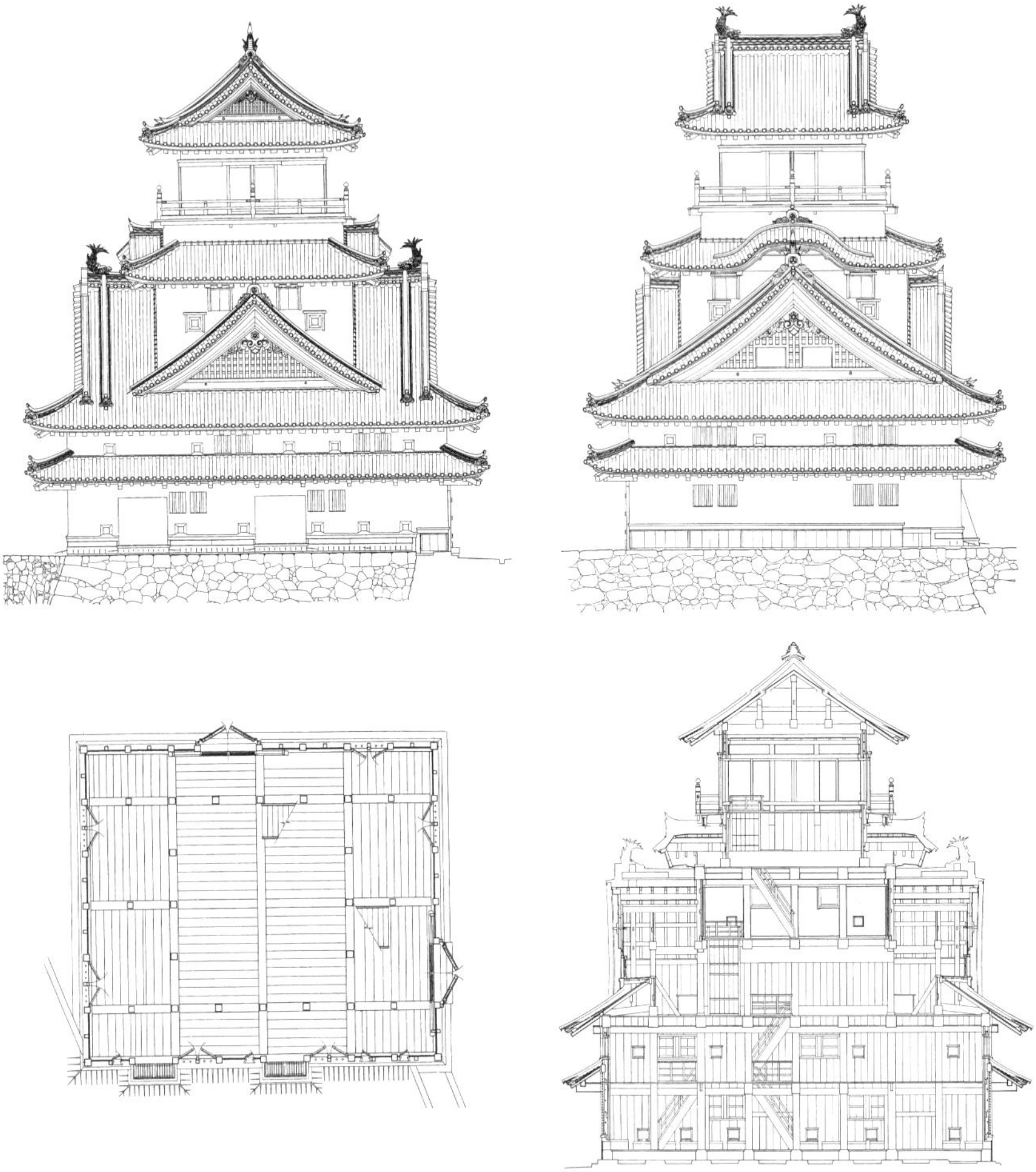

図 144　高知城天守（上右／側面図／上左：正面図／下右：断面図／下左：一階平面図）

は望楼型の基部の入母屋造であり、三階はその屋根裏階である。したがって、三階の短辺側には入母屋破風の間が設けられ、また長辺側にある大きな千鳥破風については、背面側（御殿側）にだけ破風の間を設ける。

五階は、四重目の屋根裏階であって窓がなく、階高は二メートルもない。五階の床梁が床面より上に渡されているので、これをただの屋根裏とみなして階数に参入しない場合もあり、重要文化財指定では四重五階天守とされている。五階・六階は、同大の三間（五尺六寸間）四方であるが、六尺五寸間の二間半を三等分したものである。六階の周囲には半間幅の廻縁を設ける。

高知城天守の外観は、二重二階の入母屋造の大屋根上に二重の望楼を載せた典型的な望楼型天守の形態を見せる。大屋根から上で大きく逓減し、最上階を廻縁付きの三間四方とすること、大屋根と最上重で入母屋破風の向きを直交させること、大屋根の長辺側に明り採りの大きな千鳥破風を設けること、それらの点で初期の三重や四重の望楼型天守の形態を忠実に継承している。柱間寸法や間取りについては再建時の新時代の好みに従っているが、おおむね豊臣時代の大名衆の天守の趣を伝える現存唯一の天守と言えよう。

なお、高知城の初代天守については、廻縁設置が一豊の切望だったという。四国に廻縁をもつ天守はないと重臣らが反対したが、幕府の許可を得て廻縁を設けたと伝えられる。この伝承の真偽はともかく、一豊の初代天守の姿は土佐藩において尊崇されており、そこに確信的に時代後れの天守が再建された理由があるようだ。

また、各階の階高は、現存天守中では最も低く、弓矢の使用が困難になっている。総高は四階建ての天守に近い。外壁は白漆喰の塗籠とし、一・二・四階には極めて大きな鉄砲狭間を開く。石垣に面して石落を二か所設け、石落を含めて一階外壁の下端に忍び返しの剣先を並べており、防備は厳重である。

10　弘前城天守

概要

・三重三階、層塔型天守。独立式（もと複合式）
・一階規模は六間に五間（一一・八×九・八メートル）
・文化七年（一八一〇）、津軽寧親《つがるやすちか》（外様大名）が再建

解説

慶長十五年（一六一〇）に津軽信枚《つがるのぶひら》が弘前城を築城し、その頃に五重天守が創建されたという。その初代天守は寛永四年（一六二七）に落雷により焼失し、以後しばらく再建されなかった。津軽氏は四万七千石の外様大名だったので、五重天守というのは五階天守を表したもので、四重五階か三重五階だったと考えられる。その後、文化二年（一八〇五）に七万石に加増され、同五年に十万石に石高を直されたことを契機に、同七年に現在の天守を再建した。三重三階の層塔型天守であるが、江戸時代には三重櫓として扱われていた。現状では独立式天守であるが、江戸時代には北側に多門櫓が接続していた。

一階（一重目）は長辺六間（六尺五寸間）に短辺五間であり、四方から半間ずつ逓減させて、二階（二重目）は五間に四間、三階（三重目）は四間に三間である。各階ともに入側と身舎の区別はなく、内部を一室とする。一階と二階では、側柱より半間内側に入側柱に相当する柱を疎らに立てており、江戸時代後期の三重櫓の構造をとる（類例は彦根城西の丸三重櫓）。入側柱や身舎内の柱は少ないが、各階ともに側柱は一間ごとの本柱に加え、半間の位置に間柱《まばしら》を立てており、強度を補っている。

城外側の二面においては、長辺側は一階に間口二間、二階に間口二間半、短辺側は一階に間口二間半、二階に間口

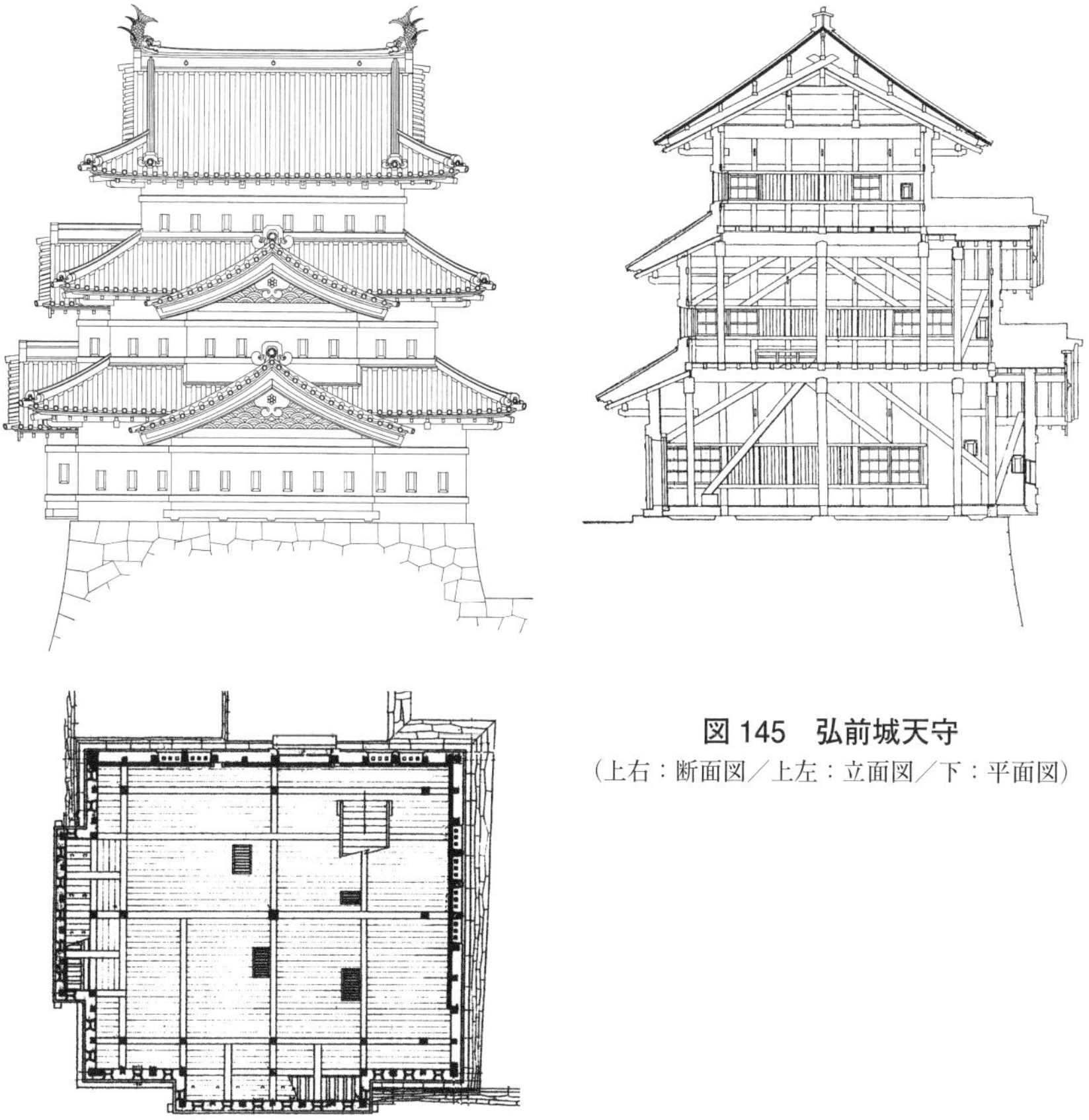

図 145　弘前城天守
（上右：断面図／上左：立面図／下：平面図）

二間の切妻造の出窓をそれぞれ二段重ねに設けている。江戸城の三重櫓では一階に切妻造や唐破風造の出窓があるので、それを参考にして二階にも出窓を増設したものと考えられる。切妻破風の妻壁が青海《せいがい》波《は》文《もん》を打ち出した銅板張りとなっているが、それは江戸城の櫓と同じ意匠である。

外壁は漆喰の塗籠で、長押形を造り出す。垂木やそれを支える腕木は、塗り込めずに白木造りである。そして、城外側の二面においては、窓が全くなく、その代わりに矢狭間を半間ごとに切っている。極めて珍しい形式であって他に類例はない。鉄砲狭間は全くないので、矢狭間と兼用である。城内側は、一転して格子窓を連続させて設け、銅の開き戸を設ける。屋根は各重ともに高級な銅瓦葺（類例は寛永度江戸城天守・水戸城天守）である。

11 （伊予）松山城天守

概要

・三重三階、地下一階、層塔型天守
・一階規模は九間に七間半（一七・七×一四・七メートル）
・小天守（二重二階）・隅櫓（二重二階）二棟・櫓門二棟を渡櫓で接続。連立式
・嘉永五年（一八五二）、松平勝善《まつだいらかつよし》（親藩大名）が再建

解説

三重三階、地下一階の層塔型天守で、二重二階の小天守と二棟の隅櫓を渡櫓で連結した連立式天守である。小天守と隅櫓・渡櫓は昭和八年に焼失し、昭和四十三年に木造再建された。天守および両脇の筋鉄門《すじがね》・内門の一階が現存している。

松山城は豊臣系外様大名の加藤嘉明《かとうよしあき》が慶長七年（一六〇二）に着工しており、その初代天守は古図によると大きく歪んだ台形平面で、小天守や櫓を連結して溜池を取り巻く連立式天守であった（図15）。現在の天守群およびそれに至る城門（一の門・二の門・三の門）・櫓群（各門の南櫓三棟）が建つ本丸本壇と同じ位置にあった。親藩大名の松平定《さだ》行《ゆき》が寛永十九年（一六四二）に五重天守を三重に改築したと伝わるが、五重天守であったという確証はなく、三重か四重の五階天守のことかもしれない。いずれにしても天明四年（一七八四）に落雷焼失し、幕末になってようやく再

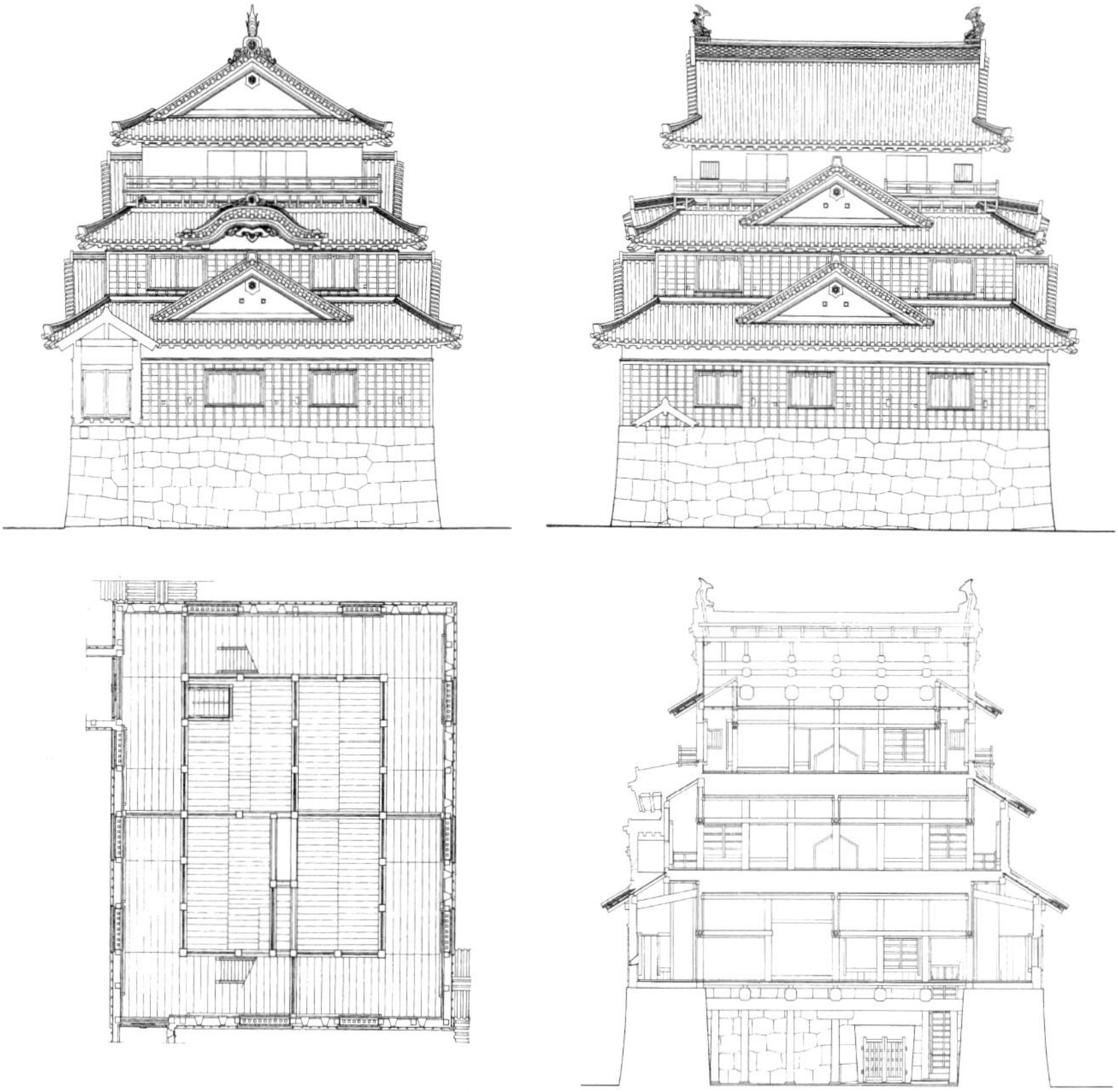

図 146　**松山城天守**（上右：側面図／上左：正面図／下右：断面図／下左：一階平面図）

建された。

一階（一重目）は長辺九間（六尺五寸間）に短辺七間半であり、幅一間半の入側を廻し、六間に四間半の身舎は十文字に四室に間仕切る。二階（二重目）は、長辺七間半に短辺六間で、身舎は一階と同じ大きさとし、入側の幅を一階の半分、すなわち四分の三間に縮めたもので、入側の幅だけで逓減させる層塔型三重天守の典型例である。身舎は一階と同様に四室に間仕切る。また四方に狭い千鳥破風の間を突き出す。三階（三重目）は、長辺六間に短辺四間半で一階・二階の身舎の大きさに等しく、そこから幅四分の三間の入側を取り、身舎は四間半に三間の一室となる。長辺側に千鳥破風の間を突き出す。また、外側に見せ掛けの廻縁を設ける。

地階は一階の入側と同じ幅の一間半の石塁を廻らせた穴蔵で、連立式天守群の中庭に向けて入口を設ける。現状では地階から一階へ木階で上がれるが、当初は木階がなく、中庭に開く隅櫓の玄関から上り、内門の二階を通って天守一階へ入った。

この天守の最大の特色は、内部が御殿造りになっていることである。各階ともに身舎には天井を張り、また床（床の間）を設えており、しかも床の壁は漆喰塗りではなく、正式な書院造に使われる紙の貼付壁《はりつけかべ》である。現存天守にそうした類例はない。さらに一階では、入側に四か所の杉戸を建てて仕切っており、これは御殿の廊下の扱いであり、防御上では武者走の妨げになるだけである。天守は信長が御殿（書院造）建築を重層化したことに始まるので、幕末の再建ながら原初の天守形態に帰ったものと言える。

天守の外観は、一重目屋根は四方に千鳥破風、二重目屋根は長辺に千鳥破風、短辺に軒唐破風を設けており、千鳥破風の妻壁には鉄砲狭間を切っている。外壁は一階と二階は下見板張で、板壁上の漆喰壁が少ないが、三階は塗籠である。窓は古式に一間幅であって、突上げの板戸を吊る。

12 熊本城宇土櫓

概要

・三重五階、地下一階、望楼型天守
・一階規模は九間余りに八間（一七・七×一四・七メートル）
・続櫓（一重一階、端部は二重二階）が接続、複合式
・天正十八年（一五九〇）頃、加藤清正《かとうきよまさ》（豊臣系外様大名）が熊本城古城に創建
・慶長十二年（一六〇七）頃、移築改造、続櫓を増築

解説

五階建ての高楼で、高さ二五メートルの石垣上に建つ。宇土櫓《うとやぐら》は大小天守に次ぐ熊本城「三の天守」と言われており、これを天守とみなせば、全国最高の天守台に載っていると言える。その台座石垣は、加藤清正の高度な築造技術をしても、歪んだ台形平面になっており、築造年代の古さを示す。しかし、石垣の隅部の算木積《さんぎづみ》のやや未完成な（かなり隅石が痩せている）点から判断すれば、慶長四年（一五九九）頃築造の大天守台（全く算木積でない）よりは新しく、同十四年頃に小天守台（ほとんど痩せない算木積）を増築した時よりは古い。

宇土櫓台に続く東側の石垣は、算木積にならない古式なもので、しかも上下二段に分割して築かれ、上段石垣の頂部は宇土櫓台と同じ高さになっ

図147　熊本城宇土櫓地階梁組

ている。その二段の石垣は大天守台と同じ慶長四年頃のものと考えられる。宇土櫓台石垣は、現宇土櫓の建築に伴い、もと二段だったものが一段に改造されたと考えられる。

宇土櫓には穴蔵があるが、その穴蔵に架かる梁が一階床組とは離れている（図147）。現存例では、穴蔵の梁に一階床組が直接に載るのが常識なので、宇土櫓には元来は穴蔵がなかった、すなわち他所から穴蔵のない建物を移築して穴蔵を新設したものと考えられる。したがって、宇土櫓を現在の位置に移築した際に、台座石垣も改築されたものと判断される。

そして宇土櫓の一階平面は、驚くほど古式である。一階は、長辺九間（六尺五寸間）余り、短辺八間もあり、五重の松本城天守よりわずかに大きい。その身舎は六室に分かれ、四周を一間幅の入側が取り巻くが、その北側（城外側）では武者走が二重になっている。現存の類例はないが、『信長公記《しんちょうこうき》』によると、信長の安土城天主の二階に「御縁二段、広縁なり」という記述があり、すなわち広縁《ひろえん》と武者走があったと判断される。宇土櫓に見られる二重の入側は、安土城天主の唯一の後継であって、書院造の殿舎《でんしゃ》の面影を残す高い格式と古式を示している。また、宇土櫓の一階内部に使われている当初の柱には、室町時代を思わせるような細かくて浅い手斧の刃痕が残っている。建築年代は間違いなく十六世紀後期に遡る。

宇土櫓は外観も崇高である。その最

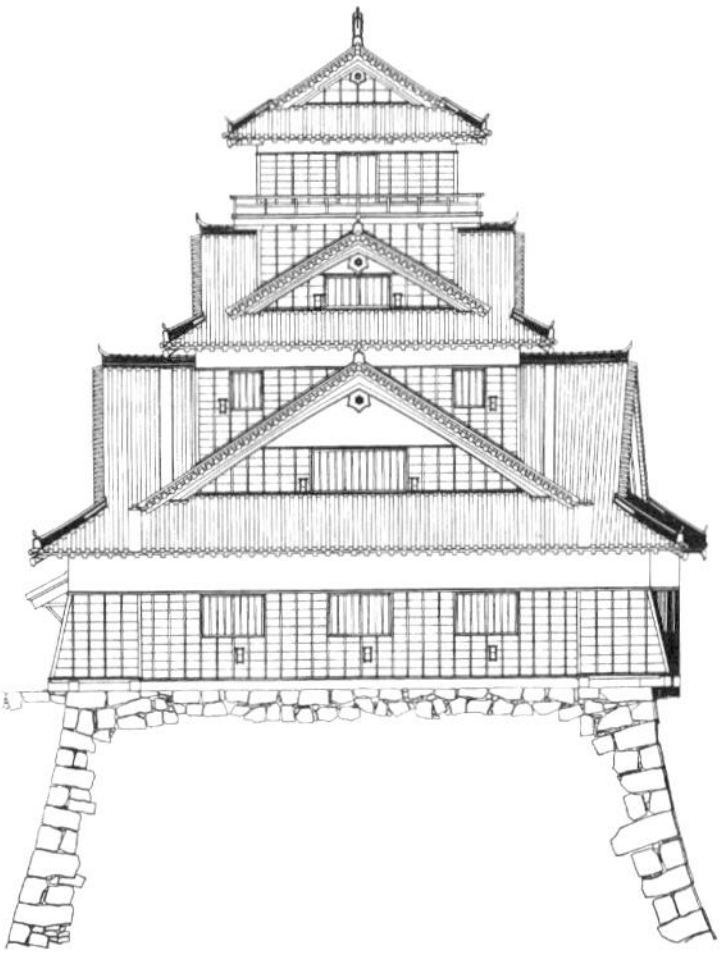

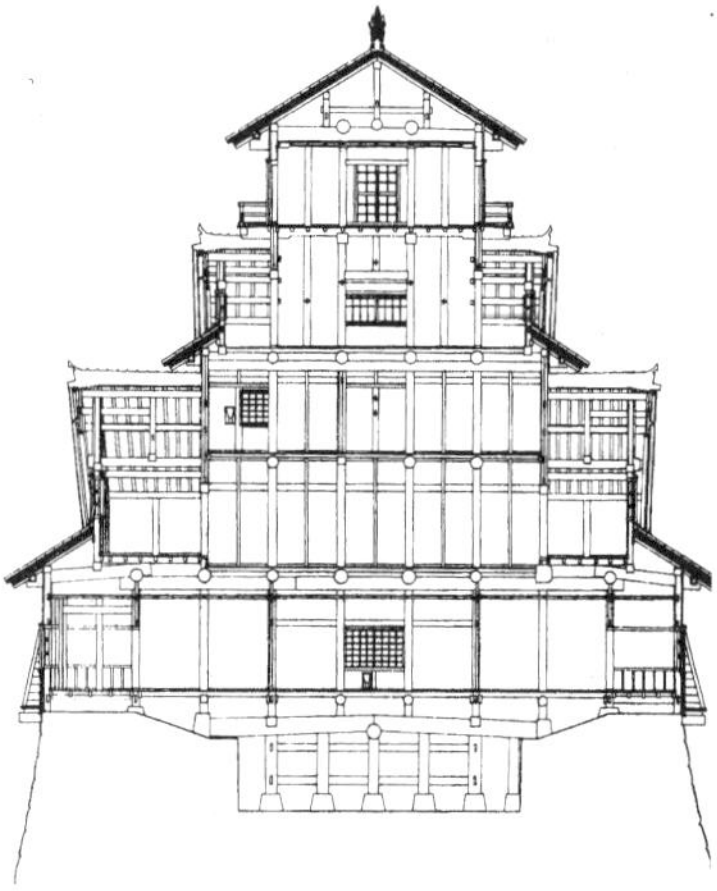

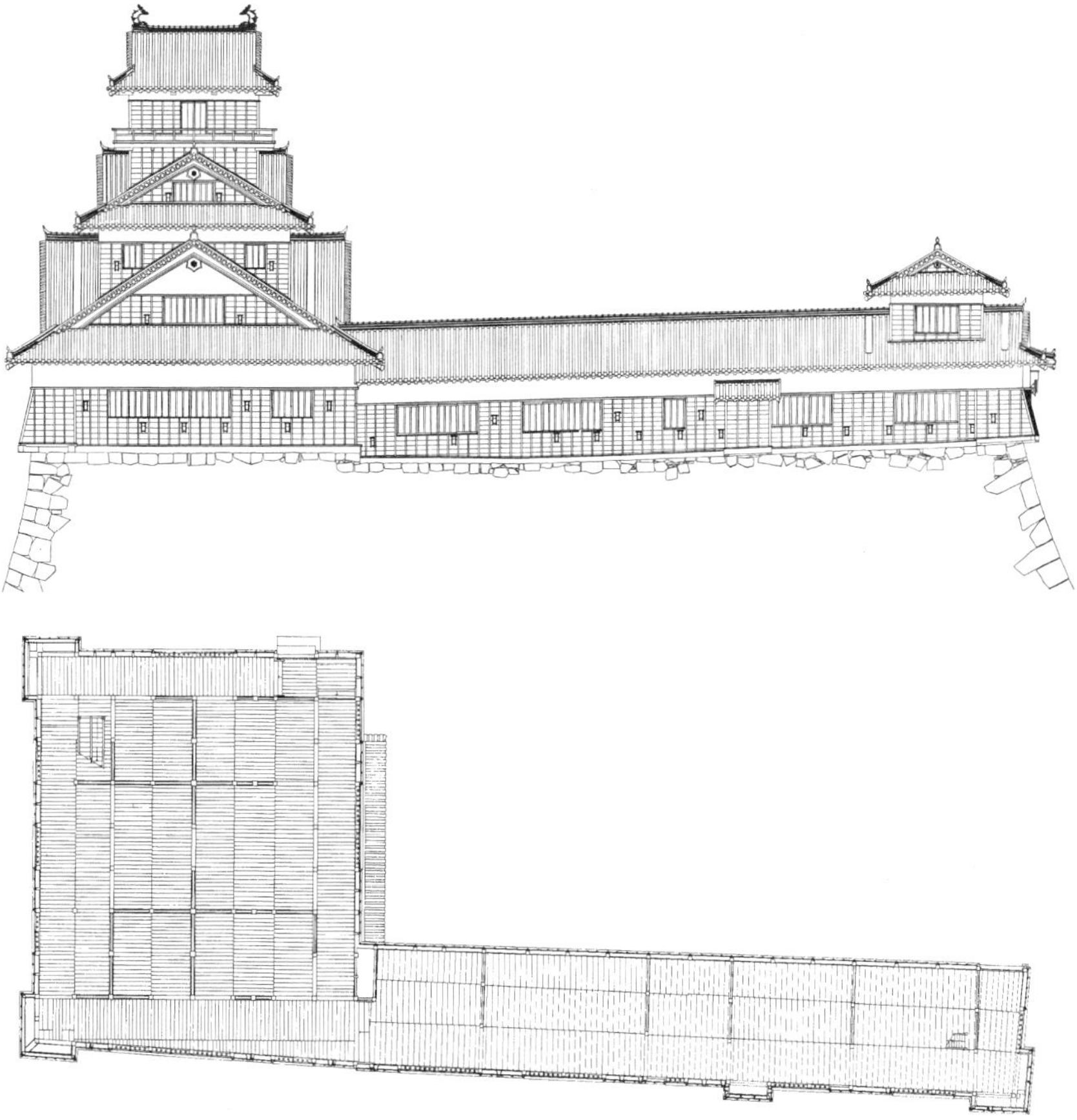

図 148　熊本城宇土櫓（上右：側面図／上左：正面図／下右：断面図／下左：一階平面図）

上階・五階には廻縁が設けられ、天守と同等の意匠を見せる。外側に廻縁を付けた櫓は珍しく、大洲城高欄櫓（愛媛県）と松本城天守付属の月見櫓しか現存例がない。宇土櫓の五階は三間四方で、関ヶ原の戦い以前の天守最上階の規模（安土・大坂・広島・岡山など）と同じで、最上重の入母屋の妻面を一階の長辺側に向ける点も同じである。

　もっと注目すべきは、屋根の構成である。一重一階の大きな入母屋造を基部として、その上に望楼を載せた望楼型天守と言えるが、二階は大きな入母屋造の屋根に埋没した屋根裏階となっており、三階には二重目の入母屋造の屋根を被せ、望楼はその上に載せている。四階も屋根裏階となり、望楼である最上階・五階が三重目の入母屋造の屋根となる。要するに、入母屋造の建築を三段重ねにして、それぞれの間に屋根裏階を挟んだ構造である。この二つの屋根裏階の採光のために、長辺側に巨大な千鳥破風を設けて窓を開いているが、あまりにも大きな千鳥破風であるため、まるで、四方に破風を向けた四方入母屋造のように見える。草創期の望楼型天守では、基部の入母屋屋根に埋没する屋根裏階の明かり採りのために、宇土櫓のように大きな千鳥破風を設けたもの（類例は江戸中期再建の高知城天守）と、入母屋造の屋根を載せた大きな出窓を設けたもの（類例は岡山城や松江城天守）とがあり、前者の現存最古の例として学術的に貴重である。なお、この三段重ねの入母屋造に巨大な千鳥破風付きといった宇土櫓の特異な造形は、西南戦争で焼失した熊本城天守の屋根構成に極めて類似している。宇土櫓が天守の造形の原型となった、換言すれば、三重の宇土櫓を五重に拡大して熊本城天守が成立したのである。

　さて、宇土櫓という名称から宇土城天守を移築したものと言われてきたが、その名称は後世に付けられたもので以前は平左衛門丸五階櫓と呼ばれていたことを北野隆が明らかにしている。[92]筆者の見解では、宇土櫓は隈本《くまもと》城の天守を慶長八年（一六〇三）前後に現在地へ移築改造したものと考える。加藤清正が天正十六年（一五八八）頃から修築を始めたのが隈本城で、現在の熊本城本丸から南西八〇〇メートルにあった古城《ふるしろ》（現在は熊本県立第一高等学校構内）である。その本丸に相当する場所に建てられていた天守が宇土櫓の前身で、天正十八年頃には完成していたと考えられる。したがって、現存最古の天守建築で、豊臣大坂城天守の完成時より五年ほどの建築となろう。

第六章　天守の歴史

1　天守の創始（永禄・元亀・天正）

(i)　天守の濫觴

多聞山城の四階櫓

織田信長《おだのぶなが》が天主を創始する以前に天守級の大型櫓《やぐら》が現れていたことは、江戸時代初期には既に知られていた。江戸幕府大棟梁《だいとうりよう》・平内政信《へいのうちまさのぶ》が慶長十三年（一六〇八）に記した大工技術書『匠明《しょうめい》』殿屋集《でんおくしゅう》に「永禄ノ比、南都多門山ニ矢倉ヲ五重ニ松永弾正始テ立ル」とある。松永久秀《まつながひさひで》が多聞山城《たもんやま》（多聞城、奈良市）に建てたこの「五重」の矢倉は、織田信長の命令で天正五年（一五七七）に取り壊された。『多聞院日記《たもんいんにっき》』天正五年六月五日条に、「一、筒井順慶昨日ヨリ上洛。多聞山四階ヤクラ壊了。ナラ中人夫出、珍重々々」とあり、多聞山城に松永久秀が建てた「四階ヤクラ」という高層の櫓が存したことは確実である。

『匠明』の「五重」という記述が仮に正しいとすれば、『多聞院日記』の「四階」と合わせて、重と階が今日と逆転して記されることが多かったことを勘案すれば、それは四重五階櫓だったと推定される。この規模は江戸時代の定義では紛れもなく天守に相当する。『匠明』の記述を信頼しない場合は、三重四階櫓が想定される。

ルイス・フロイス『日本史』によると、アルメイダ修道士が永禄八年（一五六五）に多聞山城を訪れている。城内の御殿らしき建築の細部や用材の見事さなどは詳細に記しているが、多聞山城の高層の櫓については一切触れられていない。当時の日本国内で未曾有の「四階ヤクラ」という高層建築があれば、必ず記述されたはずなので、この時点ではまだ「四階ヤクラ」は未建だったと推測される。したがって多聞山城の「四階ヤクラ」は永禄八年から天正四年（一五七六）の間に建てられたと考えられる。

尾張楽田城の殿守

また、先述したように、『永禄以来出来始之事』によると、「殿守」の始まりは永禄元年（一五五八）に尾張の楽田《がくでん》城に建てられたもので、城中に高さ二間余りの壇を築いて、その上に五間に七間の「矢倉」を造り、その中央に八畳敷の二階を拵えたものという。二重二階または二重三階の望楼型の櫓で、一階の五間に七間という規模は後世の天守に匹敵する。

岐阜城の四階建て御殿

先述したようにルイス・フロイスは永禄十二年（一五六九）に岐阜城を訪れており、織田信長が麓の居館に建てたばかりの四階建ての御殿について『日本史』に詳しく記述している。その一階と二階は廻縁《まわりえん》があり金碧障壁画で飾られた座敷（書院造）で、信長と婦人が住む宮殿であった。三階と四階の廻縁から岐阜の全市が展望できたという。この岐阜城の御殿は宮上茂隆が言うように天主と名付けられた最初の建築であった可能性もある。

多聞山城の「四階ヤクラ」は大型の櫓であり、尾張楽田城の「殿守」一階も「矢倉」であって、御殿建築ではなさそうである。その点において、岐阜城山麓の四階建ての御殿は櫓とは全く異質の建築であった。これら三例はすべて永禄期のものでほぼ同時期に存在してはいたが、多聞山城・楽田城の例と岐阜城は一線を画すべきである。

天主の成立

信長が将軍足利義昭《あしかがよしあき》のために永禄十二年に築いた京都の二条城には「天主」と呼ばれた建築が存在していた。その後、信長が明智光秀《あけちみつひで》に築かせた坂本城《さかもと》でも元亀三年（一五七二）に「天主」が作事中であった。信長は天正七年（一五七九）に史上初の五重天守である安土《あづち》城天主を完成させたが、それより先の天正四年三月に吉田兼見《よしだかねみ》は安土へ下向し、「天主近辺」で信長を待った（『兼見卿記《かねみきょうき》』）というので、天主の工事はその時点で既に始まっていたらしい。

安土城天主は一階から三階までは御殿造りであって、その点で岐阜城山麓の四階建て御殿の系譜に載るものであった。坂本城では天正十年に「小天主」で茶の湯を開いているので、坂本城天主の内部も御殿造りだったことが分かる。

そうしたことからすると、「天主」は内部が御殿造りの高楼から始まった建築で、信長が創始したものと考えられる。しかし、天主の原初型である岐阜城の四階建ての御殿については、各階に廻縁があったというので、後の天守とは全く相違した御殿殿舎《でんしゃ》のような外観、例えば本願寺飛雲閣《ほんがんじひうんかく》のような姿が思い浮かぶ。

安土城天主の最上階が高欄《こうらん》付きの三間四方で、室内に中国の聖人君子等が描かれていたというので、最上階の規模形式については、同規模で一種の仏殿だった金閣や銀閣の影響を受けた可能性は否定できない。天守台石垣については、二条城や坂本城は低いながらも石垣造りの平城だったので、この両城天主が天守台をもった初例だった可能性がある。そして天守の外観が後の天守のような櫓に近い形態になったのは、換言すれば外壁をもったのは、安土城天主が確認できる初例であって、二条城や坂本城の天守では明確でない。櫓のような外観は、多聞山城の「四階ヤクラ」や楽田城「殿主」といった高層の大型櫓から導入されたものと考えられる。

以上をまとめると、岐阜城の高層御殿、多聞山城・楽田城の高層で巨大な櫓、金閣・銀閣などの最上階の形式を集大成して、織田信長が「天主」と命名させた建築が天守の始まりだったと考えられ、二条城天主がその初例だった可能性が高い。すなわち永禄十二年（一五六九）頃のことであった。そして、史上初の五重天守である安土城天主の完成によって、本格的な天守が成立し、様々な点において後世の天守の規範となった。

したがって、保科正之《ほしなまさゆき》が明暦の大火で焼失した江戸城天守再建を棚上げにする時に「天守は近代織田右府以来之事」と述べたのは、正しい歴史観であったと言えよう。そして江戸時代以来、様々な著作物には天守の始まりは信長の安土城と記されているが、それは概して正しかったのである。

天守の他の起源説

天守の起源については、古くからの研究題材であった。例えば、江戸時代中期の『明良洪範《めいりようこうはん》』では、「天守の初まりは井楼《せいろう》より起る」として、それが拡大して信長の安土にて初めて五重天守ができたとする。井楼を天守の起源とする意見は、現代まで根強く残っている。中世城郭での発掘事例からすると、井楼は主に十六世紀中期ごろに曲輪《くるわ》の端に建てられた掘立柱の工作物で、二間四方の小規模な物見台であった。その設置位置からすると、土塀越しに切岸《きりぎし》に対する監視を行うためのもので、後世になると城攻めの際に城内をうかがうための物見として建てられ、天草島原の乱においては幕府軍が一揆軍の籠《こも》る原《はら》城の城壁の近くに多くの井楼を設けている。後世の天守とは規模や構造や役割が全く相違しており、天守の起源として認めるわけにはいかない。

櫓の屋根上に物見を上げたものに始まるという説は、尾張楽田城の説話から生まれたもので、望楼型天守の基本構造の起源としては首肯できるが、初期の天守の内部が御殿造りであって櫓とは根本的に異質な建築だったことが説明されていない。望楼型天守の構造の起源だけについて述べた説で、天守起源の一端を述べたに過ぎないと言える。

その他、キリスト教の天主堂や中国の楼閣を起源とする説などがある。主体部が一階建てである天主堂は、そもそも高層（多階）建築である天守とは全く次元が異なる建築である。日本では宗教建築様式と見なされる中国の楼閣建築は、日本の世俗建築である天守と比べると格段に崇高であった。両者を厳格に区別してきた日本建築の歴史に鑑みれば、中国の楼閣建築がいくら退化しても天守にはならない。天守は天主堂や中国の楼閣などとは構造や形態や建築様式などが全く異なっており、それらから突然変異して天守が生まれたとしか説明できないような起源説は全くの付会の説というべきものである。

(ii) 安土城天主の特質と存在意義

概要

安土城天主は、天正四年(一五七六)頃から工事が行われ、同七年に完成した。不等辺八角形の天守台石垣上に建てられており、五重六階、地下一階の望楼型天守であった。天守台上部は崩れ落ちているが、穴蔵《あなぐら》に地階の礎石がほぼ完存し、一間を七尺間としていたことが分かる。

「安土山御天主の次第」(93)(以下、天主次第)という詳細な内部見聞記があり、平面の復元も可能である。これまでに様々な平面復元案(内藤昌・宮上茂隆・佐藤大規・中村泰朗など)が提示されているが、どの平面復元案であっても本書の論旨は変わらない。

安土城天主の地階は後世の天守にも類例が見られる土蔵であり、一階から三階は伊予松山《まつやま》城天守しか現存例のない書院造の御殿、四階は屋根裏階で茶室があり、五階は類例のない八角仏堂、最上階の六階は豊臣大坂城や広島城などの最初期の天守と同じ三間四方の一室で、周囲に廻縁をもっていた。最上階の三間四方、廻縁付きの形式は、金閣・銀閣などの室町時代の住宅系楼閣建築を原型としていると考えられ、書院造とは直接に関係がない。

一階の室構成

天主次第によると、一階は十七室（異本によれば十八室で、六畳敷が一室増える）の部屋と土蔵からなる。土蔵を除いて十七室の部屋は、すべて「〇畳敷」や「〇でう敷」と記されているので、全部畳敷きだったことが分かる。最小は三畳敷と四畳敷が一室ずつあるが、他は六畳敷の「御南戸（納戸）」が三室、八畳敷が四室、十畳敷の納戸が二室、十二畳敷が五室（うち一室は納戸）、二十六畳敷の納戸が一室である。六畳以下の小さな部屋が多く、後世の天守と比べて室数が多いのが特徴である。

後世の一般的な天守の間取りは、室境に一間単位に柱を立てるのを基本とし、半間や一間半などの半端な柱間寸法はあまり用いられない。したがって、半間の端数を生じる三畳敷、六畳敷、十畳敷、二十六畳敷は、後世の天守の間取りからすれば特異である。しかも、それらの部屋はすべて納戸であって、通常の座敷ではないことも注目される。納戸は古くは主人の寝室だったが、安土城天主では納戸の数が多すぎるので、すべてが寝室だったとは考えにくい。また天主次第の書き上げ順からすると、六畳敷の納戸二室が隣接していたことが分かり、よってそこが寝室だったとは考えられない。おそらく半間の半端な柱間寸法からして、そこには引違の建具ではなく、貼付壁が設けられていたと考えられ、壁で囲まれた（あるいは壁が多い）部屋なので、納戸の形式に類するものとして納戸と呼ばれたと考えられる。

ところで、現存天守では、犬山《いぬやま》城天守一階に六畳と十畳の部屋があって一間半の柱間寸法が使われている。発掘事例では、慶長十四年（一六〇九）の佐賀城天守（四重五階）一階に梁間二間半の部屋が見つかっている。また、慶長七年に創建され、寛文十年（一六七〇）に同じ天守台を再利用して再建に近い修築をされた高松《たかまつ》城天守（三重四階、地下一階）の地階に十五畳大（三間に二間半）の部屋四室が発掘されている。慶長元年頃の再建と考えられる大和郡山《こおりやま》城天守台の発掘においても、その一階に三間半に二間の部屋が二室見つかっている[94]。慶長十五年頃に建てられた小倉城天守（四重五階）の一階には二間半、三間半、五間半といった多くの中途半端な寸法の部屋があった。そうした例からすると、中途半端な柱間寸法の部屋を設けることは、それを納戸と呼ぶかどうかは別としても、建築年代の早い慶長期の天守に見られた特徴である。

二階の室構成

二階は十一室の畳敷きの部屋があった。四畳敷が一室、八畳敷が四室、十二畳敷が三室、二十畳敷が二室、二十四畳敷の納戸が一室である。二階には柱間寸法が中途半端になるような部屋はなかった。そのほかに「御縁二段、広縁なり」とあるので、部屋の周囲を廻る入側（武者走）とは別に広縁《ひろえん》があったことが分かる。先述したように、広縁は熊本城宇土《うと》櫓のみに類例が見られる。

一階には納戸が七室もあって「御南戸の数七つあり」と特記されているが、二階の納戸は二十四畳敷の納戸が一室のみである。その納戸については「廿四でう敷の御物置の御南戸」と記されている。「物置」と特記されているため、一階にあった納戸とは違って、文字通りの物置だったことが分かる。逆に一階にあった納戸は、物置という記述がないので単なる物置ではなかったと考えられる。

三階の室構成

三階は畳敷きの部屋七室と、板敷だったとされる三室からなる。畳敷きは「御小座敷」である七畳敷一室、および八畳敷三室と十二畳敷二室である。そのうち七畳敷は、小座敷であって、「でいばかりにて、御絵はなし」というので、金泥《こんでい》だけを塗って障壁画はなかった。すなわち茶室系の部屋らしく、室内に一畳の床があって合わせて八畳であったと思われる。

それに対して、「十二間」と記されている部屋が三室あるが、この「間（ま）」という単位は一間四方の面積を表すもので、平安後期に現れた「二間」という部屋に使われたと指摘されており、(95)多数の部屋を設けるのが一般化した室町時代を通じて使われた古い語である。この十二間は二十四畳大の部屋であるが、二階にあった納戸は「廿四でう敷」と記されているので、同じ広さの部屋で表記を違えていることから板敷きだったと考えられている。

上段の間

一階から三階までの各室のうち、一階の四畳敷の間には鳩の絵が描かれた「御棚」があるので、室町時代の諸記録に見える「床（とこ）」すなわち上段の間と考えられている。また二階にあった十二畳敷の花鳥の間に続いて記されている「別に一段、四でう敷御座の間」も「一段」という語と「御座の間」という室名からして上段の間だったと考えられている。

後世の天守で上段の間があったことが確認される例は、戦災焼失した福山《ふくやま》城天守であって、その最上階の隅にあった八畳間である。江戸後期の改造であるが、犬山城天守一階にも十二畳の上段の間がある。また、記録から知られる例は、小倉《こくら》城天守最上階中央の十八畳の上段、小倉城天守を参考にして慶長末に建てられた津山《つやま》城天守（五重五階、地下一階）の最上階中央にあった十畳の上段である。小倉城天守の上段は、最上階の中央に設けられており、一方向からの対面に使用されるものではなく、書院造の上段の間とは構造が全く相違している。最上階に設けられていたこと、その正方形の十八畳敷という規模は、安土城や豊臣大坂城の天守に設けられた三間四方の最上階と一致しているので、書院造の上段の間ではなく、草創期の天守最上階をまるごと室内に取り込んだものに由来すると考えられる。福山城天守の上段も最上階に位置していたので、安土城天主にあった上段の間を継承したものとは考えられない。

上段の間は書院造殿舎の室内意匠の重要な要素の一つであって、最初期の天守であった安土城天主にも設けられた。しかし、内部が不明である豊臣大坂城天守・豊臣伏見《ふしみ》城天守・慶長度江戸城天守・駿府《すんぷ》城天守は別として、後世の天守には受け継がれなかったことになる。

広縁

二階にあった広縁は、特に注目される。広縁は古くから書院造殿舎には多用されているが、基本的に天守には設けられることがなく、類例は熊本城宇土櫓の一階のみである。

天主次第の記載では、九室の主要な畳敷きの部屋を列記した後ろに広縁を挙げ、その後に物置の納戸と口の八畳敷の座敷を記しているので、主要な部屋の外側に位置していたものと考えられる。「御縁二段、広縁なり」という記述から、後世の天守に見られる、身舎《もや》を取り巻く入側《いりがわ》（武者走《むしゃばしり》、縁側とも呼ばれる）とは別に縁があって、そのために二段と特記されているのであろう。また二重ではなく二段と記されているので、入側から一段高く縁板が張られていたと考えられ、書院造殿舎における落縁《おちえん》と広縁の関係を、入側ともう一つの縁すなわち広縁として天守内に形成したものと考えられる。したがって、二階は広縁をもつ一種の書院造殿舎を一棟丸ごと天守内に収め、その周囲を入側で取り巻いた間取りだったと言える。

唯一の類例である熊本城宇土櫓一階では、入側と広縁との境に段差はない。したがって、安土城天主の広縁を形骸化させて継承していると言える。

座敷飾

先述したように、安土城天主一階にあった四畳敷の間には鳩の絵が描かれた「御棚」があった。また西十二畳敷は墨絵で梅の絵が描かれており、「同間の内に御書院あり」と記されているので、付書院《つけしょいん》があったことが分かる。この付書院には、「遠寺晩鐘《えんじばんしょう》（中国の瀟湘八景《しょうしょうはっけい》の一つ）の景気か丶せられ候」と記され、その前に信長が珍重していた「ぼんさん」が置かれていたという。天主次第では、座敷飾について他には言及されていないが、一階の部屋に座敷飾があったことからすると、二階の四畳敷の御座の間（十二畳敷の花鳥の間の続きで、上段の間と考えられる）も「同花鳥の御絵あり」と記されているので、床あるいは棚が設えてあって、その貼付壁に花鳥の絵が描かれていたものと考えられる。
後世の天守で座敷飾が確認される例は、岡山城天守二階にあった床・棚・帳台構《ちょうだいかまえ》、福山城天守の三階と四階の床、犬山城天守の後補の床・棚・帳台構、松山城天守の各階の床があるが、座敷飾を継承した天守は数少ない。

障壁画と漆塗の柱

天主次第によると、一階の部屋の書き上げの始めに、

二重（一階）（中略）［御座敷の内、悉く布を着せ、黒漆なり。］西十二畳敷、墨絵に梅の御絵を［狩野永徳に仰せつけられ］か、せられ候。［何れも、下より上まで、御座敷の内、御絵所、悉く金なり。］（［　］内は錯簡）

と記す。編者の太田牛一《おおたぎゅういち》が原本から書写した際に錯簡を生じたと考えられており、錯簡部分は天主全体に関する記述であろう。それによると、天主の座敷の内はことごとく布着《ぬのき》せの黒漆とあって、柱などの主要部材は日光東照宮《にっこうとうしょうぐう》などで見られるような厚い黒漆塗りだったことが分かる。また、金碧障壁画で座敷内を飾っていたことが分かる。一階の西十二畳敷の梅の墨絵を狩野永徳《かのうえいとく》に命じて描かせたと記されているが、「狩野永徳に仰せつけられ」も錯簡で、本来は天主内のすべての絵を永徳に命じたものと解釈される。近代作はともかく、現存する書院造では、室内を金碧障壁画で飾ることはあっても、柱などの部材を布着せの黒漆塗りにすることはなく、現存するすべての書院造建築を凌駕する豪華さであった。

また、一階から三階までの各室に描かれていた障壁画の画題は、天主次第にほぼすべて記載されている。その画題が室名となっているものもあって、例えば、一階に鵞《が》の間、二階に花鳥の間・賢人の間・麝香《じゃこう》の間、三階に岩の間・竹の間・松の間・鷹の間があった。そうした事例は現存する書院造建築では普遍的に見られることである。

ところで、一階から三階までの各室の大半は障壁画で飾られていたが、天主次第に画題が記されていない部屋もある。一階にあった二室の八畳敷の御膳拵へ申す所（御膳立所《ごぜんたてしょ》）や二室の六畳敷の納戸は、画題は記されていないが、

「何れも御絵所金なり」というので金碧障壁画が描かれていた。御膳立所や納戸まで障壁画で飾ることは驚きであるが、名古屋城本丸御殿のうち慶長二十年（一六一五）に清洲《きよす》城より移築改造された対面所の納戸上之間、寛永十一年（一六三四）に増築された御成書院《おなりしょいん》（上洛殿）の納戸（徳川家光の来城時の寝室）、同増築の上御膳立所（家光の御膳を拵えた殿舎）は、壁や建具に障壁画が描かれていた。

一階のほかの納戸五室や二階の納戸などには絵の記載がないので、障壁画はなかったようである。三階の七畳敷の小座敷は「でいばかりにて、御絵はなし」、北の十二畳敷も「是れに御絵はなし」と記されているので、一階から三階までの各室は基本的に障壁画が描かれており、絵がない部屋は例外的であったと考えられる。

また、最上階の六階については、

上七重め（六階）、三間四方、御座敷の内、皆金なり。そとがは、是れ又、金なり。四方の内柱には、上龍。下龍。天井には天人御影向の所。御座敷の内には、三皇五帝、孔門十哲、商山四皓、七賢などをか丶せられ、（中略）［御座敷の内外柱、惣々、漆にて布を着せさせられ、其の上、皆黒漆なり］

とあって、最上階の六階は三間四方の座敷で、内外ともに金（色）であって、中国の聖人などが描かれていた。錯簡部分は天主全体についての記述と考えられ、座敷の柱は布着せ黒漆塗りだったという記述が再度見られる。後世の天守では最上階だけに天井を張ったり長押《なげし》を打ったりする例がかなりあるが、それは安土城天主の豪華な最上階の名残と考えられる。

安土城天主の本質

安土城天主の本質は、同時代にあったどの御殿建築より豪華絢爛な室内意匠をもち、それまでに存在したいずれの建築よりも高層で豪壮な外観を誇示しており、それは軍事とは直接に関係がないことにある。そこからは信長の権威・権力を象徴するための建築であったことが分かる。なお、「狭間戸、鉄なり、数六十余あり、皆、黒漆なり」とあるが、この鉄製の狭間戸は鉄砲狭間《さま》や矢狭間の戸ではなく、格子窓の突上戸《つきあげど》のことと考えられる。厳重であるが黒漆塗りと豪華であって、純然たる軍備とは言えない。

ルイス・フロイス『日本史』や『信長公記』によると、ポルトガルからの巡察師一行をはじめ様々な人々に城内を観覧させており、権力誇示願望が知られる。それだけではなく、飛躍して考えるなら、朝廷や上杉氏などの有力大名に崇高な外観および内部を見せつけることにより、戦わずして服従させる政略的意図をもっていたと言える。したがって、姫路《ひめじ》城大天守を代表とする後世の軍事化した天守とは全く異質な建築だったのである。

2　天守建築の確立と分化（天正八年〜慶長四年）

(i)　秀吉の天守

秀吉の姫路城天守

羽柴秀吉《はしばひでよし》が信長の命を受けて播磨経略のため天正八年（一五八〇）から姫路城の改修を開始し、初代天守は翌年に完成したとされる。すなわち安土城天主完成直後の天守建築であった。

秀吉の初代姫路城天守については、前述したように三重四階だったと推定され、一階・二階は同大平面で一階は長辺八間半以上、短辺八間以上、外壁は大壁造《おおかべづくり》の塗籠《ぬりごめ》、最上階は白木の真壁造《しんかべづくり》で華頭窓《かとうまど》を開いていた。天守の大壁造が確認される最古の例であって、防弾・防火を考慮していた。安土城天主の建築年代に近いが、安土城天主がもつ象徴的・政略的な建築意図を再生することよりも、籠城戦に配慮した防備力の向上が図られていたことに注目される。大壁造の導入によって天守の格式が大幅に低下しており、したがって天守の軍事化の最初期の例だったと考えられる。

秀吉は天下人の信長とは違って配下の武将に過ぎなかったので、天守の象徴性は最上階に華頭窓を設けることぐらいしか求めておらず、実戦上の防御性能の方を優先させる必要があった。

大坂城天守

秀吉は信長の後継者となると、姫路城天守とは相違して安土城天主と同様な象徴性を重視した豪華な天守を建てるようになった。天正十三年に完成した大坂城天守は、安土城天主を後継する天下人の天守であって、内部は書院造の御殿建築だったと考えられる。ルイス・フロイスや大友宗麟《おおともそうりん》が書いた見聞録(96)によると、大坂城天守を秀吉が自ら案内して内部の部屋を彼らに見せつけている。

ルイス・フロイスによると、天守の入口には鍵が掛けられており、内部の部屋には、鍵の掛かった細長い大函（長櫃）が多く収められていた。金銀・絹糸・ダマスコ織・茶道具などやヨーロッパ風の外套や寝台が充満しており、有名な黄金の茶室も解体されて大きな函に入れられていたという。大友宗麟によると、地階（上下二階）は手火矢（石火矢）・玉薬《たまぐすり》（火薬）の土蔵で、下より三重目（一階）には、小袖を収めた櫃が一四、五あったという。また、金銀の蔵は数を尽くしと記され、フロイスの記事とほぼ一致している。

これらの記事からすると、大坂城天守は普段は施錠されており、したがって秀吉の居室ではなかった。フロイスや宗麟のような賓客が来城した折には、秀吉が自ら内部を案内し、そこに収納されている財宝を見せつけていたことが分かる。その財宝の入った長櫃を収めていた部屋が多くあったようで、秀吉が賓客に財宝を見せていた部屋は、障壁画を伴った豪華な造りであったと想像される。信長の安土城天主にあった、障壁画で飾られた納戸は、そのような部屋だったかもしれない。大坂城天守の使われ方からすると、安土城天主も信長の日常の居室ではなく、賓客が来城した際に自ら内部を案内して見せつける、いわば迎賓会場だったと想像することができる。その会場の設えが豪華な書院造だったことになろう。

図149　大坂城天守

（大阪城天守閣蔵「大坂城図屏風」より）

大坂城天守の外観については、「大坂城図屏風」の描写が正しいと考えられる。五重の望楼型天守であった。壁面は黒漆塗りと考えられる真壁造であって、金色の菊紋や桐紋や唐草の彫刻で埋め尽くされていた。秀吉が建てた現存の醍醐寺《だいごじ》三宝院唐門《さんぼういんからもん》（京都市）の壁面と同じであった。最上階は三間四方で廻縁をもつ。

大坂城に続いて秀吉が建てた聚楽第《じゅらくてい》（京都市）、肥前名護屋《なごや》城（佐賀県）、伏見城の天守については詳しい記録がないが、大坂城天守と同様に豪華な御殿を内部にもつ五重天守だったと考えられる。

(ii)　諸大名の天守

岡山城と広島城

西国大名の雄で百十二万石を有した毛利輝元《もうりてるもと》は、秀吉の大坂城と聚楽第の内外を見聞し、秀吉の勧めによって広島城を新たに築いた。天正二十年（一五九二）頃に完成させた広島城の天守は、内部は質素な造りであって、もはや書院造とは言えない建築であった。辛うじて長押を各階に打ってはいたが、座敷飾や天井はなかった。後に豊臣五大老となった輝元をしても天守内部を豪華に設えることは財政的に（あるいは意義がなくて）行わなかったようである。

なお、前述したように、この天守は望楼型で史上初の重階一致の五重天守であり、破風《はふ》の間のない千鳥《ちどり》破風を多数つけた初めての天守であった。天守の外観は秀吉の大坂城や聚楽第の天守に倣うが、建築技術は毛利氏独自のものであった。

ほぼ同時期の文禄（一五九二〜九六）頃に建てられた豊臣五大老の宇喜多秀家《うきたひでいえ》の岡山城天守は、五重六階の望楼型天守である。二階に座敷飾の床・棚・帳台構が設けられていたが、天井はなく丸太の梁が丸見えであった。

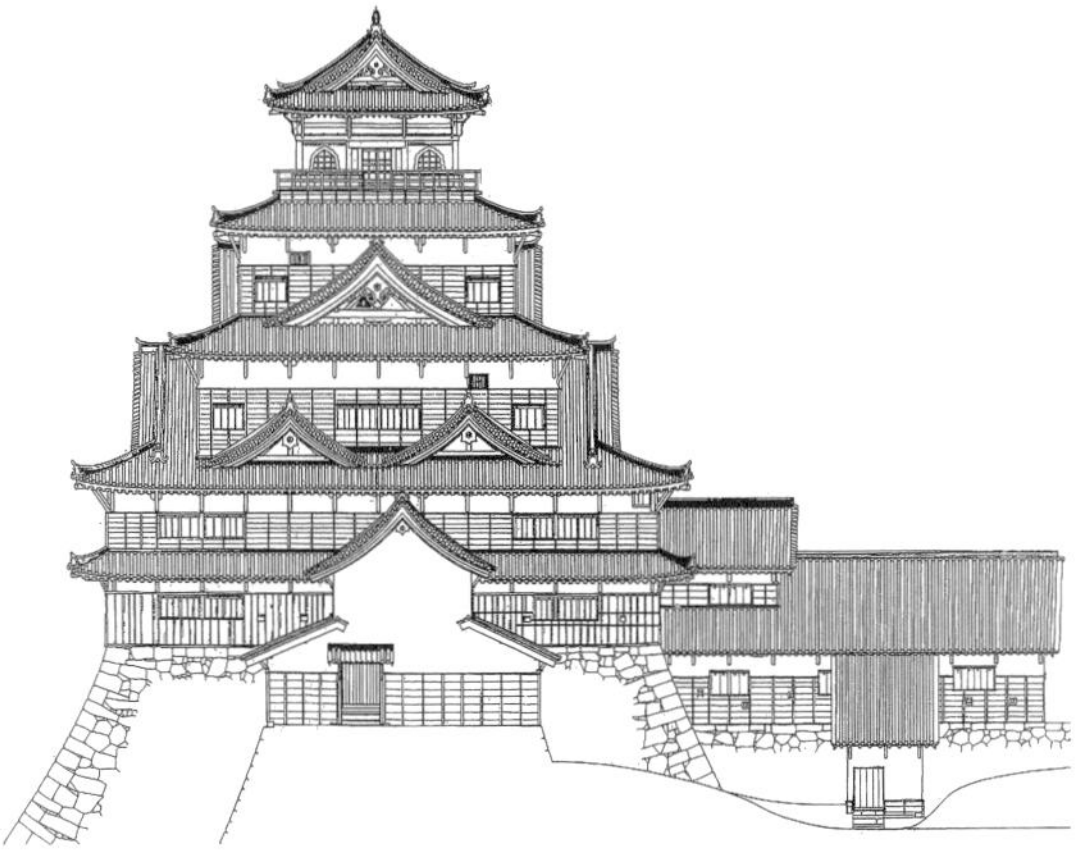

図 150　広島城天守立面図（戦災前）

図 151　岡山城天守（戦災前）

図152　熊本城宇土櫓

豊臣政権下の諸大名の天守

広島城・岡山城天守よりわずかに早い天正十八年（一五九〇）頃に、秀吉配下の武将だった加藤清正《かとうきよまさ》が熊本城（隈本城）の初代天守を建てている。それを移築改造したものと考えられる宇土櫓は、三重五階の望楼型天守である。その一階には天井や広縁を設けており、後世の天守よりは書院造に近いが、座敷飾を備えておらず、長押すらなかった。

また、家康の旧臣で秀吉の配下となった石川数正《いしかわかずまさ》（子の康長が継承）が文禄元年（一五九二）頃に創建した松本城初代天守が改造されて乾小天守となっている。創建当初は三重四階の望楼型天守（現状は層塔型）であったと考えられるが、内部に丸太柱を用いるなど、御殿とは程遠い建築である。

秀吉の天守を直接に見聞してその影響を強く受けていたと考えられる広島城・岡山城・熊本城・松本城（乾小天守）などの初期天守は、大坂城天守の建築年代より十年も経たないうちに早くも室内意匠が書院造からいわば退化して、質素な部屋に化していた。天守の室内意匠の簡略化は、天守草創から間もなく始まっていたことになる。天下人の城以外では、書院造の御殿を積み上げて成立したという天守の基本概念が全く継承されなかったと言える。

それとは対照的に、これらの天守には大壁造が導入され、広島城天守では多数の鉄砲狭間が切られており、秀吉の姫路城天守と同じような軍事建築化が進んでいた。

なお、これらの天守の最上階が三間四方であり、岡山城を除いて（松本城乾小天守は不明）すべて廻縁があった点は、祖型となった大坂城天守あるいは安土城天主の形式を忠実に継承している。したがって、後世の天守において最上階のみに天井を張るのは、書院造だった天守の意匠を継承したためというよりは、天守最上階の起源となった金閣などの楼閣の意匠のみが残されているためとしたほうがよいであろう。

3　天守の発展（慶長五年〜二十年）

西国大名の築城と公儀普請

慶長五年（一六〇〇）の関ヶ原の戦い後の論功行賞で、東軍に与した豊臣配下の外様大名衆は、主に西国に大きな知行を宛がわれ、西国の地で大々的な築城工事を一斉に始めた。慶長二十年（一六一五）に大坂城が落城して、同年に武家諸法度と一国一城令を幕府が公布するまで築城の盛況が続き、俗に慶長の築城盛況期と言われている。

この時期に、熊本城・佐賀城・福岡城・柳川《やながわ》城・小倉城・伊予松山城・大洲《おおず》城・今治《いまばり》城・宇和島《うわじま》城・高知城・高松城・萩《はぎ》城・岩国《いわくに》城・松江城・津山《つやま》城・米子《よなご》城・姫路城などに次々と天守が建てられていった。その盛況を示す記事として、佐賀鍋島家の『元茂公御年譜』に「今年（慶長十四年）日本国中の天守二十五建也」(97)が挙げられている。慶長十四年だけで全国で二十五棟もの天守が建てられたというから、この慶長の築城盛況期に全国の天守の大半が建てられたとしても過言ではない。

その時期に家康《いえやす》は、主に西国の外様大名を大動員する公儀普請として丹波篠山《ささやま》城・丹波亀山《かめやま》城・駿府城・江戸城・名古屋城などの大城郭の石垣を築かせた。それにより石垣築造技術の劇的な発展と大名間での技術格差の解消がなされ、層塔型天守誕生に不可欠な石垣技術が確立した。

慶長の築城盛況期に、譜代大名により彦根《ひこね》城・松本城などの天守が建てられ、幕府直営工事で江戸城・駿府城・名古屋城に壮大な天守が建てられていった。

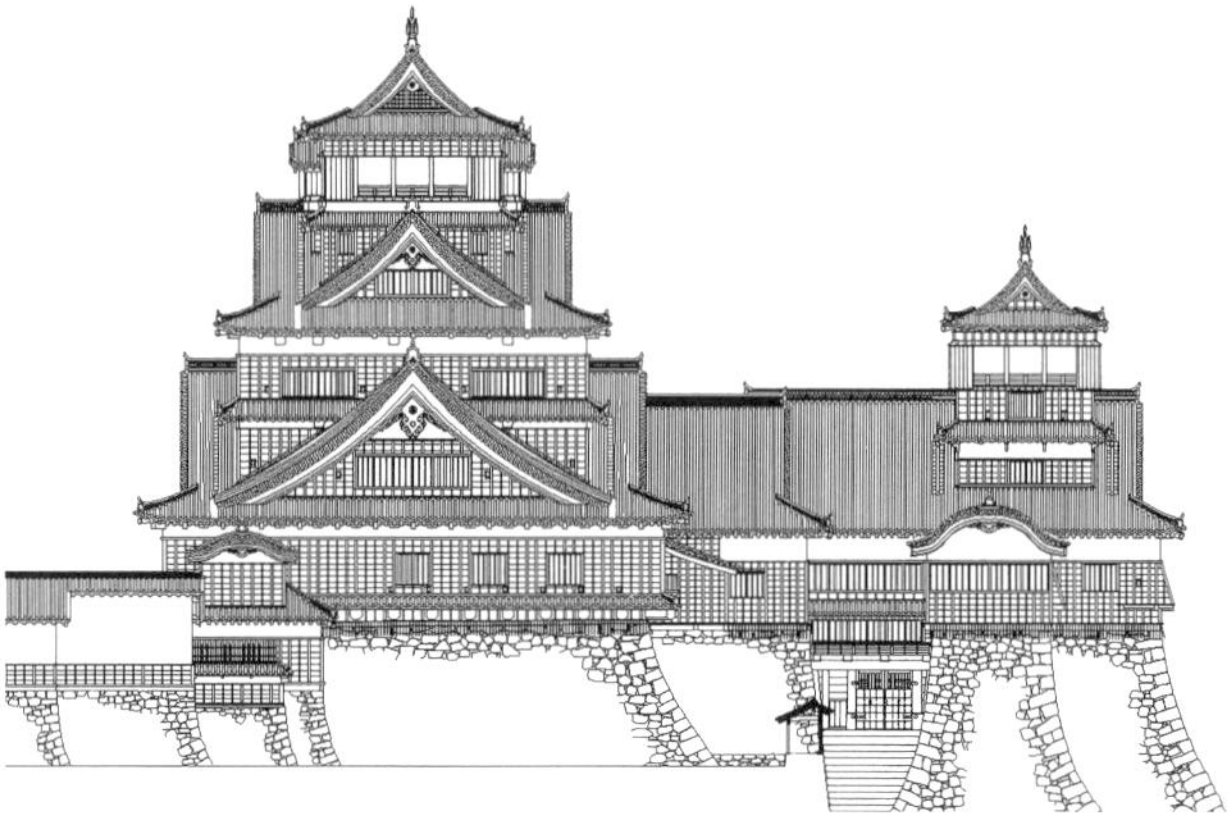

図 153　熊本城天守・小天守復元図（復元：島充）

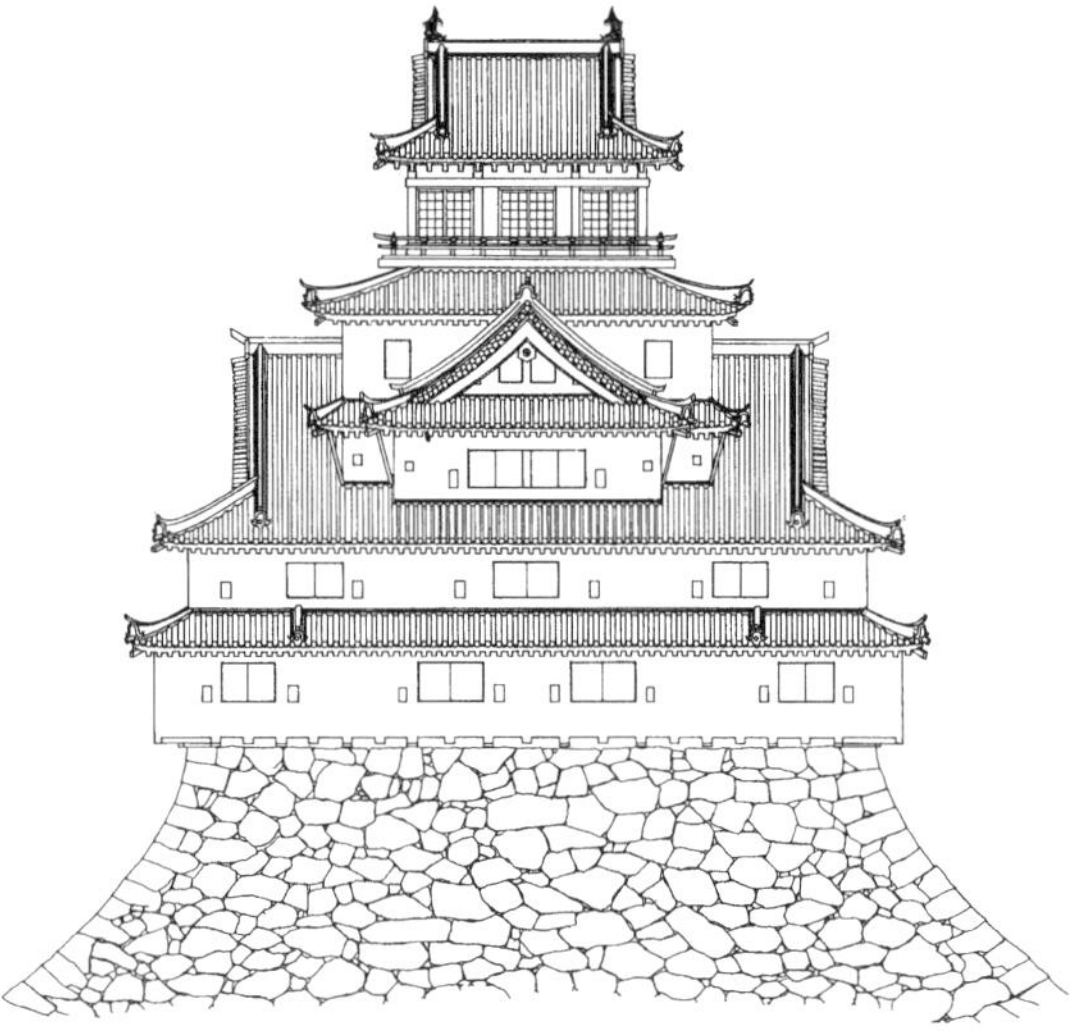

図 154　萩城天守復元立面図（復元：土手内賢一）

天守の軍事建築化と層塔型天守の開発

慶長の築城盛況期においては、天守の規模が拡大した。秀吉配下だった諸大名によって豊臣大坂城天守を超える規模の熊本城・小倉城・佐賀城・姫路城の巨大天守が建てられ、家康によって空前の規模の江戸城・名古屋城といった超巨大天守が誕生した。また、最上階の拡大、廻縁の室内化や見せ掛け化が起こり、千鳥破風・唐《から》破風などによる装飾化が進んだ。また同時に鉄砲狭間の充実、石落の装備、太鼓壁などの防弾壁の設置といった天守の軍事建築化が進んでいった。

また、新式の層塔型天守は、藤堂高虎《とうどうたかとら》により今治城において慶長九年（一六〇四）頃に開発されたようであるが、その当初は天守台石垣の直上には載せられなかったらしい。今治城天守は本丸内の平地に、それに続く家康の江戸城天守や駿府城天守は天守台上に余地を残して建てられたと考えられる。天守台築造技術の飛躍的発展によって、慶長十五年には藤堂高虎が丹波亀山城天守を天守台石垣上に建てた。亀山城天守は家康による公儀普請の際に高虎が今治城天守の解体部材を献上したものであった。

天下人の天守の非御殿化

慶長の築城盛況期には、天守に残っていた御殿建築の名残が一掃された。

「中井家史料」に含まれる、中井大和宛四月二十八日付け「幕府役人安藤対馬守重信《あんどうつしまのかみしげのぶ》書状」は、名古屋城の公儀普請による石垣工事が始まる慶長十五年（一六一〇）と推定されている。そこには、

両通之指図、御前へ上申様子申上候所に、内すまいは無用之由、御意御座候、はしたい斗可仕之旨、被仰出候間、其御心得可被成候、（以下略）

と記されている。この解釈には異論もあろうが、幕府御大工頭の中井大和正清《まさきよ》が名古屋城の天守・小天守の指図（設計図）を二通り作成して、安藤重信を通して徳川家康に決裁を仰いだところ、天守の「内住まい」は無用であると意

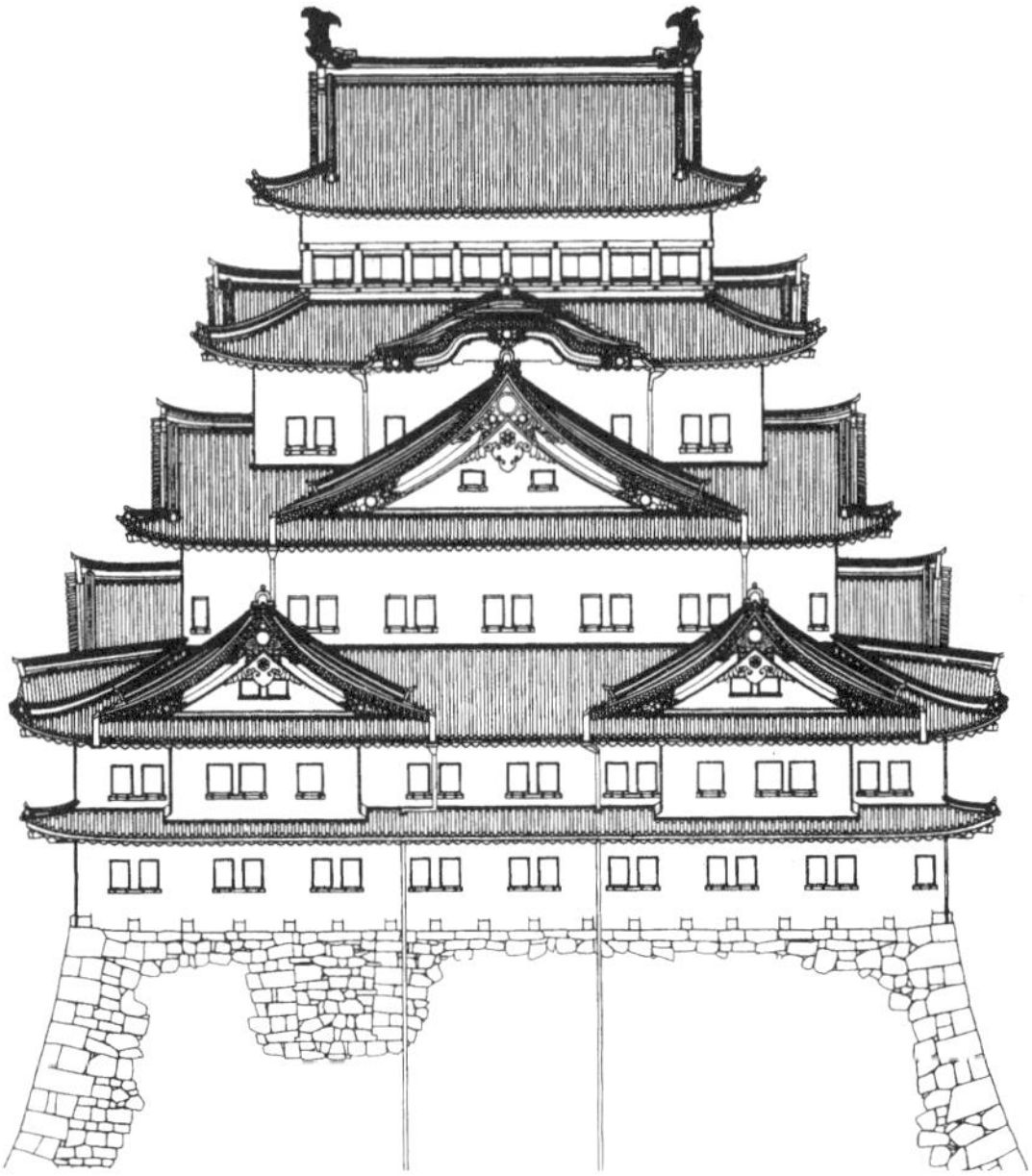

図 155　名古屋城天守立面図

見され、指図については「はしたい（橋台）」を造ることだけ命じられたという。この橋台は、天守と小天守を連結する石垣造りの土橋であって、実際に慶長十五年に普請され、現存している。

天守の「内住まい」とは、籠城の際に長期間の寝泊まりが可能であるということではなく、徳川家康あるいは子の名古屋城主徳川義直《よしなお》が居住する格式をもたせることを意味すると考えられる。名古屋城天守は、創建当初は一階から最上階の五階まですべて畳敷きであって、長押を打っていた。しかし、天井は五階のみであって、下階には天井はなく、また座敷飾は全くなく、貼付壁や障壁画も全くなかった。ただ、最上階の天井は、蟻壁《ありかべ》付きの小組格天井《こぐみごうてんじょう》であって、戦災時まで残っていたどの天守よりも格式が高かった。したがって、名古屋城天守に欠けているはずの「内住まい」の要素は、各階の天井と座敷飾と障壁画ということになる。それらを加えた室内意匠は、二条城二の丸御殿や名古屋城本丸御殿のような豪華で格式高い書院造ということにほかならない。

名古屋城天守の大工を務めた中井正清に家康が「内住まい」無用と指示したことからすれば、それ以前に家康が中井正清に命じて指図を作成させた[98]、慶長六年（一六〇一）の伏見城天守（三代目）、同七年の二条城天守（初代）、同九年の駿府城天守（二代目）、同十一年の江戸城天守（初代）、同十二年の駿府城天守（三代目）は、逆に「内住まい」が考えられていたことになろう。また、「内住まい」を考慮した天守は、それ以前には秀吉が建てた大坂城天守（初代）、聚楽第天守、肥前名護屋城天守、伏見城天守（初代・二代目）があったと推定される。

したがって、天守の室内意匠が格式高い書院造すなわち御殿造りではなくなったのは、慶長十七年に竣工した名古屋城天守からである。ただし、それは、信長・秀吉・家康といったいわゆる天下人の天守について言えることであって、豊臣五大老の毛利輝元や宇喜多秀家の天守でさえ、それよりも早い段階で既に書院造ではなくなっていた。

4　天守建築の規制（慶長十四年〜）

(i)　五重天守の規制

家康による城郭規制

慶長の築城盛況期のただ中の慶長十四年（一六〇九）正月、中国・四国の大名衆が所々において城普請して厳重に構えたことを徳川家康が聞いて「不可然」と述べた(99)。その年の七月、広島城主・福島正則《ふくしままさのり》が薩摩の島津《しまづ》家久《いえひさ》に宛てた書状において、それに呼応するような内容が見られる。

正則が先の広島城主毛利輝元からの端城《はじろ》一、二か所を普請したところ、新城を築いたと家康に聞こえたので、その城を破却して理を申し上げた。家康にそれを聞き届けられたとして、「如前々普請可仕旨、被成御諚に付て、播外聞申候」(100)と述べている。この時に正則が破却した端城は亀居《かめい》城（広島県大竹市）と鞆《とも》城（福山市）と考えられ、石垣破却の痕が明瞭に残っている。前々の如くに普請、すなわち既存の状況を超える普請が許されなくなった。したがって、慶長十四年頃から諸大名は新たな築城や大々的な城の増改築ができにくくなり、城の象徴である天守の新造も憚られるようになっていったと考えられる。

唐造と津山城

天守の中でも最高格式である五重天守の建築については、信長・秀吉の頃から規制があったはずである。そもそも配下の大名らが居城を普請する際には、城地の選定などについて信長・秀吉からの許可を得る必要があった[101]。五重天守の許可基準は明白ではないが、実際に建てられた五重天守の例から類推すると、おおむね禄高が五十万石以上か官職が公卿《くぎょう》に相当する参議以上の大名の居城（熊本城・萩城・広島城・岡山城・姫路城・名古屋城・会津若松城など）だったと思われるが例外（丹波亀山城・松本城など）も少なくない。

そうした中で、津山城天守にまつわる伝説が注目される。この話は先述したように、津山城天守が完成した折、五重天守を建てたという嫌疑が掛けられたため、四重目の屋根を切り落として難を逃れたというもので、荒唐無稽な話ではあるが、五重天守が規制されていたらしいことは想像できる。実際の津山城天守は五重五階の層塔型であったが、四重目の屋根だけは瓦葺ではなく板葺であって、その状態を説明する作り話である。

また、先述したように、小倉城天守は五重天守の規模を超える巨大天守だったが、四階の屋根を省略してその代わりに五階を迫り出した四重五階の唐造であった。小倉城の指図を使って建てたという佐賀城天守も四重五階の唐造であった。津山城天守も小倉城を手本にして建てられたと伝えられている。そうした事例からすると、その当時、五重天守の建築を幕府は強く規制しており、その規制をかいくぐるために唐造や板葺屋根が応用されたものと考えられる。

(ii) 武家諸法度

法度による天守の規制

慶長二十年（元和元年・一六一五）に幕府が諸大名に公布した武家諸法度によって、家康が定めたらしい城普請の規制である御諚《ごじょう》が明文化された。大名の居城は修理であっても幕府に届け出て許可（将軍の裁許）を得なければならず、ましてや新規の造営は厳しく禁じられた。その時に既存だった天守については、老朽化による造替や火災焼失による再建は一般的に許可されている。したがって、法度公布時の元和元年に天守をもっていなかった城では、原則的に天守の新造が禁じられてしまった。

しかし、大名家の格式や築城事情によっては、幕府が天守の新造を許可することが少なからずあった。譜代大名の水野勝成《みずのかつなり》が幕命で新規築城した福山城（広島県）では元和八年（一六二二）に五重五階の天守が創建されている。その他に法度が公布されて間もない元和期には、外様大名の松倉重政《まつくらしげまさ》が四重五階の島原《しまばら》城天守（長崎県）、外様大名の加藤忠広《かとうただひろ》が四重四階（または五階）の八代《やつしろ》城天守（熊本県）を創建しているが、いずれも元和期の新規築城における天守の創建であった。したがって元和以降の法度下においては、天守建築が一律に禁止されたのではなく、厳しい制限を受けて天守の新築が慶長期と比べて激減したというのが正しい。

なお、福山城天守は五重天守であったが、創建時には四重目屋根だけが瓦葺ではなく柿葺であって、名目上は四重五階天守であった。島原城天守では、一階と二階を同大平面にして、その間の屋根を省略（または短い板葺の腰屋根で代替）した新形式の層塔型天守で、これも五重天守の規模ではあるが外観を四重としたものであった。法度下においても五重天守の建造は引き続き厳しく規制されていたことが確実である。

図 156　水戸城天守（戦災前）

天守代用櫓

主に西国の豊臣系の外様大名によって慶長の築城盛況期に天守が次々に建築されていったが、それとは対照的に新潟県や関東・東北・北海道では、石垣や天守の建造に長けた豊臣系外様大名が少なく、天守創建が武家諸法度公布に間に合わなかった。法度公布後には天守の創建は許可されることが少なかったので、西国に天守が多く、東国には天守が少ないという地方差が生じた。

法度公布後においても多くの大名は自己顕示のために天守を欲していたようである。法度により天守の新築がかなり厳しく規制されていたので、天守がなかった城では、天守と区別がつかないような大型の三重櫓を建てて天守の代用とした。規模や形式では幕府公認の天守と遜色はないが、名目上は御三階や三階櫓・三重櫓と公称した天守代用の三重櫓は、結果的に東国に多く建てられた。大類伸が東北地方の城では本丸の櫓を天守の代用としたと指摘し[102]、天守代用櫓や天守代用三重櫓などと言われるようになった。現存例では、丸亀城・弘前城の本丸三重櫓（現在は天守と呼ばれる）があり、水戸城・福山城（松前《まつまえ》城、北海道）では近代まで残存していた。なお、天守代用櫓は三重が原則であって、四重・五重は公式な天守とみなされた。

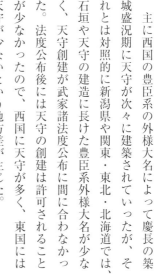

(iii) 泰平の世の天守再建

幕府による江戸城・大坂城天守再建

元和以降は一般的に泰平の世といわれ、法度の規制によって天守の創建は激減したが、江戸幕府は将軍の比類なき権威を示して諸大名を厳重に統制するために元和・寛永期に江戸城・大坂城および二条城の五重天守を再建した。二条城天守については伏見城天守を移築改造したものであって、家康が慶長六年（一六〇一）から再築させた伏見城を元和五年（一六一九）に廃城にしたことにともなう。

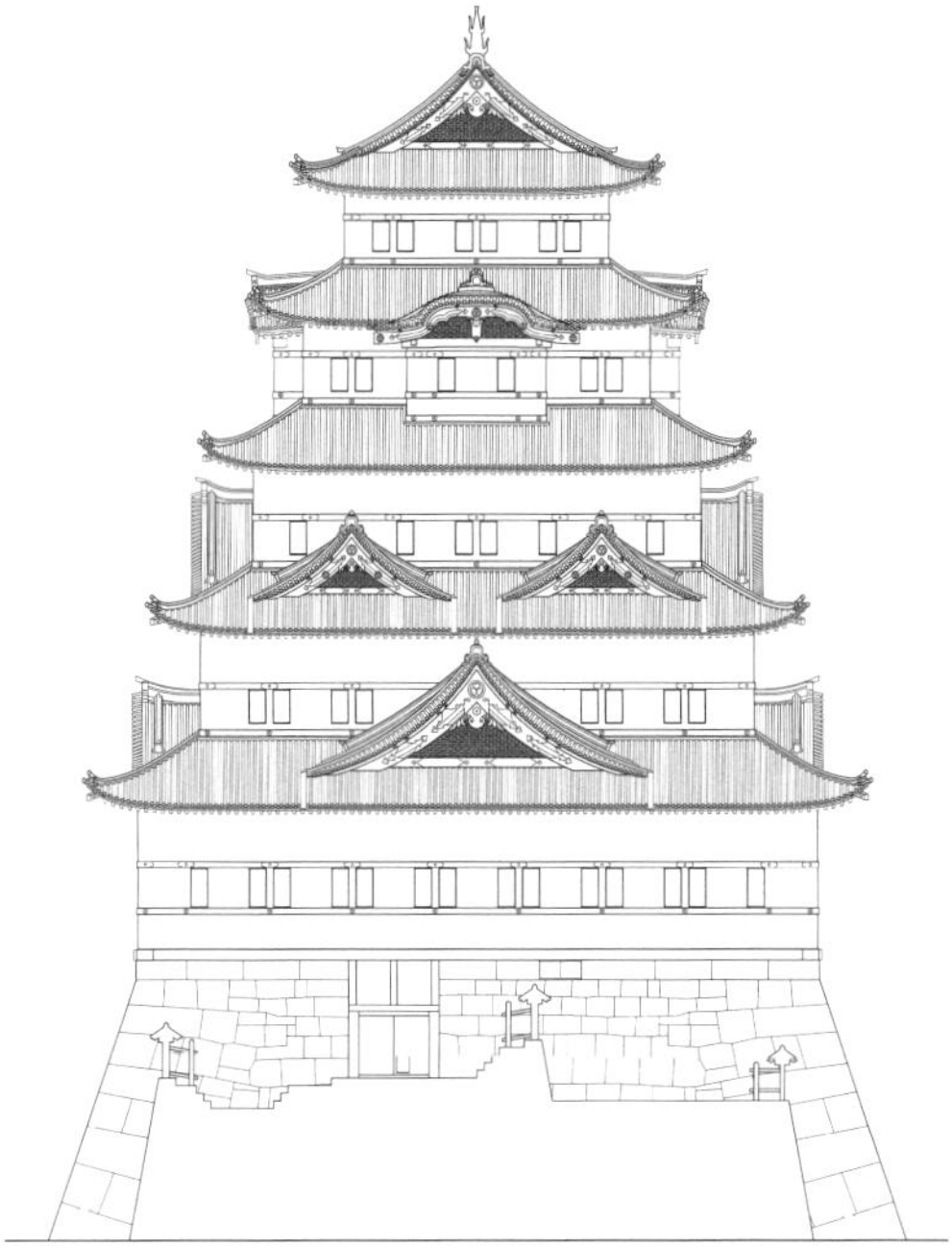

図 157　寛永度江戸城天守復元立面図
（復元：中村泰朗）

江戸城天守は、慶長十二年（一六〇七）に家康が現在の天守台よりはるか南方に五重天守（慶長度天守）として創建した。ところが、家康は外様大名衆に江戸参勤を勧め、それまでの大坂城・駿府城・江戸城への参勤だったものが同十六年には江戸城参勤に統一された。それに伴い江戸城本丸御殿での典礼が大規模化・多様化したので、二代将軍秀忠は御殿の大拡張を行うために本丸を北方に拡張して天守をそこに移転させた。元和八年（一六二二）に慶長度天守を解体し、翌年に移転が完了した（元和度天守）。さらに三代将軍家光《いえみつ》は元和度天守を一旦解体して、寛永十五年（一六三八）に同じ位置に再建した（寛永度天守）。寛永度天守は解体した元和度天守の破風を一部改装したもので主要部材は再利用されたと考えられ、ともに史上最大の五重天守であった。元和度天守を解体して再び組み立てたのは、将軍の代替わりを諸大名に顕示するためだったと言われている。しかし、元和度天守は新たに拡張造成された本丸北部に建てられていたので、地盤沈下のため解体修理がなされ、一部改装したものと考えられる。したがって、慶長度・元和度・寛永度の三代の天守は同一の骨組みだった可能性が高い。

豊臣大坂城天守は大坂夏の陣で焼失しており、江戸幕府は大坂城の石垣を三期にわたる公儀普請で完全に築き直すとともに、新しい天守を寛永三年に再建した。江戸幕府による大坂城再築は、豊臣大坂城をはるかに超える石垣と堀をもつ超巨大城郭に造り替え、豊臣政権に対する江戸幕府の超絶性を天下に指し示し、外様大名衆が幕府に対して謀反を企てることを阻止するのが目的だったと考えられる。

諸大名による天守再建

法度公布時に存在した天守は、その公布後において老朽化した際の造替、火災焼失や地震倒壊した際の再建が原則的に許可されていた。

老朽化による造替は、外様大名の伊達氏による宇和島城天守が典型例である。その初代天守は慶長六年（一六〇一）に外様大名の藤堂高虎が建てたものだったが、古材を使って建てられていたため老朽化が早く進んだ。伊達氏に城主が変わり、寛文二年（一六六二）に幕府に出した天守改修窺書[103]によると、天守本体一階の柱四〇本の内一八本が「根次（根継）」された柱なので、他の建物の柱を再利用して長さの不足を根継《ねつぎ》で補ったものと考えられる。また本体の二本の柱と付櫓の柱六本が腐朽しており、一階の梁一〇本も腐朽していた。慶長期の天守に古材が多量に含まれていたことが分かる好例である。結局、間もない寛文四年から五年にかけて現存する二代目天守に建て替えられた。

その造替においては、天守一階の規模である六間四方と外観の三重はそのまま踏襲されているが、内部の間取りは全く相違するものとなり、二階と三階の規模が拡大され、旧式の望楼型から新式の層塔型に、外壁は下見板張から塗籠に変更され、飾りの破風が多数付けられ、廻縁がなくなった。また付櫓は廃止された。すなわち法度が求めた前の如くとは、一階平面の規模と屋根の重数を遵守することであって、記載のない狭間の数は不明であるが、そのほかの要素については自由に変更できたと考えられる。

江戸時代には、老朽化によって高松城・備中松山城などの天守が造替され、火災焼失した小田原城《おだわら》（地震で倒壊して焼失）・高知城・和歌山城・伊予松山城などの天守や天守代用の水戸城三階櫓が再建されている。

これらのうち和歌山城天守は、弘化三年（一八四六）に落雷焼失しており、徳川御三家の紀州徳川氏が幕府の許可を得て嘉永三年（一八五〇）に再建を完了させた。嘉永再建天守は旧天守台上に建てられたので一階平面（石垣技術が未発展だったため著しく歪んだ菱形平面）は全く同じであり、三重三階の規模も踏襲されていた。藤岡通夫によれば、当初の再建計画は焼失前と同規模のものであったが、藩主の希望で一階平面を拡大して五重五階天守に変更することが企てられた(104)。結局、許可を得られずに規模は焼失前と変わらぬものとなった。こうした事例からも天守再建においては、一階の規模と重数を従前のものと変えないことが求められたと考えられる。

その一方、延享四年（一七四七）に再建された高知城二代目天守（現存）では、既に旧式となって久しい望楼型が採用された。高知城は外様大名の山内一豊《やまうちかずとよ》が慶長六年に築城しており、その折に建てられた初代天守も望楼型だったはずである。一階の規模や四重であることを遵守すればよく、望楼型の古風な外観まで踏襲する必要はなかったと思われる。ただし、一階の規模は踏襲されているようであるが、内部の間取りや柱間寸法は新形式が採用されており、完全なる初代天守の再現とは言えない。このような復古的な天守が再建されたことについては、藩祖一豊が好んだ廻縁付きの天守の再現に拘ったものと考えられるが、法度の規定を遵守して元の如くに再建しなければならないと解釈された可能性も否定はできない。

5 天守の喪失（天正十年〜昭和二十四年）

戦乱による喪失

戦乱によって焼失した天守は、意外に少ない。天守が集中的に建てられたのは、豊臣秀吉が天正十八年（一五九〇）に小田原の北条氏を滅ぼして天下を統一してからのことである。多くの天守の創建は天下統一後の安泰期だったため、戦乱で焼失した天守の例が少ないのである。

天守焼失の最初の例は、天正十年の本能寺の変に伴う混乱によって安土城天主が織田信雄《のぶかつ》の放火（ルイス・フロイス『日本史』）で焼失したことである。同時に秀吉に敗れた明智方は坂本城の守将が自刃して天主を自焼した(105)。その後、秀吉は後継者争いの最大の相手だった柴田勝家《しばたかついえ》を北の庄城《きたのしょう》（福井県）で攻め滅ぼし、天守は焼失した。その際に秀吉が諸大名に送った書状には、落城に際して勝家は天守に上り妻子を刺殺して切腹したという(106)。

慶長五年（一六〇〇）の関ヶ原の戦いの前哨戦では、家康の家臣鳥居元忠《とりいもとただ》が籠る伏見城を西軍が攻めて落城焼失させた。また関ヶ原の戦いにともない石田三成《いしだみつなり》の佐和山城《さわやま》天守が焼失し、西軍に属した長束正家《なつかまさいえ》の水口岡山城《みなくちおかやま》天守（滋賀県）は戦後に取り壊された。そして、大坂夏の陣に伴う豊臣大坂城天守の焼失が戦乱による最後の天守喪失だった。

災害による喪失

それに対して江戸時代には、落雷や延焼で焼失した天守が続出し、その多くは再建されなかった。史上最大だった江戸城天守をはじめ、駿府城・徳川大坂城・二条城・福井城・淀城といった幕府系の巨大天守、八代城・佐賀城・小倉城・岸和田城（大阪府）・金沢城といった有力外様大名が建てた五重・四重の天守などが次々と失われていった。

幕末の安政大地震では、掛川城《かけがわ》天守（静岡県）が被害を受けて取り壊された。

政策による取り壊し

元和元年（一六一五）の一国一城令によって、主に外様大名の城が取り壊された。佐土原《さどわら》城（宮崎県）・引田《ひけた》城（香川県）・岩国城（山口県）・串崎《くしざき》城（同）などが破却され、その天守が取り壊された。それらの城跡では天守台の一部が残存している。一国一城令による廃城ではないが、元和五年に紀州藩領となった松坂城（三重県）では、城自体の破却は免れた。しかし、天守は修理しないで放置された結果、大風で倒壊した。

大名の改易処分では、天和元年（一六八一）に真田氏が改易され、沼田《ぬまた》城（群馬県）が破却された。その時に五重天守が取り壊された。後に沼田城は再築されたが、天守は再建されなかった。

また、家康との軋轢で慶長十四年（一六〇九）に福島正則が亀居《かめい》城（広島県）を破却しており、その際に天守台も大きく崩された。佐藤正彦が指摘したように、黒田長政は元和六年（一六二〇）に幕府に申し出て福岡城天守を取り壊したが、外様大名の改易に対する防衛策だったと考えられる。巨大な天守台はそのまま残存している。

明治の廃城

明治維新までに天守の半数以上が既に消滅していたが、明治以降の天守の取り壊しはさらに激しかった。明治四年（一八七一）の廃藩置県によって全国の城は統治機能を失い、同六年の廃城令によって陸軍が兵営として使用する城（熊本・松山・広島・姫路・大阪・名古屋・吉田など）を除いて廃城となった。天守をはじめ城郭建築は同七年から競売に掛けられて二束三文で売却され、惜しげもなく取り壊された。柳川《やながわ》城五重天守はその時期に焼失してしまった。

廃城ではなく存城となった城でも、倉庫に使用できる土蔵や櫓は別として、天守や大型櫓・櫓門などは維持費が掛かるため、取り壊しの対象だった。この時期に、五重の萩城・津山城・丹波亀山城・会津若松城、四重の島原城・尼《あま》崎《が》城《さき》（兵庫県）・西尾《にしお》城（愛知県）、三重（代用櫓を含む）の岡崎城・高島《たかしま》城（長野県）・新発田《しばた》城（新潟県）・小田原城・盛岡城といった名天守が合わせて五十棟ほど破却されてしまった。

この時期に破却を免れた天守は、全国でわずか二十四棟であった。さらに明治初期の取り壊しを免れた天守であっても、修理をされずに放置されたため老朽化が進行し、高松城天守は明治十七年、伊予大洲城天守は明治二十一年に取り壊された。

それとは対照的に、松本城天守は明治三十四年に松本中学校長小林《こばやし》有也《うなり》の提唱で大修理、松江城天守は明治二十七年から天守閣旧観維持会によって修理され、危うく倒壊を免れた。また、放置されて半ば崩壊していた備中松山城天守は、松山城保存会が結成されて昭和十五年（一九四〇）に修復された。この時には、地元の生徒が瓦を山上まで運んでいる。現存天守の多くは、地元民に愛されていたという幸運によって残っているのである。

戦争による喪失

残っていた天守を見舞った最後の災禍は戦争であった。明治十年（一八七七）、西南戦争の最中に熊本城に籠城していた政府軍の軍略的放火によって熊本城の大小天守が焼失した。(107)

昭和二十年（一九四五）、太平洋戦争の米軍の空襲によって広島城・福山城・岡山城・和歌山城・大垣《おおがき》城・名古屋城の天守と水戸城の三階櫓を喪失した。広島城天守は原爆の爆風によって倒壊したが、火災は発生していない。

福山（松前）城天守（代用三重櫓、北海道）は昭和二十四年、役場の火災に延焼してしまった。これが最後の天守喪失であった。

エピローグ

書院造から軍事建築へ

近世大名の権威の象徴とされる天守は、その最初の本格的五重天守であった安土《あづち》城天主においては柱を布着《ぬのき》せ黒漆塗りとし、多くの部屋を障壁画で飾り、床や棚といった座敷飾も設えていた。現存する二条城二の丸御殿や再建された名古屋城本丸御殿といった、幕府が造営した近世城郭の最高格式の御殿殿舎さえも上回る豪華な書院造の室内意匠を有していた。それに続く秀吉・家康といった天下人の天守は、柱の布着せ黒漆塗りは不明であるが、少なくとも書院造の室内意匠をもっていたと考えられる。ところが、慶長十五年（一六一〇）に着工された名古屋城天守において、家康の意向によって室内意匠が簡略化され、座敷飾・障壁画などがなくされた。

名古屋城本丸御殿や二条城二の丸御殿のような慶長期から寛永期の城内御殿には、極めて豪華な室内意匠が見られる。ところが、その時期の天守には既に一般的な書院造の室内意匠すら希薄になっていて、辛うじて室内の畳敷きと長押ぐらいしか備えていなかった。天守と城内御殿はともに将軍や大名の権威の象徴であって、特に天守の外観は象徴性が高いにもかかわらず、その室内意匠が極めて質素だったのは、天守の内部が御殿のように武家の儀礼や城主の生活に供されていなかったからにほかならない。

秀吉の大坂城天守ですら、前掲したようにルイス・フロイス『日本史』によると通常は施錠されていた、いわば空き家だったのである。信長の安土城天主でも、賓客に豪華な室内意匠や収納されていた財宝を見せることを主眼としていたようである。秀吉の大坂城天守にフロイスや大友宗麟が来訪した時の記事から類推すると、信長が日常生活を安土城天主で行っていたとは考えられない。天守系建築が居住に使われていたのは、天守創始の起源の一つと考えられる信長の岐阜城四階建ての御殿だけであろう。

本来、天守は軍事建築ではなかったが、安土城天主が完成した頃に秀吉が建てた姫路城初代天守には既に大壁《おおかべ》が採用されて、防御性能が高められていた。それを継承した秀吉配下の大名衆が建てた天守（熊本城初代天守・広島城天守・岡山城天守など）はみな大壁あるいは狭間《さま》を備えて防御性能が高く、それに対して室内意匠は簡素化されていた。天下人の天守から諸大名の天守が分化したのである。天下人の天守には政略的な意図をもって賓客に内部を見せつけるという機能があったが、配下の大名の天守にはそうした機能は不必要であった。平時においては、内部はせいぜい倉庫にしか使われず、城主の地位を誇示するためには造形的に優れた外観のみが必要であった。有事の際には、物見と指令の塔として使い、城主妻子らの籠城場所となり、落城時には城主が切腹する場とされるようになった(108)。

軍事建築から象徴建築へ

江戸時代になると、天守は日常、空き家であったことが分かる。名古屋城天守は『金城温古録《きんじようおんころく》』によると、常時、封印紙を張り付けて厳重に施錠されており、見回りと掃除の役人以外には立ち入りが禁じられていた。尾張藩主は初お国入りの時だけ天守に登閣しており、その際には天守の畳替えが行われた。萩城天守では、新藩主が江戸から初お国入りした際に三階にあった座敷（十二畳間と床付きの四畳の上段の間）で重臣らと対面して登陟《とうちょく》（登ること）の儀式が行われたが、このように天守内で儀式が行われることはむしろ例外的であった。なお、その際に藩主は四階以上には登らなかったようである。いずれにしても城主が天守に登ることは一般的に稀であった。広島藩の公式記録『事跡緒鑑』によると、元文二年（一七三七）七月二十二日条に五代藩主浅野吉長《あさのよしなが》が天守に登りたいと言い出したことがわざわざ書き留めてあるほどである。江戸で生まれ育った大名の嫡子が家督を継いで初めて国許へ帰る初お国入りの時に一度だけ登閣が認められたらしい。

和歌山城天守では、弘化三年（一八四六）の落雷焼失の際に天守には鍵が掛けられていたこと、内部には長持が多数納められていたことが記されている[109]。

また、江戸時代になると天守廻縁については、実用的なものであろうと見せ掛けのものであろうと、天守外観の飾りあるいは格式を示す設えでしかなかった。時代を遡って、ルイス・フロイス一行が大坂城を訪ねた折に秀吉に天守内部を案内されているが、城内の堀の工事を俯瞰し五畿内の諸国を遠望するために、最上階の廻縁《まわりえん》に暫くの間、彼らと秀吉が立って景観を望んだという。工事をしていた人々が、最上階に大勢の伴天連《ばてれん》や伊留満《いるまん》たちがおり、その中に混じって関白殿がいるのを見上げて驚嘆したと『日本史』に記されている。その時期には遠望のために廻縁を用いたことが分かるが、下級身分の者が関白の姿を見上げて驚嘆したというからには、身分の高い城主が廻縁に出るのは不見識なことだったと考えられる。江戸時代になってからは、城主が廻縁から城下を眺望することはなかったとしてよいであろう。

したがって江戸時代になると天守の内部はほとんど使われることなく、ただ壮麗で勇壮な外観だけが眺められていた。天守はもはや軍事建築であることよりも城の象徴として城主の権威すなわち大名家の格式の高さを誇示するための記念物となったと言えよう。またそれ故に災害等で天守が失われると、藩財政や幕府との軋轢を顧みず、再建が大名らに切望されたのである。

おわりに

日本の天守は軍事建築でありながら多くの人々を魅了し続けてきた。それは軍事的役割もさることながら権威の象徴であったため、秀麗な造形・意匠の外観をもっていたからである。

ところで、ドイツバイエルンのノイシュヴァンシュタイン城はお伽の国から抜け出てきたような城で息を呑むような美しさをもつが、それは王族の館であって本来の軍事的な城とは全く異なる。一般的なヨーロッパの城といえば、外観は厳めしいが、美しいとは言いにくい。日本の城とは建築材料に大きな差異があるからだ。ヨーロッパの城は石や煉瓦で城壁や外壁が造られ、木部は扉や床と屋根に限られる。石や煉瓦では彫刻でも飾らない限り造形的な美しさを出しにくい。また、石垣に当たる城壁と建築に当たる外壁とが完全に融合していて、外観からは両者の境目は全く分からない。それとは対照的に日本の城では、城壁は石や土であり、天守は純粋な木造である。天守は建築として視覚的にも城壁から完全に分離し屹立しているが、ヨーロッパの城には城壁から独立した建築がなく、したがって天守に相当するような象徴的な建築が全くないのである。

また、日本の社寺建築も優れた造形や意匠をもっているが、建築の個性という観点からすれば、天守は社寺建築よりも格段に勝っている。神社本殿にしても寺院本堂にしても、建築の基本形式が少なく、多様性に乏しいと言える。例えば、神社本殿なら伊勢神宮・出雲大社・春日大社・厳島神社・吉備津《きびつ》神社などは極めて個性的であるが、そのほかの神社は似たような流造《ながれづくり》が大部分を占め、没個性的である。寺院にしても法隆寺金堂・東大寺大仏殿・平等院鳳凰堂・中尊寺金色堂・清水寺本堂や三十三間堂なら誰にでも分かるが、それ以外の国宝本堂を見てもあまり区別ができない。その理由は建築の構成要素が少なく、個性が発揮しづらいからである。

それに対して天守には、天守台の高さ、一階の規模の大小、一重から五重の重数の相違、重階一致と不一致、地階の有無、望楼型と層塔型、最上重の屋根の向き、千鳥破風《ちどりはふ》・唐破風《からはふ》・切妻破風《きりづまはふ》の数と配置、破風の妻壁の意匠の相違、屋根葺き材の相違、白い塗籠《ぬりごめ》と黒い下見板張《したみいたばり》と海鼠壁《なまこかべ》、廻縁《まわりえん》の有無、窓の幅と数と配置、突上戸と引戸、華頭窓《かとうまど》の有無、石落《いしおとし》や狭間《さま》や出窓の有無や配置、小天守《こてんしゅ》や付櫓《つけやぐら》の接続の仕方など多くの建築要素の違いがあり、その組み合わせによって何千万通りもの個性的な天守の外観を産み出すことが可能である。現存する十二棟の天守や古写真に残る多数の天守は、どれをとっても極めて個性豊かである。その姿を一度見ただけで深く印象に残るのは、そうした建築要素の相違の相乗効果から生じる相対的な個性と絶対的な造形美をもっているからであって、天守は軍事建築ではあるが、それ以上に芸術作品であると断言できるのである。

二〇二二年五月

三浦正幸

註

（1）中国から伝来した建築意匠で、柱上に配して軒を支える装飾部材。斗と肘木（栱）を組み合わせたもの。中国語で斗栱、俗に升組ともいう。複雑な組物ほど格式・等級が高く、複雑なものから挙げると、三手先・二手先・出組（一手先）・出三斗・平三斗・大斗肘木・舟肘木。

（2）軒裏に見える垂木を二段に配列したもの。二段のうち下段（柱寄り）の垂木を地垂木、上段（軒先寄り）の垂木を飛檐垂木という。一段の軒（地垂木のみ）は一軒という。

（3）垂木を密に並べること。垂木の太さまたはそれより少しだけ広く垂木間を空けたものを繁垂木といい、大きく間を空けたものを疎垂木、その中間を半繁垂木という。また垂木を全く見せないものを板軒という。

（4）柱などの主要部材を赤色（弁柄）、木口を黄土色、壁を白色、窓を緑青、窓枠などを黒色とする。

（5）支配者階級の住まいに含まれる茶室には古くから土壁が使われたが、書院造の正式殿舎には鴨居下に土壁は全く使われず、襖・障子・舞良戸・杉戸などの建具や貼付壁という紙張りの壁が用いられた。十七世紀中期以降になると、茶室の影響を受けて土壁を使った数寄屋造の座敷が現れる。現代の和風住宅は、いわば数寄屋造の系統である。

（6）薄い柿板を重ねて葺いた高級な屋根。檜の皮を使った檜皮葺は最高級のため、神社本殿や御所などに用いたが、書院造にはほとんど使われなかった。

（7）『ちとせ（千年）の松』

一、同年（万治二年・一六五九）秋、江戸之御城御殿向、残らず御普請成就いたし候。たゝし御天守ハ出来不申候。是ハ火事以後、御天守始御普請之儀、井伊掃部頭殿、酒井空印殿始、御相談之時、中将様（保科正之）被仰上候、然ニ天守ハ近代織田右府以来之事にて、さのみ城の要害に利あると申にても無之。た、遠く観望いたす迄之事ニ候。当時、武家町家大小之輩、家作仕候砌に公儀之御作事永引候へハ、下々之障にも可相成候。加様之儀に国財を被費候時節ニ有之間敷、当分御延引可然との御儀にて、御天守之御普請ハ御沙汰相止候由ニ候。

（8）一般的には、弘前・松本・丸岡・犬山・彦根・姫路・松江・備中松山・丸亀・伊予松山・宇和島・高知の十二棟とされているが、熊本城宇土櫓は熊本城の初代天守であるし、また笠間城（茨城県）天守は二階を失っているが辛うじて現存している。

（9）『豊臣秀吉文書集』七二三号。

（10）『豊臣秀吉文書集』七〇五号。

（11）『豊臣秀吉文書集』一三八号。

（12）宮上茂隆「天主と名付けられた建築」日本建築学会大会学術講演梗概集、一九七六年一〇月。

（13）この拝見記の原本に近いとされる写本の「安土日記」（尊経閣文庫蔵）には「殿主」と記されている。書写の際に表記が変えられたかもしれない。

（14）ルイス・フロイスの『日本史』によると、高山親子が和田惟長を襲った部屋には「床（トコ）」と呼ばれる少し高くなったところがあり（すなわち座敷）、深手を負った惟長は階段を上り、母がいた二階へ逃れたという。高槻城の二階建ての御殿の一階で乱闘が始まり、惟長が母の居室の二階へ逃げ込んだと解釈すべきで、フロイスはそこが天主であったとは記していない。坂本城の天主は兼見が実見しているのでその存在は明白であるが、高槻城の天主については兼見の伝聞によるもので、その天主の実在については不明確な資料であるとしか言いようがない。事件について最も詳しく記述されている『日本史』によって、事件のあったところは天主ではないと考えられる。

（15）『兼見卿記』天正四年三月四日条。なお、同日記の元亀四年三月十一日条には、摂津の高槻城の「天主」に和田太郎（惟長）が引籠った（籠城した）とある。

（16）『匠明』殿屋集

一、禁中ニ有亭ヲ高キ屋ト云リ。又武家ニ高ク作ル事ハ、永禄ノ比、南都多門山ニ矢倉ヲ五重ニ松永弾正始テ立ル。其後江州安土山ニ七重ニ亭ヲ信長公立給フ。是ニ名ヲ可付ト上意ヲ以、嵯峨ノ策彦殿守ト名付ル也。

(17) 異本であるアルカラ版書簡集の記事と照合すると、「三階は背後の山（御殿後方に迫る崖）と同じ高さになり、その山上にあった茶室に通じる廊下が接続していた」と解釈される。したがって、三階には茶室はなく、茶室に渡る廊下以外に目だった部屋がなかったようなので、三階は望楼型天守に特有の屋根裏階だったと考えられる。なお、『日本史』によると、元亀四年、高槻城（大阪府）の二階には和田惟長の母がいたというので、一階に城主、二階にその母や妻が暮らすという居住形態は信長だけの特異例ではなかったようだ。

(18) 岐阜城の四階建て御殿が初めて天主と命名された建築だったと仮定した場合では、それは信長の居館なので天下の君（将軍）のための建築ではない。岐阜という地名は、禅僧沢彦宗恩が信長の依頼によって命名したもので、それまでは井ノ口と称していた。中国周の武王が拠点として天下を取った岐山と孔子の故郷曲阜から一文字ずつを取ったものという。そうした中国思想からすれば、天主は中国語本来の「天」すなわち皇帝の地位を決める神を意味したものとなり、信長が天下どころか全世界の支配者たる神になる決意を表したものとなろう。

(19) 日本建築の構造の基本は、屋根を合理的に造ることである。屋根面（屋根の流れ）は垂木という棒状の細い部材で構成される。垂木の頂部は棟木、途中は母屋桁、下部は桁で支え、横から見て三角形（三角柱を横倒しにした形）の小屋（屋根裏）を造る。桁は建物の外周に建て並べられる側柱の上に架け渡す。棟木と母屋桁は、桁と平行して、建物の室内の上空に渡されるので、それらは梁から立ち上げた束（棟木を支える束は特に棟束という）で支える。その梁は、桁に直交させて建物の前後の側柱に架け渡す。梁は、桁より長距離を持ち放される（途中に柱を多く立てて梁を支えると邪魔になる）ので大材が必要である。梁の太さを節約するために、梁は平面の短辺方向に架けられるので、短辺を梁間という。梁間と直交する長辺方向は桁が通るので桁行という。そして、屋根の棟と平行する側を平といい、直交する側を妻という。厳密に説明すると以上のようになるが、一般的には、平面の長辺が桁行・平、短辺が梁間・妻となる。基本を無視して建てられた建築は少ないが、名古屋城本丸御殿の玄関や丸亀城天守の最上重は、逆に長辺が梁間・妻、短辺が桁行・平となっている。なお、「米子城御普請之事」では、一階の長辺を「大平」、短辺を「小平」と記す。

(20) 正方形と長方形のこと。数学的には正方形は長方形に含まれるが、城郭研究では、長方形には正方形を含めず、両者を合わせたものを矩形というのが慣例である。「矩」は、直角を意味する。また、古記録では、矩形ではない菱形・台形・不等辺四角形は区別せずに「菱」という。例えば、菱櫓とは平面が矩形ではない櫓のことである。

(21) 建物の外周に並ぶ柱を側柱、その一列内側に並ぶ柱を入側柱という。なお、十七世紀中期以降になると、天守の耐震・耐風強度を増すために、側柱を一間より短い寸法で密に立てることも行われた。

(22) 一尺は十寸、一寸は十分である。一尺の長さも時代や建築ごとに少しずつ相違している。近代に使われていた尺寸（曲尺）は、メートル法との換算の都合から三尺三寸＝一メートルと明治二十四年に制定されたものである。したがって一尺は約三〇・三センチメートルである。この一尺は十八世紀以降の物差しとほぼ一致する。しかし、十七世紀初期の築城盛況期に使われた一尺はこれよりやや長かったので、一間は二分ほど長くなる。例えば六尺五寸で造られた柱間寸法は、近代の物差しでは六尺五寸二分と計測される。しかも当時の大工棟梁が持っていた物差しに長短の個体差もあったので、厳密には建築ごとに少しずつ相違する。なお、実測図面に記されている尺寸法は、近代制定の物差しで測ったものなので端数が生じている。

(23) 福知山城天守は短辺四間であったが、創建年代が天正八年（一五八〇）頃と極めて早く、後世の天守と単純には比較できない。また、増築によって付櫓が混然一体化して接続しており、外観上は短辺が六間半に見えた。苗木城天守（岐阜県）は山城の山頂の巨岩上に組み上げられた特殊な構造であって、大きな天守を建造することが不可能だった。

(24) 五重を超えた唯一の例が駿府城天守（静岡市）で、六重七階と推定される。この天守は一階と二階が廻縁のある御殿造りで、その上に五重五階の天守本体が載っていた。一階から三階までが同大平面だったので、廻縁のある御殿造り部分には雨避けの腰屋根がないと成立しないため、それを加えると六重（あるいは七重）だったと推定される。

(25) 江戸時代には四重の天守は存在しないという俗説が流布していたようで、「四」が「死」に通じて忌み嫌われたからとする。有職故実家の伊勢貞丈が記した『雑説問答』、それを引用した『松屋筆記』などに取り上げられている。

(26) 江戸時代には、重・階そして層や段などが混乱して使われていたが、そうした状況は昭和戦前まで続いていた。藤岡道夫「天守層重呼称法考」（建築学会論文集第三〇号、昭和十八年九月）。

(27) 裳階付きの仏堂は中国建築の最高位のもので、皇帝宮殿や大寺院仏殿などの中心的建築に用いられた。日本への伝来は奈良時代で、興福寺中金堂・東大寺大仏殿などがあった。上下二層の屋根のうち上層が本体の屋根であり、したがって本体は一重の建築である。本体の下方周囲に裳階（屋根が片流れで本体の側柱に突き当たるもの）が取り巻き、その屋根が下層である。したがって外観は二重に見えるが、内部は一階建てである。現在の学術研究においては、裳階の屋根は重数には加えない。現存例に国宝平等院鳳凰堂・円覚寺舎利殿など。

(28)『豊臣秀吉文書集』七〇五号・七二三号・七四四号など。

(29)会津若松城天守は、その天守台の巨大さから蒲生氏郷が七重天守を創建し、それを後に五重に縮小したと言われているが、七重は地階を含めて七階のことであって、当初から五重天守だったと考えられる。

(30)同絵図では桑名城天守の高さについて、「惣高サ石垣置石ヨリ棟迄九間五尺六寸」と記しており、それからするとこの天守は四重五階、地下一階であって、地階を含めた階数が「六重」すなわち六階であったと解される。

(31)元和元年（正しくは慶長二十年）に公布された武家諸法度（元和令）では、城郭の修理の際に届け出の義務があったが、それには石垣・土居や堀といった普請と、櫓・城門・土塀といった作事との区別がなかった。ところが、作事関係の修理は毎年のように発生したはずで、事務繁多のためか、寛永十二年（一六三五）の改訂（寛永令）では、修理の際の届け出は普請に限られた。「櫓・塀・門等の分は先規の如く修補すべき事」として作事に関しては届け出の義務がなくなった。ただし、ここに天守の修理については明言されておらず、天守の修理については届け出免除の緩和はなされていない。この点からも天守については櫓や城門とは別扱いだったことが分かる。

(32)これには少数ながら例外があって、元和八年創建の福山城天守（広島県）、寛永二年創建の島原城天守（長崎県）などがある。

(33)昭和戦前期の城郭研究では、天守型式の分類よりも年代による型式の変化発展が初めに論じられた。古川重春『日本城郭考』（巧人社、昭和十一年）では、初期・過渡期・後期に分ける。初期（安土・豊臣大坂・広島）の天守は最上階が正方形平面で廻縁をもち、一階平面に比べて著しく小さく（逓減率が大きい）、化粧造（真壁造）の望楼であり、過渡期（岡山・熊本・松本）の天守は最上階が正方形か長方形で、廻縁が室内に取り込まれ、逓減率が大きく、必ずしも化粧造ではなく塗籠もあるとし、後期（姫路・名古屋・福山）の天守は最上階が長方形で、廻縁がなく、逓減率が小さく、塗籠であるとする。その当時は、大きな櫓の上に小さな望楼を載せた尾張楽田城殿守（詳しくは後述）を最初期型とする前提があり、後世に現れた天守は逓減率が小さく寺院の層塔風であるとして区別されていた。藤岡通夫「層塔式天守の一考察」（建築学会論文集第二九号、昭和十八年五月）では、各重の軒先が一直線になるように逓減するものを「層塔式天守」と結論し、重階一致や逓減率の小さいことを「層塔式天守」の条件とする意見に異を唱えた。藤岡は『城と城下町』（中央公論美術出版、昭和六十三年五月改訂版、昭和二十七年初版）で、発生当初の天守は入母屋の大屋根の上に望楼を載せた形式であり、天守規模の拡大や逓減率の減少によってその入母屋屋根が上重の屋根と絡まるので、入母屋屋根を廃して千鳥破風（や比翼入母屋破風）に置き換えたとも述べる。内藤昌『城の日本史』（ＮＨＫブックス、日本放送出版協会、昭和五十四年十一月）では、天守の建築様式を望楼型と層塔型に大別する。「望楼型は、低層の兵庫の上に望楼となるべき建物（多くの場合、回縁付で方三間）をのせた構造をもち、下層の兵庫部分と上層の望楼部分とが、建築造形としての一貫性が乏しく、天守発生期の特色を示す」「層塔型は、下層から上層にいたるまで、デザインに一貫性があり、あたかも多層（重）塔をみるかのような外容と構造をもち、天守完成期の特色を示す」とした。内藤は構造についても言及して通柱や管柱の配置により望楼型と層塔型をそれぞれ前期・後期に区分し（前期望楼型は安土・豊臣大坂・広島・岡山・松本・熊本など、後期望楼型は萩・彦根・松江・姫路、前期層塔型は丹波亀山・津山・小倉・名古屋、後期層塔型は福山・寛永度大坂・寛永度江戸・宇和島・弘前など）、さらに「江戸中・後期は、天守様式に変化がなく、時に望楼風の天守が建立されることがあっても、内実は層塔型の構造をもつのが一般的で、復古様式と理解するのが適切である」として「復古型天守」に犬山・和歌山・高知・松山を挙げている。外観を重視した従来の分類から構造に着目した点は評価されるが、その構造形式（通柱や管柱の配置）の提示は全く正しくなく、例示された天守の建築年代にも誤りが少なくない。復古型に至っては、意味不明である。したがって前期・後期の細分類や復古型の提示は本書では認めない。

（34）『倉府見聞集』に、「当御城の天主、（上より）二重目屋根なし」として他国にこのような天守はなく、「唐作」という天守の由と記す。「唐」は中国を表す語であるが、当時は中国伝来のものだけではなく、珍しいものや高級なものに冠した。そのため、唐破風・唐門など日本起源のものにも冠されている。したがって、唐造は珍しい造りという語意である。

（35）松代藩は弘化五年（一八四八）に城の破損修理願いの絵図「信濃国松代城櫓塀損所覚」を幕府へ提出しているが、それには背の高い平櫓（一重櫓）を描き、「是迄二重櫓ニ御座候得共、屋根一重ニテ保方不宜候ニ付（中略）二重屋根ニ仕度奉伺候」と記されている。櫓の風雨対策で一重二階櫓に腰屋根を付ける伺いであるが、櫓の規模が全く変わらなくても屋根の重数が変わるので許可が必要であった。

（36）丹波亀山城の小天守は二重二階であったが、その二階は独立していなかった。小倉城の小天守も一重一階であった。したがって、古くは天守に付属する付櫓のような建築を小天守と称していたと考えられる。坂本城の小天主も同様であったと考えられる。

（37）大類伸『城郭之研究』日本学術普及会、一九三八年三月。「独立天守閣（挿図では「独立式」以下同様）」は「他の建物と全く分離して一基の大櫓のみ独立せるもの」、「複合天守閣（複合式）」は「大天守が小天守あるいはその他の副建築物を伴えるもの、この場合には副建築物を経て始めて大天守に入る順序となるが例なり」、「連結天守閣（連結式）」は「独立せる二個の天守閣を連結せるもの」、「連立天守閣（連立式）」は「大天守が二基以上の小天守と並び立って、それらの間に中庭その他の設備を含有し、それだけにて一郭を形成せるもの」と定義している。そして大類は完全な独立式の現存例はなく、彦根城がこれに近いものとしており、彦根城の付櫓については、この分類では無視している。複合式については、その小天守等が天守の入口となっていることを条件としており、入口とはなっていない小天守は除外しているが、その理由が明確にされていない。連結式や連立式の入口については何ら言及がなく、定義として不完全である。したがって修正を加える必要があって、複合式の入口条件および小天守に限定しているらしい条件は削除されるべきである。また、江戸城や徳川大坂城を複合式の代表としているが、小天守は台座のみの築造だったので、複合式とするのは明らかな誤りである。連結式は名古屋城だけが完全な実例とするが、渡櫓ではなく土塀に挟まれた橋台で連結しているので、完全な実例ではなく、いわば変型の一つである。
大類が提示した分類定義のままでは、これら四種類の型式に当てはまらない例のほうが多くなってしまうので、型式分類としては欠陥であった。しかし、付櫓を小天守と同様に扱って分類に含めること、複合式の入口条件を外すことによって、ほぼ普遍的に適用できる分類となる。

（38）丹波亀山城では、小天守台に二階建ての付櫓を建てており、古記録では小天守としているが、小天守の上階が独立していなかったので分類上は付櫓である。また、福山城は天守正面に巨大な付庇（一重一階、半地下一階）を設けてそこを入口とし、その付庇の隅に付櫓（二重二階、半地下一階）を建てていたが、この付櫓は規模が大きくて上階が独立しているので小天守としてもよい。

（39）園部城（京都府南丹市）の二重櫓と櫓門は明治二年の新築であるが、廃藩置県前なので現存する城郭建築と言える。

（40）「復興」や「模擬」という表現は、『日本城郭全集』（人物往来社、一九六六年〜）に使われている。若干の混乱はあるが、コンクリート造の外観復元天守は「復興」、もともと天守がなかった場合や資料がなく単なる想像による場合は「模擬」として区別されている。その当時、学術的に正確に復元された木造天守はまだなく、木造再建の伊賀上野城天守も「復興」とされている。その後、学術的に正確に再建された木造天守は、復興天守とは差別化して復元天守と称することが定着した。なお、これは文化庁が指導する史跡整備における「復元」の定義とは別のものである。

（41）武者走は、外壁や土塀などの内側に沿って伸びる通路をいう。天守や大型の櫓では外壁に沿った入側に当たるが、城では一般的に堤防状に築かれた石塁や土塁の上端にできる通路をいう。そこに土塀を掛けた場合は、土塀の内側の幅一〜五メートルほどの通路を武者走といい、防御の拠点となる。土塀や外壁の外側にできる狭い余地は、犬走として区別する。

（42）梁は断面積が大きくないと大荷重に耐えられないので、あまり表面を削り取らずに原木に近い形状で使われた。断面積が大きく減る角材に成形した例は珍しく、皮を剥いただけの丸太材や、瓜を剥くように筋状に表面を削り取った瓜剥き材が十七世紀には多かった。十八世紀以降になると、用材の入手が容易になり、表面加工の工具も発達して、十二角形や八角形に削り落とした梁が多くなる。梁に使われる樹種は、大径材の入手が容易であり、粘り気が強くて折れにくい松が圧倒的に多かった。

（43）算木積の隅石の長辺が短辺の二倍以上の長さになって石垣の出隅が強固となり、また隅石の成（高さ）が均一化した。そうした隅部を完成した算木積と定義する。

（44）蒲生氏郷が創建した天守は「七重」と記録されているので、その高大さからして天守台上の全面を使って建てられていたとする意見もある。しかし、先述したように正しくは五重七階（地下階を含む）だったと考えられ、七重だったという記録を根拠にして天守台上に空地がなかったとは言えない。

(45)『愚子見記』には、「江戸御殿守、七尺間［十八間、十六間］（中略）是権現様御好也」とあって、権現様御好すなわち家康の好みだったというから慶長度天守の規模を示すと考えられている。しかし、天守本体の高さを二十二間半としており、寛永度天守の高さ（一四四尺）とほぼ同じである。『愚子見記』が書かれた年代からすれば、寛永度天守の規模を示した可能性は否定できない。逆に考えれば、後の元和度と寛永度の天守は慶長度天守を再利用したものだったかもしれない。

(46)真隅とは、屋根の四隅の稜線上に載る隅棟が、真上から見て四五度（すなわち角の二等分線）に納まるもの。そうでないものは振れ隅という。振れ隅は、長辺側と短辺側で屋根勾配が相違する場合や軒の出が相違する場合に生じる。応永二十二年（一四一五）の興福寺東金堂が振れ隅の早例。

(47)創建当初の津山城天守の最上階は廻縁があったが、後に廻縁先に板張りの外壁が増設されたため、廻縁が室内に取り込まれていた。明治初期の写真に見える天守の姿は、廻縁の取り込み後である。

(48)現状では安土城天主台は上部が崩落しているが、石垣を復元してみると、天守台の穴蔵を囲む石塁の上面幅はちょうど二間（七尺間）となる。後の松江城や名古屋城の例からすると、その石塁上面幅が一階入側の幅とほぼ等しいので、安土城天主一階入側も幅二間であったと推定される。

(49)『愚子見記』に「江戸御殿守、七尺間〔十八間、十六間〕、物見〔七間五尺、五間五尺〕」とあって、五重五階の江戸城天守では最上階の五階を物見としている。

(50)藤岡通夫「層塔式天守一考察」（『近世建築史論集』中央公論美術出版、一九六九年九月所収、一九四三年初掲）など。

(51)『元茂公御年譜』によれば、「一、今年（慶長十四年）佐嘉天守御成就、是ハ豊前国小倉の天守の指図を兼て黒田如水軒より被遣置候付、右之畢竟ニ而御造立也、此時長政より丹宗一類大工五人被差送候也、又石垣の用に川上より小石四拾万荷・大石百万下ル、天守の高サ五丈（今年日本国中ノ天守二十五建也）」と記されており、黒田長政から小倉城天守の指図を送られたことが明らかである。

(52)森家が元禄十年（一六九七）に改易になった際に津山城を幕命で受け取りに赴いた広島藩家老が作成した天守の姿図によると、天守四重目屋根に「屋根横板さる頭」と記されている。また正保城絵図をはじめ津山城絵図には、天守の四重目屋根だけ木地に描かれている。

(53)弘化五年(一八四八)の「信濃国松代城櫓塀損所覚」(真田宝物館蔵)では、絵図とともに松代城内で破損した塀や櫓を挙げているが、その中で「一、同所(中略)都合櫓三ケ所、是迄二重櫓ニ御座候得共、屋根一重ニテ保方不宜候付、以連々掛紙朱引之通二重屋根ニ仕度奉伺候以上」とあって、一重二階櫓に腰屋根を付けて二重二階櫓に建て直すことを幕府に申請している。櫓の規模が全く変わらない腰屋根の付加といった軽微な変更であっても、重数の変更になるため厳しく規制されていたことが分かる。したがって、四重とみるか五重とみるかは、重大な案件であった。

(54)藤岡通夫によれば、岡崎城は豊臣系大名の田中吉政が文禄から慶長五年(一五九二〜一六〇〇)に現存する天守台(穴蔵付き)を築き、元和三年(一六一七)に譜代大名本多氏がその天守台を使って三重天守を再建した。文禄慶長創建時の一階の規模は七間四方で、元和再建時に穴蔵の入口脇に突き出ていた天守付櫓台を取り込んで一階を拡張したとする。

(55)江戸幕府御大工頭だった中井家に伝わる豊臣時代の大坂城本丸指図の写し二枚と、同系統の写しと考えられる広島浅野家伝来の古城当城図の内の指図など合わせて五枚が確認されている。

(56)佐藤正彦『福岡城天守を復原する』石風社、二〇一一年八月。

(57)土台をもたない天守は、犬山城天守・丸岡城天守など少数である。丸岡城天守は穴蔵がなく、創建当初は入側柱と身舎柱のすべてが地下一メートルほどに据えられた礎石に載る掘立柱(当初は深い床下であって、後世になってそれが埋められた可能性が高い)だったので、現状では土台は全くない。穴蔵があっても土台のない天守には、伊予松山城天守と熊本城宇土櫓(熊本城の初代天守を移築)がある。前者は三重三階と規模が小さく、また穴蔵は地下岩盤の上と考えられるので土台は不要である。後者は、当初は土台を有したと思われるが、近代の陸軍が管理していた時期にコンクリート独立基礎に改変された。なお、宇土櫓は地階の梁が一階床からかなり下方に架けられていることからすると、現位置に移築される以前は穴蔵をもっていなかったと考えられる。

(58)『特別史跡安土城跡発掘調査報告12』(滋賀県教育委員会、二〇〇二年三月)によると、天主台穴蔵の礎石には柱当たりの痕跡が残るもの(五個の礎石を例示)があり、概ね一辺三〇〜四〇センチメートルで、中には四五×六〇センチメートルの痕跡があると記している。四五×六〇センチメートルの痕跡は柱当たりの痕跡としては大きすぎ、また長方形であることから、土台の当たりの痕跡と考えられる。一辺三〇〜四〇センチメートルの痕跡も土台の当たりであることを否定できない。

(59) 大きな屋根上に小さな二階を載せた構造のため、天井裏がないと二階が下重の屋根の中に埋没してしまう。

(60) 内藤昌『城の日本史』NHKブックス、日本放送出版協会、一九七九年一一月。

(61) 中国では、寄棟造が最高格式であって、入母屋造はそれに次ぐ下位の屋根形式である。中国から飛鳥時代に仏教建築が伝来した際には、金堂に寄棟造、講堂や中門に入母屋造、経蔵や鐘楼には切妻造が用いられ、宝形造は正方形平面の塔婆に使われており、屋根形式には序列があった。その一方、日本古来の屋根形式は切妻造だったので、神社本殿には切妻造やその系統の流造や春日造が専ら使われ、上流の世俗建築では入母屋造と切妻造が使われてきた。ところが鎌倉時代以降、日本の仏教建築において内陣と外陣からなる密教本堂が主流となったが、密教本堂の平面が正方形や縦長平面だったので寄棟造では対応できず、入母屋造が専ら用いられるようになり、天守発祥時の室町時代末期には、宗教建築も上流の世俗建築も入母屋造が最高の屋根形式と認識され、寄棟造の地位は下落していた。

(62) 屋根の斜面に載せた破風を据破風といい、そのため千鳥破風の別称が据破風である。また唐破風のうち千鳥破風と同様に屋根の斜面に載せた向唐破風も据破風いうが紛らわしいので、本書では据破風という用語は使わないことにする。

(63) 詳しくは、三浦正幸『神社の本殿―建築にみる神の空間』(吉川弘文館、二〇一三年一月)を参照。

(64) ルイス・フロイスの『日本史』には、松永久秀の多聞城の壁について、キリスト教国で見たこともないほど白く明るく輝いていたとして、「石灰に砂を混じえず、わざわざそのために作る非常に白い紙とだけ混ぜるからであります」と記されている。

(65)『国宝重要文化財姫路城保存修理工事報告書Ⅲ』一九六五年三月。

(66) 西国の外様大名が築いた城の天守や櫓では、熊本・島原・福岡・臼杵・日出・大洲(一部の櫓は塗籠)・伊予松山(同)・丸亀・広島・岡山(一部の櫓は塗籠)・松江・米子・鳥取などが下見板張、萩・津山・姫路が塗籠。幕府・譜代大名等の城では、福山・明石・和歌山・大坂・二条・彦根・名古屋・甲府・高崎・水戸などが塗籠であった。

(67) 板軒は十四世紀から扇垂木(放射状に垂木を配置するもの)とともに唐様の禅宗仏殿などに用いられた正式意匠であった。それは塗籠にはせずに幅が特に広い板を見せる贅沢な意匠であって、格式の下がる世俗の建物に使われるようなものではなく、したがって城郭建築の板軒とは別物である。

(68)『愚子見記』には、「竪狭間長一尺二寸、横四寸、丸狭間指渡六寸、此外三角四角モ六寸也」と記されている。

(69)寛政三年(一七九一)に刊行された林子平の『海国兵談』に「立狭間は立人の乳切になし、居狭間は居敷て肩切に切也。何れも内の方にあがきを付る也。あがきとは、内の方を広く塗事なり」と記してある。

(70)永禄八年(一五六五)に記されたという『築城記』には、城戸の上に武者が駆け通るように橋を掛けて、表側に板を打って矢狭間を切り、また足ダサマを切るべしという。「アシタサマとは板にサマを切りて、其サマフタ(狭間蓋)に取っ手のやうにして、足にて開きいるを云」と記しており、足駄狭間とは後の櫓門の石落のことである。

(71)高崎城天守(正式には三階櫓、層塔型三重)は破風の間のない千鳥破風を多用していた。元和五年(一六一九)以降に建てられたものと考えられ、その時期によっては破風の間のない千鳥破風を多用した初例となる。

(72)『国宝重要文化財姫路城保存修理工事報告書Ⅲ』一九六五年三月。

(73)加藤得二『姫路城昭和の修理』真陽社、一九六五年二月。

(74)「(大坂城)本丸図」(中井家・浅野家ほか所蔵)において、天守台の輪郭が墨線と朱線で描き分けられており、墨線は石垣、朱線は建物の外壁や土塀を示している。天守南西隅部が朱線となっており、その部分は穴蔵の石垣を欠いていたと考えられる。なお、伊勢亀山城天守台(現在は多門櫓が建つ)は同様な構造となっている。

(75)慶長二十年頃完成の名古屋城本丸御殿広間(表書院)の柱配置は、上段之間の側面二間半を二つ割り、一之間と二之間は三間半を三つ割り、三之間は正面三間を二つ割り、側面六間半を五つ割りとする。

(76)慶長十五年頃に建てられた小倉城天守においても同様な手法があったかもしれないが、柱配置まで分かる資料は残されていない。

(77)戦災焼失した名古屋城天守最上階も蟻壁をもち、姫路城大天守をも超える小組格天井を張っていた。

(78)天正五年に秀吉が七条城(播磨上月城)を攻めた時に、「かへりし、かき(帰鹿垣)三重ゆいまわし、諸口よりしより(仕寄り)申付」(『豊臣秀吉文書集』一五二号)とあって、敵城を鹿垣で三重に囲むことを命じている。また、天正八年の鳥取城攻めでは、付城十五か所、その間に堀と塀を設け、逆茂木・帰鹿垣を二重三重に結んで包囲している(『同』二四八号)。

(79) 床を支える梁状の部材で、一般的に天守最下階では土台が兼ねる。姫路城大天守地階の場合では、部屋の中に渡されている大引は柱筋とずれてしまっているので、土台と同様の部材ではあるが、厳密には土台とはみなせない。

(80) おおむね十七世紀初期までは、天端石の凹凸や傾斜に合わせて土台の下端を削って据え付ける光り付けが行われた。天端石が低いところには薄い石片などを差し込む。年代が下がると、天端石を据え付けた後で、天端石の土台が載る部位を平滑に削って仕上げるようになる。

(81) 本来の漆喰は、消石灰(貝灰も使われた)・麻苆・フノリを混合して水で練ったもので、厚さ三ミリメートルほどの塗り厚である。それでは耐水性に乏しいので、姫路城大天守の修理工事では、仕上げの漆喰塗りの下地に川砂を混ぜた砂漆喰(南蛮漆喰)を多層に塗り重ねた、総厚三センチメートルの最新式の漆喰塗りである。また、フノリの代わりに強度の高い銀杏草が使われた。

(82) 藤岡通夫は、各重の軒先が一直線になるように逓減するものを「層塔式天守」と結論している。註三三参照。

(83) 軒唐破風は、本来、車寄などの出入口の上に設けて、軒先から落ちる雨垂れを出入口の左右に振り分けるものであった。十六世紀になると、神社本殿や寺院本堂の向拝の軒先に設けて、参拝者に雨垂れが掛からないようにする用途に使われ、華やかな形状から建築の正面中央を飾る細部意匠として重宝された。したがって、軒唐破風の上の屋根瓦は左右に向けて流すのが常識であった。

(84) 吉田智子「姫路城の狭間に関する考察(2)―大天守について―」日本建築学会大会学術講演梗概集、一九九七年九月。

(85) 『正事記』拾遺に「天守、三重也。其昔は三重なりしが、太閤薨去の後、その時の城主小笠原和泉守吉次の御代に濃州兼山の古城を引取りて立て直し、三重になり」とあることによる。

(86) 『国宝犬山城天守修理工事報告書』一九六五年八月。なお、西和夫「犬山城天守の創建年代について」(日本建築学会論文報告集二六一、一九七七年一一月)は金山城天守移築説を誤りとした前提の上で天守の創建を慶長六年と結論付けている。

(87) 『重要文化財松江城天守修理工事報告書』(一九五五年)所収。

(88)総柱は、室内の使い勝手が悪いので通常の建築には使われなかった。古代では校倉造の倉庫（重量物を格納するので床を強固にするために総柱とする）、中世以降では馬小屋（馬を立てるための仕切りによって総柱となる）や井楼（掘立柱の二間四方の高層建築で、中央にも柱を一本立てるので総柱となる）ぐらいしかない。
(89)『国宝松本城解体・調査編』一九五四年九月。
(90)『重要文化財丸岡城天守修理工事報告書』一九五五年三月。
(91)『国宝重要文化財姫路城保存修理工事報告書Ⅲ』一九六五年三月。
(92)北野隆「熊本城の宇土櫓について」日本建築学会論文報告集三〇八、一九八一年一〇月。また、宮上茂隆は、現天守・小天守の辺りに慶長四年に建てられた古天守を移築したものが宇土櫓であると述べた（宮上茂隆「熊本城天守小天守および古天守の造営移築について」日本建築学会大会講演梗概集、一九八九年一〇月）が、天守台石垣の築造年代の認定が正しくなく、宮上の説は成立しない。
(93)『安土日記』『信長公記』などに収録。異本により多少の相違はあるが、厳密な平面の復元考察でなければ、どの異本を用いても大きな差異はない。
(94)大和郡山城天守は、慶長七年に徳川家康が二条城を築いた時に、その天守として移築拡張され、さらに元和九年（一六二三）に淀城（京都府）を再築した際に再移築されている。その時の規模は五重五階、地下一階であった。淀城の天守指図によると、一階中心部の二室の規模は大和郡山城天守一階と一致する。
(95)加藤伸江「「間」の読み方と意味についての考察　―平安時代の文学作品中の「ふたま」から―」日本建築学会計画系論文集、七七五、二〇二〇年九月。
(96)ルイス・フロイス『日本史』第九章（第二部七五章）。『大友史料』第壱輯、三五五号、天正十四年四月六日宗滴（大友宗麟）書状。
(97)『元茂公御年譜』
一、今年（慶長十四年）、佐嘉天守御成就、是は豊前国小倉の天守の指図を兼て黒田如水軒より被遣置候付、（中略）天守の高さ五丈（今年日本国中の天守二十五建也）。

(98)『愚子見記』第五冊に、「御殿守当御代中井大和守差図之覚」として、慶長六年に伏見御殿守、同七年に二条御殿守、同九年に駿河（駿府城）御殿守、同十一年に江戸御殿守、同十二年に駿河（駿府城）御殿守、同十五年に尾張（名古屋城）御殿守、元和八年に江戸御殿守、寛永二年に二条御殿守、寛永三年に大坂御殿守を挙げている。いずれも竣工年ではなく、指図の作成年代と考えられる。

(99)『慶長見聞録案紙』慶長十四年正月二十日条。「一、中国四国之大名衆、於所々城普請丈夫に構之旨、於岡崎内府様御聞被成、不可然之仰有之」

(100)『薩藩旧記雑録』後編第七巻（『鹿児島県史料』所収）。

(101)細川藤孝が居城の宮津城（京都府）を築城する際に織田信長より許可を得ており、明智光秀と相談して丈夫に造るように信長が命じている。永青文庫蔵『細川家文書』天正八年（一五八〇）八月二十一日付、長岡藤孝宛織田信長黒印状、（前略）居城之事、宮津と申地可相拵之旨、得心候、定可然所候哉、就其普請之儀、急度由候、則惟任（明智光秀）かたへも朱印遣之候間、令相談丈夫ニ可申付儀肝要候（以下略）。

(102)大類伸『城郭之研究』日本学術普及会、一九三八年三月。

(103)城戸久「伊予宇和島城天守寛文再築とその創築天守に就て」建築学会論文集第二八号、一九四三年二月に所収。

(104)藤岡通夫『近世建築史論集』中央公論美術出版、一九六九年九月に所収。初掲は一九四〇年三月。

(105)天正十年六月十九日付秀吉書状「高木彦左衛門尉宛書状」（『豊臣秀吉文書集』四三六号）に「一、坂本明智居城にては、明智子二人・明知弥平次（秀満）腹を切、殿守焼崩死候事」とある。

(106)『豊臣秀吉文書集』六五五・六五八・六五九・七〇五・七二三・七四四号など、内容はほぼ同じ。

(107)『鎮西征討記』に「同（明治十年二月）十九日ニハ暴徒襲来ニ依リ熊本鎮台ニ於テハ弥々籠城ノ軍略ニ決定シ（中略）城内ノ櫓ヲ焼キ捨テ唯一箇所ヲ残シ」とある。その唯一箇所（現存の平櫓等は含まれていないらしい）残されたのが宇土櫓である。

(108)前述したように、北の庄城では落城に際して柴田勝家が天守で妻子を殺して自害している。また関ヶ原の戦いに関連して、大津城天守には城主の姉（または妹）の松の丸殿が籠っていたことが知られており（石田軍記）、大垣城天守では女性たちが籠って後方支援をしていたことが『おわむ物語』に記されている。
（109）藤岡通夫「和歌山城天守とその造営について」（『近世建築史論集』中央公論美術出版、一九六九年九月に所収）。

既発表論文・著書ほか

「美作の津山城天守の復元」日本建築学会大会学術講演梗概集、一九八九年一〇月
「慶長期における城郭石垣の発展」日本建築学会大会学術講演梗概集、一九九〇年一〇月
「伯耆の米子城天守の復元」日本建築学会中国支部研究報告集第一七巻、一九九二年三月
「丹波亀山城天守の復元」日本建築学会大会学術講演梗概集、一九九二年八月
「伊予大洲城天守雛型と天守復元」日本建築学会中国九州支部研究報告第九号の三、一九九三年三月
「備後福山城本丸御殿の伏見城移建殿舎」日本建築学会大会学術講演梗概集、一九九三年九月
「伊予宇和島城の慶長創建天守」日本建築学会中国支部研究報告集第一八巻、一九九四年三月
「備後福山城天守の復元」日本建築学会大会学術講演梗概集、一九九四年九月
「近世亀山城の天守と城の構造」『新修亀岡市史』本文編第二巻、二〇〇四年三月
「津城と高虎の城造り」『藤堂高虎―その生涯と津の町の発展―』津市教育委員会、二〇〇八年八月
「姫路城の美と構造」『姫路城の創業者池田家三代の遺産』神戸新聞総合出版センター、二〇〇九年八月
「天守復元　美と徳に満ちた江戸城天守の雄姿」『東京人』二八六、都市出版、二〇一〇年九月
「天守閣の木造建替ラッシュに備える―コンクリート造復興天守閣の耐用年限を迎えて」『森林技術』八五一、二〇一三年二月
「彦根城天守の魅力―正統にして華麗で粋な天守―」『特別展天下普請の城　彦根城』彦根城博物館、二〇一三年一〇月
「名古屋城本丸御殿の価値とその復元」『建築の研究』第二二一号、二〇一四年二月
「近代における城郭建築復元の足跡と問題点―江戸城天守の復元に向けて」『建築の研究』第二四一号、二〇一七年七月
「西国外様大名を監察する名城・福山城」『福山市史』原始から現代まで、福山市、二〇一七年三月

「水戸城の天守―御三階と呼ばれた壮大な天守建築―」『特別展水戸城遙かなり』水戸市立博物館、二〇一九年二月
「近世城郭における天守の室内意匠について」『家具道具室内史』第一一号、二〇一九年六月
「城の歴史の最後を飾る園部城」『園部藩の歴史と文化』南丹市立文化博物館、二〇一九年一〇月
「津山城復元模型の製作過程」津山郷土博物館紀要第三号、一九九〇年三月（鈴木充と共著）
『復元大系日本の城』六中国、ぎょうせい、一九九二年三月（共著）
『復元大系日本の城』五近畿、ぎょうせい、一九九二年五月（共著）
『復元大系日本の城』四東海、ぎょうせい、一九九二年七月（共著）
『復元大系日本の城』三北信越、ぎょうせい、一九九二年一一月（共著）
『復元大系日本の城』七南紀・四国、ぎょうせい、一九九三年五月（共著）
『復元大系日本の城』九城郭の歴史と構成、ぎょうせい、一九九三年八月（共著）
『日本の城原風景』新人物往来社、一九九四年一二月（共著）
『名古屋城』歴史群像名城シリーズ、学習研究社、一九九五年一月（共著）
『広島城』歴史群像名城シリーズ、学習研究社、一九九五年一二月（共著）
『岡山城』歴史群像名城シリーズ、学習研究社、一九九六年八月（共著）
『毛利の城と戦略』成美堂出版、一九九七年一月（共著）
『萩城』歴史群像名城シリーズ、学習研究社、一九九七年八月（共著）
『戦略戦術兵器事典　日本城郭編』歴史群像グラフィック戦史シリーズ、学習研究社、一九九七年一二月（共著）
『秀吉の城と戦略』成美堂出版、一九九八年四月（共著）
『日本の名城　城絵図を読む』新人物往来社、一九九八年一〇月（共著）
『城の鑑賞基礎知識』至文堂、一九九九年九月
『徹底図解徳川三代』成美堂出版、一九九九年一二月（共著）
『決戦関ヶ原』歴史群像シリーズ戦国コレクション、学習研究社、二〇〇〇年一月（共著）

『城を知る事典』日本通信教育連盟、二〇〇〇年
『古写真で見る失われた城』世界文化社、二〇〇〇年一〇月（共著）
『CG復元よみがえる天守』新人物往来社、二〇〇一年二月（共著）
『最新日本名城古写真集成』新人物往来社、二〇〇二年五月（監修・執筆）
『よみがえる日本の城』一〜三〇、学習研究社、二〇〇四年六月〜二〇〇六年六月（監修・執筆）
『よみがえる真説安土城』学習研究社、二〇〇六年三月（監修・執筆）
『よみがえる名古屋城』学習研究社、二〇〇六年一一月（監修・執筆）
『城造りのすべて』学習研究社、二〇〇六年一二月（監修・執筆）
『天守のすべて』学習研究社、二〇〇七年四月（監修・執筆）
『日本古城建築圖典』台湾商周出版、二〇〇八年三月（『城のつくり方図典』中国語版）
『すぐわかる日本の城』東京美術、二〇〇九年一〇月（監修・執筆）
『お城の手帖』辰巳出版、二〇一二年一月（監修・執筆）
『今むかし日本の名城八八　東日本編』別冊太陽、平凡社、二〇一二年、六月（共著）
『今むかし日本の名城八八　西日本編』別冊太陽、平凡社、二〇一二年、六月（共著）
『日本史一〇〇〇城』世界文化社、二〇一二年一〇月（監修・執筆）
『城と陣屋総覧』学習研究社、二〇一三年九月（監修・執筆）
『戦国大名の遺宝』山川出版社、二〇一五年一〇月（共著）
『城のつくり方図典』改定新版、小学館、二〇一六年三月（初版は二〇〇五年三月）
『江戸城天守　寛永度江戸城天守復元調査報告書』江戸城天守を再建する会、二〇一六年五月（監修・執筆、中村泰朗・野中絢と共著）
『城バイリンガルガイドSAMURAI　CASTLE』小学館、二〇一七年三月（クリス・グレンと共著）
『城大全』全四巻、ユーキャン、二〇一七年（監修・執筆）

『ハンドブック幕末日本の城』山川出版社、二〇一八年一一月（監修・執筆）
『復元CG日本の城』山川出版社、二〇一九年一月（監修・執筆）
『近世城郭の最高峰　名古屋城』名古屋城検定実行委員会、二〇一九年三月（監修・執筆）
『復元CG日本の城Ⅱ』山川出版社、二〇一九年一一月（監修・執筆）
『古写真で見る幕末の城』山川出版社、二〇二〇年五月（監修・執筆）
『図説近世城郭の作事　天守編』原書房、二〇二二年一月
『図説近世城郭の作事　櫓・城門編』原書房、二〇二二年五月

参考文献一覧

伊藤ていじ『城　築城の技法と歴史』読売新聞社、一九七三年三月
大類伸『城郭之研究』日本学術普及会、一九三八年三月
加藤伸江「「間」の読み方と意味についての考察　―平安時代の文学作品中の「ふたま」から―」日本建築学会計画系論文集、七七五、二〇二〇年九月
北野隆「熊本城の宇土櫓について」日本建築学会論文報告集三〇八、一九八一年一〇月
城戸久「伊予宇和島城天守寛文再築とその創築天守に就て」建築学会論文集第二八号、一九四三年二月
城戸久『城と民家』毎日新聞社、一九七二年六月
城戸久『名古屋城と天守建築』日本城郭史研究叢書六、名著出版、一九八一年八月
木戸雅寿『よみがえる安土城』歴史文化ライブラリー　六七、吉川弘文館、二〇〇三年一二月
佐藤正彦『福岡城天守を復原する』石風社、二〇一一年八月
島充『熊本城超絶再元記』新紀元社、二〇一九年一〇月
鳥羽正雄『日本城郭辞典』新装版、東京堂出版、一九九五年九月
内藤昌『城の日本史』ＮＨＫブックス、日本放送出版協会、一九七九年一一月
内藤昌ほか『名古屋城』日本名城集成、小学館、一九八五年一〇月
西和夫「犬山城天守の創建年代について」日本建築学会論文報告集二六一、一九七七年一一月
仁科章夫「岡山城に就いて」建築雑誌五〇二号、一九二七年一一月
藤岡通夫『近世建築史論集』中央公論美術出版、一九六九年九月

古川重春『日本城郭考』巧人社、一九三六年一〇月
松島悠「城郭論―津城―」『藤堂藩の研究』論考編、清文堂出版、二〇〇九年三月
宮上茂隆「天主と名付けられた建築」日本建築学会大会学術講演梗概集、一九七六年一〇月
宮上茂隆「熊本城天守小天守および古天守の造営移築について」日本建築学会大会講演梗概集、一九八九年一〇月
吉田智子「姫路城の狭間に関する考察(2)―大天守について―」日本建築学会大会学術講演梗概集、一九九七年九月
渡辺武『図説再見大阪城』大阪都市協会、一九八三年九月
『戦災等による焼失文化財　建造物（城郭）編』文化財保護委員会、一九六四年三月
『復元大系日本の城』一～九、ぎょうせい、一九九二年三月～九三年八月
『重要文化財熊本城宇土櫓保存修理工事報告書』一九九〇年三月
『重要文化財宇和島城天守修理工事報告書』一九六二年一〇月
『重要文化財松山城天守外十五棟修理工事報告書』一九六九年八月
『重要文化財備中松山城天守及び二重櫓保存修理工事報告書』二〇〇三年三月
『国宝重要文化財姫路城保存修理工事報告書』全七冊、一九六五年三月
『国宝彦根城天守・附櫓及び多聞櫓修理工事報告書』一九六〇年六月
『国宝犬山城天守修理工事報告書』一九六五年八月
『国宝松本城解体・調査編』一九五四年九月
『重要文化財丸岡城天守修理工事報告書』一九五五年三月
『讃岐丸亀城研究調査報告書』一九八八年
『韓国の倭城と大坂城　資料集』二〇〇五年九月
『佐賀城跡Ⅳ』佐賀市埋蔵文化財調査報告書八六、二〇一五年三月
『史跡高松城跡（天守台）発掘調査編』二〇一二年三月
『片倉小十郎の城　白石城跡発掘調査編』一九九八年三月

著者略歴

一九五四年、名古屋市に生まれる
一九七七年、東京大学工学部建築学科卒業
現在、広島大学名誉教授・工学博士

〔主要著書〕
『神社の本殿』（吉川弘文館、二〇一三年）
『図説 近世城郭の作事 櫓・城門編』（原書房、二〇二二年）
『城のつくり方図典』（小学館、二〇〇五年）

天守
芸術建築の本質と歴史

二〇二二年（令和四）十一月一日 第一刷発行

著　者　三《み》浦《うら》正《まさ》幸《ゆき》

発行者　吉川道郎

発行所　株式会社 吉川弘文館
郵便番号一一三―〇〇三三
東京都文京区本郷七丁目二番八号
電話〇三―三八一三―九一五一〈代〉
振替口座〇〇一〇〇―五―二四四番
http://www.yoshikawa-k.co.jp/

印刷＝藤原印刷株式会社
製本＝株式会社ブックアート
装幀＝河村 誠

ISBN978-4-642-08422-2